Franz von Löher

Cypern

Franz von Löher

Cypern

ISBN/EAN: 9783744625562

Hergestellt in Europa, USA, Kanada, Australien, Japan

Cover: Foto ©Andreas Hilbeck / pixelio.de

Weitere Bücher finden Sie auf **www.hansebooks.com**

Cypern.

Reiseberichte

über

Natur und Landschaft, Volk und Geschichte

von

Franz von Löher.

Stuttgart.

Verlag der J. G. Cotta'schen Buchhandlung.

1878.

Buchdruckerei der J. G. Cotta'schen Buchhandlung in Stuttgart.

Inhalt.

		Seite
I.	Port Said	1
II.	An der Gegenküste	8
III.	Larnaka	16
IV.	Cyprische Landschaft	25
V.	Athienu	31
VI.	Öden im Fruchtgarten	39
VII.	Nikosia	46
VIII.	Blüthezeit im Mittelalter	57
IX.	Des Ritterthums Ideal von Staat und Recht	69
X.	San Chrysostomo	79
XI.	Buffavento	86
XII.	Aus alter Türkenzeit	94
XIII.	Halil Aga	100
XIV.	Durch die große Ebene	108
XV.	Evrychu	114
XVI.	Bergfahrt	120
XVII.	Auf den Olymp	125
XVIII.	Cypern im Alterthum	131
XIX.	Mittelalter und Neuzeit	139
XX.	Trooditissa	146
XXI.	Wildniß	153
XXII.	Waldverwüstung	158
XXIII.	Heuschreckenplage	164
XXIV.	Chrysorogiatissa	170
XXV.	Wieder an's Meer	175
XXVI.	Byzantiner und Slaven	181

		Seite
XXVII.	Neugriechen	187
XXVIII.	Volkscharakter	195
XXIX.	Leistungsfähigkeit	201
XXX.	Baffo	207
XXXI.	Alte Gedanken	213
XXXII.	Kullia	218
XXXIII.	Vom alten Paphos	226
XXXIV.	Episkopi	233
XXXV.	Kolossin	239
XXXVI.	Cyperns Landesnatur	246
XXXVII.	Anbau unter Semiten und Griechen	252
XXXVIII.	Landeskultur in der Römerzeit	257
XXXIX.	Anbau unter Byzantinern, Arabern, Franken und Türken	263
XL.	St. Nikolaus	271
XLI.	Limasol	275
XLII.	Amathus	281
XLIII.	Karrubieh und Mazotos	286
XLIV.	Letzte Tage auf Cypern	293
XLV.	Deutsche Kaiserpläne im Morgenland	301
XLVI.	Das Gastmal in Limasol	307
XLVII.	Kaiser Friedrich II. Herr von Cypern und Jerusalem	315
XLVIII.	Die Ibelins	323
XLIX.	Marschall Felingher	332
L.	Verschwörung zu Akkon	338
LI.	Cypern gewonnen und verloren	346
LII.	Belagerung von Kerhneia	360
LIII.	Letzte Anstrengungen des Kaisers	368

Port Said.

Wenn Austern frisch aus Seewasser auf den Tisch kommen, liegt in ihrem Wohlgeschmack etwas, das fein prickelt und leise erregt. Die Austern waren ganz klein, und der edle Rheinwein von jener Art, die an kühle goldige Tiefen mahnt. Mit einem deutschen Herrn saß ich auf seiner Veranda, die dicht über dem Meere liegt, zu Port Said, dem hübschen Städtchen, das neu und blank, ganz wie ein amerikanisches, über Nacht an der Mündung des Suezkanals entstanden ist. Eine erfrischende Brise wehte über das Meer, und unter uns fuhren Dampf= und Baggerschiffe aus und ein. Als ich nun jene Bemerkung über die Austern machte, die so eben gefangen waren, schüttete mir der würdige Gastfreund noch mehr auf den Teller und sagte: „Nehmen Sie nur, nehmen Sie! In Cypern gibt's keine Austern mehr!" Ich wunderte mich dar= über, da Cypern ja schon von Alters her berühmt sei als aller Köstlichkeiten Fülle. „Ja wohl," lautete die Erwiderung, „auch die Austern sollen auf Cypern von vorzüglicher Güte sein; allein das ganze Volk ist dort so heruntergekommen, daß Niemand mehr an feinere Genüsse denkt, weil schon das täg= liche Brot sauer genug zu erwerben. Ja, wenn Cypern zu Aegypten gehörte, dann könnte es auf der Insel bald anders aussehen."

Ich erfuhr nun, daß die ägyptische Regierung noch immer mit stiller Leidenschaft nach Cypern und Kreta trachtet. Man

Löher, Cypern.   1

hofft auf ihren Besitz für den Fall, daß die Türkei in die
Brüche geht. Jene Inseln würden dann Aegyptens natürlichen Reichthum, so groß er auch ist, doch erst ergänzen, und
etwas von dem Rest altgriechischen Volks, das sich im cyprischen und kretischen Gebirg erhalten, würde dann mit dem
ausbündigen Handelstalent, das diesem Stamm angeboren,
sich in Aegypten ansiedeln und den übermüthigen Engländern
und Franzosen die Wage halten. Solche Wünsche, die man
im modernen Kairo hegt, erinnerten uns daran, daß schon
die alten ägyptischen Könige sich mit den Persern um Cypern
gerauft, und daß die Insel die ganze Ptolemäerzeit dreihundert
Jahre lang mit Aegypten verbunden gewesen. Von Kleopatra
kam sie an die Römer, und bildete später ein glanzvolles Juwel
in des byzantinischen Kaiserthums Krone, bis die räuberische
Hand von Richard Löwenherz es ausriß und das französische
Königthum der Lusignans errichtete.

Fast dreihundert Jahre lang blühete dies cyprische Königthum. Damals bildete die Insel den Arsenal- und Waffenplatz,
wo man sich sammelte und rüstete zum Angriff auf die gegen-
überliegenden Küsten des Festlands. Schiffe auf Schiffe segelten
heran voll Mönche und Ritter. Templer und Johanniter erbauten sich stolze Burgen, und die andern Ritter ließen ihre
Damen hier, ehe sie ausfuhren zum Streit. Die Flotten aber
fanden auf Cypern einen überfüllten Markt sich aufs beste zu
verproviantiren. Als die Krone von Jerusalem Christi Grab
verlassen mußte, blieb sie noch lange Zeit über dem cyprischen
Ritterlande schweben, und ebenso lange blieb die Hoffnung
rege, ihren Paladinen werde es gelingen, sie wieder hinüber
zu führen ins heilige Land. Damals hatte die Insel wieder
gute Zeit, Stadt auf Stadt entstand, und der Anbau von
Wein, Oel, Seide, Baumwolle, Johannisbrot und Farb-
kräutern, der Bergbau, lebhaftes Gewerbe und weiter See-
verkehr trugen den Guts- und Handelsherren schöne Summen

ein. Weil aber der Königshof von Cypern und Sprache und
Sitte seiner ritterlichen Gesellschaft französisch waren, so er=
innern sich die Landsleute der Lusignans gar gern an jene
Zeit und meinen wohl, damals sei Cypern blühender gewesen,
als unter den Ptolemäern, ja als in der alten griechischen
Zeit, wo die Insel noch ihre Freistädte und ihre eigenen neun
Fürstenthümer hatte. Noch vor einigen Jahren, ehe den Fran=
zosen bei Metz und Sedan die Flügel gestutzt wurden, sollen sie
insgeheim sich Hoffnung gemacht haben, ein günstiges Geschick
könne ihnen die edle Inselperle, die mehr werth ist als ganz Algier
und dabei keine wilden Kabylen hat, wieder in den Schoß werfen.

In den Perserkriegen der Griechen, unter den Lusignans,
und etwa noch das folgende Jahrhundert unter den Vene=
tianern, als Cypern das große Bollwerk gegen die Asiaten
war, hatte die Insel politische und kriegerische Bedeutung in
der Welt — sonst fast niemals, wenigstens nicht im Verhält=
niß zu ihrer Größe. Als drittgrößte Insel des Mittelmeeres
liegt sie zwischen Asien und Afrika einsam im Ostviereck des
Mittelmeeres, wie ein Schinken geformt, und streckt ihr langes
Schinkenbein gerade in den Winkel zwischen Kleinasien und
Syrien hinein, als zielte Cypern auf Herrschaft nach beiden
Seiten hin. Doch im ganzen Alterthum, die früheste Phö=
nizier=, Perser= und Aegypterzeit ausgenommen, bleibt es an
Bedeutung hinter so viel kleineren Inseln wie Kreta, Rhodos,
Lesbos, selbst hinter Aegina und Thasos zurück. Man hört
nichts von ihm, als daß es überaus frucht= und metallreich
sei und der Sitz der Liebesgöttin und schwelgerischer Ueppigkeit.
Von cyprischer Kunst, Literatur und Wissenschaft, von cypri=
scher Rechts= und Staatsbildung, die andern Völkern zum
Vorbild dienen, ist niemals die Rede. War es das Ueppige
und Weichliche des Klimas, das edlere Anstrengungen nieder=
hielt, oder war es der Dienst der allverzehrenden und all=
gebärenden Venus=Astarte?

Jenes rasche Aufblühen aber in Feld= und Bergbau, Han=
del und Gewerbe, das gleich nach der fränkischen Besitznahme
eintrat, ist ein Zeichen, was Cypern sofort wieder würde, so=
bald europäische Hände sich der Insel bemächtigten, die wie
ein Kleinindien vor der Welthandelsstraße des Suezkanals liegt.

Als ich von Kairo kommend in den Suezkanal einfuhr,
die Menge der Schiffe, welche diese neue Weltstraße befuhren,
und die Städte sah, die in wenigen Jahren hier entstanden,
trat mir das Bild vor Augen, welches die Landschaften am
Kanal und an den nächsten Küsten zu beiden Seiten seiner
Ausmündungen schon nach einem Menschenalter darbieten
werden. Diese Fortschritte aber müssen nothwendig auf Cypern
zurückwirken, das gleichsam von den Gewässern des Nils und
Suezkanals, wenn der Wind sie nach Norden treibt, bespült
wird. Das Nildelta ausgenommen gibt es in allen Küsten=
ländern der Osthälfte des Mittelmeeres nirgend so große frucht=
bare Strecken, als in Cypern.

Zur Zeit aber scheint sich kein Mensch auf der Welt um
die altberühmte Insel zu kümmern, es sei denn in Konstan=
tinopel, wo das Paschalik von Cypern hoch im Preise steht?
Im Preise? Es ist nicht anders, jedes Paschalik hat am Bos=
porus seinen Preis. Er steigt und fällt je nach der Höhe und
Menge der Angebote. Es gibt nämlich dort gar viele vor=
nehme Familien, deren Oberhäupter ihre Lebensbestimmung
darin finden, sich als Paschas zu bereichern. Da das Geld
ihnen aber durch die Finger läuft, denn die lächerliche Pracht
und Putzsucht der Harems verschlingt unglaubliche Summen,
so sind die Herren ewig in Geldnoth, und wenn sie ein paar
Jahre von Schulden gelebt, so kommt eines Tages der ar=
menische Banquier und erklärt: jetzt müsse er durchaus sein
Geld haben. Dann schickt der Herr ihn zu einem Minister,
ihm ein Paschalik zu verschaffen. Nur durch dessen Erwerb
kann er in den Stand kommen, seine Schulden zu bezahlen.

Der Minister will erst nicht, er hat schon genug gute Freunde zu bedenken, doch der Unglückliche hängt selber mit großen Posten bei dem Armenier oder dessen Geschäftsfreunde, der auch ein Armenier ist. Nun wird er leise gezwickt, selbst zu bezahlen, und die Zwickmühle läßt ihn gar nimmer aus. End= lich nimmt der höchste Beamte selbst ein gutes Geld und gibt das Paschalik her, natürlich unbestimmt auf wie lange. Der neue Pascha langt an in seinem Konak, so heißt das Residenz= schloß, das gewöhnlich aus einem schmutzigen und weitläufigen alten Steinkasten besteht, in welchem nichts zu finden als leere Wände und ein paar alte Divans. Anfangs spricht er viel von Verbesserungen. Dann läßt er fallen, dieser oder jener Unterpascha oder Kaimakam (Bezirkshauptmann) passe nicht recht an seinen Platz. Gleich kommen Andere daher mit vollen Beuteln und möchten die Stelle gern haben. Allein der Ge= fährdete, der länger in der Wolle sitzt, bringt noch vollere Beutel.

Die Gefahr geht vorüber, und nun erholt er sich an seinen Bauern. Dorf für Dorf wird vorgenommen, Diesem so und so viel und Jenem so und so viel zu zahlen auferlegt. Die Mudirs und Agas (Stadt= und Dorfregenten) haben ein wachsames Auge auf jeden Mann, sie zählen täglich seine Schweine und Ziegen und was er an Früchten verkauft. Jeder von ihnen hat seine eigene kleine Steuerschraube, und wenn eine große Geldklopferei veranstaltet wird, so wollen sie auch keine Steine klopfen. Ein Vorwand für die Abgabe ist ja leicht gefunden, bestände er auch nur darin, daß der Herr seine Amtspferde müsse beschlagen lassen. Die Bauern erheben ein Jammergeschrei; denn die geforderte Summe würde für ein paar Reiterregimenter zum Pferdebeschlag hinreichen. Aber wie, die Unseligen wagen es, sich zu widersetzen? Das ver= langt Strafe, die Forderung steigt. Die Zaptiehs oder Polizei= soldaten kommen und legen sich ins Quartier. Anfangs sind sie still und gutmüthig, mit jedem Tage treten sie herrischer auf, endlich wie eben so viele Dämonen des Unheils. Die Forderung wächst beständig. Gefängniß und Körperstrafen drohen. Schon werden Einige fortgeführt. Dann fängt die Rajah an zu handeln, und nach vielem Flehen und Kreischen wird eine Abfindungssumme erlegt. Woher die Armen das Geld nehmen, ist unerklärlich. Die Zaptiehs reiten ab. Einer bringt eilends das Geld zum Herrn, die andern legen sich ins Quartier im nächsten Dorfe.

So scheeren Paschas und Kaimakams ihre Schäflein mit lächelnder Gemüthsruhe und großer Geschicklichkeit, man könnte es beinahe Schinden nennen, ja blutiges Schinden. Jedes Jahr gehen dabei auf den Dörfern ein paar Familien mehr zu Grunde, und wird eine Anzahl Aecker mehr zur Wildniß. Was kümmert das die Herren? Sie müssen sich ja beeilen, denn plötzlich kommt ein neuer Pascha daher und beginnt das alte wohl-bekannte Spiel von neuem.

So wandert fort und fort das Geld aus den Provinzen nach Konstantinopel. Der kleinere Theil geht dort für Luxus auf, der größere verschwindet sogleich nach der Ankunft. Er wird zum todten Metall bei den Armeniern. Die Einen sagen: sie legten es in ihren Klöstern nieder; die Andern meinen: sie grüben es heimlich in die Erde.

Unter solchen Gesprächen über Geschichte und Gegenwart der merkwürdigen Insel sank in Port Said der Abend hernieder, und mein liebenswürdiger Gastfreund gab mir das Geleit an Bord des Lloyddampfers. Beide Verdecke waren überströmt von einer Völkerwanderung. Alles, was zum griechischen Osterfest nach dem heiligen Lande wollte, war von Neapel und Marseille, aus Griechenland und Aegypten, auch von Kon-stantinopel und Smyrna nach Alexandrien gekommen, weil das Lloydschiff von hier geradenwegs nach Jaffa ging. Es waren auch wohl zwanzig Tscherkessen da mit Weib und Kind

und Sack und Pack. Von den Russen aus ihrer Heimath
vertrieben, wurden sie von einer Küste zur andern geschickt,
bis sie irgendwo ein fettes Bergeplätzchen fanden, in dessen
Nachbarschaft sich auch wohl ein guter Raubgriff machen ließ.
Ohne Zweifel gab es einst in der römischen Kaiserzeit genug
ihrer germanischen Vettern, die auch so in der Welt umher-
fahrteten mit diesen stählernen Sehnen im Arm und diesen
scharfen stoßenden Geier- und Adlerblicken und dem stets
lachenden Trotz im Gesicht mitten in Elend und Verbannung.
Prächtige Bartpopen sahen ernst gefaßt in das Gewühl hinein,
als ständen sie anf den Höhen der Weisheit. Ich bin aber
überzeugt, je höher irgend einer ihrer Reihe stand auf den
vielen Rangstufen griechischer Geistlichkeit, um so gewisser
wälzten sich hinter der edlen breiten Stirn nur zwei Gedanken:
entweder, wie werfe ich den Andern aus seiner geldreichen
Pfründe? oder, wie wirft der Andere mich aus meiner eigenen?
Ein Häuflein französischer Nönnchen hielt sich ängstlich zusammen wie eine Schaar furchtsamer Hühnchen. Gar so bunt
und schweißdampfend und zwiebeldunstig hatten sie sich den
Orient wohl nicht gedacht. Ich aber hatte eine hübsche Ma-
gyarin, ein echtes Racekind, herausgefunden, die mit ihrem
Mann, einem Deutschungar, nicht weiter wollte als bis Diar-
bekr. Das drolligste Zeug sprudelte ihr nur so vom Munde,
und dabei zeigte sie die reizendsten Beißzähnchen.

Unterdessen steuerte das Schiff ins dunkle Meer hinaus,
und da sah es sich schön an, wie der Leuchthurm von Port
Said jede fünf Sekunden elektrisches Licht auswarf. Noch
fern auf dem Meere in tiefster Nacht strahlte es zu uns herüber fast eben so hell wie nahe an der Küste. Die Natur
dieses quecksilbernen Lichts hat offenbar Aehnlichkeit mit blitzen-
dem Sternenlicht.

II

An der Gegenküste.

Andern Morgens sah die syrische Küste dunkel aus Regen=
wolken daher, und ein scharfer Wind wehte vom Lande. Als
wir aber näher kamen, stellte Jaffa sich einladend vor. Ein
Berg von mäßiger Höhe und angenehmer Rundung ist ganz
mit Häusern und Hütten überdeckt, und ringsum umgeben von
Gartengrün und gelben Sandhügeln, die noch weithin die Küste
entlang sichtbar. Einige, nur zu wenige Palmen erheben sich
über der Stadt. Dahinter zieht in sanften Linien das dunkle
Gebirge.

An der syrischen Küste, die sich der ganzen Länge des
Mittelmeeres entgegenstellt, rollen und schlagen die Wogen
schwer ans Land, und der Wind braucht nur ein bißchen von
Westen zu stehen, so hat man hochschäumende Brandung. Eine
Menge starkgebauter Landungsboote kam an das Schiff, und
die Führer überschrien einander und das Wogengebrause schon
von weitem, um der Personenfracht nicht verlustig zu gehen.
Kaum waren die bunt sich drängenden Haufen der Reisenden
abgeschoben, so kamen große Kähne übers Wasser und för=
derten viele Hunderttausende von Orangen an Bord. Wer
noch auf dem Schiff war, hielt Orangen in der Hand. Diese
gehen von hier nach Beyrut und Konstantinopel, Athen, Port
Said und Alexandrien; denn die Jaffaorangen sind von be=
sonderer Güte und Größe.

Da das Schiff sicher noch bis zum Abend mit Einladen

der duftigen Goldäpfel zu thun hatte, so fuhr ich ans Land und gewann unter harten Stößen und naßkalten Sprißwellen festen Grund. Bei dieser Gelegenheit hörte ich eine Anekdote zur Erläuterung der Lingua franca. Der Kaiser von Oesterreich wollte hier vor ein paar Jahren troß heftigen Sturmes landen. Als das Boot schütternd auf die Felsen stieß, rief ihm der arabische Steuermann zu: „No abir paura, gran sultano, sono Mustapha con ti!" (Nicht haben Furcht, großer Kaiser, bin Mustapha bei Dir!) Wirklich rettete er durch seine Kraft und Geschicklichkeit dem kühnen Fürsten vielleicht das Leben, und als ein Christ ihn später fragte, was der Kaiser ihm gegeben, sagte er: „Hundert Zecchinen und che tu creder (was Du glauben)", indem er auf sein Knopfloch wies. Er meinte damit einen Orden, der die Gestalt eines Kreuzes hatte.

Wenn man von Vollblutarabern nach Jaffa kommt, fällt sofort ins Auge, wie sich in Syrien eine Blutmischung begeben hat. Eine Menge schmußigen Volks kauerte in einem alten Brunnenhof: dieser bestand aus kleinen plumpen Bogenhallen, in welchen Kaufläden sich eingenistet hatten. Die roheste Form des Rundbogens ging hier aufs Natürlichste in den Schwibbogen über. Gar patriarchalisch mutheten uralte Cypressen an. Ihr Rauschen und Geäste war beinahe wie bei Laubholz. Auf einem Hügel wurde ein Thurm bestiegen, und das Auge erquickte sich im rings ausgebreiteten Grün, aus welchem ein köstlich erfrischender Laub= und Blüthengeruch aufstieg; denn es war der 19. April, recht in der Mitte des Frühlings im Orient. An der einen Seite der grünen Wellung schaute gelb die Wüste herüber, auf der andern glänzte jenseits des breitsandigen Strandes die Meeresbläue. Im Südosten reckte sich das Gebirge aus in hohen Umrissen. Die Luft war leider nicht ganz klar, sonst soll man bis zum Hermon und Karmel sehen.

Einen schönen Nachmittag brachte ich zu bei unsern Lands=

leuten, die ihren Seelenführern Hoffmann und Hardegg nach der
syrischen Küste folgten, um hier, unbehelligt von jeglichem Staats-
kirchenwesen, das reinste Urchristenthum, den rechten Tempel
Gottes wieder aufzubauen. Natürlich stammen sie aus Schwaben,
dem alten Keimboden urchristlichen Strebens. Sie kamen 1868
an, kauften einer verunglückten amerikanischen Methodistensekte
die Güter ab und brachten sie durch deutschen Fleiß und Verstand in Flor. Blühende Gärten umgeben die Häuser, untermischt mit arabischen Hütten. Neben dem Ertrag an Orangen
denkt man jetzt an Wein- und Seidenbau, da die Erzeugung
von Korn und Olivenöl nicht lohnend ist. Eine Stunde weiter,
in Sarona, haben diese Ansiedler an 400 Tagwerk beisammen,
einige wohnen in Jerusalem, und in Kaipha ist ihre zweite
größere Ortschaft, ebenfalls gegen 300 Seelen stark. Ihr
Anfang war schwer in diesem Lande, das Schlimmste eine
Epidemie, an welcher die Syrier wie Fliegen dahinstarben.
Der Zimmermann, der selbst eben ging, sich in der gesunden
Luft Deutschlands wieder zu stärken, vertraute mir: in fünftehalb Jahren habe er in Jaffa sechzig Särge gemacht. Aus-
dauer aber und Gottvertrauen haben diese harte Zeit über-
wunden: jetzt erblickte ich nur Gedeihen. Die Mädchen- und
Knabenschulen, verbunden mit Pensionaten, das Gasthaus,
das Spital und die Apotheke waren musterhaft. Gebe der
Himmel, daß bei Zusammenstößen im Orient, wenn wieder
eine Christenmetzelei im Anzug, zur rechten Zeit sich wieder
deutsche Kriegsschiffe an dieser Küste sehen lassen.

Der ganze Küstenstrich bis Kaipha, der jetzt beinahe öde
da liegt, soll fruchtbar sein. Freilich in Cypern, so hieß es,
sei das Land noch viel mehr gesegnet und dabei spottwohlfeil.
Allein man zog in Betracht, daß diese schöne Insel, obgleich
dem Festland so nahe, doch wie ein weltentlegenes großes
Landgut anzusehen, das den Türken zur rohesten Ausbeutung
überliefert sei. Aus Rußland waren deutsche Mennoniten,

weil sie Kriegsdienste thun sollten, weggezogen. Sie hatten zunächst an Cypern gedacht, ihre Abgesandten aber kamen mit der Nachricht zurück: das Land fließe allerdings von Milch und Honig, und die besten Ansiedlungsplätze böten sich in Menge dar; allein Recht und Gerechtigkeit sei auf der Insel unfindbar. Deshalb hatten sie vorgezogen, neue Heimstätten im fernen Amerika aufzusuchen, dort in der neuen Welt, wo ich einst in Kanada, am Ohio, und im fernen Westen so viele deutsche Ansiedlerhäuflein getroffen hatte, die sich ihr kleines Reich ungetrübten Friedens, eine Stätte evangelischer Reinheit und einfacher Christensitte gründen wollten. Hier an der syrischen Küste stieß ich unvermuthet wieder auf ein paar hundert Deutsche von ganz ähnlicher Geistesrichtung. Wird ihnen jemals ihr Paradies erblühen?

Ach, ein ideales Christenthum, entledigt von allem heidnischen Opferdienst und Formelballast, es ist und bleibt doch die tiefste Sehnsucht des Jahrhunderts. Dies Ideal leuchtet wie ein heller Silberstern über dunkelwogenden Gewässern, es hat seinen Theil am kühnsten socialen wie philosophischen Beginnen. Selbst dem jüngsten vatikanischen Unternehmen lag sicher nicht bloße Herrschsucht zu Grunde, sondern die Hoffnung, die wilde Leidenschaft und Unruhequal der Zeit allmählig zu bezwingen durch das höchste Princip der Autorität, dem sich alles Denken, Glauben, Wollen unterordnen müsse. Die Jesuiten, jene feinen Meister in der Menschenfischerei, mochten wohl mit stillem Stolz ihren immer weiteren und größeren Gewinn seit dem Beginn der Antireformation überschauen, sie mochten darauf weitere Schlüsse bauen, und dennoch haben sie sich verrechnet, wahrscheinlich gründlich verrechnet in den Machtmitteln des Staats und der Wissenschaft. Staat und Wissenschaft haben noch lange nicht die Höhe erreicht, welcher ihre jetzige Ausbildung und Bewegung sie zutreibt, und so lange spotten sie aller kirchlicher Fesseln.

Da bis in die Nacht hinein das Einladen der Orangen
dauerte, so kamen wir erst andern Morgens, als es schon
hell war, vor Kaipha an. Ein wenig bedeutender Bergrücken
geht hier zur Rechten ins Meer, darauf steht ein Leuchtthurm=
gebäude und dahinter das große Kloster des Karmel. Gleich
hinter dem Vorgebirge des Karmel öffnet sich eine weite schöne
Bucht, welche das Hochgestade in rundlich weiten, fast deutschen
Bergformen umzieht. Gerade vor sich hat man am Ufer klein
hingedrängt die Stadt mit ihren weißlichen Häusern gleich
Steinbrüchen. Und daneben erhebt sich eine zweite Stadt mit
viel schöneren Häusern, mit Dampfmühlen, Windmühlen,
Gärten und Weinbergen, die weit das Gestade hinauf sich er=
strecken: dies war die erste Ansiedlung unserer deutschen Tempel=
bauer. Mehrere kamen zum Schiff, und da hörte man hier
und da das scharfe, aber trauliche Schwäbeln.

Hier kam ein verehrter Bischof=Patriarch von Jerusalem
mit Familie an Bord, und nun gab es genug des religions=
geschichtlichen Erörterns und Nachdenkens. Wir sahen Akkon
schon von Kaipha aus. Als das Schiff vorüberfuhr, fiel ein
dunkler Wolkenschatten darüber und lag nächtlich auf den
Grabstätten von zahllosen Kreuzesrittern, die noch keinen Sänger
gefunden. Darauf erblickten wir Thyrus, das sich vor der Küste
auf einer Inselplatte ausbreitete. Dann zeigte sich das Rest=
chen von Sidon, jetzt Saida, gleich einem grauen Steinhaufen
inmitten schöner Gärten. Bis hoch ins Gebirge hinauf zogen
sich, wie ausgestreute Kalksteine, und immer zahlreicher die
Drusenhütten.

So fährt man betrachtend an dieser syrischen Küste vor=
über und erblickt einen weltberühmten Ort nach dem andern,
früheste Sitze des Welthandels, Geburtsstätten der Religions=
mythen. Nun hat der Welthandel längst diese Küsten verlassen,
um andere Landstriche zu beleben, aber die uralten Mythen
leben noch und bildeten sich immer weiter in andern Formen.

Als mit den Phöniziern die syrische Astarte nach Cypern kam — die Herrscherin ob den verhüllten Naturtiefen und ihrer Furcht- und Fruchtbarkeit, die Göttin des ewig verschlingenden, ewig gebärenden Alllebens, — da wurde die grün prangende Insel, mitten in deren Ueppigkeit zu Zeiten plötzlich unter glühendem Lusthauch alles Leben verdorrte, der Hauptsitz des Astartedienstes. Und als die Griechen Cypern besetzten, formte ihre edlere Phantasie, die sich alles in klaren Umrissen ausdenken mußte, aus der syrischen Allgötin die Aphrodite, die Göttin der Schönheit. Denn der entzückendste Reiz alles Lebens, seine feinste und höchste Blüthe ist doch das Schöne.

Weltberühmt wurde jetzt der Aphroditekultus in den duftigen Blüthenhainen am spiegelnden Meer zu Paphos und Amathus: stets aber mischte sich hinein der alte wüste geistig und sinnlich schwelgerische Astartedienst. Das größte Heiligthum der geheimnißvollen Weltallsgöttin blieb ein uralter tiefschwarzer Meteorit, der von den Priesterinnen an großen Festen gebadet und gesalbt und in weiße Tücher gehüllt wurde. Und siehe da, als das Christenthum die beseligende Lehre von der Gotteskindschaft brachte, da schaffte sich das Volk neben dem himmlischen Vater gleich wieder eine Allgöttin, eine Gottesgebärerin, und umkleidete die reinen holdseligen Züge der jungfräulichen Mutter mit etwas Finsterem und Geheimnißvollem. Man braucht nur eines der ältesten byzantinischen Muttergottesbilder anzusehen: in den schwärzlichen Zügen waltet nichts von heiliger Liebesverklärung, wohl aber der düstere Ernst der Gebieterin über Tod und Leben.

Unser Dampfer kam, statt wie er sollte am frühen Morgen, erst am Abend vor Beyrut an. Die Stadt überraschte mich durch ihre Größe und Schönheit. Ein langer Bergrücken, leise gewölbt, streckt sich ins Meer, bedeckt mit großen und kleinen europäischen Häusern. Das Gebirge dahinter war von Regen-

wolken verhängt, öffnete jedoch andern Morgens deutlicher seine
Falten, und nun blickte man oberhalb der Stadt in gewaltige
Schluchten und Felsgehänge hinein, und hoch darüber ragten
hier und dort die schneeigen Höhen empor.

Wir blieben den ganzen Tag vor Anker, und ich lernte
etwas von der außerordentlichen Bedeutung Beyruts kennen.
Mit mächtigen Armen greift sein Handel bis tief in Asien
hinein. Auch nach Cypern? Wenn diese fruchtreiche Insel
irgendwo so nahe vor der europäischen Küste läge, täglich
würden Dampfschiffe hin und her gehen. Und hier? Nur
durch fremde Dampfschiffe hat Beyrut einigen Verkehr mit
Cypern, jede Woche geht eines hin und ein anderes kommt
her. Die Insel liegt da gleichsam von Gott und aller Welt
verlassen, den Türken überantwortet, welche die Insel zu
schätzen wissen. So gründlich sie auch die Beutel der Bewohner wieder und wieder ausgepreßt haben, hier ist noch
immer etwas zu holen. Deshalb steht das Paschalik von Cypern
hoch im Preise in Konstantinopel.

Nun aber wird's Zeit, nach der Insel selbst abzureisen und
dort uns umzuschauen, ob alles wahr sei, was man an ihrer
Gegenküste erzählte. Als das Dampfschiff sich gegen Abend
zur Abfahrt rüstete, kamen zwei Reisegesellschaften heran gerudert. Die eine war die Cook'sche aus England, die andere
die Stangen'sche deutsche, die 24 Personen stark war. Die
Engländer, noch um zwei Personen mehr, hatten auch Damen
bei sich, denen sämmtlich ein alter Blaustrumpf aus den Augen
guckte, und die Herren waren nicht viel anmuthiger. Engländer
sind entweder sehr bedeutend an Geistes- und Leibesgestalt, oder
sehr armselig an beidem, in letzterem Fall sehen sie aus wie
Ladendiener oder Kleinarbeiter. Zur zweiten Klasse gehört
natürlich die große Menge und gehörte auch die ganze Cook'sche
Gesellschaft, während die Deutschen durchgängig sich als frische
kräftige Männer darstellten. Sie waren mit Zelten von

Jerusalem nach Damaskus gewandert, und alle befriedigt. Als nun das Schiff vom Lande abdampfte nach Cypern hin, da stellten sie sich auf dem Verdeck zusammen und sangen: „Wer hat dich, du schöner Wald!" und „In einem tiefen Grunde," und „Es tönt ein Lied wie Schwerterklang." Hei, wie da der volle Männerchor brausend über die syrischen Gewässer schallte!

III.

Larnaka.

Griechische Landschaft hat einen Großblick, und auch wo er stumm bleibt, redet er noch eine Sprache, die Hohes und Edles verheißt. So dachte ich unwillkürlich, als wir am Morgen des 21. April auf der Rhede von Larnaka den Anker fallen ließen. Es war eine weitausgeschweifte Bucht, hinter dem niedrigen Gelbrande des Strandes dehnte sich eine Ebene, darin erhob sich ein nackter steiniger Hügelzug, Berge schauten aus blauer Ferne herüber. Das Bild war schlicht und ernst, aber voll Schwung und Charakter in den einfachen Linien.

In den Theilen von Deutschland, wo der Boden eben oder von Mittelgebirg überzogen ist, fesselt die Ortschaft den ganzen Blick: die Gegend verschwindet gegen die Ansiedlungen. Wo Meer oder Hochgebirg hineinragt, fügt sich Dorf und Stadt in das Gemälde als ein Theil und Zubehör. In der griechischen Landschaft dagegen verschwindet Menschenwerk. Die unendliche Himmelsbläue, das unabsehliche Meer, der wunderbare Glanz, der aus beiden hervorbringt und mit alllichtem Aether Baum und Fels umfängt, dabei der mächtige Schwung in jeder Erhebung des Bodens — das läßt die Städte und Bauten und Gärten der Menschen nur wie eine Zuthat, höchstens als einen helleren Schmuck der Landschaft erscheinen.

So lagen auch jetzt Larnaka, Stadt und Hafenort, nur wie ein Flecken da in der weiten offenen Gegend. Eine Stelle an dem Halbbogen der Bucht ist von einer Häuserreihe besetzt,

über welcher die bunten Konsulatsflaggen wehen, überragt
von einem spitzen Minaret und einem neuen Glockenthurm,
und noch höher steigen die Palmen, die über den Strand-
gärten sich in blauen Lüften wiegen. Es mögen ihrer fünfzig
sein: man möchte aber Tausende hinwünschen. Das ist der
Hafenort Larnaka, und durch weite Felder getrennt liegt dahinter die Stadt.

Die Schiffsoffiziere und der Arzt und Maschinist kamen,
um herzlichen Abschied zu nehmen. Ich war mit ihnen von
Triest nach Alexandrien und eine Woche später die syrische
Küste entlang gefahren. Der Kommandant empfahl mich auf
das Angelegentlichste dem Lloydagenten. Dieser aber sagte:
mein Zimmer stehe bereit bei dem deutschen Konsul. Und so
fand ich, noch im Landungsboote stehend, schon vom Ufer her
den freundlichsten Willkomm, und der Dragoman, der mich
ins Innere begleiten sollte, kam auch herbei und hatte sich
schon nach Reitthieren umgesehen, — Alles Dank der gütigen
Fürsorge des deutschen und österreichischen Botschafters in Konstantinopel, die mir eine Empfehlung an die Konsuln vorausgeschickt hatten.

Als ich mich etwas eingerichtet, durchstrich ich das Hafenstädtchen; die eigentliche Stadt liegt eine Viertelstunde mehr
landeinwärts. Die Gassen waren belebt, Händler und Handwerker bei ihren Geschäften, Schmutz überall. Die Häuserreihe
am Strande, dahinter hier und da noch eine stattliche Wohnung, die Kirchen und die Gärten mit den Palmen am Meere
— das ist der Glanz des Städtchens. Alles Uebrige ist Orient,
d. h. Unsauberkeit und Lumpen und erbärmlicher Lehm- und
Holzbau.

In der katholischen Kirche betete ein einsamer schwarzer
Mönch. Die griechische zeigte sehr hübsches Schnitzwerk am
Bischofsstuhl und am Ikonostas, der Bilderwand, die von
einer Mauer zur andern laufend den Altarraum von der

Löher, Cypern. 2

Kirche scheidet. Die Bilder, welche daran befestigt sind, werden vom gemeinen Mann inbrünstig geküßt: darin besteht ein großer Theil seiner Religionshandlung. Man könnte diesem Zeichen der Verehrung, denn es ist doch wenigstens eine religiöse Anmuthung des Gemüths darin, beistimmen, wenn es nur auch ein Kirchengesetz gäbe, die Leute sollten sich vor dem heiligen Küssen das Gesicht waschen. Dann geschähe dies alle Wochen doch einmal, und die Kußstellen auf den gold= und silberglänzenden Bildern wären nicht von einem kleinen Schmutz= kreis umgeben. Alle bessere Bildung beginnt mit einem natür= lichen Hang zur Reinlichkeit: unfehlbar sinkt ein Volk, das heruntergekommen, gemach dem Gegentheil in die Arme.

An dieser Kirche war ein Säulenkapitäl verbaut, hin und wieder erblickt man ein Stück antiken Marmors, der in einer Hausmauer steckt, oder es wird ein schmuckloser Sarko= phag zum Behälter benutzt. Sonst erinnert nichts mehr an die uralte Großstadt des Handels, die einst in dieser Gegend stand, als etwa noch die Grabkammern, welche die früheren Bewohner in Menge zurückließen. In dem weichen Kalkstein, der unter dem Boden hinstreicht und hier und dort in An= höhen zu Tage bricht, ließen sich die Gräber leicht aushöhlen. Einst waren sie voll von Marmorsärgen. Diese hat ein Jahr= hundert nach dem andern herausgezogen und zerschlagen und verbaut. Davon trägt die Stadt wohl ihren häßlichen Namen, denn Larnaka heißt Särge. Andere sagen, der Name gründe sich darin, daß die Stadt jetzt auf einer Stelle sich befinde, wo im Alterthum der Kirchhof gewesen.

Jedenfalls nahm die alte Stadt hier einen weiten Raum ein. Sie hieß Kiti, griechisch Kition, und in Asien nannte man danach die Bewohner von Cypern die Kitier. Phönizier hatten die Stadt gegründet, und sie blieb beständig ein Hauptsitz derselben, sie kehrt sich ja der syrischen Küste zu. Später kamen griechische Ansiedler — Händler Gewerbtreibende

Künstler — und bewohnten wahrscheinlich neben den Syriern ihren besondern Stadttheil. Allmählig wurde alle vornehmere Bildung hier wie in Antiochien und Alexandrien griechisch in Sprache und Färbung.

Latein dagegen konnte niemals in den Orient eindringen. Erst die Ausdehnung der griechischen Kultur, dann die Eroberung durch Alexander den Großen und die Vertheilung unter seine königlichen Generale hatten der Römersprache für immer die Osthälfte des Mittelmeers verschlossen. Die Griechensprache schritt dagegen nach Westen fort nach Sicilien und Italien, und bürgerte sich dort auch in der gebildeten Gesellschaft der Römerstädte ein, während das Latein bloß Gallien Spanien und Afrika eroberte, diese Länder aber so lange beherrschte, bis es von dort aus in den Unruhen der Völkerwanderung wieder vorrückte und das Griechische vom italicnischen Gebiet wieder verdrängte. Alle folgenden Jahrhunderte konnten diese Scheidewand der Völker und Sprachen nicht mehr stürzen, nicht einmal mehr durchbrechen: sie steht heute noch aufrecht wie vor tausend Jahren.

Cypern allein schien eine Zeit lang eine Ausnahme zu machen. In den vier Jahrhunderten der Lusignans und der Venetianer herrschte hier das Romanische, und jetzt? Spurlos ist es verwischt und verweht. Das Neugriechische hat die ganze Insel wieder besetzt, man spricht es auch in den meisten türkischen Häusern, verstanden wird es überall. Wiederholt hörte ich in den kleinasiatischen Küstenstädten, daß Griechisch dort beständig zunehme. Wo einmal ein paar dieses Volkes ansässig, kommen bald mehr, und noch früher als sie selbst, verbreitet sich ihre Sprache in der ganzen Stadt. Wie das Griechische, seitdem das kleine Königreich dieses Namens errichtet wurde, mit ungewöhnlich rascher Eroberung in das Innere von Hellas vorrückt, so dringt es jetzt schon nach allen Küsten vor, welche das Mittelmeer im Osten bespült. Das ist um so merkwürdiger, als die Neugriechen ja selbst noch sehr weit davon entfernt sind, bis sie ihre alten National-laster, die keine geringen sind, abschütteln. Man darf solche Thatsachen nicht mißachten: sie geben Fingerzeige für die Zukunft.

Im Hafenstädtchen von Larnaka wohnen die Konsuln von allen europäischen Völkern beisammen. Die Stätte des alten Kiti ist der Hauptort der Insel geblieben, denn hier ist Cyperns beste Rhede, obgleich auch hier die Untiefe vom Strande so weit ins Meer geht, daß die Schiffe draußen bleiben müssen. Schaukeln ihrer mehrere in der Reihe auf den Wogen, so geben sie mit ihren schlanken Spieren und Raen ein hübsches Seebild.

Bei den Konsuln und einigen andern Familien machte ich am Nachmittag Besuche und lernte dabei eine Menge phönizischer und altgriechischer Alterthümer kennen, die hier und dort bei Graben im Boden zum Vorschein gekommen. Ganz Cypern scheint ein großer Kirchhof zu sein: man braucht in seinen uralten Kulturboden nur die Hacke einzuschlagen, gleich kommen Alterthümer hervor.

Die griechischen Gräber zu Idalion waren drei Fuß unter der Erde, phönizische lagen unter ihnen drei bis vier Fuß tiefer. Sollten die Griechen, als sie ihre Grabstätten anlegten, nicht mehr gewußt haben, was darunter sich befand?

Alle Gräber waren voll von Erde: mit dem eindringenden Wasser kommen die feinen Erdtheilchen und setzen sich im Laufe der Jahrhunderte immer dichter an, bis sie jede Höhlung ausgefüllt haben. Dazwischen finden sich dann allerlei hübsche kleine Sachen, Krüglein Schmuckgeräth Münzen Siegel-stöcke und dergleichen. Auf größere Bildwerke ist man bis jetzt selten gestoßen.

Belehrungen dieser Art erhielt ich vom amerikanischen Konsul, einem weltgewandten Italiener, welcher der Erste gewesen, der mit methodischer Betriebsamkeit und von Scharf-

finn und Finvertalent begleitet, sich eine große Sammlung
aufgegraben, aus deren Verkauf nach Amerika er sich ein Ver=
mögen gemacht hatte. Jetzt war er darüber aus, sich eine
zweite ähnliche Sammlung zu bilden und dachte auch als
Schriftsteller aufzutreten.[1] Vierzehn Tage vor meiner Ankunft
fand er bei Amathus fünf Minuten vom Wege einen großen
Sarkophag aus Kalkstein, und arbeitete eben daran, die Bruch=
stücke zusammen zu setzen. Auf der einen Seite des Sarkophags
standen vier schöne Weiber, die mit beiden Händen sich an
die vollen Brüste faßten. Auf den andern Seiten sah man
herkulische Männer mit Gehörn, daneben bewaffnete Reiter,
und in einem Wagen ließ der Inhaber sich den schönsten
Sonnenschirm zu Häupten halten. Weil Lotosblüthen an dem
Sarkophag öfter wiederholt waren, so glaubte sein glücklicher
Besitzer, das Kunstwerk stamme aus einer Zeit zwölfhundert
vor Christus: es zeigten sich aber auch Eierstäbe und Rand=
verzierungen im griechischen Stil. Offenbar waren die Lotos=
blumen uralt cyprisches Herkommen, welches die griechischen
Meister beibehielten.

Außerdem sah ich bei dem italienischen Amerikaner eine
große Menge Geräthschaften, mit deren Hilfe man in das
Familienleben längst vergangener Zeiten einblicken konnte. Da
gab es die niedlichsten Figürchen, Saugflaschen für Kinder,
die mannigfachsten Becher und Vasen von Glas und Thon,
bergkrystallene Fläschlein, Serpentinvasen mit phönizischen In=
schriften, Salbenkrüglein in allen Formen, und wieder andere
kleine Krüglein, die offenbar dazu dienten, einander ein paar
Tropfen wohlriechenden Wassers zuzuwerfen, indem man mit
dem Finger das Loch am Halse zuhielt. Das Schönste waren

---

[1] Sein Werk erschien später und heißt: „Cypern, its ancients
cities and temples. A narration of researches and excavations
by General Louis Palma di Cesnola." London 1877.

einerseits die Halsketten und Ohrglocken von feinem Gold, und andererseits die kleinen gelbblauen Vasen von phönizischem Glas. Diese haben durchsichtige Henkel von Bernstein, und es gehen die scheinbar blos angemalten Ringe und schuppenförmigen Verzierungen ganz durch das Glas durch. Von beidem sollte mir später das gute Glück zwei der schönsten Exemplare, die sich vielleicht irgendwo finden, zuwerfen: die Goldkette mit Ohrgehäng aus Kreta, und eine der zierlichsten Vasen aus buntverziertem phönizischen Glas, die man in Cypern Finikia nennt, von dieser Insel selbst.

Gegen Abend ging ich mit einem griechischen Advokaten nach der Stadt Larnaka, wo wir dem Bischof Besuch machten und bei ihm den Bruder meines Begleiters, den Studienrektor aus Limasol, fanden, der in München studirt hatte und noch gut Deutsch sprach. Es fanden sich noch mehr Geistliche bei dem Bischof ein, und alle schienen in gehobener Stimmung; denn am nächsten Morgen sollte die Feier des Gründonnerstags sein, wo sie das Abendmahl nahmen. Unsere Unterhaltung drehte sich hauptsächlich um das Schulwesen der Griechen, das auch auf Cypern ungemein rasche Fortschritte macht. Vor dreißig Jahren durften sie noch nicht an Schulen denken. Jetzt gibt es in den meisten größeren Ortschaften Volksschulen, und in den drei Hauptstädten, Larnaka Nikosia und Limasol, höhere Schulen von drei Klassen, in welchen Geographie und Geschichte, etwas Anthropologie, und griechische Literaturgeschichte gelehrt und Homer und Xenophon gelesen wird. Die Schüler bezahlen je nach Vermögen der Eltern hundert bis dreihundert Mark unseres Geldes Schulgeld, die übrigen Kosten decken der Bischof und ein Zoll von ein- und ausgehenden Waaren. Die Bischöfe und viele Popen sind jetzt bereits auf einer dieser drei höheren Schulen oder in Athen gebildet. Man findet aber noch viele Popen, deren ganzes Wissen blos aus einer Dorfschule stammt.

Wir besuchten nun die Lazaruskirche, an welcher ein schöner Säulengang von Spitzbogen erfreut, der sich rings um das Gebäude zieht. Dieses macht durch seinen Stil und seine Pracht einen gefälligen Eindruck. Der Hauptbau, ursprünglich in Kreuzform mit Kuppel in der Mitte, ist sicher uralt. Die Kirche besteht jetzt aus drei großen länglichen Rundgewölben, denen oben drei kleine Kuppeln aufgesetzt sind. Den türkischen Pascha Kubschuk Mehemed, der in den dreißiger Jahren wie ein Bluthund auf Cypern wüthete, ärgerten die schönen Kuppeln. Nur Moscheen dürften sich damit schmücken, sagte er, und befahl sie einzureißen. Nach vielem Bitten und Flehen erlangte man soviel, daß sie bloß zur Hälfte abgetragen wurden; die Oeffnungen deckte man mit Brettern zu. Jetzt sind sie wieder aufgebaut, und vor fünfzehn Jahren kam auch ein reichverzierter Glockenthurm dazu, und zum Zeichen, woher die Baugelder flossen, prangt davor der russische Doppeladler.

Gar häufig sieht man in den griechischen Kirchen auf den prächtigsten Muttergottesbildern, die von Gold und Silber blitzen, die Wappen der kaiserlich russischen Stifter. Schon im siebzehnten Jahrhundert machte man es in Rußland sich zur Regel, die Griechen in der Türkei mit Geld für ihre Kirchen und Priester zu unterstützen. Auch wurde wohl für verarmte Gegenden in Konstantinopel der Tribut in Rubeln erlegt. Die Russen hatten ja von Byzanz her ihr Christenthum bekommen und behielten ein lebendiges Gefühl für ihre Kirchengemeinschaft mit den Griechen. Peter der Große sprach es offen aus: der Krieg gegen die Türken sei für Rußland ein heiliger Krieg, gleichwie in unsern Tagen wieder ein entscheidendes Wort fiel: er sei ein slavischer Krieg. Allein Völker haben immerdar ein kurzes Gedächtniß für Wohlthaten. Seit die Griechen merkten, worauf die Freundschaft hinauslief, wurden sie gegen die gütigen Russen kühl bis ans Herz hinan. Ihre Geschenke aber würden sie noch jeden Tag mit größtem Danke annehmen.

Als wir zum Lazarusgrabe hinabstiegen, war es dunkel geworden. Die Geistlichen standen in schwarzen Talaren mit Lichtern in den Händen, und das feierliche Blitzen und Glühen gab dem schwärzlichen Innern des Heiligthums etwas Mystisches.

Der heilige Lazarus soll nach Cypern gewandert und hier zum letztenmal gestorben sein. Sein schlichter Steinsarg aus weißem Marmor ist nur durch eine Rose geschmückt und steht in einer engen Höhlung. Allein das Grab ist leer. Die räuberischen Venetianer sollen die Gebeine nach ihrer Stadt geholt haben. Nun sind sie aber in Venedig nirgends mehr zu finden. Alles Suchen und Fragen ist vergeblich gewesen. Man muß sich damit trösten, daß der Heilige selbst wohl wissen wird, wohin sein Leichnam gekommen.

IV

Cyprische Landschaft.

Andern Morgens früh wollte ich nach Nikosia abreisen, aber siehe da, so oft ich auch aus der Thür schaute, kein Reisezug wollte kommen. Erst im Laufe des Vormittags er= schien der Eigenthümer der Maulthiere mit der Erklärung: er habe gemeint, ich würde mich schon bedenken und die Oster= tage über bei dem Konsul bleiben, da hätte ich es ja so gut, auf der Reise aber würden wir oft genug keinen Tisch gedeckt finden. An diese Ausrede hatte ich wahrlich nicht gedacht; denn die Griechen überlassen ja das Beste der religiösen Feier ihren Priestern. Als ich nun den Gründonnerstag zugab, kam die zweite Erklärung: die Reiseziele hätte ich für jeden Tag viel zu weit gesteckt, das halte kein Mensch und kein Thier aus, wir würden viel mehr Zeit brauchen. Lebhaft stimmte mein Dragoman bei. Jetzt wußte ich, woran ich war: offenbar hatte der Letztere seine Hände im Spiele.

Dieser Mann, welcher der reichsten Familie des Landes angehörte, stammte aus Frankreich, hatte dort eine gute Er= ziehung genossen, auch ein bedeutendes Vermögen gehabt, jedoch im Handel verloren. Nun den Sechszigern nahe, hatte er sich einer Art billiger Philosophie ergeben, die ihm erlaubte, seine Tage in beschaulicher Muße hinzubringen, niemals sich anzustrengen, sich aber an jedem guten Bissen zu letzen, wenn er mühelos sich darbot. Ich erkannte sofort, daß ich in einem schriftlichen Vertrage genau meine Bedingungen machen und jeden Reisetag und alles Andere fest bestimmen müsse.

Nun war aber guter Rath theuer. Ich hatte gehofft, in Cypern eine brauchbare Karte der Insel zu finden. In Deutsch= land ließ sich außer der geologischen in Ungers und Kotschys Buche keine auftreiben, weil es noch keine gab. Aber da kam ich schön an. An eine Landkarte der Insel war auf dieser selbst gar nicht zu denken: die türkische Regierung, hieß es, habe allerdings einmal das Land aufnehmen lassen, diese Karte besitze aber der Pascha in Nikosia. Es wollte sich aber auch Niemand finden, der um das Innere der Insel gut Be= scheid gewußt hätte. In ganz Larnaka, in Stadt und Hafen= stadt, wo doch so viele reiche und gebildete Leute wohnten, gab es nicht einen Einzigen, der mir über das Gebirge, das nur zwei oder drei Tagereisen entfernt und der Insel Schmuck und Wasserspender ist, Näheres sagen konnte. Ich wurde von Einem zum Andern geführt. Auf mein Vorwärtsdrängen hieß es, zu meiner Art von Reisen brauche es Eisenbahnen oder Luftballons, und stets blieb es unentschieden, ob ich von Nikosia in zwei oder drei Tagen auf den Olymp komme, und ob das Kloster Trooditissa eine halbe oder zwei Stunden unter dem Gipfel liege. Zuletzt nahm gewiß ein Dutzend Herren an der Verhandlung Theil.

Nach vielem Mühsal und Gerede hatte ich endlich meinen Vertrag mit Konsulatssiegel in der Tasche und erholte mich auf einem Spaziergang, indem ich immer am Meere hin= wandelte nach Kap Kiti zu, welche Spitze den Namen der phönizischen Handelsstadt bewahrt hat. O wie wohlthuend war diese Einsamkeit! Die Menschen zerren und reißen unauf= hörlich an Einem herum, aus der großen einsamen Natur aber fließen unsichtbar tausend stille Quellen der Stärkung in alle Poren und Adern. Gar erst auf Seereisen wird es, wenn sie länger dauern, zur größten Qual, daß sich im engen Schiffsraum den Leuten und ihrem nichtsnutzigen Geschnatter so schwer ausweichen läßt.

Hier an dieser menschenleeren Küste war jetzt alles voll himmlischer Ruhe. Wie schön rollten die blauglitzernden Wogen daher, wie strahlte der glanzerfüllte Himmelsäther, wie duftete rings der Frühling! Mit jedem Schritte trat ich auf neue unbekannte Blumen und Kräuter. Tulpen Tazetten Hyazinthen und ähnliche Blüthen wachsen hier wild umher. Am meisten erfreuten mich die schönen weiten Umrisse der Landschaft, und als ich mich endlich zur Rückkehr wendete, hatte ich ein hübsches orientalisches Bild vor mir: das Hafenstädtchen verschwand von dieser Seite fast gänzlich hinter Palmen und hohen Hecken des breiten indianischen Kaltus.

Die unbekannte Gegend lockte mich immer wieder ins Freie, und nach Tische ging ich in entgegengesetzter Richtung. Als ich zwischen den Häusern hervor ins Freie kam, fand sich nicht weit ein Hügel, von dem sich die offene Landschaft überschauen ließ. Sie war bis an den Horizont begrünt von Fruchtfeldern und belebt von Ziegen und Schafen. Wenn dies, wie man mir gesagt hatte, die schlechteste Gegend der Insel war, wie reich und schön mußte das Innere sein!

Es lag aber über der Gegend ein gewisser großer und schwerer Ernst, der die Seele erfaßte, wohin man die Blicke wendete. Ich dachte an Zeno, der einst auf diesen Fluren gewandelt. Die ersten Eindrücke, welche der junge Geist erfährt, spiegeln sich ja wieder in den Ideen und Werken des Mannesalters. Zeno war der Sohn eines reichen Kaufherrn und hatte in seiner Jugend ein großes Vermögen durchgebracht. Um ihn zu besseren Gedanken zu lenken, brachte ihm der Vater von einer Handelsreise nach Athen die neuesten philosophischen Schriften mit. Da fing sein Genie Feuer, er ging nach der Philosophenstadt, und da er von der Insel der Liebeshaine kam und höchst wahrscheinlich in ihren tiefsten Waldgründen den Ekel gefunden hatte, so setzte er der anmuthigen Lehre Epikurs, für deren tieferen lieblichen Adel er wohl kein

Verständniß hatte, seine harte sittenstrenge Stoa gegenüber. Bei ihm war alles wie aus stählernem Gusse. Des großen Stoikers Grabschrift konnte keine andere sein: „Wie Zenos Lehre war sein Leben," ein Ruhm, der nicht allen Lehrern der Weltweisheit blühte. Wenn es aber wahr ist, daß er im späten Alter freiwillig Abschied von der Erde genommen, so war der Philosoph entweder unglücklich verheirathet oder ein armer einsamer Junggesell geblieben.

Die hartnäckig starre Folgerichtigkeit aber, zu welcher Zeno sein System in Denken und Leben ausbildete, erinnert gar sehr an den Charakter jenes Volks, dessen Heer sich an einem Sabbath von den Syriern ruhig abwürgen ließ, bloß weil die starre Sabbathsruhe ihm Geist und Glieder umfing. In der späteren Griechen- und Römerzeit lief ja allerlei Volk durcheinander, wenn nur die Zunge griechisch geworden und der politische Wille römisch. Drüben im syrischen Berytus lehrte einst an der berühmten Rechtsschule Ulpian, der Meister der juristischen Dialektik. Sollte nicht auch dieser ein Sproß von jenen Rabbis gewesen sein, die später ihren Talmud noch mit viel feineren Kommentaren ausschmückten, als sie jemals das römische Recht besessen? Von diesem aber ließen wir gut= müthigen Deutschen, statt es bloß zu unserer juristischen fei= neren Ausbildung zu benutzen, uns elend beirren, so daß wir noch heutzutage aus der römisch=juristischen Gefangenschaft nicht wieder heraus können.

Gegen Abend ritt ich auf einem feinen Araber, dem wohl= berechtigten Stolz meines gütigen Gastfreundes, nach einem räthselhaften Bauwerk, das nicht weit von der Stadt liegt. Auf einer Stelle, wo das Felsgestein ein wenig über dem Boden aufragt, steckt halb in der Erde ein kleines Rundge= bäude. Man stelle sich einen Backofen vor, der in einen Felsen hinein gewölbt ist, so groß, daß man bequem darin stehen kann. Die Seitenmauern sind aus mächtigen Steinblöcken

gebaut. Die Wölbung darüber soll aus einem einzigen gewaltigen Deckstein bestehen: mir schien es aber, als könnte er aus
großen Werkstücken so fein und fest zusammengesetzt sein, daß
sich die Fugen kaum verfolgen lassen. Das Gebäude hatte
drei Theile: in die Hinterwand, welche aus lebendigem Fels
besteht, ist eine kleine Kammer hineingehauen, und vor der
größeren gewölbten Kammer gab es noch einen ähnlichen Vor-
bau, der aber beinahe gänzlich weggebrochen ist. Ehemals
waren sowohl die hintere als die mittlere Kammer, wahrscheinlich auch die vordere, verschlossen durch breite Stein-
platten, welche, man sieht noch die Reifen, von oben hinein
gelassen wurden.

Wozu das Gebäude diente? Offenbar zu einem phönizischen
Grabgewölbe, und später wurde es der Jungfrau-Mutter,
der Phaneromene Panagia geweiht. Wann zuletzt christlicher
Gottesdienst darin gehalten ist, ist längst aus der Menschen
Gedenken verschwunden. Der Ort aber hat für die Bauern-
frauen der Umgegend seine Anziehungskraft behalten. Wenn
eine mit unfruchtbarem Schoß oder schwerem Siechthum geschlagen ist, so pilgert sie heimlich hierher, eine Hängelampe
unter den Kleidern verborgen. Am Eingange zündet sie die
Lampe an, tritt mit bloßen Füßen hinein und geht bis vor
das letzte Gemach, dort betet sie zur Panagia und läßt die
Lampe als Weihgeschenk zurück. Auch Türkinnen sollen wohl
einmal hier Hilfe suchen. Die ganze Art und Weise rührt
ohne Zweifel noch aus heidnischen Zeiten her.

Eine kleine Viertelstunde weiter liegt hart an der Küste,
äußerlich jedoch mit dem Meere nicht verbunden, der berühmte
See, aus welchem schon die Phönizier das beste Salz gewannen und weit und breit verführten. Die Güte des Mine-
rals hat sich noch jetzt nicht verringert. Durch den Winterregen schwillt der See an, füllt sich mit brackigem halbsalzigen
Wasser: darauf kocht es die Sonnenglut wie in einer unge-

heuren Sudpfanne, bis im Juli oder August das Wasser ver=
dampft und in der Mitte der Boden sich bedeckt mit einer
lauteren Salzkruste von ziemlicher Dicke. Dann schickt die
türkische Regierung, die natürlich auf die ganze Ausdehnung
des kostbaren Sees ihre Hand gelegt hat, Arbeiter, welche
die Salzkruste in Stücke zerschlagen und diese am Ufer zu
kleinen Hügeln aufhäufen. Aus ihrem Verkauf kommen in
guten Jahren — der Ertrag wechselt nämlich — an 40,000
Mark ein. Unter den Lusignans brachte das cyprische Salz
einen Ertrag von 300,000 Dukaten jährlich.

Die Nacht, welche in diesen Himmelsstrichen rasch herein
bricht, meldete sich an. Die Sonne warf noch einen Feuer=
kuß auf die Insel und den See und das Meer, und das
ganze Land erglühte wie in leidenschaftlichem Sehnen und
Jammern, als schwände mit dem Sonnenlicht alle Schönheit,
alles Leben dahin. Fahle Dämmerung senkte sich hernieder.
Kein lebendes Wesen ließ sich sehen in der ganzen Weite, keine
Menschenstimme, kein Hahnschrei wurde laut. Ich ritt dahin
wie durch leeres Dunkel, gleich als wäre ich irgendwo am
Saume der öden Wüste. Schweigen und Oede wohnen jetzt
ringsum, die Menschen sind hier und da zu kleinen Häufchen
zusammengekrochen, und wie es irgendwo bei den Propheten
heißt, ruft das schöne Cypern verlassen in Nacht und Dunkel:
„Wächter, Wächter! Ist die Nacht bald hin?"

V

Athienu.

Um sechs Uhr früh sollte es fort gehn, und ich mußte
froh sein, daß wir eine Stunde später wirklich aufbrachen.
Bei diesen Orientalen verharrt Ort= und Landschaft in ewig
gleicher Ruhe, nichts ändert sich als im leisen Verfallen, sie
haben immer Zeit: wozu denn sich aufraffen und anstrengen?

Vor seinem Hause in der Stadt Larnaka stieg Monsieur
Clementin, so lautete meines Herrn Dragomans Vorname, ab
und zupfte seinen Anzug zurecht, schritt dann mit Würde voran
und stellte mir seine hübsche Nichte vor und seine arme Frau,
die an unheilbarem Siechthum litt. Auf den ersten Blick mußte
man, in dieser Familie war einst Glanz gewesen und trübe
verblichen. Da Mr. Clementin mich mit einem guten Gewehr
bewaffnet sah, schwang auch er seine alte Doppelflinte über
den Rücken, die Gefährtin auf seinen fast täglichen kleinen
Jagdgängen, auf welchen er sich leichter Mühe sein Abend=
essen holte.

An Vogelwild ist Cypern überreich. Auf jedem Felde
schwirrten Lerchen auf. Ihre Menge schien mir ein wahres
Wunder. Ich bekam Lercheneier vorgesetzt und hörte dabei,
daß jährlich viele Tausende in Larnaka auf den Markt gebracht
werden. Die Eier der Rebhühner sind noch gesuchter, weil
größer und delikater, gleichwohl hatte ich Abends zuvor aller
Orten ihren Ruf im Grase vernommen.

Als wir nun durch die langen Gassen von Larnaka zogen,

blieb alles still und leer. In vielen dieser netten Häuser wohnte vielleicht noch Glanz und Wohlhäbigkeit aus älterer Zeit; aber wie bei uns in alten Bischofsstädten, die vom Handels- und Gewerbeverkehr der Neuzeit nur erst wieder berührt werden, hört man das Klappern des Pferdehufs die ganze stille Straße entlang. Platz genug ist überall vorhanden, fast jede Wohnung geräumig, und von eigentlichem Elend keine Spur. Ohne die türkischen Aussaugekünste würden auch die Aermeren erträglich leben und brauchten gar wenig zu arbeiten; denn Mutter Natur ist gar freigebig auf dieser Insel.

Die besseren Häuser haben nach der Straße zu einen Hof mit Garten, in dessen Hintergrunde sich eine Art Vordach auf Säulenpfosten öffnet und dahinter das Haus. Tritt man von außen herein, empfängt uns Friedsames und Wohlthuendes in dieser Wohnlichkeit.

Wo die Straßen, enger und winkeliger wurden, standen und gingen da auch Frauen und Mädchen aus dem gemeinen Volke. Diese sehen fast sämmtlich aus, als würden die Gesichter alle Tage ein wenig auf den Boden gedrückt und hin und her gewendet, damit sie hübsch rundlich und staubig verblieben.

In einer Art Halle vor einem kleinen schmutzigen Kaffeehause, es ähnelte einer schwärzlichen Höhle, saß ein alter Fiedler und sah mit seinen gläsernen Augen mich so drollig an, daß ich einen Augenblick einhielt. Kaum dämmerte ihm etwas von der fremden Gestalt, so sang und fiedelte er gleich hastig darauf los. Der gute Mann ließ schon am frühen Morgen sich vom Cyperwein verführen, dessen Adel und Sippen ich bereits ein wenig hatte würdigen gelernt. Es ist ein wahres Elend, daß Kunst und Musik und Liebe und alles fröhliche geistige Schaffen mit dem Weine so nahe verwandt sind. An den niedern Kreisen unseres Berufs geht's aus: die Armen wissen sich des Weinzaubers nicht zu erwehren.

Als wir endlich ganz ins Freie kamen, grüßte mich ein himmlischer Reisetag. Die Luft war voll Glanz und Frische, und würziges Duften zog allwärts her über die grünenden Fluren. Die Schwalben schnitten hin und her in die Lüfte ihren Kreuzflug und riefen einander lustig an, und die vielen Lerchen tirilirten ihr Meistes und ihr Bestes.

Gar bald befanden wir uns zwischen kalkigen Bergen, die grau und niedrig dahin zogen, und dann ging es stundenlang durch öde Wildniß von bleichen und braunen Anhöhen. Es ist dies eine Hügelkette, die im Süden des Westgebirges aus-läuft und in langer Linie bis zum Meere zieht. Nur ein-mal überraschte mitten in der grauen Oede eine Hütte mit blühendem Garten, ein erquicklicher Anblick.

Als wir die letzten Höhen erreicht hatten, schimmerte hinter uns durch einen Straßeneinschnitt das Meer bei Larnaka, und vor uns, wo die nördliche Hälfte der Insel lag, entwickelte sich drüben in ganzer Länge eine prächtige vielgipflige Berg-kette, überhaucht von einem halbbräunlichen Ton, wie er nicht zierlicher sein konnte. Das war der Bergeszug, der vom Norden des Westgebirges aus immer hart an der Küste sich hinzieht, bis er als ein einziger langer schmaler Rücken noch weit durchs Meer fortstreicht und die karpasische Halbinsel bildet, die ich mir schon mit einem Schinkenbein zu vergleichen erlaubte. Zur Linken stand breit und massenhaft dunkles Hoch-gebirge. Es nimmt die ganze Westhälfte der Insel ein, und sein Gipfel, der Troodos, einst der cyprische Olymp, winkte schneeweiß herüber. Zu unsern Füßen aber, bis zu jener schöngipfligen Bergkette hin, dehnte sich eine weite grünbräun-liche Ebene, hin und wieder durchzogen von leisen dunkler abgestuften Hügelwellen. Dies ist die berühmte Mesoriaebene, Cyperns unabsehliches Getreidefeld, das häufig mit der nil-bewässerten Deltaebene Aegyptens verglichen ist.

Um das afrikanische Bild noch mehr zu beleben, hielt auf

einem Anger an der Straße ein Zug von dreizehn Kameelen, und mit ihrer Wartung machten sich zwei richtige Mohren zu thun. Offenbar waren sie gekaufte Wärter. Früher sah man die Negerstlaven auf Cypern häufig: gegenwärtig haben nur noch wenige Türken das Geld, sie zu kaufen, alle aber ein heimliches Verlangen danach. Denn ein einziger Neger arbeitet so viel, als fünf griechische Taglöhner, und der Türke selbst haßt das Arbeiten gleich wie eine erniedrigende Qual. Auch hat sich bei den reichen Türken die alte Liebhaberei an schwarzen Sklavinnen noch nicht verloren: sie umschreiben jetzt den Einkauf für den Harem mit dem zarten Wort des Adoptirens. Die Regierung hat den Handel verboten, drückt aber gewöhnlich beide Augen zu. Man landet die Sklaven heimlich in einem nördlichen Hafen, und führt sie Nachts in das nahe Gebirge.

Um Mittag erreichten wir das Dorf Athienu und stiegen vor dem Hause des Herrn und Vermiethers unserer Pferde Michaili Johannu ab. Fast das ganze Dorf trieb sein Gewerbe, und da die Athieniten dabei weit und breit die Insel durchziehen, so merkt man auf der Stelle, daß sie viel aufgewedter und manierlicher sind, als ihre Landsleute. Sie selbst aber leiten diesen Vorzug von ihrem edleren Blute ab, und das hängt zusammen mit der türkischen Eroberung von Famagusta, der schon im Mittelalter so berühmten Festung an der großen Ostbucht der Insel.

Diese Küstenfestung hatte nach dem Falle Nikosias, der Hauptstadt Cyperns, noch über ein Jahr lang der türkischen Macht Trotz geboten. Befehligt von dem tapferen Venetianer Bragadino, vertheidigten sich Bürger und Besatzung heldenmüthig, obgleich der türkische Feldherr, der Seraskier Mustapha, unaufhörlich schießen und stürmen ließ. Sechszigmal rannten seine Schaaren an, den Säbel zwischen den Zähnen, Faschinen und Leitern in den Händen: sechszigmal wurden sie blutig zurückgeworfen. Mustapha schäumte vor Wuth, fast sein ganzes Heer war hingeopfert, und kam er nach Konstantinopel ohne Famagustas Banner, gab niemand für seinen Kopf noch einen Para. Da endlich, nachdem die Stadt ein halbes Jahr fest umschlossen gewesen, fehlten ihr Munition und Lebensmittel. Es waren nur noch sieben Pulverfäßchen da, und kein Hund und kein Ratte mehr am Leben, die noch Speise gewährt hätten. Von der hungerbleichen Bevölkerung gedrängt mußte Bragadino die weiße Flagge aufziehen. Gern gewährte Mustapha den Tapfern die ehrenvollsten Bedingungen. Die Besatzung sollte Waffen und Gepäck und fünf Kanonen behalten, und kostenfrei auf türkischen Schiffen nach Kreta übersetzen. Wer von den Bewohnern der Stadt auszuwandern Lust hatte, sollte frei abziehen mit all seiner Habe, und wer bleiben wollte, unbehelligt bleiben in Religion und Besitz. Von freien Stücken schickte Mustapha den Hungernden Nahrung, und wo sich ein Venetianer zeigte, überhäufte er ihn mit Artigkeiten. Insgeheim aber dachte er nur, wie er die Christen zertheile und in seine Netze ziehe, um sie wehrlos zu erdrosseln.

Am Abend des 5. August 1571 war die Besatzung von der türkischen Flotte aufgenommen, nur noch dreihundert Mann hielten am Strande. Bragadino ritt heran mit drei Generälen und vielen Officieren, um die Schlüssel der Festung zu überbringen. Ueber seinem Haupte wurde ein rothseidener Regenschirm gehalten, und sein Purpurmantel wallte bis zur Erde: denn das gehörte zu seiner Würde. Mustapha empfing ihn in seinem Zelte mit allen Ehren, kam dann ins Gespräch und ging von Forderungen zu Vorwürfen und Beschimpfungen über, und als Bragadino heftig antwortete, wurden die vier Generäle plötzlich niedergeworfen, vors Zelt geschleppt, Bragadino Nase und Ohren abgeschnitten und die drei Andern in Stücke gehauen. Im selben Augenblicke wurden die Dreihundert am Seeufer überfallen und niedergemetzelt. Die Schiffe, welche die

Besatzung unter sich vertheilt hatten, stießen ab, um die Christen zu fesseln und in die Gefangenschaft zu führen. Das ganze Türkenheer aber setzte sich in Bewegung, ergoß sich über die unselige Stadt, schlug Thüren und Fenster ein, und schwelgte im Plündern und Morden und allen Schandthaten. Das dauerte zehn Tage lang, und als die Türken sich im Blut gesättigt und für die Harems genug Mädchen und Jünglinge beisammen hatten, wurden schließlich noch alle, die römisch-katholisch waren, hervorgesucht und in die Gefangenschaft abgeführt. Nur ein Rest von armen Edelleuten aus Venedig erhielt Erlaubniß, am Leben und auf der Insel zu bleiben unter der Bedingung, daß sie sich in der Mitte zwischen den drei vornehmsten Städten Nilosia Larnaka und Famagusta niederließen und Waaren und Leute als Maulthiertreiber von einem Ort zum andern brächten. So sagen wenigstens die Athieniten.

Bragadino aber mußte, gemartert von allen Seelenqualen, die zehn Tage über auf seine Hinrichtung warten. Dann wurde er zuerst an einem Stricke an der Rae eines Schiffs in die Höhe gezogen, und indem man den Strick fahren ließ, ins Meer gestürzt. Wieder aufgefischt, wurde er mit zwei Körben Erde belastet, diese mußte er zu den neuen Türkenschanzen tragen, und jedesmal, wenn der Unselige vor Mustapha vorbeikam, wurde er vor ihm niedergeworfen und sein Gesicht zur Erde gebeugt. Zuletzt wurde er am Boden ausgestreckt, angepflöckt, und langsam lebendig geschunden. Mustapha weidete sich an dem blutigen Schauspiel und rief dem Märtyrer zu: „Wo ist nun dein Christus? Warum erscheint er nicht, dir zu helfen?“ Bragadino aber betete laut das Miserere, und als er zum neunten Verse kam, hauchte er seine große Seele aus. Nun wurde seine Haut mit Heu ausgestopft, auf eine Kuh gesetzt, und unter dem Gespött und Gelächter der Türken durch Stadt und Lager geführt.

Mustapha brachte im Triumph den ausgestopften Braga-

dino nach Konstantinopel, wo die Haut im Gefängniß der
Christensklaven lange Zeit ausgehängt blieb. Der Sultan
aber empfing den Eroberer Cyperns mit großer Huld und
Auszeichnung, konnte sich aber nicht enthalten, zu sagen: die
Insel habe ihm mehr Leute gekostet, als noch darauf übrig seien.

Wohl darf man fragen, welches Volk mit so viel gemeinen
Blutthaten die Geschichte besudelt hat, als Türken und Mon=
golen? Und doch erscheint der einzelne Türke als ein so ge=
lassener ehrlicher und gutmüthiger Mensch, der auf nichts mehr
hält, als auf Ehre und Würde. Es ist das wirklich seine
Natur so, aber in den verborgenen Tiefen dieser Natur steckt
auch untilgbar die Anlage zum Wütherich. Wird sein Stolz,
insbesondere sein National= und Glaubensstolz verwundet, seine
Rachgier entzündet, so schießt ihm das Blut in die Augen
und dann kann er grausam und niederträchtig sein ohne Gren=
zen und ohne Erbarmen.

Bei einem Athieniten also hielt ich das erste Mittagsmahl
auf der cyprischen Rundreise, und niemals habe ich es dort
in einem Kloster oder reichen Bauernhaus besser gehabt. Die
vier Wände des Hauses umhegten ein einziges kleines Gemach
mit Lehmboden, es war der Bewohner Einunddalles, aber es
gab Tisch und Stühle darin, und das Beste war die Sauber=
keit und die hübsche junge Frau, die ihrer pflegte. Das
Ehebette prangte mit geblümter Decke, und darüber hing die
Hängematte, worin ein junges Mädchen Nachts ihr Unter=
kommen fand. Vor dem Hause war ein Höfchen durch eine
Erdmauer von der Straße abgeschieden, und hatte sein Ställ=
chen und sein Hüttchen. Alsbald erschienen auf reinlichem
Tischtuch Eier aus der Pfanne, dann ein gut gebraten Huhn,
dann Pillaw, und zum Nachtisch Orangen und grüne Arti=
schoken, und auch der schwarze Wein mundete vortrefflich.

Als wir nun wohl gespeist hatten, mußte ich ein Lager
einnehmen, das auf dem Lehmboden von Kissen und Stepp=

decken bereitet war. Da rauchte ich meinen weichen wohl=
riechenden Jenidschehtabak, dessen Güte ich da wo er wächst,
an der thrazischen Küste, kennen gelernt. Monsieur Dragoman
drehte sich Cigaretten, und Herr Michaili Johannu hockte auf
der Erde und rauchte als ein vornehmer Mann, der er war,
mit Würde seine Wasserpfeife. Die junge Frau ging ab und
zu und ließ ihren Säugling nicht vom Busen. Es herrschte
tiefe Stille, und die wonnelächelnde Lichtbläue des griechischen
Himmels strahlte in die offene Hausthür.

Das war wieder ein köstliches Reisestündchen. O des himm=
lischen Nichtsthuns! Nur auf solchen Reisen wird man ganz
seines Segens inne: es stärkt wahrlich Geist und Glieder.

Da Niemand Anstalt machte zum Aufbrechen, griff ich
zuletzt zu Immermanns Epigonen, die ich mit ähnlichen ge=
haltvollen Erzählungen, wie man sie vor vierzig Jahren schrieb,
mitgenommen hatte. Man kann sie zwei= und dreimal lesen;
denn zwischen den Zeilen quillen stets wieder Ideen und Ge=
bilde und Anmuthungen hervor, jede Figur ist scharf umrissen,
und alles frei von unnöthiger Zuthat. Und doch wie Wenige
erbauen sich noch an Immermanns Werken, den Münch=
hausen etwa ausgenommen! Wie verschollen sind selbst Tiecks
wundervolle Dichtungen! Ich erinnere mich, daß ein Novellen=
bändchen „Mohnkörner“ in meiner Jugend Aufsehen machte
und man vergebens nach der Herkunft fragte. Die Verfasserin
lebt noch in München, wer aber denkt noch ihrer hübschen
Schriften voll reizender Lebenswahrheit? Vielleicht wird heut=
zutage in Novellenform Feineres geleistet, und im Roman
haben wir selten soviel Gutes gehabt. Möchte man sich aber
für irgend ein schönes oder gehaltvolles oder noch so gelehrtes
Werk dieser Art verbürgen, daß es nur drei Jahrzehnte über=
dauere? Die Gegenwart hat wahrlich einen großen Magen,
und Alt= und Vergessenwerden ging niemals so behende vor sich.

VI

Öden im Fruchtgarten.

Als ich von meinem Lager auf dem Lehmboden in Athienu aufblickte, hatten meine Begleiter sich längelangs auf dem Boden ausgestreckt und schliefen, als wollten sie vorzeitig Nacht machen. Nun trieb ich sie aber auf und, als wir draußen waren, zur Eile. So kamen wir nach etwa einer halben Stunde an ein elendes Dörfchen, das seinem Flusse, der auch Koprisi potamo d. i. Kothfluß heißt, alle Ehre machte. „Ist denn das Dali?" fragte ich. Mit verlegener Miene antwortete Monsieur: „Dies heißt Piroi, Dali liegt rechts, zwei Stunden weiter oben am Flusse, jetzt ist es zu spät geworden bis dahin." Er erläuterte weiter: weil es mir in Athienu so ge-fallen, habe er geglaubt, ich wolle Dali aufgeben. Nun kannte ich vollends meinen Mann und nahm mir vor, koste es was es wolle, mir in Nikosia eine Karte von Cypern zu verschaffen, damit er mir keine weiteren Streiche spiele.

Dali aber, das alte Idalion, wo einst das berühmte Heiligthum der Aphrodite stand, ließ sich am Ende noch ver-schmerzen. Nach allem, was ich darüber in Erfahrung gebracht, gab es dort nichts mehr zu sehen, als Erdwälle, welche den Lauf der alten Stadtmauer bezeichnen. Von nah und fern hat man aus den Trümmern weggeholt, was irgend sich an Bausteinen verwerthen ließ.

Immerhin aber hat es einen wehmüthigen Reiz, auch nur die Linien der Landschaft zu verfolgen, in deren Mitte vor

lang entschwundenen Zeiten die festlichen Züge zu den strah=
lenden Tempeln wallten.

Wir hatten nun noch etwa vier Stunden Wegs vor uns bis
zur Hauptstadt und durchschnitten die rechte Mitte der Mesoria.
Verwundert schaute ich mich um nach allen Seiten, ringsum
graugrüne Ebene, keine Dörfer, keine Menschen, keine Bäume.
Ich glaubte irgendwo auf einer ungarischen Pußta zu sein, wo
hinter dem fernsten Horizont noch weite Flächen leise empordäm=
mern. Hier aber schien unter des Himmels unermeßlichem Aether=
glanz alles wie vernichtet und verschwunden, die fernen Berges=
häupter nur wie Säulen des blaukrystallenen Lichtgewölbes.

Der griechische Name Mesora oder Mesoria, das Land
zwischen den Bergen, entspricht ganz der Lage und Erdbildung.
Die meisten griechischen Inseln haben ähnliche Ebenen zwischen
den Bergen, die größten finden sich in Kreta und Cypern, die am
schönsten gebildete auf Imbros. Ein Hauptstrom, dem eine
Menge Wasseradern von beiden Bergseiten zufließt, bewässert
solche Fluren. Cypern bildet darin eine Ausnahme, daß seine
Fruchtebene zwei Hauptflüsse hat, der große geht östlich und
der kleinere westlich. Der große Strom heißt der Fluß, sein
Hauptarm Dalifluß, weil er von Dali her=, und der kleinere
Strom heißt Morfufluß, weil er nach Morfu hinläuft. An=
dere Namen scheinen den jetzigen Cypriern nicht einzufallen.
Im Alterthume hieß der Hauptstrom Pedias und sein Neben=
fluß Satrachos, und beide haben mit dem Nil eine merk=
würdige Aehnlichkeit. Wenn der Regen monatelang das Ge=
birg berieselt, strömt der Fluß mit gelbschäumenden Wogen,
welche das fruchtbarste Erdreich tragen, in die Ebene: dann
tritt weit und breit das Gewässer aus. Wenn es sich zurück=
zieht, bleibt eine feine Schlammdecke auf den Feldern zurück,
die ihnen die größte Fruchtbarkeit verleiht. Aegypten so nahe
gerückt, will Cypern auch seinen Nil haben: im Alterthum
nannte man den Pedias wirklich den cyprischen Nil.

Nun zeigten sich auch bald die kleinen Tafelberge, welche der cyprischen Ebene eigenthümlich sind. Man sieht sie nahe und fern über den Flächen emporragen. Als das Meer einst zwischen den beiden Bergketten, welche die Ebene einfassen, durchflutete, haben seine Wellen hier Anhöhen angehäuft, dort zerrissen, ausgewaschen, abgebröckelt. Oben sind sie platt wie ein Tisch, deßhalb auch Tafeln (τράπεζαι) genannt, zu den Seiten mehr oder minder abfallend. Die Bauern sagen: die Tafelhügel wären Steinland und keines Anbaues fähig. Ich ritt auf zwei dieser Kleinberge hinauf und fand die Angabe nur zum Theil bestätigt. Bloß auf einigen Stellen trat der kahle Kalkstein zu Tage. Weinreben und Futterkräuter könnten vielfach auch auf dem sogenannten Dürrlande noch fortkommen, wenn es nur ordentlich bebaut und bewässert würde.

Was aber wollen die paar unbebauten Hügel bedeuten? Liegen doch weite Stellen des schönsten und fruchtbarsten Landes in dieser Ebene da schmählich vernachlässigt, seit Jahrzehnten nicht mehr von Pflug und Hacke berührt, und jedes Jahr wird die Oede größer und weicht der Anbau mehr zurück.

So verlassen und traurig hatte ich mir das Innere von Cypern doch nicht vorgestellt. Nicht einmal Schaf= oder Ziegenherden ließen sich blicken. Als ich von den Anhöhen umherschaute über die nackten Ländereien, schimmerte hier und dort eine Wasserfläche. Die schöne Insel kam mir vor wie eine verlassene Braut mit verweinten Augen. Diese selbe Mesoria= ebene hieß im Alterthum die μακαρία, die glückselige! Da wogte es hier auf und ab von Laub und Kornfeldern.

Welch ein unabsehlicher Fruchtgarten würde auf dieser Fläche aufblühen, schwellend von allem, was da wächst und Früchte trägt, stünde Cypern unter einer guten Regierung! Aller Zonen Bäume und Kräuter würden auf dem ganzen Gebiet gedeihen, so weit das Austreten der Flüsse regelmäßig ist oder so weit durch ein Netz von Kanälen sich die Bewäs=

serung führen ließe. Auf mehr als zwei Drittel seines Laufs, von Nikosia bis zur Mündung, haben der Pedias und seine Zuflüsse das fruchtbarste Erdreich in ihrem Ueberschwemmungs= gebiete aufgehäuft. An manchen Stellen liegt es zehn und zwanzig Fuß tief. Der andere Hauptstrom der Ebene, der Morfufluß, ist in ähnlicher Weise ein Landeswohlthäter ge= wesen. Aber auch weit von dem regelmäßig überschwemmten Lande breitet sich in Mulden und leisen Vertiefungen das beste Acker= und Gartenfeld aus. Wie leicht ließe es sich wieder anbauen und die Menge des ausgeführten Getreides, die noch immer ins Gewicht fällt, verdoppeln und verdrei= fachen! Das Unglück ist aber, daß dies bei der fortschrei= tenden Waldverwüstung und Veröbung des Landes mit jedem Jahre schwieriger wird.

Die Venetianer belohnten für jeden neuen Oelbaum, der gepflanzt wurde. Türkische Herren aber kümmern sich nicht um dergleichen, sie wollen nur herrschen, nicht regieren. Die türkische Regierung nimmt Steuern von dem, was da ist, und so lange etwas da ist, denkt aber nicht daran, Steuer= fähiges zu schaffen. Sie lebt eben von der Hand in den Mund, und nur wenn die Noth ihr an die Kehle faßt, rafft sie sich auf mit wilder Energie zu Maßregeln roher Gewalt.

Freilich, so aller Kraft und Vorsicht baar, als jetzt das cyprische Volk erscheint, würde auch die sorgsamste Regierung harte Mühe haben, es zu größerer und klügerer Thätigkeit anzuspornen. „Cyprischer Ochs!" (βοῦς κύπριος!) hieß es schon im Alterthum, um dies störrige Volk, das so schwer von Begriffen ist, zu bezeichnen. Noch jetzt hockt der ächte Cypriot in seinem heimatlichen Schmutzdörfchen, bleibt bei seinem alten lässigen Brauch, und geht nicht weiter, als er sehen kann.

Wir mochten noch eine halbe Stunde von Nikosia sein, da sah ich aus einem Gehöft an der Straße Soldaten eilig

ihre Pferde hervorziehen, sich hinaufschwingen und den Säbel
in der Hand uns entgegengaloppiren. Als sie bei uns waren,
hielten sie plötzlich an und salutirten. Weil ich nicht wußte,
was das bedeuten sollte, ließ ich halten. Da ritt ein ält-
licher Herr vor, schwenkte artig mit der Hand und sagte: der
Pascha von Cypern schicke ihn, seinen Kanzler und Dragoman,
mich zu begrüßen und feierlich einzuholen; selbst mich aufnehmen in seinen Konak könne er zwar nicht, weil darin gebauet werde; er habe aber sofort, als der Kaimakam zu Larnaka meine Ankunft telegraphirte, den Wirth des Gasthauses
della Speranza rufen lassen, und alles sei dort auf's Schönste
bereit, mich zu empfangen. Ich merkte nun wohl, wem ich
das zu danken hatte. In Wien hatte unser Gesandter die
Güte gehabt, mich bei dem türkischen Botschafter einzuführen,
demselben Raschid Pascha, der in den kritischen Tagen zu
Konstantinopel Minister und von dem Tscherkessenhauptmann
Hassan im vollen Ministerrath erschlagen wurde.

Der Dragoman, ein katholischer Armenier, war ein ge-
müthlicher alter Herr, und wir ritten, bald französisch bald
italienisch plaudernd, eine breite Hügelwelle hinauf, die noch
den Anblick von Cyperns Hauptstadt verdeckte. Allmählig
erhoben sich hinter der Höhe Hunderte von Palmen, dann
schlanke Minarets, dann ein gewaltiger Dom, und auf einmal
lag da das herrlichste orientalische Stadtbild, — auf grüner
flußdurchglänzter Ebene im weißen Mauer- und Zinnenkranz
eine große Stadt, über welcher hoch emporstiegen zahllose
Palmen und weiße Minarets und auch hier und da Glockenthürme und gothische Kirchen. Ein märchenhafter Anblick!

Und gerade jetzt neigte sich die Sonne zum Untergang.
Der ganze Himmel vor uns prangte im reinsten Gelb und
Purpur, das unsäglich zart und weich die Lüfte erfüllte. Jeder
Strahlenbüschel der Palmen, jede scharfe Thurmspitze war wie
von sanfter Verklärung umgeben. Das Seltsamste aber blieb

der dunkelgraue halbgothische Dom, der sich mitten in dieser
Pracht des Orients massenhaft emporhob. Man würde meinen,
es müsse der Kaiserpalast sein, wenn Einem die Bauform
nicht von den Ufern des Rheins und der Seine her so bekannt
und heimisch wäre.

Als wir aber ans Thor kamen, standen da bettelnd Aus=
sätzige, der Eine gräulicher verstümmelt als der Andere, ein
Anblick so furchtbaren Ekels, daß sich Einem das Herz im
Leibe wendet. In die Stadt dürfen die Jammervollen nicht
hinein.

Jetzt setzte sich die Reiterei in Ordnung: der Dragoman
mahnte mich, es müsse so sein. Also nahmen die Spitze die
beiden Zaptiehs mit blankem Säbel, dann kam der Haupt=
mann, dann ich, darauf nebeneinander die beiden Dragomans,
und zuletzt unser Maulthiertreiber und Diener. So ritten
wir rasselnd, so rasch die Maulthiere nur mitkonnten, durch
die Stadt und durch den Bazar, und das Volk lief zusammen
und die Meisten verneigten sich zu höflichem Willkomm. Dann
ging's in eine kothige Enggasse hinein bis vor die Locanda,
wo der Wirth stand mit seinen Leuten und tiefen Bücklingen
und mich auf den Divan führte. Der Armenier verabschiedete
sich. Der Hauptmann aber nahm würdevoll neben mir Platz,
und da ich weder Türkisch noch Griechisch, er aber kein Ita=
lienisch oder Französisch sprach, so saßen wir eine Weile neben=
einander und rauchten und schwiegen, und als ich endlich
dachte, nun sei es genug, und aufstehen wollte, flüsterte mir
Monsieur zu: „Zwei Medschidiehs". Und der Würdige nahm
die großen Thaler, und dann kamen die Zaptiehs, stellten sich
vor mich hin und jeder empfing sein Geldgeschenk. Das war
das Ende der Narrethei.

Kaum hatte ich mich umgekleidet, erschien der Armenier
wieder, mich zum Statthalter abzuholen, der in der liebens=
würdigsten Weise mir entgegenkam. Er stammte aus einer

fürstlichen Familie in Bosnien, hatte das türkische Gebiet in beiden Welttheilen bereist, auch Wien und Paris besucht, und war ein europäisch gebildeter Herr. Schon jetzt lernte ich nicht wenig über Cypern aus dieser Unterhaltung, und gern sagte ich zu, den nächsten ganzen Abend bei ihm zuzubringen. Er sprach auch davon, ob ich nicht sein Schiff nehmen und rings um die Insel fahren wolle. Der Vorschlag lockte nicht wenig, allein ich hatte meinen Vertrag in der Tasche und durfte meiner Reisekasse nicht doppelte Kosten zumuthen. Als ich nun meine Noth klagte, daß ich keine Karte bekommen könne, nahm der gütige Pascha eine große Handzeichnung von der Wand und verehrte sie mir zum Andenken. Es waren auf feiner Leinwand und in verschiedenen Farben Städte und Dörfer, Wege und Gebirgszüge, Flüsse und Flut= und Küstenlinien sehr geschickt angegeben. Wenn auch alle Namen türkisch geschrieben, so blieb doch diese Karte für mich ein unschätzbares Besitzthum.

Der Kanzler geleitete mich wieder nach Hause, es war schon dunkel, und in der menschenerfüllten Stadt regte sich auf den leeren Gassen kein lebendes Wesen mehr, es seien denn ein paar widerwärtige Hunde.

———

VII.

Nikosia.

Niemals hat mich eine orientalische Stadt so eigenthüm=
lich angemuthet wie die Hauptstadt Cyperns, die früher und
noch auf den Karten Nikosia, bei den Griechen Levkosia und
bei den Türken Lefkoscha heißt. Alles darin erschien fremd=
artig und doch wieder so heimlich vertraut, als befände ich
mich irgendwo in einer alten verkommenen Bischofs= oder
Herzogsstadt in Mitteleuropa. Es war mir immer, als wan=
delten da durch die engen Gassen orientalisch vermummte Ge=
stalten, und wenn sie in die Thorwege zu den Wohnungen
hineingingen, drehten sie sich um und lüfteten ein wenig
Schleier und Mantel, und es grüßten lächelnd allbekannte
Gesichter.

Nirgends hat sich das Morgenland in Form und Aus=
sehen der Gebäude, in Tracht und Sitten und Sprache der
Menschen so eng mit dem Abendlande verschwistert, wie in
Nikosia.

Am ersten Tag weckten mich in der Frühe die türkischen
Trompeten, welche über die ganze Stadt hin erklangen. Dann
ließen die Muezzins von den vielen Minarets ihren Gesang
erschallen in feierlich gezogenen Tönen. Darauf hörte man
zahllose Raben und Dohlen, zahllose Hähne krähten, und das
Aechzen und Schreien der Esel und Kameele wollte kein Ende
nehmen. Bald aber eilte heiterer Glockenklang durch die Lüfte
und antwortete sich von Thurm zu Thurm.

Am zweiten Tag feierte man das griechische Osterfest. Da fing schon bald nach Mitternacht das Gebimmel an, es klang und bimmelte und läutete an allen Enden und hörte gar nicht wieder auf. Dazwischen knallten die Freudenschüsse der Griechen, jeder alte Donnerkasten mußte hervor und Schall machen. Um so mehr strengten sich die ernsthaften Muezzins an, und plötzlich gingen alle Töne wieder unter in einem heillosen Ge= schrei Geheule und Gebrülle der Thiere, als würden sie in jedem Stall, auf jedem Baum zum Angstgeschrei aufgestachelt. Gewiß warf sich jeder alte Türke in seinem Haremslager von einer Seite auf die andere, und fluchte über das gräß= liche Glockengebimmel und Pistolengeknatter. Das hätten die Griechen vor dreißig Jahren sich unterstehen sollen! Da wäre man mit blankem Säbel vor die Thüre gestürzt und hätte sie Achtung gelehrt vor ihrer Herren Ruhe.

Wo ich nun in dem Gassengewirre stand und ging, da grüßte über die Mauern und durch die offenen Thorgänge Birn= und Aepfelblüthe, dazwischen dunkles Schattengebüsch von Rosmarin und großblättrigen Feigen, und wieder lockten die rothen und gelbweißen Blüthen von Orangen und Ci= tronen, Maulbeer= und Granatbäumen. Keine Gartenmauer aber war so hoch, daß nicht dahinter Cypressen und Palmen und Minarets emporstiegen in die reine Himmelsbläue.

Halb Nikosia besteht aus Gärten, und überall plätschert Wasser aus den Röhren, sie zu benässen und zu befruchten. Die Stadt schwimmt in lieblichem Wohlgeruch, und wo an den Ecken nur der leiseste Windzug athmet, da regt sich das Duftgemisch um so frischer und köstlicher.

Der Himmel Cyperns hat das wunderbare tiefe Blau, wie es wolkenlos über dem Nilthale glänzt. Strahlend rein ist es und doch von unergründlicher Tiefe. Ach, und diese himm= lische Luft! So weich und wonnig, so schmeichelnd und ver= führerisch. Ueberall meint man das Rauschen eines Seiden=

kleibes von Jemand zu hören, den man wohl kennt. Ich be=
griff vollständig, warum unter all den Inseln Griechenlands,
die vom Thau der Schönheit glänzen, gerade Cypern sich mit
Hainen und Heiligthümern der Liebesgöttin bedeckte.

Einen Augenblick dachte ich, wie herrlich es wäre, hier
ein halbes Jahr umherzuschweifen und das Schönste der alt=
griechischen Literatur zu lesen und innig zu empfinden. Aber
der nächste Gedanke war: würde man es wohl unter diesen
Leuten, in dieser trostlosen geistigen Oede aushalten? Die paar
Europäer in den Küstenstädten denken nur an Waaren und
Gewinn. Die Griechen fangen eben erst an, noch für Anderes
Interesse zu gewinnen, als für Geld und Kirche und Natio=
nalität und ihre unaufhörlichen Ränke und Parteiungen. Und
gar die Türken! Wenn man jeden Einzelnen von ihnen her=
nähme, ihn umstülpte und schüttelte und durchbrösche, nicht
einen einzigen Geistesfunken, nicht eine Idee von Kunst und
Geschichte würde man herausklopfen, und doch wäre der ganze
Stoff des Mannes eitel Selbstgefühl und Hartnäckigkeit und
Willenskraft.

Blickt man aber von der Straße in die Gärten, so sollte
man lauter stille kleine Sitze vermuthen, wo die Musen sich
frieblich ansiedeln könnten. Alle bedeutenderen Wohnungen
liegen tief in Gärten, umgeben von blühenden Bäumen und
Gewächsen. Jede Familie lebt abgeschlossen für sich, abgekehrt
von der Straße in ihrem Daheim, gleichwie in ruhigem wan=
dellosen Frieden. Da das öffentliche Leben im Orient so über=
aus matt und lahm ist, so muß ja das häusliche Ersatz bieten.
Bei den Griechen ist es wohl der Fall: zu ihrem lebendigen
Volks= und Religionsgefühl besitzen sie den Segen eines warm
erfüllten Familienlebens.

Die türkischen Wohnungen alle erkennt man sogleich daran,
daß der Thorweg sorgsam von Brettern oder Teppichen ver=
stellt ist, damit ja kein fremder Blick wie ein Geier unter das

Frauenzimmer stoße. Hinter den hohen Gartenmauern sind diese armen Menschenkinder, bloß weil sie nicht zum stärkeren Geschlecht gehören, verurtheilt, angewurzelt wie die Pflanzen in der Erde die·einförmig langen Tage dahin zu leben, Tag für Tag und Jahr für Jahr angewiesen auf Eheherrn und Kinder und sklavisches Gesinde. Die ganze übrige Welt ist für sie eine große dumpfe Leere. Sie zählen nicht mit darin.

Und wenn es noch in ihrem verschlossenen Daheim, zwischen ihren duftigen Grünlauben nur ein wenig Weihe des Friedens wirklich gäbe! Auf Cypern sollen die türkischen Herren sich gesänftigter und friedlicher benehmen, und Ehen aus Neigung vorkommen. Gewiß aber sind die letztern nur Ausnahmen. Die Wirthschaft in den Familien bleibt doch im Ganzen und Großen türkisch. Dieses Volkes Natur ist hart geschmiedet, sie verändert sich wenig. Auch in Nikosia schleichen hinter den Gartenmauern die Tage der Osmanen einförmig und düster dahin, nicht erhellt von der Liebe goldenem Licht und Leben. Wie kann das anders sein, wo man sich heirathet, ohne einander vorher zu kennen, wo der Mann der Herr und Gebieter ist und so selten der Geliebte?

Da aber die Ränke der Frauen, wo sie nicht lieben, von Natur unerschöpflich sind, und da sie insgemein auch klüger und listiger, als die Männer, so folgt, daß die Türkenfrauen zwar die hülflosen Gefangenen der Männer, diese aber die armen Schlachtopfer ihrer Gefangenen sind. Tagtäglich sitzen die Würdigen, dem Harem entflohen, wie angenagelt in ihrem Divan und üben sich stundenlang in stoischer Geduld. Treten sie dann einmal aus ihrer Hofthür auf die Gasse, so sind ihnen, glaube ich, der Koth und die Steine und die Lachen, zwischen welche sie hineintreten, ganz recht. Bei ihren gekrümmten Beinen, in ihren Haus- und Schlappschuhen, bei ihrem ewigen schweren Sitzbedürfniß möchte ein glattes Pflaster den Würdevollen Gefahr bringen.

Löher, Cypern.   4

Zu Nikosia erscheinen die vornehmen Türkinnen nicht in den grell rothen und blauen und gelben Schleiermänteln, wie man sie in anderen Städten sieht, sondern die Oberhülle ist stets von zartem Weiß, und darunter tragen sie zierliche Seidenkleidchen. Auch watscheln und wanken sie nicht einher, wie ausgestopfte und lebendig gewordene Säcke, sondern haben einen elastischen Gang und wissen überhaupt sich wohl zu nehmen. Entschieden gibt es viel mehr schlanke Gestalten unter ihnen, als in Smyrna oder Konstantinopel, und wenn nicht alles trügt, so findet die Sage, weit und breit gebe es in Nikosia die schönsten Frauen, nicht bloß auf die Griechinnen Anwendung.

Die Stadt mag kaum noch 12,000 Einwohner haben. Andere wollen, es seien 18,000. Wer soll das genau in einem Lande wissen, wo man höchstens die Haushaltungen zählt? Der Türke sagt: Es ist ja ganz einerlei, ob ich es weiß oder nicht, wie viel Leute hier oder dort wohnen; wenn ich nur weiß, ob die, welche noch da sind, Geld haben oder ob sie keines haben. Im Mittelalter hatte Nikosia einen Umfang von ein paar Stunden, und war dreimal so groß als jetzt. Um den eigentlichen Stadtkern dehnten sich rings in den blühenden Gefilden des Pedias Gärten mit Landhäusern und Palästen aus. Es standen auch an den Gartenstraßen Kirchen und Klöster, von denen man nur noch Stücke der Grundmauern sieht.

Die griechische Bevölkerung, die noch vor einigen Jahren schwächer war, mag jetzt der türkischen gleichkommen. Obwohl im Ganzen getrennt, vermischen sich doch beide Racen hier mehr, als irgend anderswo. In griechischen Häusern stößt man nicht selten auf türkische Diener, und manchmal geht eine Griechin zum Islam über, um einen hübschen jungen Türken zu heirathen, der ein Beg oder Aga d. h. ein Grundbesitzer ist. Die Tracht der griechischen Bauern ist halb türkisch, besonders machen sie sich gern mit allerlei Umhang und weiten Umschlagtüchern zu thun. Der türkische Pillaw fehlt bei keinem Gastmahl auf der Insel. Es gibt sogar viele Muselmänner, die heimliche Christen sind, das Kreuz schlagen und ihre Kinder taufen lassen. Man nennt sie Mischzeug, Linopambaji d. h. Leinwolle. Ihre Vorfahren haben äußerlich, aus Furcht vor den Türken, den Islam angenommen: wollten sie jetzt öffentlich sich wieder Christen nennen, so hätten sie manchen Schabernack von den Türken auszustehen und müßten sofort die Askerieh zahlen, das Soldatengeld dessen, welcher nicht selbst Kriegsdienste leistet. Dies beträgt jährlich 27½ Piaster — etwa 8 Mark, — die für jedes männliche Kind gleich vom ersten Lebensjahr an zu zahlen sind — genug für einen armen Bauer oder Handwerker im geldarmen Lande.

Von der Venetianer Zeit her haften in der Sprache der Insel-Griechen noch manche italienische Wörter: das Französische ist in Cypern gänzlich verschollen. Während aber in Nikosia die Griechen ihre eigene Mundart haben, bemühen sich hier die Muselmänner, ein reines und feines Türkisch zu sprechen. Es soll nach Konstantinopel das beste sein. Offenbar ist dieses edle Bemühen, wie manche andere bessere Gesittung, noch ein Nachklang aus der vornehmen Residenzzeit Nikosias, an deren Größe und Bedeutung noch fast alle besseren Häuser erinnern, jedoch wohlgemerkt, nur in den Thorgängen und in den stattlichen Grundmauern ein paar Fuß über der Erde. Auf Manneshöhe und noch tiefer sind diese nämlich überall abgebrochen, und auf diesem alten Mauerrest hat man gleichwie in Noth und Eile ein elendes Bauwerk von Holz und Lehm aufgeführt, um nur unter Dach und Fach zu kommen. Die Leute sagen jetzt: wenn sie schöner und fester bauen wollten, würden die Häuser von Erdbeben doch wieder umgeworfen. Gab es denn ehemals auf Cypern keine Erdbeben?

Die Staatsgebäude der früheren Zeit erkennt man leicht

an den Werksteinen aus bräunlichen Sandsteinquadern. Das Gebäude aber, das stets alle Blicke anzieht, ist der Sophien= Dom. Er hält, was sein Anblick, wenn man sich Nikosia nähert, von Weitem schon verspricht: es ist ein erhabenes Gebäude im spätgothischen Styl voll prächtiger Verzierung. Aus einer Vorhalle von drei Schwibbogen führen drei große Portale in's hoch= und weiträumige Säulen=Innere. Aller Schmuck aber, der nicht von festem Stein war, ist geraubt, Vorhalle und Wände sind mit weißkalliger Leichenbittertünche überzogen, und damit die Türken sich auch am Farbenspiel ergötzen möchten, haben sie Säulen und Kapitäle roth und grün und gelb angestrichen. Die schönen Bogenfenster jedoch haben sie mit ihren nationalen Holzgittern verkleidet, und auf den Rumpf der alten Glockenthürme zwei ungewöhnlich hohe Minarets aufgesetzt.

Nahe bei dem Dom erhebt sich die Nikolauskirche mit drei stolzen Seitenportalen, alle Nischen auf das Reizendste geziert durch lebendig sprossende Steinblumen. Diese schöne Kirchen= halle dient jetzt zum Getreidespeicher. Sehenswerth ist auch die erzbischöfliche Kirche, ein einfaches Schwibbogenschiff, alle Wände aber bedeckt mit uralten Gemälden, und in dem feier= lichen Dunkel schimmern goldblitzend der erzbischöfliche Thron und die Bilderwand. Dieser Kirche nachgeahmt ist die Katha= rinenkirche, die nun zur Moschee Emerieh umgewandelt ist: sie hat ebenfalls eine hübsche Vorhalle von drei Schwibbogen und Säulen mit korinthischem Kapitäl. Zwei stattliche Marmor= säulen lagen im Hofe: sie waren, mit dem steinernen Wappen= bilde, das sie trugen, von den Türken aus dem Portal weggerissen und, um Sitze daraus zu machen, zertrümmert worden.

Ihre Tapferen aber, die bei der Erstürmung der Stadt gefallen, halten die Eroberer noch jetzt in Ehren. Sie schmückten ihre Gräber bei den Thoren mit kleinen Kuppeln, die sie darüber bauten, und auf der Stelle der Stadtmauer, wo diese der erste Türke erstieg und fiel, befindet sich jetzt neben einem netten Kuppelgewölbe sein Grabgemach. Der Grabstein ist von Marmor, der Sarkophag von Holz, und darüber breitet sich die grüne Farbe des Propheten. Man nennt den Ort „Zum Beyraktar."

Noch jetzt gibt es in Nikosia eine ungemein große Anzahl Kirchen und Moscheen. Als die Stadt noch auf der Höhe ihres Glanzes war, soll man darin an drittbalbhundert Kirchen und Kapellen gezählt haben. Aber nicht bloß hier, aller Orten in Cypern zeigte man früher Grabstätten berühmter Heiligen. Die Insel lag ja Syrien und Palästina gerade gegenüber, nach ihr übers Meer flüchteten die ersten Christen, als auf dem Festlande Verfolgungen ausbrachen. Cypern erfüllte damals, wie früher und später, seine Bestimmung zum Zufluchtsorte zu dienen. Noch im dreizehnten Jahrhundert gab es auf der Insel nicht weniger als vierzehn Bisthümer, und jedes weist in der Regel auf einen heilig verehrten Gründer der ältesten Zeit zurück.

Wir wissen noch von einer der frühesten Christenversammlungen, die zu Antiochia stattfand. Sie erkor den Saulus und Barnabas, daß sie nach Cypern zögen und dort das Evangelium predigten. Man mußte also gute Kunde haben, daß die alte Sünderin Neigung verrathe, ihr Herz zum Herrn zu kehren. Die beiden Apostel, von ihrem Gehülfen Johannes begleitet, landeten zu Salamin und durchzogen die Insel und predigten überall in den Synagogen der Juden. Denn es wohnten damals auf und ab hellenisirte Juden in den cyprischen Städten, und wenn sie zum Opferfest in großen Schaaren nach Palästina übersetzten, so empfing sie in Jerusalem ihr eigenes Heiligthum, und war mit dem Gebäude ohne Zweifel ein Chan zum Herbergen verbunden. Als die Apostel nun nach Paphos kamen, war da der römische Consul Sergius

Paulus, „ein denkender Mann, der begehrte, das Wort Gottes zu hören.“ Da trat ihnen aber Elymas der Magier in den Weg, wollte sich aus seinem Ansehen nicht verdrängen lassen, und trieb es so weit, daß er mitten in seiner Hexen= küche das Augenlicht einbüßte. Der römische Statthalter aber wurde Christ, und Saulus nannte sich seitdem Paulus, wie denn das Namenverändern, so daß sie römisch klangen, da= mals bei Griechen und Juden gewöhnlich war.

Barnabas wurde später, wie die Sage geht, bei Salamin, der Geburtsstadt der heiligen Katharina, der berühmten viel= verehrten Ritterpatronin, gemartert, verbrannt und begraben, und als man sein Grab unter Kaiser Justinian entdeckte, lag auf seiner Brust das Evangelium des heiligen Matthäus. Es ist damals aus diesem Funde ein großes Wesen gemacht wor= den, wahrscheinlich weil man den hebräischen oder vielmehr syrisch = chaldäischen Urtext erhielt oder vermuthete. Denn griechische Uebersetzungen des Matthäus gab es schon zwei= hundert Jahre früher in Menge.

Der Evangelist Matthäus aber hatte ursprünglich in seiner Landessprache geschrieben. Er hatte es bis zum römischen Zoll= einnehmer gebracht und wohnte am schönen See von Tiberias. Offenbar war er ein gebildeter Mann und hatte wohl, wenn er einsam über die ruhlos treibenden Wellen schaute, viel über Gott und Welt nachgedacht. Als sein Heimathsgenosse aus Nazareth auftrat, wurde Matthäus innig ergriffen von der göttlich schönen Lehre, und hätte er uns nichts darüber auf= geschrieben, als die Bergpredigt, so müßte man doch sagen: dieser Mann hatte aufs Tiefste erkannt, worin des Menschen= geschlechtes Heil und Fortschritt bestehe.

Man muß sich in Nikosia erst darin finden, neben einem gothischen Dom Minarets, und wieder alte türkische Chans mit Spitzbogen und mit Palmen zu erblicken, die schlank aus der Mitte der Obstbäume aufsteigen. Auch der alte Königs=

palaſt war im gothiſch=normanniſchen Styl gebaut. Jetzt iſt von ihm bloß der gewölbte Thorgang übrig. Faſt alles andere, was ſich über den Grundmauern erhebt, ſind rohe nackte Wände mit Fenſterlöchern und Altanen mit hölzernen Gittern, darüber leichtes Dachwerk: man kennt dieſe türkiſche Bauart ſchon von weitem. Es wird dieſes Regierungsgebäude, der Sitz des Paſcha, bald Konak bald Serai genannt.

Unter ſeinen Gemächern hat der Regierende das Vergnügen, Gefängniſſe zu haben, die bei meinem Beſuch mit Verbrechern ziemlich angefüllt ſchienen. Bei weitem aber die Meiſten waren aus dem ſyriſchen Küſtenlande herüber geſchickt, ihre Strafe hier abzubüßen. Die Cyprioten ſind viel friedfertiger, und laſſen ſich nicht leicht in Leidenſchaft und Harniſch bringen. Ehe ſie etwas Schwieriges oder Gefährliches ausdenken, thun ſie lieber gar nichts.

Im Hofe des Serai ſteht eine hohe Säule, und jetzt hat ſich die Sage gebildet: der Verurtheilte habe ſie beſteigen müſſen, um auf ihrer Höhe ſein Loos zu vernehmen. Ich möchte glauben, daß es gerade eine ſolche Säule war, wie ſie, gekrönt von geflügelten Löwen, auf dem Markusplatz in Venedig ſteht. Ein anderer Markuslöwe aus Marmor war noch vor ein paar Jahren über dem Thorgewölbe zu ſehen, bis auch dieſer unter dem vorigen Paſcha aus reiner Luſt am Zerſtören in kleine Stücke zertrümmert wurde.

Der Säule gegenüber lehnten an der Wand drei große Grabſteine mit Ritterwappen und lateiniſchen Inſchriften. Als ich am Abend bei dem Paſcha ſpeiste und mit ihm, der ein Mann von durchaus europäiſcher und humaner Bildung, lange allein war, kam auch die Rede auf jene Denkmäler und andere Bildwerke von Stein, von denen ich in den Moſcheen und an den Gartenmauern noch hie und da Bruchſtücke erblickt hatte. Ich bat um Maßregeln, wie dieſe Denkmäler der Geſchichte zu ſchonen und zu retten. Der Paſcha ſeufzte. „Was hilft es," sagte er, „daß ich sorge? Unter meinem Nachfolger wird es doch wieder anders."

Nur zu sehr hatte er Recht. Der türkische Soldat, wenn er aus dem Innern von Syrien und Kleinasien kommt, bringt eine unzerstörbare Lust mit, alles Bildwerk was er sieht zu zerschlagen.

Bekenner des Islam sollen ja kein Geschöpf bilden, nicht mit Farbe, nicht aus Holz oder Stein. „Es würde seine Seele von dir fordern!" so drohet der Koran. Als dem Propheten sich dieses Wort auf die Lippen drängte, schwebte ihm da vielleicht das Gefährliche der Kunst vor, die vom ewigen Beten und Glaubensstreiten abziehen würde zu licht= heitern himmlischen Gebilden?

VIII

Blüthezeit im Mittelalter.

Als ich mitten in dem planlosen Durcheinander von engen und schmutzigen Gassen diese Menge Dome und Kirchen, die jetzt Moscheen, diese festen Thorgewölbe und Grundmauern, über welchen sich einst Reihen der stattlichsten Gebäude erhoben, gesehen hatte; als ich mich der Schilderungen erinnerte, die Reisende im Mittelalter von der unabsehlichen Pracht, die sich einst in den Straßen und Wohnungen zu Nikosia entfaltete, hinterließen: da stand mir das fränkische Königreich von Cypern doch in sehr ansehnlicher Höhe und Bedeutung vor Augen.

Ueberhaupt ist seine Erscheinung eine der merkwürdigsten in der Geschichte. Recht im Herzen des Orients wird hier auf altem phönizisch-griechischen Boden ein blühendes Königreich gegründet von durchaus germanischer Art, welches uns Recht und Gesetz unsers eigenen Mittelalters so scharf und bestimmt hinstellt, wie es kaum irgendwo im ganzen deutschen und romanischen Europa geschah. Denn ein Ideal des Staats- und Rechtswesens, wie es das Mittelalter verstand, wollte man hier schaffen, ein Königreich so recht nach dem Herzen der Ritterwelt.

Ich wüßte kaum ein ähnliches Beispiel in der Geschichte, es sei denn das Unternehmen der Engländer, in Virginien eine feudale Verfassung aufzubauen, welche der berühmte Philosoph Locke höchst kunstreich ausgedacht hatte. Der jungfräuliche Boden Amerika's aber stieß das unsinnige Vorhaben alsbald wieder von sich aus: hier in Cypern erhielt sich das mittelalterliche Ideal in blühender Frische und Reinheit bis ins letzte Drittel des Reformationsjahrhunderts, während damals in Europa — durch das Eindringen des römischen Rechts und der modernen Staatsideen — das alte Herkommen längst durchlöchert und gebrochen war. Erst als die Türken kamen und in Cypern außer der griechischen Kirche alles unter= ging, — erst da stürzte auch das Staats= und Rechtsgebäude der Kreuzfahrer.

Es verlohnt sich daher wohl der Mühe, auf die vierhundert Jahre des Königreichs Cypern einen Blick zu werfen.

„Das süße Eiland," wie die Dichter Cypern nannten, hatte beinahe neunhundert Jahre lang zum byzantinischen Reiche gehört, da riß es davon ab ein Handstreich jenes eng= lischen Abenteurerkönigs, dessen rohe Habgier und wildtrotzige Unbeständigkeit den dritten Kreuzzug, der unter Kaiser Fried= rich I. so groß und gewaltig und den vollständigsten Sieg versprechend begann, in kleinen Erbärmlichkeiten zerschellen ließ. Es gab damals drei Parteien auf Cypern. Ein Prinz des Kommenischen Hauses hatte sich zum Kaiser aufgeworfen; ihm stand eine patriotische Partei gegenüber, die alles Byzantinische haßte; eine dritte Partei hing dem gesetzmäßigen Herrscher an. So wurde es Richard Löwenherz leicht, sich des Landes zu bemächtigen. Es waren englische Schiffe an den Strand von Cypern geworfen, ihre Besatzung dort in Ketten geschlagen, dem Schiff aber, welches Richards Braut an Bord hatte, hatte man die Landung verwehrt. Jetzt erschien der König selbst, er= zwang bei Limasol die Landung, erstürmte die Stadt, schlug des Prinzen Armee aus dem Felde und eroberte im Fluge die ganze Insel. Als er nun Herr von Cypern geworden, sah er erst ein, wie reich das Land sei und ganz dazu gelegen, um als Sammelpunkt und Ausrüstungsplatz für alle christ= lichen Flotten und Heere zu dienen, die wider den Halbmond zu kämpfen kamen. Da Richard aber selbst die Eroberung nicht behalten konnte, suchte er sie zu Geld zu machen, und zuletzt nahm der vertriebene König von Jerusalem, Wido (Guido) von Lusignan, die Insel für 100,000 Ducaten; denn er wußte wohl, wie viel größeren Werth sie habe, als das steinige Palästina.

König Richard war von Anfang an ganz wie ein germanischer Heerführer der Völkerwanderung in Cypern aufgetreten. Die Hälfte des Landes nahm er für sich und seine Ritter, die Hälfte blieb den Einwohnern. Von des Königs Hälfte wurde zuerst ausgeschieden, was Tafelgut, Klostergut, Kirchengut sein sollte; alles übrige Land wurde sodann in Lehensgüter zerstückelt und an Vasallen verliehen. Da segelten geharnischte Herren und Knechte herbei, sie machten sich auf aus allen Ländern der Christenheit, und empfingen auf Cypern schöne Titel und Ritter- und Knappenlehen. Und die Sache gefiel ihnen so gut, daß nun der Gedanke nahe trat, dem armseligen Byzantiner-Kaiser nicht bloß ein paar Provinzen, sondern Thron und Reich auf einmal zu entreißen. Sieben Jahre nach Cyperns Eroberung war Konstantinopel schon in den Händen der lachenden Ritter, die sich die herrlichsten Fürstenthümer und Baronien aus den byzantinischen Gebieten herausschnitten. Das Morgenland war ja damals eine Abenteurerwelt, gleichwie später Amerika und Indien. Den übermüthigen Franken fiel gar nicht ein, daß alles, was ihr Schwert erobere, zuletzt doch nur die Beute werde der schlauen Venetianer und Genuesen.

Als nun später vom heiligen Lande Stück für Stück verloren ging, kamen auch die Ritter und Mönche von dort herüber, und so viele davon in ihre längst entwöhnten Heimathsverhältnisse nicht zurück wollten oder durften, fanden auf Cypern ein lockendes Berge- und Warteplätzchen. Wido von Lusignan selbst hatte schon 300 Ritter und 200 Knappen

mitgebracht. Akkon, damals die große lebenerfüllte Haupt=
stadt der Christen in Syrien, ließ sich im Jahre 1291 vor
den andrängenden Muselmanen nicht mehr halten. In einer
Nacht schifften die Ritter sämmtlich nach Cypern. Andern
Morgens zog der Sultan heran und befahl sofort den alten
Brauch zu vollziehen, nämlich das Gemetzel. Sechszigtausend
Einwohner wurden getödtet oder weggeschleppt, und dann die
Stadt an vier Enden angezündet. Was dem Blutbad ent=
ronnen, flüchtete entsetzt hinter den Rittern her.

Die Templer bauten damals ihr Ordenshaus in Limasol,
und als ihr Orden zwanzig Jahre später aufgehoben wurde,
zählte er auf Cypern allein noch mehr als zweihundert Ritter.
So sehr hatte sich diese Insel mit französischem und italienischem
Adel angefüllt. Auch Engländer und Deutsche fehlten nicht.

Zum zweitenmal erhob sich über der reizvollen Insel ein
ganz eigenthümlicher Glanz, nach welchem man sehnsüchtig
hinschaute von allen Küsten des Mittelmeeres. War es im
Alterthum, als die finstere syrische Astarte auf Cypern sich
abklärte zur holden Anmuth der Aphrodite, der Dienst der
Göttin der Schönheit und aller Erdenwonne gewesen, jetzt er=
blühete hier und auf Rhodos strahlend die Blume der Ritter=
schaft.

Wido, der erste Fürst, hatte kaum drei Jahre regiert,
jedoch seine Zeit wohl benützt, um fleißig Burgen und
Festungen zu bauen, welche die griechische Bevölkerung im
Zaume hielten, hatte ihr aber auch eine lang entbehrte Wohl=
that geschenkt, nämlich Recht und Ordnung. Unter seinem
Bruder und Nachfolger Amalrich versammelten sich die Ritter
und beschlossen: Cypern müsse ein ächtes Königreich werden,
seine Krone daher zu Lehen nehmen bei dem höchsten Schutz=
herrn der Christenheit. Also wurde eine Gesandtschaft nach
Deutschland abgeordnet. In Gelnhausen empfing sie Kaiser
Heinrich VI., er erwog die Wichtigkeit der Sache und gewährte

die Bitte. Erst sandte er die Erzbischöfe von Trani und Brin=
disi, ein königliches Scepter nach Cypern zu bringen. Die
Krönung behielt er sich selbst vor, bis er nach dem heiligen
Lande komme. Als sich das aber hinauszog und die Ritter die
Krönung verlangten, erschien der kaiserliche Kanzler, der Bischof
von Hildesheim, auf der Insel, nahm in seines Herrn Namen
und Auftrag im September 1197 den Treu=Eid des neuen
Königs entgegen und vollzog in der Hauptkirche zu Nikosia
seine Krönung.

Unter dem königlichen Banner von Cypern entfaltete sich
nun eine lange Reihe von ritterlichen Kriegszügen, welche die
lange Linie der Küstenlande von den Dardanellen bis zur Nil=
Mündung abstreiften, plünderten, zeitweise auch beherrschten.
Große Thaten zur See und zu Lande zu verrichten — gleich=
wie den langen Degen und die kurze Streitaxt, auch trefflich
das Steuerruder zu führen — danach ging Tag und Nacht
das Verlangen der ritterlichen Männer. Die Zeit von 1285
bis 1373, fast ein Jahrhundert lang, besonders unter den
Königen Heinrich II. Hugo IV. Peter I., war Cyperns ritter=
liche Heldenzeit. Smyrna und Alexandria wurden von Cypern
aus erobert, die Emirs an der Küste zahlten ihm Tribut, und
drei Königskronen schimmerten auf seinem Fürstenhaupte. War
der König in Nikosia, der Hauptstadt seines Reiches, gekrönt,
so folgte angesichts des heiligen Landes die zweite Krönung
zu Limasol, das Königthum von Jerusalem galt ja als nach
Cypern übergesiedelt, und als das Königreich Armenien unter=
ging, schwebte auch seine Krone noch eine Zeit lang über Cypern.

Zur selben Zeit war die Insel Hauptplatz des orientalischen
Handels. Die Waaren, welche von Indien nach Aegypten
und aus dem innern Asien nach der syrischen Küste kamen,
und die aus Europa nach dem Orient gingen, sammelten sich
in Cypern an, wurden hier gegeneinander ausgetauscht oder
von hier weiter verführt. Um so mehr Städte drüben in

muselmännische Hände fielen und ihre christlichen Herren verloren, um so mehr Kauf= und Gewerbsleute flüchteten nach
Cypern und um so mehr wuchs seine Handelsbedeutung. In
den Städten Limasol Paphos Kerynia wimmelte es von
Handels= und Börsenleuten aus Konstantinopel Damaskus
Beyrut und Alexandria, aus Venedig Pisa Genua Barcelona
und Marseille. Keinen wichtigeren Handelsplatz gab es am
ganzen Mittelmeer, als Famagusta. Auch die Strömung der
Pilger, welche fortwährend nach und von dem heiligen Lande
ging, belebte unaufhörlich die Küsten von Cypern. Da nun auch
der Land= und Gartenbau und die Industrie von fleißigen
Händen betrieben wurde, so mehrten sich die Reichthümer, aber
auch die Schwelgerei und Sittenlosigkeit in unglaublichem Grade.

Wir besitzen eine Schilderung des damaligen Cypern von
Ludolf von Sudheim, der fünf Jahre im Morgenland reiste
und um 1350 das beste Reisebuch seines Jahrhunderts schrieb.
Er war Kaplan des Paderborner Bischofs Baldwin von Stein-
furt und wurde Pfarrer in Sudheim. [1] Die Liebe zu seiner
Paderbornischen Heimath, aus welcher auch der berühmte Atha-
nasius Kircher und andere fröhliche Weltfahrer hervorgingen,
nahm er auch ins Morgenland mit: die Bewässerung der
Landschaft Tripolis in Syrien vergleicht er auf das Genaueste
mit den Paderquellen.

„Cypern," so lautet sein Bericht, „ist die edelste und berühmteste Insel und auch die reichste, keine in allen Meeren
kommt ihr gleich, und an allen Gütern ist sie fruchtbarer, als
eine andere. Wie es in der Bibel heißt, wurde Cypern zuerst

---

[1] Der neueste Herausgeber des liber de itinere terrae sanctae,
Dr. Deycks (1851, Band XXV der Bibliothek des Stuttgarter Vereins)
meint irriger Weise: „Wer Ludolf gewesen, ist nicht leicht zu sagen.
Er nennt sich selbst rector ecclesiae parochialis in Suchem, deren
Lage und Ort ein Räthsel ist." Vergl. Bessen: Geschichte des Bis-
thums Paderborn 1820, I. 268.

von Noe's Sohne Japhet bewohnt. Vor allen andern Län=
dern ist es nach der Größe höchst ausgezeichnet, und von allen
Seestädten, nämlich Aegyptens Syriens Armeniens Turkiens
und Griechenlands, wie von einem Gürtel umgeben. Nach
ihnen allen kann man in höchstens einem Tag übers Meer
reisen. Nikosia ist die Hauptstadt und liegt mitten in Cypern
unter den Bergen in der ebensten Gegend und allergesündesten
Luft. In dieser Stadt wohnen wegen der Milde und Gesund=
heit der Luft der König von Cypern und alle Bischöfe und
andern Prälaten des Reiches, auch alle andern Fürsten Grafen
Edle und Barone und Ritter wohnen da zum größten Theil,
täglich obliegend den Waffenspielen Turnieren und besonders
den Jagden. Es gibt auch in Cypern Bergwidder, wie man
sie in andern Theilen der Welt nicht findet (eine Art Muff=
lons). Sie werden mit Leoparden gejagt, anders kann man
sie nicht fangen. Auch sind auf Cypern Fürsten Edle Barone
und Ritter und Bürger reicher, als in der Welt. Denn wer
3000 Gulden Einkünfte hätte, würde geringer geschätzt, als
wenn er anderswo drei Mark hätte. Allein sie verbringen
alles mit Jagden. So kannte ich einen Grafen von Jaffa,
der mehr als fünfhundert Jagdhunde hatte, und stets haben
je zwei Hunde, wie es Brauch ist, ihren besonderen Diener,
der sie reinhält, badet und salbt, was dort für die Jagdhunde
durchaus nöthig sein soll. Deßgleichen hat ein Adeliger wenig=
stens zehn bis zwölf Falkner mit besondern Löhnen und Kosten.
Ich kannte mehrere Edle und Ritter auf Cypern, die bequemer
zweihundert bewaffnete Leute, als ihre Jäger und Falkner
hätten halten und ernähren können. Denn gehen sie auf die
Jagd, so wohnen sie wohlmal den ganzen Monat in den
Wäldern und Bergen in ihren Zelten, ziehen von Ort zu Ort
umher und haben Muße mit Hunden und Falken, schlafen in
Wald und Feld in den Zelten, und führen all ihr Nöthiges
und das Futter auf Kameelen und Thieren mit sich."

Dann wird weiter erzählt, wie alle diese Fürsten und Herren vom heiligen Lande herübergekommen, und wie man bei dem Zuströmen von Waaren und Pilgern aus aller Welt auf Cypern „von Morgens früh bis Abends spät Gerüchte und Neuigkeiten höre, und alle Sprachen der Welt verstanden und gesprochen und in besondern Schulen gelehrt würden." Die reichste Stadt aber war Famagusta. „Ein Bürger dieser Stadt verlobte einmal seine Tochter, deren Kopfschmuck von den französischen Rittern, die mit uns gekommen waren, höher geschätzt wurde, als alle Kleinodien des Königs von Frankreich. Ein Handelsherr dieser Stadt verkaufte dem Sultan einen goldenen Reichsapfel, der bloß vier kostbare Steine an sich hatte, nämlich einen Karfunkel, eine Perle, einen Sapphir und einen Smaragd, für 60,000 Gulden, und doch verlangte er später denselben Reichsapfel gegen einen Wiederkaufspreis von 100,000 Gulden zurück, was ihm verweigert wurde. So hatte ein Konstabel von Jerusalem vier Perlen, die seine Frau an Stelle der Spange trug: diese versetzte er wann und wo er wollte für 3000 Gulden. In einer Apotheke dieser Stadt gibt es mehr Aloe=Holz, als fünf Wagen führen könnten. Von den Gewürzen schweige ich: die sind dort so gemein, wie bei uns Brod, und ebenso gemein werden sie geschätzt und verkauft. Aber ich wage nichts mehr von kostbaren Steinen und Goldtüchern und anderm Reichthum zu sagen; denn es wäre bei uns unglaublich und unerhört."

Kuriose Geschichten erzählten sich auch die Ritter auf Cypern vom alten Venusdienst ihrer Insel. Unser Paderborner Hofkaplan berichtet: „Bei Paphos stand einst die Venusburg. Dort pflegte man ein Idol der Venus anzubeten, und von fernen Ländern kam man her, ihre Schwelle zu besuchen, und alle edlen Herren und Damen und Fräulein kamen zu jener Burg zusammen. In diesem Tempel wurde zuerst über den Untergang Troja's verhandelt. Denn die Helena wurde, als sie zu jenem Tempel wollte, unterwegs entführt. Nach diesem Tempel verlobten sich auch alle Fräulein und Mädchen um Heirath und Männer. Deßhalb sind auch in Cypern vor andern Ländern die Menschen höchst sinnlich von Natur. Denn würde man cyprische Erde, und besonders von dem Orte, wo die Venusburg stand, dem Haupte eines Schlafenden unter-legen, so würde sie ihn zur Lust und zum Weibe die ganze Nacht anreizen. In Famagusta wohnen zahllose überaus reiche Courtisanen, einige haben mehr als 100,000 Gulden, von deren Reichthum ich nicht mehr zu sagen wage."

Cyperns hohe Blüthe dauerte fast zwei Jahrhunderte, da kam sein Unglücksjahr. Die Genuesen eroberten 1373 die ganze Insel, als Niemand gerüstet war, ihnen zu widerstehen. Sie plünderten unter zahllosen Todtschlägen die Städte gründ-lich aus, und verheerten und zerstörten, was sie nicht mit-nehmen konnten. Famagusta wurde nun die Hauptburg der Genuesen, von welcher aus dieses stolze und treulose Räuber-volk von Handelsherren auf die Insel drückte. Cypern er-holte sich nicht wieder, und als die ganze Bevölkerung sich einmal wider ihre Dränger erheben wollte, da riefen die Ge-nuesen die Mameluken aus Aegypten zur Hülfe, denen Cypern fortan Tribut zahlen mußte.

Jetzt brach auch das sittliche Verderben unaufhaltsam herein. Thronstreitigkeiten in der Königsfamilie, Abfall und Zwie-tracht der Barone, allgemeines Schwelgen in gräulichen Lüsten — das war an der Tagesordnung. Jedermann nahm Unter-richt, wie er Dolch und Gift geschickt handhabe.

Es war zuletzt noch ein Glück für das Land, daß die schlauen Venetianer die Insel an sich brachten, indem sie eine ihrer Patriziertöchter, die schöne und reiche Katharina Cornaro, mit einem Prinzen aus dem Königshause Cyperns verhei-ratheten, ihrem Gemahl zum Throne verhalfen, und sich schließlich von ihr, als sie Wittwe war und keine Kinder hatte, ihr Reich abtreten ließen. Die venetianischen Beamten stellten Recht und Ordnung wieder her. Dann strebten sie mit Er= folg danach, den Land= und Gartenbau, sowie den Seehandel, wieder gewinnreich zu machen.

Als auch Cypern 1571 unter die Todesschatten von Mo= hammeds Fahne trat, ging Alles mit einander rasch zu Grunde, und nur die stattlichen Dome Burgen und Klosterhallen zeugen noch von der einstigen Pracht und Größe.

Nicht ruhmlos fiel das einst so herrliche Königreich Cypern, und hätten in seinem letzten Kampf Andere, als Venetianer, den Befehl gehabt, so wäre den Türken die Eroberung wohl noch schwerer geworden. Venedig besaß mehr Gebiet, als es mit seiner eigenen Macht behaupten konnte, und es hatte nie daran gedacht, die Bevölkerung seiner orientalischen Länder wehrhaft zu machen, viel eher und mit großer Klugheit war das Gegentheil erstrebt und erreicht worden. Als nun die Türkenmacht unter Soliman II. furchtbar anschwoll und selbst bis vor die Thore Wiens sich wälzte, erschrak man an der Adria bis ins Herz hinein. Im Jahre 1566 wurde beschlossen, auf Cypern wenigstens die Hauptstadt zu befestigen. Der Befehl erging: die Stadt müsse dreimal kleiner, mit Mauer und Graben und elf Bastionen umgürtet, alles was draußen liege niedergeworfen werden. Freudig gehorchten die Ein= wohner und der cyprische Adel. Sie nahmen sogar die Ar= beit und die Kosten auf sich, und halfen eifrig, ihre Villen und Häuser, soweit sie vor der neuen Befestigung lagen, dem Erdboden gleich zu machen. Selbst das Dominikaner=Kloster, in welchem Könige ihre Grabstätte hatten, wurde zerstört. Statt seiner elf Thore behielt Nikosia nur noch drei.

Nun trank Solimans Thronfolger, Selim II., über die Maßen gern Cyperwein, und sein Zechgenosse war ein portu= giesischer Jude, Miguez Nassy. Dieser war schon einmal Christ gewesen, fand es aber bequemer, auch das Christenthum wieder abzuschwören. Seinem kaiserlichen Gönner lieferte er den köstlichsten Cypperwein, und eines Abends, als sie beide toll und voll waren, schwur Selim hoch und theuer, sein Joseph solle König von Cypern werden. Seit dem hing in des Juden Haus ein großer Schild mit Cyperns Wappen und der Umschrift „Joseph, König von Cypern." Wirklich wurde er bereits zum Herzog von Naxos erhoben, und hörte nun nicht auf, zu treiben und zu schüren, bis zum Eroberungszug nach Cypern gerüstet wurde. Das Arsenal in Venedig ging in Flammen auf, und man sagte: Nassy's heimliche Sendlinge hätten es in Brand gesteckt. Bald darauf, am 1. Juni 1570, erschien die türkische Flotte mit dem Landungsheer vor Limasol.

Die Venetianer hatten weder Truppen genug noch tüchtige Generale geschickt, und das Landvolk wagten sie nicht zum Kampf aufzurufen; denn sie hatten sich bei ihm äußerst verhaßt gemacht, weil sie die Leute beständig zur Arbeit antrieben, die Früchte der Arbeit aber ihnen durch unbarmherzigen Steuerdruck entrissen. Der Proveditore Nicolaus Dandolo beschloß, die Insel dem Feinde preiszugeben und bloß Famagusta und Nikosia zu halten. Er hatte sich in den Glauben festgerannt, das große Türkenheer müsse von selbst in Sonnengluth und Seuchen verderben. Die Türken konnten ungehindert landen. Alsbald marschirten sie mit hunderttausend Mann auf Nikosia, während ihre Flotte auf dem Meere Wacht hielt, daß keine Hülfe von Europa komme. Sieben Wochen dauerte die Belagerung. Die weichlichen Cyprioten, besonders der alte Adel, schlugen sich wie Männer. Zweimal stürmten die Türken mit aller Gewalt, beidemal wurden sie glorreich zurückgeworfen. Ihre Flotte mußte zehntausend Mann frische Truppen schicken, selbst die Matrosen mußten heran. In Nikosia waren aber von Anfang an kaum zehntausend Bewaffnete gewesen.

Am 9. September begann in der Nacht der dritte und

allgemeine Sturm. Das ganze Türkenheer warf sich auf die Stadt, vor Sonnenaufgang waren drei Bastionen erstiegen, und nun wälzten sich unaufhaltsam die schreienden wüthenden Massen hinein. Zwanzigtausend Menschen wurden erschlagen. Wollte man hie und da unterhandeln, gleich kam die nächste Türkenwoge und machte alles nieder. Die Frauen stürzten sich vor den Verfolgern von den Dächern, und mehr als eine Tochter fand den Tod durch Vaters- oder Mutterhand, damit sie nicht der Schande überliefert sei. Acht Tage lang dauerte das Brand- und Mordfest. Wo Nikosia gestanden, sah man ein weites Gefilde von brandgeschwärzten Trümmern, in der Mitte den trauernden Dom. Zweitausend Türken reichten hin, den Platz fortan zu halten. Die andern zogen auf Famagusta. Nikosia war für die Türkenherrschaft eingeweiht, im Orient die letzte christliche Hauptstadt verschwunden.

Unermeßliche Beute wurde fortgeführt, und das Vorzüglichste an Gold Juwelen und Kunstsachen nebst tausend der schönsten Mädchen aus den Adelsfamilien auf drei Schiffe verladen, die nach Konstantinopel in See stachen, um Cyperns Tribut dem Sultan zu bringen. Da fand eine Griechin den Weg zur Pulverkammer des Hauptschiffs, es flog in die Luft, und die beiden anderen Schiffe standen sofort in Flammen und brannten nieder bis auf den Grund. Nur ein paar Matrosen retteten sich durch Schwimmen.

Vier Jahre später trat Sultan Selim, der jetzt die edelsten Lagen des Cyperweins gründlich durchkostete, in ein neues Marmorbad. Wände und Fußboden waren noch frisch und kalt, und da ihn fröstelte, rief er nach Commanderia, trank den Wein in vollen Zügen, wurde berauscht, stürzte auf dem glatten Steinboden und zerschlug sich den Schädel und kam nicht wieder zur Besinnung. Elf Tage darauf war er todt.

IX

Des Ritterthums Ideal von Staat und Recht.

Neben dem edlen Wein, der noch auf der Johanniter-Commende wächst, ist uns aus Cyperns Blüthezeit noch ein anderes Kleinod erhalten, unversehrt und unvergleichlich. Das sind seine Rechtsbücher, die berühmten Assisen von Jerusalem. Wenn überhaupt aus einem Werke, lernen wir aus diesem das reine und vollständige Ideal von Staat und Recht kennen, wie es etwa zur Hohenstaufenzeit — denn jene Epoche war entscheidend für den christlichen Orient — der ritterlichen Welt Europas vorschwebte.

Vollfrei war auf Cypern der Ritter und der Stadtbürger, chevalerie et borgés, jene größtentheils französischer und italienischer Herkunft, diese Griechen Romanen Syrer und Juden. Die patrizischen Familien in den Städten standen den ritterlichen ziemlich ebenbürtig. Außerdem kamen in Burgen und Städten noch die Menge der Fremden aus Abend- und Morgenland und die Haussklaven in Betracht, die einen standen mit ihrer Person, die anderen auch mit ihrer Habe unter dem Schutze der Gesetze.

Die landbauende Bevölkerung aber war sämmtlich mehr oder minder unfrei, und zerfiel in drei Klassen: Leibeigene, Hörige, Freizügige. Die Ersten frohndeten ihrem Herrn zwei Tage in der Woche, und zahlten ihm Kopfgeld und ein Drittel

vom Ertrag ihres Landes. Die Hörigen zahlten bloß Kopfgeld, blieben jedoch an den Boden gefesselt. Die persönlich
freien Bauern, ἐλεύθεροι, waren auf eines Herrn Grund
und Boden angesiedelt, lieferten ihm dafür als Zins die
Hälfte ihres Ertrags ab, konnten aber jeden Augenblick fort-
ziehen.

Der König trug seine Krone zu Lehen vom deutschen
Kaiser, der Thronerbe hieß Prinz von Antiochia. Außer den
Einkünften von ihren Gütern gehörten ihnen die Zölle und
das Salz, welches noch mehr abwarf. Den Thron umgaben
die vier großen Hofämter: Seneschall, Marschall, Kämmerer
und Connetable; nach diesen kamen die freiherrlichen Vasallen,
les hommes du royaume; nach diesen deren Unterlehns-
leute, les hommes liges. Die Freiherren zogen auf mit
großem viereckigen Banner und hatten cour, coin, justice,
d. h. Lehnshof für ihre eigenen Vasallen, Münzrecht, und
Gericht über alle ihre Untersassen.

Erbrecht auf das Lehen besaß der älteste Sohn, und war
kein Sohn da, die älteste Tochter. In den Besitz des Lehens
trat man durch die Huldigung. „Wenn Mann oder Weib,"
heißt es, „Huldigung leistet dem höchsten Herrn des Königreichs, sollen sie vor ihm knieen und die Hände gefaltet in
seine Hände legen und sprechen: Herr, ich bin euer Mann
für dieses Lehen und gelobe, euch zu schirmen und zu vertheidigen wider Jedermann auf Tod und Leben. Und der
Herr soll antworten: Und ich nehme dich an in Gottes und
meine Treue, und soll ihn dann in Treuen küssen auf den
Mund." War ein Fräulein Lehnserbin, so mußte ihr der
Lehnsherr, wenn sie zwölf Jahre alt war, drei Ritter vor-
schlagen, damit sie binnen gesetzter Frist einen von ihnen zum
Mann nehme. That sie es nicht, so verlor sie das Lehnsgut
auf Jahr und Tag, und wurde dann wiederum aufgefordert
jedes Jahr, bis sie sechszig alt und Kriegsdienstes ledig war.

Die Dame hingegen hatte das Recht, vom Lehnsherrn die Drei zu verlangen, und versäumte er es, so konnte sie wählen, wen sie am liebsten hatte.

Alle die Freiherren traten nun zu gesetzten Zeiten zum Oberen Hof, haute cour, zusammen, begleitet von ihren Leuten, und entschieden in dieser Versammlung unter des Königs Vorsitz über Staats- und Lehnssachen, und richteten über ihre Streitigkeiten und alle todeswürdigen Verbrechen.

Nun gab es auch einen Niederen Hof, basse cour, der ebenfalls Rechtssachen entschied und auf seinem Gebiete nicht minder berechtigt war. „Und kommt der vornehmste Mann im Lande in den Niederen Hof und schilt ihn falsch oder daß er falsches Urtheil mache, so soll er den Kopf verlieren." Vor diesen Hof gehörte das bürgerliche Recht, insbesondere das gesammte Handels- und Obligationen-Recht, auch Betrug und Diebstahl. Er war zusammengesetzt aus des Königs Vicomte und zwölf geschworenen Schöffen, die man aus der Klasse der freien Bürger nahm. Außerdem gab es noch besondere Handels- und Hafen-Gerichte.

Das gesammte Recht nun, nach welchem in diesen Gerichtshöfen verhandelt wurde, das Staats- Straf- und bürgerliche Recht, ferner das Lehnrecht, endlich das Weichbildrecht ist, sammt den zugehörigen Gerichtsordnungen, in Büchern aufgezeichnet, die man die Assisen von Jerusalem nennt. Das Wort Assisen könnte man etwa durch das deutsche „Schöffenbänke" übersetzen, indem darunter das Recht verstanden wird, welches in den Schöffenbänken verhandelt und hergebracht ist. Der Ausdruck kommt auch in Deutschland vor. Kaiser Friedrich II. verlieh dem deutschen Orden das Land Kulm und die Eroberungen in Preußen mit den urkundlichen Worten: „auf daß die Ritter dort gute Bräuche und Rechtsgewohnheiten gründen und Assisen und Statuten machen, durch welche sowohl der Glaube der Christen gestärkt wird, als überhaupt ihre

Unterthanen des ruhigen Friedens sich erfreuen und gebrau=
chen," ut bonos usus et consuetudines ponant, assisias
faciant et statuta.

Die Sage ging, Gottfried von Bouillon habe nach der
Eroberung von Jerusalem die Vornehmsten und Weisesten zu=
sammenberufen und ein Gesetzbuch verfertigen lassen. Offenbar
ist das eine Fabel. Schon das Wort Assisen, d. h. Schöffen=
bänke, das genau unseren deutschen „Weisthümern" entspricht,
deutet auf den Ursprung, und man könnte dreist „livre des
assises et bons coutumes" übersetzen mit „Buch der Weis=
thümer und echten Rechtsgewohnheiten." Wohl aber fühlte
man in Jerusalem, wo so Viele aus den verschiedensten Län=
dern mit einander zu verkehren hatten, frühzeitig das Be=
dürfniß, mehr und mehr von westeuropäischen Rechtssätzen auf=
zuschreiben, damit sie nicht verdunkelt würden. Denn Jeder=
mann brachte damals das Recht seiner Heimath mit sich, wo
er ging und stand, und nur nach diesem Rechte wollte er
gerichtet werden. Ganz dasselbe Bedürfniß meldete sich an,
sobald das Merowinger und Karolinger Reich verschiedene
Völkerschaften umfaßte. Erst schrieb man einige wichtige
Schöffensprüche nieder, allmählig sammelten sich mehr dazu,
und zuletzt gab sich ein verständiger Mann daran, die ganze
Sammlung in lichtvollere Ordnung zu bringen.

Sicher ist aber, daß in Jerusalem eine doppelte Rechts=
sammlung, die eine für den Oberen oder Lehns=, die andere
für den Niederen oder Bürger=Hof, in großen Lettern ge=
schrieben und vom König Patriarch und Vicomte untersiegelt,
in einen Schrein gelegt, und dieser in das Schatzgewölbe der
Kirche des heil. Grabes niedergesetzt und dabei bestimmt wurde:
nur in Gegenwart von den drei Sieglern, zwei Geistlichen
der Kirche und vier Schöffen, dürfe der Schrein eröffnet werden.
Diese Rechtsversammlungen hießen die lettres du sépulcre.
Als Jerusalem verloren ging, wurden auch sie nicht gerettet,

wohl aber lebte dasselbe Recht nun in dem Oberen Hof zu Akkon oder Ptolomais wieder auf, und darauf wurde das neue Königreich Cypern damit bewidmet. [1] Von hier gingen die Assisen 1204 nach Konstantinopel und 1210 nach Morea über.

Die Juristenschule aber, in welcher das Recht der Assisen seine höhere Ausbildung empfing, erblühte in Nikosia, — ein Beweis, wie viele tüchtige Männer die Insel vereinigte und in welchen bedeutenden und geordneten Verhältnissen sie lebten. Dieser Männer ist eine stattliche Reihe: sie sind Staatsmänner und Ritter und Juristen zugleich. Als der Gründer der Rechts= schule erschien Johann von Jbelin, Baron von Beyrut, ge= nannt Johann der Alte, zur Unterscheidung von seinem gleich= namigen Neffen. Gleichen Strebens waren Raoul von Tiberias, Gottfried le Tort, Gerhard von Montreal, Philipp von Na= varra, Johann von Jbelin, Graf zu Jassa Askalon und Rama, des Alten Neffe. Die Berühmtesten wurden die beiden Jbelins und Philipp von Navarra, der sich rühmte, er habe an allen bedeutenden Belagerungen und Stürmen seiner Zeit und Gegend theilgenommen.

Der erste Jbelin und der Navarrese waren Anführer in dem langen und blutigen Streit, in welchem die französische Ritterschaft des Morgenlands Kaiser Friedrich II. Pläne ver= eitelte. Dieser wollte, unter Beihülfe deutscher Ordensritter, die politische und militärische Kraft von Cypern und Syrien, die unter der eigensinnigen Selbstherrlichkeit der Ritter ewig zersplittert blieb, vereinigen durch die kaiserliche Oberherrschaft. Auch die andern vorgenannten Arbeiter am Assisenrecht nahmen als Krieger und Diplomaten an diesem Kampfe Theil. Der Kaiser hatte bereits in seinen italienischen Erblanden den unruhigen Adel zu Paaren getrieben. Bei seinem kurzen

---

[1] Der griechische Text ist jüngst herausgegeben von C. N. Sathas: Ασίζαι τον Βασιλειον των Ηιεροσολυμων και της Κυπρου mit Zugaben. Paris 1877.

Aufenthalte im heiligen Lande hatte er so Großes erreicht und
seine Politik war so richtig, daß die Verständigeren ihm theils
öffentlich theils im Stillen beistimmten. Um ein Recht zu
haben, die Waffen gegen ihn stets von Neuem zu erheben,
mußten die Ritter sich auf ihr Landesrecht, die Assisen,
stützen. Seine Artikel erhielten jetzt ihre Feuertaufe und schär-
fere Bestimmung. Diese Thatsache ist in dem französischen
Hauptwerke über das Assisenrecht [1] nicht zur Geltung gekommen.

Philipp von Navarra fand bereits mehrere Rechts-
sammlungen vor, hörte fleißig sich um in den Rechtshöfen
zu Nikosia Akkon und Beyrut, und schrieb alles zu einem
einzigen geordneten Buche zusammen. Sein Werk wurde von
Johann von Jbelin dem Jüngeren, einem Kreuzzugsritter in
Aegypten unter Ludwig dem Heiligen, noch mehr zu großen
und wohlgeordneten Büchern ausgeweitet und abgeklärt, welche
im Jahre 1369, als König Peter I. gewaltsame Eingriffe
ins Recht mit seinem Tode ein Ende nahmen, von seinem
Nachfolger und allen Baronen feierlich beschworen wurden.
Damals sind sie auch gleich den lettres du sépulcre in
einem Kasten versiegelt und im Dom zu Nikosia niedergelegt.
Damit ja kein Tütelchen daran verändert werde, im Zweifels-
fall aber man darauf zurückgreifen könne, wurde auch hier
angeordnet, daß nur der König mit vier Baronen den Kasten
entsiegeln dürfe.

So besitzen wir nun in diesen Assisen das vollständigste
Rechtsbuch des Mittelalters, welches zugleich das in jener
Zeit so seltene Glück hatte, als Gesetzbuch förmlich vom ganzen
Lande anerkannt zu sein. Wohl verdiente es, nachdem die
Franzosen so viel Treffliches dafür geleistet haben, daß auch

---

[1] Beugnot, Assises de Jérusalem, Paris I. 1841. II 1843, im
Recueil des historiens des croisades, Lois I. II.

eine deutsche Hand diesen Schatz erschlösse. Sollte nicht endlich ein Kundiger sich angeregt fühlen, ihren Inhalt mit dem schönen Werke von Beaumanoir über das nordfranzösische Recht und mit den deutschen Rechtsbüchern des Mittelalters zu vergleichen? Nur dürfte es kein bloßer Büchergelehrter sein.

Ohne Frage ist dieses Werk zugleich die reinste und üppigste Quelle zur Kenntniß der Kulturzustände im 14. Jahrhundert, überhaupt ein rechter Spiegel der Ideen und Gesinnungen, die damals in den westeuropäischen Ritterschaften und Bürgerschaften lebten, und im Orient, gleichwie in einem Neulande, unbehindert von alten Gesetzen und Einrichtungen zu Tage traten. Wir finden darin in größter Treue und Schärfe die Grundanschauungen von Recht und Staat, wie sie in Mitteleuropa vorhanden. Vieles aber ist feiner aus- und durchgebildet, entweder weil der bunte Völkerverkehr es so verlangte, oder weil Ritter und Bürger es so aussannen. Im Handel und Wandel, heißt es zum Beispiel, komme nichts darauf an, ob einer Grieche oder Jude oder Sarazene sei, des Einen Geld sei so gut wie das des Anderen, und bezahlen müsse Einer wie der Andere nach Urtel und Recht. So konnte im Fall des Ehebruchs der beleidigte Gatte seine Frau und ihren Freund sofort todtschlagen und Niemand ihm darob etwas anhaben. Wenn er aber bloß eines von beiden todtschlug, mußte er an den Galgen, denn im ersten Fall hatte er den Bruch der heiligen Ehe, im zweiten nur sich selbst gerächt.

Noch auf einen merkwürdigen Unterschied des heutigen Nikosia von dem Zustande, wie er vor dreihundert Jahren war, als die Assisen noch galten, will ich hindeuten. Die Lusignans hatten es sich viel kosten lassen, eine römisch-katholische Geistlichkeit auf Cypern zahlreich und glänzend einzurichten. Neben den vier griechischen Bischöfen gab es vier lateinische, und neben dem griechischen Erzbischof in Nikosia wohnte der lateinische Patriarch. Die Lateiner aber hatten überall den Vorrang. Wenn an den großen Kirchenfesten, die in Nikosia mit Pracht und Pomp ohne Gleichen gefeiert wurden, die Prozessionen daher zogen, so mußten die Griechen, als die Untergeordneten, voran ziehen; nach ihnen kamen die lateinischen Bettelorden mit den Indiern, Maroniten, Armeniern, Kopten und Nestorianern; darauf in unabsehbaren Reihen die lateinischen Bischöfe und Geistlichen; endlich der Abel und die Beamten und Soldaten.

Jedem Fremden, der damals diese langen Aufzüge an sich vorüber ziehen ließ, wären gewiß die haßerfüllten Blicke des griechischen Klerus aufgefallen. Denn die griechischen Bischöfe Mönche und Popen betrachteten sich allein als die rechten Erben der uralten cyprischen Kirche: für sie waren die Lateiner nur freche Eindringlinge. Allein diese hatten damals die Macht allein. Und jetzt? Die Griechen sind noch alle da, in alle Winde zerstoben ist der zahlreiche prachtvolle Klerus der römisch-katholischen Kirche. Nur ein paar arme Franziskaner vertreten ihn noch auf Cypern. Sollte das nicht ein Zeichen sein, daß der Orient nur orientalisches Kirchenwesen verträgt?

Als ich die erzbischöfliche Kirche in Nikosia verlassen hatte, kam ein junger Kleriker eilig hinter mir her mit freundlicher Einladung zu einer Tasse Kaffee bei dem Herrn Erzbischof. Ich hatte aber noch so viel Türkisches zu beschauen, das mich mehr anzog, und entschuldigte mich mit der Eile meiner Reisefahrt. Da sagte der Kirchenzögling in unwilligem Tone: zum Erzbischof von Cypern komme jeder Fremde, und ich werde wohl nicht der erste sein wollen, der das unterlasse. Ich konnte aber wirklich seinem erhabenen Herrn nur den schönsten guten Morgen entbieten, nebst der Versicherung: wenn ich wieder nach Nikosia käme, würde ich mich um so früher anmelden. Es hat mir später leid gethan; denn das cyprische Kirchenhaupt soll ein sehr würdiger alter Herr sein, und ich tam um die Wonne, einen lebendigen „Allerseligsten" zu sehen. Den Titel μακαριώτατος führt der Erzbischof von Cypern wirklich, und dieser Titel gründet sich wohl in zwei Dingen, in kaiserlichen Ehren und in glänzenden Einkünften.

Der griechische Klerus ist nämlich unvergleichlich glücklicher daran, als die ganze europäische Hof= und Beamtenwelt. Er kann sein ganzes Leben lang seine Sehnsucht nähren durch unaufhörliches Klettern, eine wahre Jakobsleiter hinauf von Rang= und Ruhmeszeichen. Da gibt es verschiedene Farben der Gewänder, vom schlichten Schwarz durch Grün und Gelb und Roth bis empor zum Purpur; da gibt es einen und zwei und drei Querbalken am Kreuz; da gibt es Mitren mit einer oder mehr Schleifen; und der Levit, der den Leuchter vorausträgt, weiß genau, wie viel Rang=Arme dieser aus= strecken muß. Der Erzbischof von Cypern aber hat der Würdig= leiten Höhe erreicht: er unterzeichnet mit rother Tinte, siegelt mit einem Reichsadler, der zwei Köpfe hat, führt einen langen Hirtenstab mit der goldenen Weltkugel darauf, und einen Titel, in welchem die bloße Heiligkeit schon Voraussetzung ist.

Die Cyprioten berichten: ihr erzbischöflicher Stuhl sei so hoch geschmückt worden, als man auf ihrer Insel das Grab des heiligen Barnabas mit dem Matthäus=Evangelium gefunden. Daneben läuft eine boshafte Sage: die allmächtige Kaiserin Theodora, Justinians Gemahlin, die der Göttin ihrer cypri= schen Heimath eifrig genug huldigte, habe einen schönen Erz= bischof zum Allerseligsten gemacht.

Seine Einkünfte aber theilen sich in genannte und stillschwei= gende. Zu den ersten gehören der Zehnt von den Bauern, das regelmäßige Geldgeschenk der Klöster, dito aller Kirchen je nach ihren Einkünften, dito von jedem Dorf für die jähr= liche erzbischöfliche Messe, dito von jeder Hochzeit, endlich noch die vielen und vielen Dispensgelder. Wieviel aber die still= schweigenden Einkünfte betragen, läßt sich vielleicht daran abnehmen, daß auf hundert Griechen in Cypern ungefähr zwei Kleriker kommen, und daß von dieser übergroßen Menge nicht leicht einer seine Stelle erhält, ohne sich vorher mit den Oberen abzufinden, wie viel Geld er für die Stelle geben muß. Die Bischöfe müssen auch nach Konstantinopel Geld schicken; denn es ernennt den Erzbischof der Sultan, und obwohl die vier anderen Bischöfe von ihren Kapiteln erwählt werden, so müssen sie doch des Großherrn Bestätigung sich erwerben. Die armen Popen auf den Dörfern können freilich nicht viel aufwenden. Sie werden jetzt zu Hunderten in Nikosia hergerichtet: es genügt, wenn sie geläufig lesen können und die Ceremonien verstehen. Gibt ihnen ihre Gemeinde nicht genug zu leben, so können sie Schuhe flicken oder Vieh hüten, — ihrem geistlichen Amte thut das keinen Eintrag.

Erinnert dergleichen nicht an Zustände, wie sie auch in Westeuropa eintraten, als die Völkerwanderung die alten Kultur= länder überströmt hatte? Auch die politische Stellung der Bischöfe und Aebte ist in der Türkei eine ähnliche, wie bei uns in der Merowinger=Zeit. Sie sind die politischen Ver= treter ihrer Glaubensgenossen und ihre Richter in tausend Streitigkeiten. Sie sind Diejenigen, welche die Beschwerden an die Regierung bringen, und Diejenigen, welche sich mit den Vornehmsten berathen, wie die regelmäßigen und die besonderen Steuern aufzubringen und das Landesschuldenwesen zu ordnen. In der morgenländischen Kirche steht und dauert ja alles unbeweglich wie das Firmament. Länger als ein Jahrtausend hat sich in der Liturgie wie in Glaubenssätzen kaum etwas verändert. Erst in unserer Zeit beginnt in diese eiserne Starrheit ein wenig Leben und Bewegung einzufließen, deren Ausgangspunkt das kleine Hellas ist.

X

San Chrisostomo.

Cypern ist des Mittelmeers äußerste Insel nach Osten hin und gehört nach der Natur seiner Ebene zu Egypten und nach der Natur seines Gebirges zu Syrien. Sieht man aber weg von Lage und Landesnatur und denkt bloß an die hervorragenden Gebäude, so ist man mitten in Cypern auf einmal in westeuropäisches Mittelalter versetzt. Denn gothische Dome, trotzige Ritterburgen, malerische Abteiruinen sind Cyperns Stolz. Gegen des Mittelalters Rücklaß verschwinden selbst die zahlreichen Gräber von Aposteln und Heiligen, die noch aus der ersten christlichen Dämmerung herrühren, und vollends erst die armseligen Ruinen von antiken Tempeln und Stadtmauern kennt und sucht nur der klassisch Gebildete.

Von allen mittelalterlichen Burgen aber war die mächtigste und zugleich die seltsamste Buffavento, das heißt Sturmestrotz, und ich wüßte selbst in Spanien und Unteritalien keine Burgruine, die an schroffer Kühnheit, Größe des Baues, und romantischem Wildreiz mit Buffavento zu vergleichen. Zu anderen Burgen steigt man ein paar hundert Fuße hinauf: Buffaventos Thürme klettern am Löwenberg, einer düstern Felspyramide, empor bis zu dreitausend Fuß Höhe über dem Meere.

Nach dieser Burg ritt ich erwartungsvoll am frühen Morgen des 24. April, gefolgt von Dragoman, Zaptieh und Diener. Es ist von Nikosia ein Weg von etwa vier Stunden bis an den Fuß des Berges. Mein Dragoman und ich hatten die Jagdgewehre umgehängt, und als wir ans Thor kamen, wollten

die Soldaten sie uns fortnehmen. Waffentragen sei nicht er=
laubt auf Cypern, sagten sie. Unser edler Athienite erblaßte,
denn die cyprischen Bauern, welche der Türken Faust an der
Kehle fühlen, sind eingeschüchtert und Feiglinge alle mit ein=
ander. Vom kretischen Trotz und Mannesstolz ist bei ihnen
kaum eine Spur zu finden. Der Dragoman erklärte den Sol=
daten: „Wer mit vier Pferden reise, müsse doch auch Waffen
führen." Verdutzt sahen sie sich an. Da rief Hussein der
Zaptieh: „Fort da, fort da! Das ist des Pascha Freund!"
Da gewannen wir Luft und sprengten ins Freie, und endlich
riß auch unser Cypriot sich von der Stelle und kam hinter
uns hergerasselt zu allgemeinem Gelächter.

Wir waren nun wieder in der herrlichen Fruchtebene, die
sich um Nikosia ausdehnt, der Mesoria. In den Feldern
wogten die goldenen Saaten weit und breit. Kein Mensch
oder Thier ließ sich blicken auf den unabsehlichen Flächen.
Nur die Lerchen sangen und jubelten in den blauen Lüften.
Es war ja Morgenfrühe, wo es dem Landvolk nach alter
Gewohnheit noch nicht recht geheuer scheint im freien Felde.
Die Todtenstille, welche Cyperns Fluren umfängt, hat etwas
Beängstigendes. Das Land ist so üppig, und doch diese endlose
Leere, diese tiefe Stille! Wir kamen durch zwei kleine Dörfer,
auch diese schienen wie verlassen, nur hie und da krähte ein
Hahn, der auf der ärmlichen Lehmmauer eines Höfchens saß.

Bei Manilia ritten wir durch das Bett des alten Pedias.
Jetzt, zu Ende des April, war des Wassers im Flusse schon
wenig genug, an rauschende Fülle gar nicht zu denken. Als
wir auf die andere Seite kamen, traf ich endlich auf Leute
im Felde. Es war ein alter Barttürke, der, seine lange Pfeife
in der Hand, vier Weiber arbeiten ließ. Mit kleinen Hand=
sicheln schnitten sie die Aehren ab und machten eine Arbeit
wie Kinder. Die Jüngste war eine schwarze Sklavin: dieser
rief der Türke, als ich auf ihn zuritt, etwas zu, und eilig

schlug sie die Gewänder vor's Gesicht und wendete sich ab. Bei den anderen Drei war die Neugier größer, als der Schrecken. Sie eilten nicht sehr, sich zu verhüllen: es war auch wirklich nicht mehr der Mühe werth.

Vor uns her lief in einer Kette dreißig Stunden lang das Küstengebirge, welches Cyperns weithin gezogenes Bollwerk gegen Norden bildet und in der langen schmalen Landzunge der karpasischen Halbinsel ausläuft. Dieses Gebirge ist etwa den Vogesen zu vergleichen, nur ist es viel reicher und mannigfaltiger gestaltet. Weil der Bergzug über weite offene Flächen hinzieht, so stellt er sich sehr bedeutend dar, obgleich die Kammhöhe sich beständig nur zwischen zwei- und dreitausend Fuß empor hebt. Dieser Kamm aber besteht aus allerlei Kuppen und Hochrücken, Spitzen und Haken, zwischen denen der veilchenblaue Himmel Cyperns durchscheint in glänzender Klarheit. Die Zacken und Risse, die Kegel und Pyramiden, die der Bergwand oben aufgesetzt sind, die Bastionen Aufwürfe und Wellungen, die unten sich vorlagern, wurden stets von Neuem überhaucht bald von sanft rothbräunlichem, bald von blauem und bläulichem Duft, und das ist so schön und eigenthümlich, daß man die Augen nicht wieder davon lassen kann. Denn alle Form und Gestalt umfließt hier eine zauberische Helligkeit.

Als wir näher kamen, hob sich das Land mehr und mehr, und ich sah, daß das ganze Gebirge nackt und kahl war; aber zwischen den Schluchten und Abstürzen der Felsen spielte das Licht in allerlei Gold- und Silberfarben. Jetzt traten die Bergzüge deutlicher hervor: wie die Schneiden in einem Taschenmesser lagen die Rücken scharf neben einander. Bald umfing uns die volle Einöde des Gebirgs, jeder Anbau hörte auf. Stumm und starr warfen sich die dürren Felsbänke empor, und die Sonnengluth strahlte heiß zurück von dem ausgebrannten Boden.

Da grüßte uns das Kloster San Chrysostomo, altes und

neues Gemäuer mitten zwischen lebendigem Baumgrün, eine
wahre Erfrischung in dieser stillen starrenden Wüstenei. Dicht
unter dem hochaufsteigenden, wildzerrissenen Steingebirg war
auf diesem Plätzchen Alles voll Grün und Gelbblüthen, der
ganze Abhang damit überschüttet. Oleanderbüsche umsäumten
einen Bach, hatten aber meist schon ausgeblüht. Oelbäume
stiegen bis hoch zwischen die Felsbrocken hinauf. Hier lud Alles
ein zu wonniger Einsamkeit. Die Luft war voll frischen ziehenden
Wohlgeruchs, und aus dem Gebirge über dem Kloster hörte
man zu Zeiten Geklingel von weidenden Ziegen und Bergschafen.

Zwei Mönche standen an der Pforte und riefen ein über
das anderemal ihr „Schön willkommen!" Sie ließen mit freund=
lichen Bitten nicht ab, bis ich abstieg und eintrat. Mehr als
diese Beiden schienen das große Gebäude nicht mehr zu be=
wohnen, zwei alte graubärtige Einsiedler, die in weiten Halb=
ruinen umherirrten. Die Zahl der Mönche ist in den cypri=
schen Klöstern seit etwa einem Menschenalter in raschem Ab=
nehmen. Auch an diesen geheiligten Orten bröckelt das alte
Kirchenthum leise ab zum Verfallen.

Im Klostergarten standen drei hohe düstere Cypressen und
eine Palme, und der schwarze Epheu drängte sich zwischen die
Aeste von uralten Aepfel= und Orangenbäumen, in deren
tiefem kühlen Schatten sich aufathmend die Brust hob. Der
Garten liegt schon 1300 Fuß über dem Meere, gleich da=
hinter ragen die Steinwände steil auf bis zu 2000 Fuß und
darüber. Wenn ich erschreckend an ihren finsteren Massen empor=
sah, wie labend war wieder der Hinausblick aus dem kühlen
Laubdunkel auf die weite Ebene, deren goldbraune Flächen
sich da unten unabsehlich ausdehnten!

Den beiden Greisen war es offenbar eine Erquickung, wie=
der fremde Menschen zu sehen und von der Welt da draußen
zu hören. Mit redseliger Gewalt wollten sie mich ein paar
Tage festhalten, und mein Dragoman sah mich schon mit

wehmüthigen Blicken an, ob ich Barbar so viel Liebenswür=
digkeit widerstehen könne. Ihm, der in seiner Jugend reich
begütert gewesen und nun in seinem Alter abgehaust, klang
es wie eine himmlische Botschaft: ein paar Tage Nichtsthun
bei freier Verpflegung. Ich mochte aber meine kostbare Zeit
nicht verlieren, selbst wenn mich nach der Gemüsetafel der
beiden alten Kirchenmäuse verlangt hätte. Cyprische Mönche
fasten eigentlich immer. Den einen Tag essen sie Rüben und
Zwiebeln, den andern Tag Kürbisse und Bohnen. Unbegreif=
lich, wie sie dabei noch so gut aussehen. In einem Lande,
wo die Klöster die einzigen stets offenen Gasthöfe, gehört die
Fastengewohnheit nicht zu den Vorzüglichkeiten.

Als die Mönche erfuhren, ich käme aus Bayern, sagten
sie, die Stifterin ihres Klosters, die berühmte Maria de
Molino, wäre eine Bayerin gewesen. Ich glaube, sie hätten
sie zu meiner eigenen Ahnmutter gemacht, wenn sie uns da=
mit hätten festhalten können. Als ich mich aber in eine kühle
Ecke setzte, wehrten sie dies ab mit beiden Händen; denn ich
sei noch heiß von der Reise. So lautet das immer im Orient.
Bist du müde und erhitzt, so trink' nicht, iß nicht, schlaf nicht,
und setze dich um Himmelswillen nicht dem Windzuge aus,
sondern, wenn du kein Fieber haben willst, so hülle dich in
deine Decke und warte ruhig die Abkühlung ab. - Diese ewige
Sorge und Vorsicht für das Gesundbleiben macht Einem das
Reisen in heißen Ländern manchmal recht zuwider. Man hat
die Ahnung, als stünde ein gefährlicher Baum in der Nähe
mit lockenden Goldfrüchten und giftiger Ausdünstung.

Das Kloster des heiligen Chrysostomus ist zweifellos in
sehr früher Zeit gegründet, von höchstem Alter darin ein Bild
der Panagia. An den ursprünglichen einfachen Mauerkern
hat sich nach und nach vielerlei angebaut und angesetzt, zuletzt
auch Vorhalle und Portal. Die Kirche besteht auch hier wie=
der aus zwei großen Kuppelkapellen, die man neben einander

geſetzt hat. In der Kirche trat man nur auf Myrthenzweige, des Oſterfeſtes wegen war ſie dicht damit beſtreut.

Die gute Maria de Molino aber, deren Gebeine hier im Schatten des Gebirgs in tiefer Einſamkeit ruhen, hat das Kloſter offenbar nur verſchönert und ſeine Einkünfte verbeſſert. Eine verwirrte Sage erzählt: als ſie ſchwer am Ausſatz ge= litten, habe ihr der heilige Chryſoſtomus gerathen, ſich in dem kühlen Waſſerborn hinter dem Kloſter zu baden; da ſei ſie geneſen und habe aus Dankbarkeit gegen den Vater des Mönchthums hier einen Sitz für ſeine Jünger geſtiftet. Nach einer anderen Sage wäre ihr Schoßhund, der auch an einem häßlichen Ausſchlag krankte, hier ins Waſſer gefallen und davon geſund geworden, und wäre ſie zu ihrem Glücke ſeinem Beiſpiel gefolgt. Gewiß iſt, daß noch vor zweihundert Jahren die Ausſätzigen ſchaarenweiſe hieher pilgerten, um Heilung zu ſuchen. Jetzt hat das aufgehört, entweder weil Bach und Quelle waſſerarm geworden, da auf den Höhen die Waldung zerſtört iſt und keine Feuchtigkeit mehr anſammelt und ent= läßt, oder weil die Krankheiten zum Glücke auch ihre Geſchichte haben, nach welcher ſie keimen, wachſen, ſich ausbreiten, und langſam wieder verſchwinden. Außer bei Nikoſia habe ich keinen Ausſätzigen mehr auf Cypern geſehen.

Dieſelbe Maria de Molino, ſo berichtet wieder eine andere Sage, hätte Buffavento erbaut; denn nur auf unerſteiglichem Felſenriff hoch in den Wolken hätte ſie vor den Tempelherren Ruhe gefunden. Im Kopfe einer angſtvollen Dame hätte eine ſolche phantaſtiſche Idee wohl entſtehen können: um ſie aber auszuführen, mußte ſie reich wie eine Königin ſein. Schon von tief unten aufblickend wird das Auge befangen von der Größe und Ausdehnung dieſer Bergfeſte. Nimmt man aber hinzu, daß dieſelbe Gebirgskette zwei ganz ähnliche Forts trägt, nämlich vier Stunden rechts von Buffavento Kantara und vier Stunden links entfernt St. Hilarion; ferner daß diese Forts die Päſſe durch das Gebirge vertheidigen; ferner daß drüben an der andern Seite die Wege bei Keryneia zuſammenlaufen, und daß dieſe Stadt, im Beſitze des beſten Hafens auf der Nordſeite, ebenfalls von jeher ſtark befeſtigt war: ſo läßt ſich die Vorſtellung nicht abweiſen, daß mäch= tige Eroberer, vielleicht ſchon in uralter Zeit, dieſes Feſtungs= ſyſtem gründeten, damit ſie — im Beſitz der Bergkette und der freien Nordküſte — die Inſel im Zaume hielten.

St. Hilarion hieß bei den Rittern Dieu d'amour, und ſie erzählten ſich, wie dort ein Heiligthum des Liebesgottes geſtanden, welchen der heilige Hilarion mit all ſeinen kleinen Teufeln ausgetrieben. Wahrſcheinlicher iſt wohl, daß der alte griechiſche Name des Berges Didymos zu der franzöſiſchen Benennung und Fabel Anlaß gab. Buffavento aber, hoch auf ſeinem „Löwenberge,“ iſt die oberſte und gewaltigſte der drei Feſtungen. Es ſchaut aus ſeiner furchtbaren Höhe her= unter recht wie der wildtrotzige, abenteuerlich kühne Geiſt jenes Ritterthumes, das aus dem Herzen Europas hieher kam und mit ſeinen langen Speeren das byzantiniſche Kaiſerthum über den Haufen ſtieß.

Als ich die Mönche zu San Chryſoſtomo fragte, ob man bis zur Burg oben hinauf könne, verzogen ſie bedenklich die Mienen. Niemand klettere da hinauf, hieß es, es ſei ein paar tauſend Fuß hoch, einen Wegweiſer hätten ſie nicht, von ihren Leuten ſei Niemand oben geweſen. Es ſchien bei= nahe, als glaubten ſie, böſe Geiſter hauſeten da oben in den verfallenen Thürmen. Dann aber erinnerten ſie ſich an zwei Deutſche, die vor etwa zehn Jahren den Weg hinauf geſucht, und der jüngere ſolle wirklich den Gipfel erſtiegen haben. Das konnte nur Kotſchy geweſen ſein, von deſſen und ſeiner Bergfahrt Unger [1] erzählt. Verſuchen, dachte ich, kannſt du es ja auch.

1 Unger und Kotſchy Die Inſel Cypern. Wien 1865. S. 522.

XI

Buffavento.

Wir ritten nun zu Viert etwa eine halbe Stunde weit am Abhange hin. Der Weg verlor sich und fand sich wieder. Bienenstöcke zeigten sich hie und da. Jeder bestand aus ein paar hohen irdenen Töpfen, die man über einander gesetzt hatte; das Flugloch war ganz schmal und niedrig. Da, wo der Steig ins Gestein hinauf ging, lag ein kleines Gebäude in Trümmern. Hier blühte ehemals ein schöner Garten, der so schön gewesen sein soll, daß man ihn das Paradies nannte. Vielleicht war er auch nur ein Paradies der Freiheit für die armen Hofdamen, die hier unten doch ein wenig spazieren gehen und Jemanden sehen konnten, wenn sie des engen Wohnens über den Wolken müde waren. Denn Buffavento führte vorzugsweise den Namen Königinschloß, Castello di Regina. Wahrscheinlich fanden Cyperns Königinnen in der heißen Jahreszeit dort oben gesunde Luft. Während sie auf Buffavento Hof hielten, mochten die weitläufigen Gebäude von San Chrysostomo widerhallen von zechenden Rittern und Knappen. Des Hofklosters gute Zeit verschwand, als Buffavento in Trümmer fiel.

Auf der Paradiesstelle stieg ich ab und schauete umher. Das mag hier ehemals ein schönes Leben gewesen sein, am plätschernden Bach, im rauschenden duftenden Bergwald, drunten die gesegneten Auen mit der prangenden Hauptstadt. Ich hatte das Glück, in der Ferne einen Hirtenbuben zu erspähen, und der Zaptieh galoppirte hin und fing ihn ein. Die Sache schien dem Bürschchen Spaß zu machen, und er war bereit, den Wegweiser zu spielen, ganz oben aber sei er noch nicht gewesen.

Er stieg nun flink voran, ich folgte ihm, mir der Zaptieh, und hinter diesem kletterte mit manchem Ach und Wehklagen der Dragoman, der helle Angstschweiß stand ihm auf der Stirne. Als wir nach einer guten halben Stunde den Rücken der Bergkette erreichten, brach Mr. Clementin zusammen und jammerte: „O wie komme ich da wieder hinunter!“ Mir aber bebte das Herz vor Entzücken. Drüben leuchtete endlos die lichte Meeresbläue, und zu Füßen fielen die Blicke tau= send Fuß hinab in ungeheure Schluchten und Schlünde, und tief unten, wo sich an·den Bergzug das Land ansetzte, stürzte es sich gleich weg in kurzen Hügelwellen und lief ins Meer hinein, gerade als fürchte es sich vor dem drohenden Zacken= gebirge.

Zwischen Strand und Bergmauer mag das Land hier kaum eine Stunde breit sein, aber jede Handbreit davon ist kostbar. Alles ist mit Gärten und Fruchtbäumen besäet, in den Thälchen lächelt Feld= und Wiesengrün, und — eine Seltenheit auf Cypern — längs des ganzen Küstensaumes sieht man von jeder Ortschaft stets noch eine andere. In diesem schmalen Gelände, das durch den hohen Gebirgswall gleichsam den Raubblicken und Eingriffen der Paschas und Kaimakams ent= zogen ist, lebt allein noch etwas von der alten Schönheit und Fruchtfülle. Es ist die reichste Gegend Cyperns, und, da sie unter dem erfrischenden Meereshauche aus Norden liegt und vom Gebirge zahllose rasche Bäche dem Strande zueilen, auch die gesündeste.

Meine Blicke hafteten lange an Keryneia, dessen Burg= hügel sich vor dem Strande abzeichnete. Dort hatten deutsche Männer ihrem Kaiser und Lande Ehre gemacht, noch immer glänzt sie in Cyperns Geschichtsbüchern. Gerade zu Füßen, als könnte ich einen Stein darauf werfen, erhob sich im Olivenhain Bellapais, welches für die schönste Kloster=Ruine auf Cypern gilt. Kreuzgang, Refektorium, Rittersaal sind noch deutlich erkennbar. Der Prämonstratenser=Abt des Friedens= klosters (ursprünglich de la paix genannt) hatte vom Könige das Ehrenrecht, Degen und goldene Sporen zu tragen, gleich als wäre ihm die höchste Ehre des Ritterthums, der förm= liche Ritterschlag durch einen König, zu Theil geworden. In diesem Ritterlande, das im östlichen Meere dalag, wie die hohe glanzvolle Burg, wo die ritterlichen Schaaren aus= und einfuhren zum Kriege für das Kreuz, hier waren die Klöster Festungen und verwandelten sich die Mönche zu Zeiten in streitbare Männer.

Wendete ich mich nun um nach dem Innern der Insel, so lag da endlos wie eine zweite Meeresfläche die große Ebene, übersponnen von Goldfäden, die sich fern am Horizonte in leisen röthlichbraunen Dunst verloren. Dieses weite Flach= land zwischen den Bergen, die Mesoria, nimmt beinahe die Hälfte der Insel ein und war noch vor zweihundert Jahren ein einziges ungeheures Fruchtfeld voll Korn und Wein, voll Obst und Gemüse, voll Weberei und Seidenzucht, und jetzt vertrocknet und verkalkt diese herrliche Fruchtebene mit jedem Jahre mehr und mehr. Und was jetzt versumpft oder vom Humus entblößt wird, bleibt wahrscheinlich auch dem nächsten Jahrhundert verloren. Das ist so unendlich traurig, so jammer= voll in Cypern, daß über Alles, was man hier sieht und denkt, sich gleich die düsteren Schatten des Verfalls und Absterbens verbreiten.

Ich begann nun an der ungeheuren Felspyramide empor= zusteigen, die, von scharfen Zacken und Spitzen umgürtet, gegen den Himmel stand und die Aussicht ins Gebirge zur rechten Hand völlig verdeckte. An ihren Rändern zogen sich in langer Linie unabsehlich die Burggebäude in die Höhe.

Mein Dragoman erhob sich, zu folgen, sank aber ermattet wieder zusammen. Mit brennenden Augen sah er uns nach, und ich meinte es zu hören, wie er vor sich hinsprach: „O dieser vermaledeite Deutsche! Muß Der nun hieher kommen und all die blitzenden Juwelen, die schweren Münzen und Goldketten, lauter reines ächtes Dukatengold, aufsuchen! Und hat er die Schätze, die in seinen alten Schriften stehn, gefunden, dann landet er drüben, wo Keiner daran denkt, heimlich mit seinem Schiffe und holt die Kostbarkeiten bei Nacht und Nebel, und wir, die wahren Söhne Cyperns, sind darum geprellt auf immerdar. Ach, wir sind und bleiben ja arme Schächer!" Offenbar hegten der Zaptieh und das Ziegenbübchen ähnliche Gedanken. Wo ich in eine halbzerfallene Fensternische trat oder ein Stück alten Gemäuers aufhob, behende waren sie dabei.

Wir traten in ein gewölbtes Burgthor ein, das noch ziemlich erhalten war, und kamen langsam höher von einem in Trümmer zerfallenden Gebäude zum andern. Mehrere Gemächer waren in den Felsen hineingearbeitet, die tiefer liegenden Backöfen ähnlich.

Wo irgend das Gestein sich abplatten ließ, hatte man darin eine Höhlung ausgetieft und Rinnen eingehauen, um Wasser zu gewinnen. Wahrscheinlich gab es noch viele tiefere Cisternen, die jetzt verschüttet waren. Leichtere Gebäude wechselten mit unförmlich dicken Mauern, Alles war mit zähem Mörtel an den Fels wie angelöthet.

Wie es schien, gab es sechs Abtheilungen, jede folgende stets höher als die nächstuntere, alle aber durch Gangmauern verbunden. Wurde wirklich eine untere Abtheilung genommen, zog sich die Besatzung auf die höhere zurück. An Ergebung brauchte man nicht zu denken, so lange Brot und Wein nicht ausgingen.

So wanden wir uns kletternd und springend an den Felswänden empor und erreichten einen Thurm nach dem andern.

Es ist ein seltsames Gefühl, solch eine öde Trümmerwelt hoch in den Lüften zu durchstreifen, die seit Jahren keines Menschen Fuß berührt hat. Gefahr gab es eigentlich nirgends: man mußte sich nur hüten, auf zerbröckelndes Mauerwerk zu treten, das stürzend Einen in die Tiefe mitgerissen hätte.

Von einem Hauptthurme standen noch Theile von zwei Stockwerken. Ich stieg hinauf und wurde durch die Gegensätze der Aussicht überrascht. Auf der einen Seite gräßliche Bergschlucht im grünen Gelände und Meeresglanz, auf der andern die sonnige Ebene, der westliche Theil der Insel aber bedeckt von dunklem Hochgebirge mit des Troodos Schneehaupt.

Aber noch immer verstellte die Felspyramide eine Seite des Himmels und hinderte die volle Uebersicht des Gestades unten. Noch immer erschien hoch über uns auf dem letzten Gipfel ein Gebäude. Hussein war des Kletterns müde und wollte nicht mehr mit. Freilich sahen wir vor und neben uns blos glatte Felswände, unterbrochen nur von schroffen Rissen. Der Weg zum Gipfel hatte ohne Zweifel ehemals viele Holzbrücken gehabt, die längst verfault und weggefallen.

Vergebens suchten wir einen gangbaren Steig. Zuletzt faßte ich den Buben an der Schulter, um ihn aufmerksam zu machen, umschlang dann mit beiden Armen ein Felsstück, hob und zog mich daran empor und sah ihn an. Das hatte er gleich verstanden: er lachte und nickte mit dem Kopfe, und als ich nun in die Höhe wies, sprang er wieder voran und stieg und kletterte biegsam zwischen den Felsen empor, und hatte er einen erklommen, so blickte er darüber weg und zurück, gerade wie es die Gemsen machen. Zaptieh Hussein sah uns ingrimmig nach: jetzt entging auch ihm sein Antheil an den erträumten Schätzen. Wahrscheinlich tröstete er sich im Stillen damit, daß er sich vorsetzte, den Buben gelegentlich ins Gebet zu nehmen und herauszuquetschen, was ich oben gesehen und gefunden. Hätte Hussein aber noch einen andern Antrieb gehabt, als seinen eigenen, so hätte auch er wohl den Weg gemacht. Dieser war mühsam, aber für einen Schwindelfreien ziemlich gefahrlos. Indem wir uns hin und her an die Steinwände schmiegten, erklommen wir früher, als ich dachte, die höchste Felsplatte, auf welcher das oberste Gemäuer stand. Es war ein verfallender Thurm und der Rest einer Mauer mit Fensterlucken und Unterbauten. Lohnend aber über alle Maßen war hier die Aussicht.

Zu Füßen lief, als ein langes grüngelbes Band der Küstensaum zwischen Meer und Bergzug. Jenseits des Meeres in Klein-Asien standen wie eine lange Riesenwand, die oben hell geweißt worden, die karamanischen Berge, der cilicische Taurus. Anfangs schienen es helle Wolkenbänke zu sein, bis das Auge sich hineinfand in ihre Windungen und Schneefelder. Auf der andern Seite blickte ich hüben über die Mesoria hin und drüben tief ins Hochgebirge hinein. Das Merkwürdigste war die Bergkette selbst, aus welcher der Gipfel des Buffavento, der mehr als 3000 Fuß über dem Meere hat, sich etwas hervorhob. Von dieser Höhe aus gesehen, stellten sich die Bergzüge dar wie zusammengepackt, ähnlich ungeheuren Ackerfurchen. Hauptcharakter blieb die ungemeine Länge einer lichtbräunlichen Kette, die erst dem Strande entlang streifte und dann weit, weit ins Meer hinauslief, so daß sie von beiden Seiten von Wellen bespült wurde.

Jene schmale, fern sich hinziehende Landzunge, das Schinkenbein Cyperns, oder wie die Griechen sagen, die Zunge, welche es nach dem Festlande ausstreckt, war die karpasische Halbinsel, auf welcher ein Schlag Leute wohnen soll, der blonder, kräftiger gebaut, auch frohsinniger, als die übrige Inselbevölkerung. Sie haben manche eigenthümliche Gebräuche, auch den, daß die jungen Männer ihre Geliebten erst rauben und nachher heiraten. Man glaubt, auf jenem schmalen Landstreifen, der sich einsam wie ein einziges langes Vorgebirge

in die Wellen ausstreckt, habe sich ein Rest germanischer Kreuz=
fahrer erhalten. In St. Andronika wird dort alljährlich ein
Fest der Hagia Photu gefeiert, einer deutschen Frau zu
Ehren, die aus Syrien herüber kam, dort in der Einsamkeit
sich ansiedelte und nach frommen Leben im Geruche der
Heiligkeit gestorben ist. Andere aber wollen in der Sprache
der Bevölkerung viele altgriechische Wörter entdeckt haben, die
sonst auf Cypern nicht mehr vorkommen. Ein Bekannter, der
auf jener selten besuchten Landzunge gewesen, sagte mir: sie
sei recht unwirthlich, der Nordwestabhang voll Fichtenwaldung,
das Volk etwas unreinlich und scheu vor Fremden, seine
Nahrung Gerstenbrot, seine Kleidung Sackleinwand, und die
Wohnungen beständen in Erd= und Felslöchern ohne Tisch
und Betten. Das Alles war nicht einladend, um selbst hin=
zugehen.

Im Heruntersteigen von der Burg bemerkte ich deutlich,
daß die Mauern und Thürme einst mit Pulver gesprengt
worden. Dies thaten die Venetianer. Gleich nach ihrer Be=
sitznahme der Insel im Jahre 1489 zerstörten sie absichtlich
all die herrlichen Burgen und Schlösser im Innern, die Auf=
ständischen hätten zum Bergeplatze dienen können. Sie selbst
bedurften dieser Burgen nicht; hatten sie doch eine Flotte,
durch welche sie hier oder dort Mannschaft auf den Strand
werfen und gleich ins Land hinein marschiren konnten. Deß=
halb hielten sie blos die Seefestungen einigermaßen im Stande,
namentlich Famagusta. Die Krongüter wurden von den Ve=
netianern an den Meistbietenden verkauft und dadurch eine
Menge Neuadels von niederer Herkunft geschaffen, ein Gegen=
gewicht gegen die Lehensbarone, die Cypern zur Lusignanszeit
so streitbar und berühmt gemacht. Die alten Adelsgeschlechter
fühlten sich höchlich beleidigt. Allein was wollten sie machen?
Der hohe Rath zu Venedig ehrte sie mit dem Titel „Bundes=
genossen," ließ ihre Assisen in voller Geltung, den Baronen

aber keine andere Beschäftigung als Feste Jagd und Müßiggang. Sie zogen sich auf ihre Burgen und Abteien zurück und fingen nach und nach an, die Insel zu verlassen. Die Venetianer hatten Cypern wehrlos gemacht, und indem sie zugleich ein scharf durchdachtes, erbarmungsloses Steuersystem einführten, ließen sie in der Bevölkerung den Wunsch nach Veränderung der Regierung aufsteigen. Den Türken wurde dadurch die Eroberung nicht wenig erleichtert.

Die Zerstörer also von Buffavento kennen wir, wer aber hat die Burgfeste so hoch in die Lüfte hinaufgethürmt und ausgebaut? Neuere Schriftsteller melden nichts davon: könnte nicht Kaiser Friedrich II. dabei betheiligt gewesen sein? Der Gedanke an das Auftreten des letzten großen Hohenstaufen auf Cypern verließ mich nicht wieder, und da sich in geschichtlichen Werken zu wenig darüber finden ließ, nahm ich mir vor, auf die Berichte seiner Zeitgenossen über den fünften Kreuzzug zurückzugehen.

XII.

Aus alter Türkenzeit.

In Nikosia war ich kaum in meine Locanda eingeritten,
als der Pascha kam in Begleitung seines Dragomans und
ersten Sekretärs, meinen Besuch zu erwiedern. Mit liebens=
würdigster Antheilnahme erkundigte er sich, was ich auf meinem
Ausfluge gesehen und erlebt habe, und war nicht wenig ver=
wundert, als er hörte, daß ich wirklich auf dem Gipfel von
Buffavento gewesen. Man hatte ihm betheuert, es sei ganz
unmöglich bis dahin zu gelangen.

Am Abend, als ich sein Gast war, setzten wir unsere
historisch=politischen Gespräche fort, und blieben bis tief in die
Nacht selbander zusammen.

In der That war mein vortrefflicher Gastfreund durch
langjährige Studien und Beobachtungen eingeweiht in die ge=
schichtlichen Verhältnisse, die Morgen= und Abendland hier
sich gegenüber stellten, um sie dort wieder mit einander zu
verknüpfen.

Welch ein Gegensatz gegen die Paschas, die früher in
diesem Konak hausten! Gerade vor hundert und ein Jahren
trugen sich in diesem selben Regierungsgebäude die seltsamsten
Geschichten zu.

Unter allen Paschaliks war keines so gesucht, als die fetten
Auen von Cypern. Die Zustände des „Königreichs" — diesen
Namen führte die altberühmte Insel noch immer — waren
noch von den Venetianern her ziemlich geordnet, die Rajah

hier außerordentlich geduldig, und wollte die Kopfsteuer nicht
reichen, so konnte man sich an den Ausfuhrzöllen erholen.
Denn Cyperns Wein Baumwolle Seide Farbengewächse, auch
der Ueberfluß seines Weizens waren noch immer gesucht, und
wollte ein Schiff gute Ladung, so mußte es für die Erlaub=
niß der Ausfuhr sich je nach ihrem Werthe mit dem Statt=
halter abfinden. Hier auf Cypern erlebte Johann Mariti,
der Kanzler des österreichischen und toscanischen Consulates
war, in den Sechziger Jahren einen Aufstand, welchen er in
seinem orientalischen Reisewerke beschrieb. [1] Wie er und Andere
den Hergang schildern, ergibt sich dabei eine ziemlich klare
Einsicht in die damaligen Zustände des türkischen Reiches.

Im Juli des Jahres 1764 kam Tzil Osman Aga als
Statthalter nach Cypern, ein Mann, der Geld liebte und
nöthig hatte. Das Erste, was er that, war ein Gebot, das
er ausgehen ließ: jeder Christ solle ihm 44½ Piaster, jeder
Muselmann 22 bezahlen, nach damaligem Geldwerthe etwa
10 und 5 Francs. Das war gerade das Doppelte des Kopf=
geldes, welches ein Statthalter zu seinem Unterhalte erheben
durfte. Die Begs und Agas und die griechischen Bischöfe
kamen zusammen, und Alle schüttelten die Köpfe und sagten:
so viel könne kein Mensch bezahlen. Tzil Osman Aga aber
erwiederte, er werde schon sorgen, daß er es bekomme, und
schickte seine Janitscharen und Helfer aus, die noch viel mehr
erpreßten. Neuen Vorstellungen begegnete er mit der Hin=
weisung, Konstantinopel sei ja nicht aus der Welt, dort solle
man ihn verklagen, wenn man glaube, ein Recht dazu zu
haben. Nun gingen auch Abgeordnete nach dem Bosporus
ab, jedoch Woche auf Woche verstrich und sie ließen nichts von

---

1 Joh. Mariti Reisen durch die Insel Cypern, durch Syrien
und Palästina 1760—1768, in einem Auszug aus dem Italienischen über=
setzt von C. H. Hase. Altenburg 1777.

sich hören. Da beschlossen die Bischöfe, ihnen nachzureisen. Der Statthalter ließ sie einfach festnehmen, jetzt mußten sie wohl da bleiben. Insgeheim aber gelang es ihnen, in Konstantinopel bessere Fürsprecher, als er sie dort hatte, in Bewegung zu setzen, und so landete am 31. Ottober ein Beamter des Großvezierats, der Tschokobar, auf Cypern und ließ den Statthalter ersuchen: er möge vor dem Oberrichter in seiner Residenzstadt Nikosia erscheinen und die großherrlichen Befehle vernehmen.

Dieser Befehle waren drei: er sollte die Hälfte der Kopfsteuer zurückgeben, über seine übrigen Erpressungen sollte Untersuchung, über seine Rathgeber Strafe ergehen. Tzil Osman Aga aber dachte sich einen Hauptspaß aus. Er entschuldigte sich: für des Großherrn Statthalter sei es würdiger, wenn die Vorlesung der Befehle feierlich in seinem Rathssaale geschehe; Alle, die wider ihn geklagt hätten, möchten zuhören.

Da entbot der Tschokobar die Begs und Agas und Kadis sammt den Bischöfen und andern vornehmen Griechen, und am 5. November zogen sie alle mitsammen hin und eine große Volksmenge folgte ihnen, die sich, als der Saal gefüllt war, auf den Treppen und im Hofe vertheilte. Es waren etwa Dreihundert im Saale, und „Gott ist groß und der Sultan gerecht" stand in den frohen Mienen zu lesen. Der Tschokobar setzte sich neben dem Statthalter auf den Divan, der sich am oberen Ende des Saales befand, nahm sein Schälchen Kaffee, und sobald er es dem Diener zurückgab, begann die Vorlesung. Der erste Satz war gelesen, und die ganze Versammlung nickte zustimmend mit den Köpfen. Da bewegte sich der Fußboden und plötzlich brach er krachend ein, dicht vor dem Tschokobar fiel er herunter, und Alle über einander, die im Saale waren, stürzten in die Tiefe und lagen da im entsetzlichen Durcheinander voll Jammer und Gestöhne. Der Statthalter aber wollte sich vor Lachen ausschütten.

Gequetscht und geschunden und zu Tode geängstigt waren sie wohl alle: da aber der Fall nicht zu tief, so hatten sich nur Vier oder Fünf ein Glied gebrochen.

Als die Dreihundert sich wieder auseinander gewirrt hatten, untersuchte man die Ursache des plötzlichen Einbrechens, und siehe da, es fanden sich die Stützen und Balken, auf denen der Fußboden des Saales geruht hatte, abgesägt und so eingerichtet, daß, wenn die angebrachten Stricke angezogen wurden, mit einem Rucke Alles einstürzte. Da schrieen sie nach Rache und meinten nicht anders, als der Statthalter habe sie alle umbringen oder tödtlich schädigen wollen. Der bestürzte Tschokobar aber fühlte Bauchgrimmen und nahm eilig starke Medizin, denn er glaubte nicht anders, als er habe in den Kaffee Gift bekommen.

Jetzt unterschrieben der Mollah, der Tschokobar, die Kadis und die andern vornehmen Türken ein förmliches Protokoll über den Saaleinsturz und seine Ursachen, schickten es dem Statthalter zu und forderten ihn auf, sich vor ihnen zu verantworten. Nur beißende Spottreden brachte der Bote von ihm zurück. Zum zweiten, zum drittenmale geschah die Vorladung — gleicher Erfolg. Die Volkshaufen aber standen auf den Straßen und redeten über des Statthalters Schlechtigkeit. Da gab der Mollah sein Fetwa: Izil Osman Aga sei ein Frevler wider das Gesetz und den Sultan.

Kaum war das Fetwa verkündigt, so stürmte Alles nach dem Konak oder dem Regierungsgebäude. Der Statthalter aber hatte sich vorgesehen, Leute und Munition ins Haus genommen, alle Eingänge verrammelt und stand schußfertig an den oberen Fenstern. Sobald Angreifer sich vorwagten, schoß er sie wie Hühner nieder und lachte sie aus. Auch das Volk fing an zu schießen, und es entwickelte sich ein Gefecht, das hüben und drüben wohlgeleitet wurde. Nach zweistündigem Schießen kam man auf den Gedanken, Stroh und Reisig an

Löher, Cypern.   7

das große Thor zu schleppen und dieses in Feuer zu setzen. Es gelang, das Thor brannte an und stürzte ein, das Volk aber in den Palast und schlug Alles nieder, was ihm vorkam. Endlich wurde auch der Statthalter angetroffen und gleich niedergestochen. Neunzehn seiner Leute waren im Gefechte gefallen, die übrigen geflüchtet. Eilig plünderte man die Kasna oder den Schatz und was sonst mitnehmenswerth. Dann ging jedermann ruhig nach Hause. In drei Stunden war Alles vorbei, und da die Griechen gerade ihr Demetrius-Fest hatten, so öffneten sich die Buden wieder, und in der ganzen Stadt herrschte die schönste Ordnung, als wäre nichts vorgefallen. Fünf Tage später reiste der Tschokodar wieder ab, und alle Ortschaften lebten in Ruhe und Frieden, obgleich kein Statthalter auf der Insel war.

Und so blieb es bis zum nächsten Jahre, als der neue Statthalter landete, Hafis Mohammed Effendi, ein kluger und vorsichtiger Herr, welcher sich begnügte, sich aller Orten in den Besitz des Regiments zu setzen, und allgemeines Vertrauen erwarb. Nach einiger Zeit aber fanden sich bei ihm Leute ein, die sich ein Geschäft zu machen dachten und ihm eine Liste Derer überreichten, die bei dem Sturme auf den Konak sich hervorgethan. Sie redeten ihm zu, wenigstens Diejenigen, welche an seinen Amtsvorgänger Hand angelegt, dürften nicht straflos ausgehen. Er überlegte sich die Sache hin und her, und da jene ihm sagten, seine eigene Würde komme in Gefahr, so entschloß er sich zuletzt, ein Edikt ausgehen zu lassen des Inhalts: er sei nach Cypern gesendet, um die Ordnung wieder herzustellen und Allen, die sich Aufruhrs schuldig gemacht, den Kopf vor die Füße zu legen; er sei es jedoch zufrieden, wenn Türken und Griechen ihm für den Kopf eine Buße von 14 Piastern erlegten, Frauen Kinder und Greise ausgenommen; nach Zahlung dieser Strafe solle Alles vergessen sein und abgethan.

Nun freuten sich die Griechen, daß sie so wohlfeilen Kaufes von der Geschichte loskämen, und fingen an zu zahlen. Die Türken aber steckten die Köpfe zusammen und fragten einander, wie denn das wäre? Ob sie denn nicht in ihrem guten Rechte gewesen, als sie Tzil Osman Aga bestraften? Er sei ja als des Gesetzes und des Sultans Feind ordnungsmäßig erklärt worden. Da die Meisten diese Ansicht theilten, so ließen sie den Statthalter wissen: unmöglich könnten sie die 14 Piaster bezahlen; denn alsdann müßten sie sich ja selbst zu Rebellen erklären, während sie doch nur gehandelt hätten als Beschützer von Recht und Gerechtigkeit, und als getreue Unterthanen des Sultans, den sie von einem Feinde befreit hätten. Der Statthalter erwiederte: seine Würde verbiete es ihm, das Edikt zurückzunehmen.

Da rotteten sich ein paar Hundert zusammen und setzten sich in dem Dorfe Kytherea fest, wo die Mühlen sich befinden, auf welchen ganz Nikosia täglich sein Korn mahlen läßt. Auch leiteten sie der Stadt das Wasser ab. Darüber entstand nun großer Lärm, und der erschreckte Statthalter hielt es fürs Klügste, nach Kytherea Botschaft zu schicken und die Strafe zu erlassen. Gleich war Alles wieder ruhig, und kein Mensch verdachte es weiter dem Statthalter, daß er sich hatte Geld machen wollen.

XIII

Halil Aga.

Der Statthalter aber fühlte sich in seinem Stolze peinlich verwundet, warb ganz in der Stille Leute an, sorgte für Pulver und Waffen, und als er glaubte, stark genug zu sein, verlangte er die Befolgung des Ediktes. Sofort standen die Männer wieder beisammen. Ihr Sammelplatz war diesmal die altberühmte Seefestung Keryneia, fünf Stunden nördlich von Nikosia, welche einst von Kaiser Friedrich II. Deutschen und Italienern so lange und so heldenmüthig war vertheidigt worden. Dort lebte auf seinem Schlosse ein angesehener und reicher Herr, Halil Aga, der eben so ehrbegierig als entschlossen war. Seine Feste starrte alsbald von Waffen, schon waren 2000 Mann darin, die am 12. August dem Statthalter kurzweg entboten: sie erhöben Aufstand wider ihn von wegen der 14 Piaster. Einige Tage später nahmen sie wieder die Mühlen von Kytherea weg und erschienen vor der Hauptstadt. Hafis Mohammed Effendi dachte, sie diesmal gleich tüchtig zu treffen: hastig machte er einen Ausfall, wurde aber blutig zurückgeschlagen. Die Aufständischen folgten, und wollten die Stadt im Sturm nehmen. Jedoch waren die Mauern und Wälle von Nikosia zu stark, und Halil Aga beschloß, die Stadt zu blokiren und die ganze Insel in Aufstand zu bringen. Aller Orten sah man seine Schaaren: wer ihnen nicht zuschwören wollte, dem brannten sie als einem Feinde des Landes und Gesetzes sein Haus nieder. Ganze Dörfer gingen in

Flammen auf. Der Statthalter wußte keinen Rath mehr. Schon meldete sich in Nikosia der Hunger an. Da erklärte Hafis Mohammed zum zweiten Mal: er stehe ab von den 14 Piastern, alle Verschuldung sei erlassen. Die Ruhe war wieder hergestellt, diesmal aber gingen die Rädelsführer nicht auseinander, ohne daß sie ihren Bund erneuert hatten.

Während dies auf Cypern vor sich ging, waren insgeheim die drei Erzbischöfe von Nikosia Baffo und Keryneia nach Konstantinopel gesegelt, hatten der hohen Pforte ihre Beschwerden vorgelegt und so viel erreicht, daß man ihnen einen neuen Statthalter mitgab, Soliman Effendi, einen guten alten Mann, den sie wie ihre Puppe zu lenken hofften. Auf ihren Rath landete Dieser bei Keryneia, sendete an Halil Aga prächtige Geschenke und belobte ihn wegen seines Eifers fürs gemeine Wohl. Halil Aga versprach ihm Gehorsam und ließ ihn landen und unbehelligt nach Nikosia ziehen.

Nun gab es hier zwei Statthalter von Cypern, denn der alte erklärte: seine Ehre leide es nicht, daß er früher abtrete, als bis er den Aufstand, gegen welchen von ihm die Hauptstadt bisher so tapfer vertheidigt worden, gedämpft habe. Der gutmüthige Soliman Effendi war es zufrieden und begab sich gänzlich unter Rath und Leitung seines Vorgängers, den er hatte ersetzen sollen. Er sendete an Halil Aga Boten auf Boten mit glänzenden Versprechungen und bat ihn, er möge doch nach Nikosia kommen und die Reiterei als General kommandiren. Jener aber hütete sich wohl, den Kopf in die Schlinge zu stecken. Da aber weiter nichts vorfiel, so zerstreuten sich allmälig die Aufständischen, und wiederum trat Ruhe ein und währte das ganze Jahr hindurch bis zum Beginne des neuen.

Da meinten die beiden Statthalter, sie könnten doch die 14 Piaster auf den Kopf nicht entrathen, und zum drittenmale erging der allgemeine Zahlungsbefehl. Hafis Mohammed hatte sein Aeußerstes aufgeboten, sich eine starke Partei zu bilden, und es gab in der That nicht Wenige, die um jeden Preis der ewigen Unruhe los sein wollten und anfingen, das Blutgeld für den erschlagenen Statthalter zu zahlen. Die Meisten aber sagten: wer ein Muselmann sei, müsse auf Tod und Leben des Ediktes Vollziehung verhindern. Dies sei eine heilige Religionssache, denn Religion und Recht sei eines und dasselbe. Dem Statthalter gehöre sein Charadsch und dem Sultan Zoll und Zehnten, Blutgeld aber für einen Erschlagenen könnten nur die Verwandten fordern, das stehe im Koran. Deßhalb habe der Molla sein Fetwa erlassen und die Janit= scharen, die rechten Vertheidiger der alten Religion und Frei= heit, hätten ihm zugestimmt. Daher nahmen sie ihre Waffen und eilten wieder nach Keryneia; 5000 Mann hatte Halil Aga' unter seinen Fahnen. Wiederum war der offene Auf= stand erklärt.

Damit er von den drei Landesfestungen zwei in seine Gewalt bekomme, machte Halil plötzlich einen Angriff auf Famagusta, das am entgegengesetzten Ende der Insel liegt, wurde aber von der Besatzung zurückgeworfen. Jetzt schlug er ein großes Lager vor Nikosia auf und begann die Stadt zu berennen und zu belagern. Nichts Geringeres verlangte er, als daß man ihm die Hauptstadt übergebe und ihn als Statthalter von Cypern anerkenne. Als weder Mohammed noch Soliman dazu geneigt waren, ließ er ihnen sagen: er besitze geheime Befehle vom Sultan, sie sollten, damit er ihnen dieselben vorlese, zu ihm ins Lager kommen. Das ließen sie aber wohl bleiben und dafür um so fleißiger ihre Kanonen spielen, die ihnen einen Vortheil über die Angreifer gewährten. Während nun im ganzen Lande, wo Türken wohnten, man sich ereiferte und die Köpfe einander blutig schlug, versuchten vor Nikosia die Belagerer wiederholt, die Stadt zu er= stürmen, und machten die Belagerten wiederholt Ausfälle:

wieder jedesmal ohne anderen Erfolg, als daß wer angriff
verlor und zurückgeschlagen wurde.

Endlich aber bekam Halil Aga auch Kanonen und begann
sofort die Stadt unbarmherzig zu beschießen. Jetzt geriethen
die Einwohner in Angst und Noth. Auf Andringen der
Friedliebenden kam der englische Konsul aus Larnaka herüber
und versuchte zu vermitteln. Halil Aga verlangte Urkunde
und Siegel erstens darüber, daß volle Amnestie gewährt werde
und die Janitscharen und Beamten, die unter seine Fahnen
getreten, ihre Stellen wieder bekämen; zweitens, daß die Bevölkerung von Nikosia ihn als Statthalter anerkenne, wenn
der Sultan es genehmige; drittens, daß inzwischen keine ungewohnten Steuern ausgeschrieben würden. Die Statthalter
wollten sich nur auf den ersten und dritten Punkt einlassen,
und der Krieg dauerte fort.

Unterdessen hatten sich die Nachrichten, wie es auf Cypern
herging, in den benachbarten Meeren und Ländern verbreitet,
und wer dort eine Kriegsmacht bereit hatte, dachte daran, ob
er nicht die Gelegenheit benützen und die schöne Beute sich er-
jagen solle? Denn um ein reiches Paschalik mochte Jeder
werben und kämpfen, der sich dessen getraute. Kam er thatsächlich in Besitz, so sendete er Gold und Schmeichler nach
Konstantinopel und durfte auf Bestätigung hoffen.

Zuerst erschien also in Cypern Ibrahim Bey, der mit zwei
kleinen Galeotten auf dem Meere kreuzte. Da er sich aber zu
schwach sah, etwas Ordentliches zu unternehmen, ging er wieder
in See. Darauf kam ein anderer Korsar, Dschaffar Bey,
mit einer Fregatte und drei kleinen Kriegsschiffen, brachte
Truppen ans Land und besetzte das Schloß bei den Salinen
von Larnaka. Ihm aber trat Halil Aga sofort und so ge-
harnischt entgegen, daß auch er wieder das offene Meer suchte.
Der Dritte war der Statthalter in Karamanien, das Cypern
gegenüber liegt, Namens Giergil Oghlu, der am 27. Juni

bei Famagusta mit ein paar hundert Mann ans Land stieg, die sogleich die Ortschaften mit Plündern und Morden und Frauenschänden heimsuchten, auch vor dem Thore der Festung sieben Griechen spießten und zwei Türken köpften.

Zum größten Glück für die Umgegend war am selben Tage zu Larnaka Kpor Mohammed, Pascha von zwei Roß-schweifen, gelandet, mit 2000 Mann zu Fuß und 500 zu Pferde und mit des Sultans Befehl, auf der Insel Ordnung zu stiften. Er beschied die Konsuln der europäischen Mächte zur Audienz, und sie wunderten sich nicht wenig, als er ihnen erlaubte, in seiner Gegenwart zu sitzen. Nachdem er an-gehört, was sie ihm über die Zustände auf der Insel be-richteten und anriethen, befahl er zuerst dem Giergil Oghlu, auf der Stelle mit all seinen Leuten heranzumarschiren und sich unter sein Kommando zu stellen. Dann mußte der eng-lische Konsul einen Brief in das Lager von Nikosia schicken des Inhaltes: der Pascha wünsche, daß Alle ruhig nach Hause gingen; dann wolle er den ganzen Hergang in Ruhe unter-suchen und Jedermann nach Recht und Gerechtigkeit zufrieden-stellen; denn er sei nicht als Ueberbringer des Krieges, sondern des Friedens nach Cypern gekommen.

Alsbald nach Absendung dieses Briefes, am 1. Juli, setzte sich der Pascha mit all seinen und den karamanischen Truppen in Marsch auf Nikosia. Furcht und Schrecken ging vor ihm her. Das Gerücht hatte die Stärke seiner Kriegsmacht zehn-fach vergrößert. Aus Halil Aga's Lager ritt Einer nach dem Anderen nach Hause, und bald hatte er nur noch etwa zwei-hundert Getreue um sich. Da brach er auf nach seiner See-festung Keryneia.

Diese liegt an dem nördlichen Küstenrande, hat hinter sich steil aufsteigende Felsgebirge, vor sich das offene Meer und beherrscht ein überaus schönes Küstenland, ein wahres Pa-radies, das aller Blüthen und Früchte voll ist. Halil's Offiziere und wer es sonst vermochte, jeder nahm eine Geliebte mit sich und da Keryneia eine sehr starke Festung ist, so dachten sie dort wie Kaiser Friedrichs Soldaten sich Jahr und Tag zu behaupten wider alle Welt. Schlimmsten Falls blieb ihnen die Flucht aufs Meer, denn die Festung hatte dorthin einen sicheren Ausgang. Sie versorgten sich also reichlich mit Kriegs= und Mundvorrath, stellten flinke Schiffe in ihren festen Hafen ein, und waren guter Dinge. Vergebens kam aus Nikosia des Paschas wiederholte Aufforderung: Halil Aga solle die Festung übergeben, denn sie sei ihm vom Sultan anvertraut. Halil Aga antwortete: um so gewisser wolle er sie dem Sultan bewahren.

Am 28. Juli schlug Kyor Mohammed Pascha sein Lager vor den Mauern von Keryneia auf und fing sofort an, die tiefen Gräben auszufüllen und mit Sturmleitern und Mauer= brechern die Festung anzufallen. Die Belagerten wehrten sich herzhaft und wußten ihre Kanonen zu brauchen. Jeder An= griff wurde glänzend abgeschlagen. Nun kam das Linienschiff, auf welchem der Pascha seine Ueberfahrt nach Cypern bewerk= stelligt hatte, um die Insel herum, legte sich vor den Hafen und schiffte Batterien aus, welche der Festung hart zusetzten. Und siehe da, es erschien auch Dschaffar Bey mit seiner Fregatte und drei kleinen Kriegsschiffen, nicht minder Ibrahim Bey mit seinen zwei Galeotten, und sie schlossen Keryneia von der Seeseite so fest ein, daß dort Niemand heraus und Niemand hinein konnte. Um so verzweifelter schlugen sich die Belagerten. Alle Anstrengungen des Paschas waren ver= gebens. Zusehends schmolz sein Heer dahin. Hinter ihm er= öffnete sich die blutige Aussicht auf allgemeinen Aufstand. Da griff er zu einer schlechten List. Der Admiral des Linien= schiffes, Melek Bey, ersuchte Halil Aga um eine geheime Unterredung.

Diese fand statt in der Nacht vom 14. August, und

Melety wußte eindringlich vorzustellen, es sei für Halil Aga und seine Freunde am besten, wenn er an Bord des Linien= schiffes komme und dadurch seine Geneigtheit, sich zu ver= söhnen, kund gebe. Dort sei er ja ganz sicher, denn es sei weltbekannt, daß die türkischen Seesoldaten sich eher in Stücke hauen ließen, ehe sie zugäben, daß ein Flüchtiger, der sich ihrer Ehre anvertraut, mit Gewalt vom Schiffe weggeführt werde. Melety benahm sich so gewandt und schmeichlerisch, daß Halil Aga sich aus dem Kastell zum Strande und auf das Linienschiff begab. Aber schon anderen Tags wurde der Verrathene dem Pascha ausgeliefert. Dieser behandelte ihn freundlich und anständig und ließ ihm ein Zelt anweisen. Als man das in der Festung hörte, ergab sie sich am selben Tage.

Jetzt änderte sich die Szene. Zwar die Frauen durften frei mit Hab und Gut abziehen, die Männer aber wurden für Gefangene erklärt, Halil Aga's Offiziere in Ketten gelegt, er selbst aufs Schärfste bewacht. Am 19. ließ ihn der Pascha vorführen. Erst unterhielt er sich freundschaftlich mit ihm, um aus seinem eigenen Munde den ganzen Hergang des Auf= standes zu erfahren und wer die Anstifter und Führer gewesen. Dann erhob er seine Stimme, warf ihm die Untreue gegen den Großherrn vor, der ihm die wichtige Festung gewiß nicht zu einer Burg des Aufruhrs anvertraut habe, und als er das gesagt hatte, traten Leute herbei und hingen Halil Aga auf der Stelle auf.

Am 21. mußte sich der Karamane Giergil Oghlu mit seinem wilden Gesindel einschiffen, ohne noch einen Fuß ins Land hineinzusetzen. Dann zog der Pascha mit den Gefangenen ab und seine Häscher gingen ins Land. Wer sich schuldig fühlte und noch auf freien Füßen ging, machte, daß er Cyperns Küste hinter sich bekam. Viele wurden noch auf der Flucht ergriffen. Nun wurde zu Nikosia die Untersuchung eröffnet, und zum Beschlusse zweihundert Köpfe abgeschlagen, die mit

Halil Aga's Haupte eingefalzen und nebst einer Geschichts=
erzählung nach Konstantinopel geschickt wurden, zum redenden
Beweise, daß aller Aufruhr gedämpft worden. Die Erwiederung
darauf war die Ernennung Kyor Mohammeds zum Pascha
von drei Roßschweifen und zum Statthalter des Paschaliks
von Koniah. Dann übergab er — den früheren Statthalter
Hafis Mohammed hatte er bereits weggeschickt — die Re=
gierung von Cypern noch auf ein Jahr an Soliman Effendi
und verließ das unglückselige Land, das in den drei Auf=
standsjahren gerade die Besten seiner türkischen Bewohner
verloren und sich mit Ruinen bedeckt hatte.

Kein Mensch dachte daran, die Trümmerstätten wieder zu
besiedeln. Wo hätte er dazu die Mittel, taugliche Arbeits=
kräfte, ja nur den Muth gefunden? Bei der Dunkelheit der
Zukunft, bei der Ungewißheit, ob nicht alte Forderungen und
Pfandschaften und Bußgelder auf einem Grundbesitze hafteten,
hätte man ein Thor sein müssen, Geld und Arbeit hinein=
zustecken. Leben und Anbau, die einmal erloschen, blieben
auf türkischem Boden für immer verschwunden.

XIV

Durch die große Ebene.

Es war am Morgen des 25. April, als ich Nikosia ver=
ließ, die Hauptstadt Cyperns, die durch ihre Dome und Palast=
trümmer fern im Orient an alles erinnert, was bei uns im
Mittelalter groß und ideal war, gegenwärtig aber tiefer stets
in Schmuß und Ruinen sinkt. Die einst so schöne Stadt, in
welcher sich des Morgen= und Abendlandes Blüthe vereinigte,
ist zerrüttet und entstellt wie ein edles Weib, in dessen blassen,
abgehärmten Zügen noch immer zerrissene Spuren der ein=
stigen Schönheit spielen wie ein trübes wehmüthiges Lächeln.

Als ich in der Locanda della Speranza, dem einzigen arm=
seligen Wirthshause, das außer drei türkischen Chans von den
gastlichen Hallen der Könige Fürsten und Tempelherren noch
übrig, die vielerlei Trinkgelder vertheilt und schon einen Fuß
im Steigbügel hatte, kam der Wirth wieder heran und bat
um Zahlung der Zeche von drei Tagen für mich und meine
Leute. Zweifellos hatte sie der Pascha schon berichtigen lassen;
denn ausdrücklich als dessen Ehrengast hatte mich sein Kanzler
hier eingeführt. Vergebens sah ich mich nach dem Letzteren,
dem gemüthlichen, stets lächelnden Alten um: er ließ sich
nirgends mehr blicken. Was wollte ich machen? Nochmal die
Börse ziehn. Man muß dergleichen leichtblütig hinnehmen,
namentlich im Orient, dessen Charakter nun einmal lächelnde
Tücke Höflichkeit und Geldgier ist, verbunden mit allgemeinem
stillen Widerwillen gegen den Sinn der Wahrhaftigkeit. Eine

Hand voll Geld läßt sich ja wieder erwerben; flüchtig aber ist das schöne Reiseglück, und jede köstliche Stunde, die man auf der Reise sich trüben läßt, bleibt verloren für immer.

Fröhlich athmete ich auf, als wir aus dem dunkeln Thorgewölbe wieder in die weite lichte Ebene kamen. Unabsehlich unter dem glanzerfüllten Himmel, prangend in goldenen Saaten zogen sich die Flächen bis ans Gebirge, das zur Rechten in langer Kette hoch im Prachtblau daher wallte, gerade vor mir aber fernab in schwärzlichen Massen aufgethürmt dastand. Dort vor uns hob sich über die dunkeln Bergwogen der schneeschimmernde Olymp.

Der Name „Olymp", begegnet uns fast in jeder griechischen Insel- oder Küstenlandschaft, wo ein stolzes Schneehaupt stattlich auf freien Bergesschultern in der Ätherbläue emporsteigt. Offenbar ist es dasselbe Wort wie unser „Alpe" und „Alme". Diesem cyprischen Olymp wollte ich jetzt auf den Gipfel steigen, und es war, als ginge die Reise nach einem unbekannten weltentlegenen Gebirge. So viel ich auch gefragt und mich umgehört hatte, Niemand ließ sich antreffen, der selbst auf dem Troodos gewesen, so heißt nämlich jetzt der Berg, und es blieb noch immer ungewiß, ob das Kloster Trooditissa auf seiner Höhe oder irgendwo in einem nahen Seitenthal liege. In Cypern liebt Vornehm und Gering die Gemächlichkeit, und reinste Thorheit scheint es, irgendwohin zu gehen, wo man keine Geschäfte hat.

Wir waren noch keine anderthalb Stunden geritten, da hörte der Anbau allmählig auf. Weit und breit lag fruchtbares Erdreich unbenützt. Wieder senkte sich das Gefühl der Oede und Verlassenheit, der Todtenstille auf diese Gefilde, die einst so reich und wonnevoll blüheten. Von den etwa fünfzig Stunden, die Cyperns längste Ausdehnung vom Cap Alamas bis zum dinaretischen Vorgebirge mißt, legte ich an diesem Tage ziemlich den vierten Theil zurück, und auf diesem ganzen

Wege sah ich nur drei oder vier Dörfer. Ein jedes lag an einem Flusse, der, wenigstens im Winter und Frühjahr, Aecker und Gärten bewässerte, aber ein jedes zeigte im Innern verfallene Wohnungen und am Rande seiner Feldflur Ackergründe, welche der Pflug erst vor zehn oder zwanzig Jahren verlassen hatte.

Wo wir nur herzogen, schwirrten Lerchen und Wachteln und Rebhühner auf. Der Pascha hatte in seiner zuvorkommenden Güte mir einen Zaptieh ausgesucht, der mich durch die ganze Insel begleiten und ihm dann persönlich Rechenschaft ablegen sollte, während sonst da Brauch ist, daß man von einem Bezirk zum andern jedesmal einen neuen Zaptieh bekommt. Vor diesem meinem militärischen Schirm und Wächter hatte der Pascha auf meinen Wunsch ausdrücklich erklärt, ich dürfe jagen, wo und wie ich wolle. Nun brauchten ich und mein Dragoman, welcher, wie ich bereits bemerkte, sich in seinem Alter und Müßiggang noch der Jägerei ergeben hatte, nur ein paar Schritte rechts oder links zu gehen, so kamen wir gleich zu Schusse.

Zaptieh Hussein war in seiner Art ein Prachtmensch. Er achtete auf Alles, wußte beständig Rath, und Wollen und Thun war ein einzig Ding bei ihm. Man kann seine wahre Freude haben an diesen gemeinen türkischen Soldaten. Was sie in und an sich tragen, ist roh und wenig, aber alles ist voll Kraft, voll Härte und Haltbarkeit. Wer sie zu behandeln weiß, hat an ihnen treue unverdrossene stets zufriedene Diener. Ich hatte bei der Vogelwildjagd, wahrscheinlich bei dem Auf- oder Absteigen vom Pferde, meinen Tabaksbeutel verloren. Der türkische Beutel war mit Inhalt ein Andenken aus Cavalla an der rumelischen Küste, wo der feinste und mildeste türkische Tabak, der Jenidscheh, wächst. Kein Tabak — das ist im Orient ein großes Unglück. Wo Alles raucht vom Morgen bis zum Abend, die Sklavin neben ihrer Frau

auf dem Teppich wie der würdige Aga auf dem Divan, da
meint man zuletzt, ohne Rauchen werde das Leben gar zu
schwer. Als ich den Verlust anzeigte, zog der Dragoman be=
trübte Mienen; der Pferdediener erklärte sogleich, er habe nur
noch ein wenig schlechten Tabak; Hussein aber sagte kein Wort,
gab seinem Pferde die Sporen und war im Nu verschwunden.
Wir ritten langsam weiter. Nach einer Stunde kam der Zap=
tieh wieder und nahm meinen Tabaksbeutel aus seiner Brust=
tasche.

Hat ein Pascha oder Kaimakam nur ein Dutzend solcher
Männer, so ist er Herr in seinem Bezirk. Zehn Stunden
weit kann er ihn schicken, einen Frevler zu holen: der Zaptieh
schlägt sich durch mit Handschar und Pistolen, bis er seinen
Mann trifft, reißt ihn aus der Mitte von hundert zornigen
Griechen heraus, fesselt ihn an seinen Sattelriemen und bringt
ihn todt oder lebendig seinem Herrn. Das sind die Leute,
durch welche das türkische Staatswesen sich aufrecht hält, und
die andere Ursache, daß seine Agonie, der unser Jahrhundert
verurtheilt ist zuzuschauen, so entsetzlich lange währt, besteht
in dem zähen Mannesstolz der Osmanlis und in dem still=
glühenden Fanatismus, der noch in der Mehrheit der Musul=
mans lebt. Für sie ist es keine Redensart, Gut und Blut
zu opfern, wenn Kalif und Religion in Gefahr. Da kommen
aus dem geheimen Familienkasten die alten geizig ersparten
Goldstücke hervor, und der vornehme wie der geringe Mann
greift zu Säbel und Flinte, und wochenlang ohne Sold und
Verpflegung springt er dennoch freudig auf, wenn der Befehl
kommt, gegen des Feindes todsprühende Schanze anzustürmen.

Hussein, der hier herum überall schon gewesen, kümmerte
sich wenig um Weg und Steg, sondern ritt in gerader Linie
auf den Troodos los. Wie weit wir vor Abend kommen
würden, war ungewiß, jedenfalls noch ins Gebirge. Der
Boden war mit kurzem Gras und grünen niedrigen Büscheln

gleichwie Zwergpalmen bewachsen. Hin und wieder erschienen
ganze Strecken mit rothen und gelben und blauen Blumen über-
säet, besonders viele Tulpen= und Zwiebelgewächse kamen vor.

Es war ein prächtiges Reiten. Das ist gar herrlich in
diesen Ländern des Orients, daß Luft und Himmel mit klarem
Aether getränkt sind. Berg und Ebene und jede Fels= und
Baumspitze zeichnet sich, wenn noch so fern, in scharfen Umrissen.
Und dabei sind die Lüfte so voll Glanz und Schimmer, so tief
durchsichtig, daß man sich von lauter funkelnden Lichtmassen
umwoben fühlt und stets versucht ist, noch immer tiefer mit den
Blicken einzudringen in diese heitere unermeßliche Aetherbläue.

Ohne sonst eine Ansiedlung berührt zu haben, langten wir
gegen eilf Uhr Vormittags in einem Dorfe an, das gute fünf
Stunden von Nikosia lag. Es hieß Akazi: ich konnte den
Namen aber nur nach der Aussprache der Griechen auf-
schreiben, da die Handkarte, welche mir der Pascha zum Geschenke gemacht, nur türkische Schrift hatte und diese weder
ich noch Hussein noch meine beiden andern Begleiter lesen
konnten. In dem Dorfe wurde gefrühstückt und dann ange-
nehm zwei Stunden geruht. Die ganze Bevölkerung stand
oder lag oder spazierte gruppenweise rings um die Kirche her,
in welcher die Popen die Messe sangen. Denn es war Ostern
bei den Griechen. Das Osterfest aber wird vier Tage lang
gefeiert, zwei Tage vorher und zwei Tage nachher greift man
zu dieser oder jener Arbeit und läßt sie wieder liegen, und
so haben die Leute eine schöne lange Woche eitel Spielerei
Kirchenfest und Müßiggang.

All das Volk sah aber nicht siech und elend aus, sondern
ziemlich gut genährt. Das muß um so mehr Wunder nehmen,
als der Ausfall der Arbeitstage bei den vielen langen Kirchenfesten, an welchen nichts erworben wird, durch die vielen
langen Fasttage, an welchen wenig oder nichts gegessen wird,
Ausgleichung findet. Zu den zwei ordentlichen Fasttagen in

jeder Woche kommen noch so viel außerordentliche, daß man die Summe der Fasttage in jedem Jahre recht gut auf anderthalbhundert rechnen kann. Also weit mehr als ein Drittel des Jahres wird gefastet, und zwar streng: nur Brod und Grünes wird gegessen, nicht einmal Milch und Oel dazu genommen. Ueberhaupt ist es ganz unglaublich, mit wie wenig Speise ein griechischer Haushalt Woche für Woche auskommt. Wo in acht Tagen zwei oder dreimal gekocht wird, ist es schon ein wohlhabendes Haus. Nun gar Fleisch= oder Fischspeise ist eine wahre Seltenheit. Ich erkläre mir das leibliche Gedeihen des Volkes nur dadurch, daß erstens dazu viel weniger Speise gehört, als man bei uns meint nöthig zu haben, daß aber zweitens die cyprische Erde bei noch so geringem Anbau schon eine Fülle von Früchten bringt, und daneben eine große Menge wildwachsender Kräuter, deren jedes in Blatt oder Stengel oder Frucht ein nährendes Mark enthält. Kinder und Erwachsene sieht man täglich allerlei Grünes frisch aus der Hand essen.

Als wir wieder auf die offene Haide kamen, lag darauf eine Sonnengluth, die gleich einem Unthier mit heißem Athem uns anhauchte. Das Bild des gelben Löwen, der den Rachen aufsperrt, trat mir vor die Sinne. Es ist der afrikanische Wüstenlöwe, der herüberspringt, um der Insel Blüthengewoge zu verschlingen. Viel hatte ich schon von den Schrecken, der unerträglichen Qual der Sommerzeit erzählen hören, wo die Luft schwer und dunstig, alles Laub und Gras verdorrt, kein Tropfen Wasser mehr zu finden, und Mensch und Thier nach einem frischen Athemzuge lechzen. Sieht man Cypern im Frühling, wo Alles grünt und blüht in hundert schönen Farben, so wird es schwer, sich das Aussehen der unglücklichen Insel in der heißen Jahreszeit vorzustellen.

XV

Lyrnchu.

Gegen Abend näherten wir uns dem Gebirge und kamen zwischen die Hügel und Vorberge. Die große Ebene mit ihrer Weitlichte und Sonnengluth lag hinter uns. Hellblinkendes Wasser rauschte und plätscherte in allen Schluchten, und von des Olympos Höhen zog ein frisches Wehen hernieder, das noch heimathlicher anmuthete. Unbeschreiblich wohl thaten die kühlen Bergesschatten. Wir nahmen kurze Rast an einem Wald=strome, der ganz mit Oleandergebüsch bedeckt war, unter welchem das Wasser in klaren Wirbeln dahinschoß.

Wo aber blieb das viele Wasser? Ich hörte, daß im Gebirge aus jedem Thal ein Fluß oder Bach hervorströme, und meine Handkarte bestätigte es. Doch draußen in der Ebene lagen schon jetzt die Flüsse ausgetrocknet wie auf einer großen Gluthpfanne. Das befruchtende Naß wird aber als=bald, wenn es das Gebirge verläßt, rechts und links abge=fangen und auf die Felder geleitet. Jede Ortschaft läßt weniger Wasser zu der niederliegenden kommen. Hat ein Fluß die Hälfte der Ebene durchmessen, so ist nur noch ein langsames Bächlein da, welches nach und nach abnimmt, bis der dünne Wasserfaden ganz verronnen. Nur im Winter und noch zu Anfang des Frühlings kann sich in Cypern Auge und Seele an frischglänzender Flußströmung erquicken, es sei denn, man steige ins Gebirge. Und auch in diesem ist das Bette, welches der Fluß zur Regenzeit anfüllt, fünfmal größer, als in der übrigen Jahreszeit.

Wir ritten nun eine gute Strecke in dem Flußthale hinauf, und immer laubiger, hochästiger und dichtschattiger, immer mannigfaltiger wurde der Baumwuchs, dessen Wurzeln vom Flusse das nährende Element an sich zogen. Die Anhöhen und Berghalden aber blieben nackt und kahl auf allen Seiten.

Allmählich that sich das Gebirge weiter auf, erwartungsvoll schaute ich hinein und suchte mir über seine Natur klar zu werden. Tagsüber hatte sich vom Olymp nur die oberste Kuppe gezeigt, die weiß über den dunkeln Höhen emporstieg, und ich glaubte, er habe bloß eine Schneekappe auf. Hier aber, wenn das Berghaupt zwischen den anderen Kuppen und Rücken durchsah, merkte ich wohl, daß die Schneeumhüllung bis tief auf die Schultern hinunterhing. Von Alpennatur aber war sonst wenig zu sehen. Der Charakter des Mittelgebirges herrschte entschieden vor, und worin ich mich schwer hineinfand, das war die trostlose erdige Nacktheit der Berge, ohne daß irgendwo Steilwände oder mächtiges Felsgeklüft hervortraten. Das Pflanzenkleid ist für die Erde das Kleid des Lebens. Fehlt es in der Ebene, so sehnt man sich nach menschlichen Ansiedlungen. Das Pflanzenkleid des Gebirges aber sind grüner Wald und grüne Matte: fehlt beides, wird man das Gefühl der Unnatur und Zerstörung nicht los.

Noch im Hellen trafen wir in Evrychu ein. Dies ist eines der schönsten und volkreichsten Dörfer auf Cypern, und liegt in einem lachenden Gebirgsthale, dessen Auen in Fruchtbarkeit schwimmen. Ringsum steigen Berghöhen empor in malerischen Gruppen. Evrychu liegt 1700 Fuß über dem Meeresspiegel. Es zählt etwa siebenhundert Einwohner, unter denen es aber noch nicht hundert Familienväter gibt, die Steuer zahlen. Zehnmal mehr Menschen könnten in diesem herrlichen Thale sich ernähren.

Das ganze Dorf war, da in der Kirche Abendgottesdienst gehalten wurde, in ihrer Umgebung versammelt. Ich glaube, es fehlte kein Säugling und kein steinaltes Mütterchen, das sich schleppen konnte. Es war eben eine religiöse Versammlung im Freien, von deren Heiterkeit ein Jedes seinen Antheil wollte.

Doch was war das hier ein ganz anderes Volk, als draußen in der Ebene und an der Küste! Dort kurze stämmige Gestalten, in deren Gesichtern Staub und Schweiß eingebacken schien: hier die Leute gut gewachsen und wohlgebildet, frische Wangen, eine Menge hübscher und feiner Mädchen.

Das ließ sich nicht verkennen: hier im Gebirge gab es, wenn noch irgendwo auf Cypern, Ueberbleibsel vom alten Griechenvolke, draußen nur Halbitaliener Syrier und Viertelsmulatten. Dort war alle frühere Bevölkerung weggeschwemmt oder flüchtig geworden: hier im Schutze des Gebirges hatte sich wenigstens ein Theil erhalten.

Dieselbe Wahrnehmung drängte sich in den nächsten Tagen auf. So weit das Gebirge ging, glich die Bevölkerung der auf Thasos Samothrake und andern Inseln, auf denen höchst wahrscheinlich noch ein hellenischer Rest fortlebt, jedoch erschien er auf Cypern gemischter und nicht ganz so schön und schlank, als ich auf jenen Stätten die Volksart gefunden hatte.

Und wie nett und höflich wußten sich die Leute zu benehmen! Wir stiegen vor der Kaffeeschenke ab, im Nu war ihr enges Innere dicht gedrängt voll Menschen, während Jene, die nicht mehr hinein konnten, von draußen in Thür und Fenster schauten. Alles aber saß und stand da artig und ehrerbietig, ohne uns nur im Mindesten zu belästigen, ja nur zu fragen. Auch den Frauen und Mädchen brannte die Neugierde in den Augen, aber voll Würde hielten sie sich in größerer Entfernung. Unser deutscher Bauer dagegen ist nur dann höflich, wenn er's nicht weiß, wenn es ihm nämlich von

Herzen kommt. Sonst sitzt und steht er daher und denkt nicht
daran, vor einem Fremden artig aufzustehen. Bei den Insel=
griechen aber scheint die Höflichkeit wie die ganze äußere
Haltung nur wie ein Nachschimmer uralter feinerer Bildung.
Sie kommen einem beinahe vor wie heruntergekommene Leute,
die ehemals vornehm waren.

Ihrer Höflichkeitsformen ist Legion. Ist man in einem
Hause eine Weile eingekehrt, so kommen junge Mädchen oder
Frauen und überreichen mit reizender Geberde einen Apfel:
das gilt als Einleitung zu guter Freundschaft. Wenn man
etwas zu essen bekommt, und sei es auch trockene Speise, wird
erst ein Tuch über die Kniee gelegt. Ein Glas Wasser wird
auf glatter offener Hand überreicht mit einem Wunsch dabei,
der Darreicher bleibt stehen, bis man das Glas zurückgibt,
und dann folgt wieder ein Wunsch, daß der Trunk gedeihe.
Bei dem Abschiede stehn wieder Frauen oder Mädchen da mit
Kohlbecken und streuen Oelbaumblätter und anderes wür=
ziges Kraut in die Gluth, damit der angenehme Duft und
Rauch dem Gaste, den sie förmlich damit anräuchern, ein
freundliches Andenken an das Haus hinterlasse. Tausendmal
gefälliger und ausdrucksvoller, auch gesünder als unser lächer=
liches Hutabnehmen ist der neugriechische Gruß: die Hand auf
der Brust mit leichter Verneigung.

Der unermüdliche Hussein war unterdessen im Dorfe auf
der Suche, hatte den vornehmsten Bauer herausgefunden und
bei ihm Quartier gemacht. Dieser kam nun mit seinen
Schwiegersöhnen heran, mich abzuholen.

Sein Anwesen bestand aus drei kleinen einstöckigen Häuschen,
jedes mit seinem Dache, die gleichsam zusammengeschoben
waren, und aus einigen Ställen und Schuppen, die den
kleinen Hof umgaben. Das Beste daran schienen die einiger=
maßen festen Wände und ein haltbares Dach, deren sich keines=
wegs die andern Wohnungen im Dorfe erfreuten. Die meisten

waren und blieben eben nur Nothhütten mit Plattdächern, klein und dürftig von Lehm Fachwerk und Reisig hergerichtet. Und wie die Hütte, ist gewöhnlich Geräth und Viehstand darin, Alles höchst kleinlich und ärmlich, ausgenommen nur Bett und Leinenzeug. Denn daß dieses gut und ausreichend, darauf halten die fleißigen und häuslichen Frauen.

Mein Hausherr hatte vier Töchter, eine nach der andern erschien, alle anmuthig zu grüßen. Man sah es ihnen an, welche Ehre und Freude der Besuch dem ganzen Hause war. Ihre Augen glänzten, und sie konnten sich nimmer genug thun, um dem Gaste es gut und bequem zu machen. Auch die beiden Schwiegersöhne kamen, und einer brachte seine Schwester mit, und als ein Anverwandter stellte sich auch der junge Schulmeister vor. Von den Nachbarn aber, die in den Hof nicht hinein durften, wurden die Kinder eingelassen. Lustig und neugierig sprangen sie umher, Alles beschauend und betastend, keines zeigte die mindeste Verlegenheit.

Nur Hausherr Schwiegersöhne und Lehrer setzten sich mit uns zum Mahle, jedes der Mädchen aber brachte eine Schüssel oder ein Tischgeräth. Ich hatte zum Glück die fette Osterwoche getroffen. Es gab Fleisch wie bei unsern Bauern an Festtagen, wenn auch viel weniger, dabei in Menge gefärbte Ostereier. Das Eiertippen ging am Tische umher. Man hält seinem Nachbar die Eierspitze hin, während die Hand das Ei umspannt, und sagt „Christ ist auferstanden." Der so Eingeladene tippt unter denselben Worten mit seinem Ei darauf. Wenn die Kinder dies Spiel trieben, so schlugen sie kräftiger zu, und wessen Ei dabei zerbrach, hatte es verloren. Gar hübsch war es auch, wenn die Kleinen sich zusammenstellten und mit ihren hellen Stimmchen ein Osterlied sangen.

Da die Namen, mit denen sich die Geschwister anredeten, gar so altgriechisch klangen, so schrieb ich sie auf. Das machte ihnen besondere Freude, denn die Neugriechen sind auf die kleinste Ehre begierig, gleich wie ein Vogel auf die Kirsche stößt. Der Hausherr hieß Gavril, der reiche Schwiegersohn Kleobulos Christophagu Gavrilidis, der andere Sokratis, der Lehrer Michel Joannibis, die vier Töchter Minerva, Terpsichori, Penelopi, Zoiza, das andere Mädchen Evanthia. Ich habe die Namen hier lediglich nach der Aussprache geschrieben. Wie wäre es möglich, daß diese Namen im Volksmunde so gewöhnlich blieben, wenn sie nicht zugleich mit altgriechischem Stamme forterbten! Als ich, wie in meinen „Griechischen Küstenfahrten" erzählt ist, auf einem kleinen türkischen Kutter den wir gemiethet, mit meiner Frau zwischen den selten besuchten Inseln an der thrazischen Küste umherfuhr, trafen wir aller Orten nur auf altgriechische Personennamen; im weltabgeschiedenen Samothrake heißen drei arme Hirtenkinder Hellini, Thespio, Kalliopi.

XVI.

Bergfahrt.

Andern Morgens ließ es mich nicht ruhen: ein heller, grüner, jubelnder Festtag stand draußen. Bald nach vier Uhr schlich ich mich aus dem Hause und weiter aus dem Dorfe. Wonniger Waldgeruch, eine langentbehrte Würze, wehte mir entgegen. In den Bergen zog und hallte leise der Wind. Prachtvoll standen die hohen Baumgruppen mit ihrem reichen Blättergemisch am blinkenden hinschießenden Flusse. Drossel= und Nachtigallenschlag belebten sie. Die Umzäunungen der Felder bestanden aus fortlaufendem Myrtengebüsch.

Himmlisch wohl ward mir in dieser Berg= und Morgen= frische. Es fehlte nur eines, das heilige Rauschen im Walde. Ach hier waren alle Hänge und Höhen erbärmlich abgeholzt. Man sah auf den ersten Blick, es lag da der beste Wald= boden, doch nur hochblühendes Unkraut und Gestrüpp und Gebüsch und einige schwarze Baumstümpfe ließen sich blicken auf und ab.

Als ich zurückkehrte, war es bei der Kirche schon lebendig. Auch an ihr ließ, wie so häufig in Cypern, sich leicht der Kern eines uralten Kirchleins unterscheiden, das später ver= größert wurde, wobei man alles Gewölbe im Spitzbogen setzte. Am Kirchenwesen nimmt bei den Neugriechen Alles gerne An= theil. Die Kirche ist ihnen nicht bloß ein religiöses, sondern auch ein geliebtes nationales Heiligthum: ihre Geschichte und ihr ganzes Volkswesen heftet sich daran. Jedoch ein Heilig=

thum nach Art der antiken Welt. Denn sie gehen nicht in die Kirche, um die Seele in Gebet und Gesang zu Gott zu erheben oder eine Predigt zu hören. Die orientalische Kirche hat ja keine Predigt, sie hat nur Messe und Sakramente, und die Wort= und Sangbegleitung dazu machen die Priester in ihren Prachtgewändern. Für die Gläubigen aber ist es genug, wenn sie durch ihre Anwesenheit und durch Geberden und Aussprechen einiger Formeln Theil nehmen. Mit einem Wort, diese Art von Gottesdienst ähnelt noch in mancher Be= ziehung antikem Opferdienst.

Ein Volk mit einer Religion ohne feste Dogmen verliert sich im Denken von Vielerlei und Allerlei, und eben deßhalb zuletzt in Denkfaulheit. Ist aber der Dogmenschatz gar zu unabänderlich, gar zu sehr festgelöthet im Gehirn, so wird das Endergebniß ein ähnliches. Das Letztere ist das Loos der christlich=orientalischen Kirche. Alles ist fest und starr bei ihr, seit mehr als tausend Jahren änderte sich nicht das Geringste in Glauben und Liturgie. Dafür ist die orientalische Kirche auch reiner und schlichter, fast möchte man sagen, evange= lischer geblieben, als die römische Papstkirche. Versunken in Simonie und Ceremoniel hat sie gleichwohl sich den einfachen Anschauungen der frühesten Christenheit näher gehalten. Sie besitzt außer den Bischöfen keine aktive und gelehrte Priester= schaft. Vollends bei den Priestern auf dem Lande ist es mit Kirche und Theologie höchst einfach bestellt: sie haben keine Bücher, und leben von dem, was ihre Gemeinde ihnen gibt.

Ueberdenkt man, wie viel Unheil in der Welt schon schrift= gelehrte und mit festen Einkünften ausgestattete Priesterschaften angestiftet, so weiß man in der That nicht, ob für Kirche und Volk nicht evangelische Armuth in Geld und Wissen bei denen, welche dem Altar dienen, das Bessere sei. Hat sich aber die orientalische Kirche nicht weiter mit neuen Dogmen belastet, wie es die Kirche des Abendlandes that, in welcher seit dem dreizehnten Jahrhundert die Dogmenbildung nicht wieder aufhörte, so ist auch bei den Griechen frühzeitig verstummt jener grimmige und tückische Geist der Herrschsucht und Verfolgung, der mit so viel Lügen, so viel Blut und Thränen die Blätter unserer Geschichte getränkt hat. Als die Paulicianer im Orient so schrecklich ausgerottet wurden, rühmte sich der römische Papst, er habe es angestiftet.

Es ist unmöglich, daß im Leben der christlich = orientalischen Kirche jetzt nicht eine Wendung zum Besseren eintrete. Vielmehr die Wendung ist schon erfolgt. Der Schulmeister auf den Dörfern lehrt lesen; können die Kinder lesen, muß er mit ihnen das Evangelium durchnehmen; dann muß der Katechismus folgen; dann die Predigt, und dann wird das milde Feuer echten Christenthums reinigend und beseligend wieder Volk und Familien durchwehen. —

Als wir von Evrychu abritten, gab uns, wie es Sitte ist, der Gastfreund mit seinen Schwiegersöhnen das Geleit bis über die letzten Häuser hinaus. Nun ging es lange Zeit dem rauschenden Waldstrom entgegen. Das Thal wurde immer prachtvoller. Es grüßte die erste Eiche mit jungem Grün. Auch auf den Maulbeerbäumen hatte das Laub noch den ersten gelblichen Schimmer. Frühling lachte von allen Höhen herunter, und unten drängten sich in kühlem Dunkel an das schäumende Gewässer Platanen und Eichen, Oelbäume und Nadelholz, Myrte und Lorber. Kleine Abhänge erschienen ganz bedeckt mit weißen Lilien. In der Ferne erhoben sich im hellen Morgenlicht Steilhalden und Felsgehänge, zu denen einzelne Fichten emporkletterten. Immer tiefer zogen wir in die Bergwildniß, in die volle Einsamkeit hinein. Es war eine einzige weite blühende Wildniß, Alles voll Wonne und Größe.

Allmählich zog sich unser Pfad an einem breitgedehnten Bergeshang hinauf, und als wir in die Höhe kamen, wo es steiler wurde, hatte Hussein den Weg verloren. Wir mußten schrecklich klimmen, mit den Pferden eine schwierige Sache, an Reiten war nicht mehr zu denken. Der Grieche zog seine drei Thiere, die er hintereinander gefesselt hatte, mit sich fort und muthete ihnen Unglaubliches zu. Hussein suchte unverdrossen hin und her den Weg, indem er seinen Schimmelhengst sorgsam durchs Gestein führte. Mein Dragoman aber, der abgehauste Fünfziger von italienischer Herkunft und französischer Sitte, stieß einen Angstschrei nach dem andern aus. „O mein Gott, mein Gott! Er hat den Weg verloren, ich bin todt, Alle sind wir verloren, alle mit einander!“ So ging das in Einem fort, und dann setzte sich Mr. Clementin wieder hin und beklagte sein Schicksal, seine arme Frau und Tochter, sein ganzes Haus, und verwünschte die lumpigen Francs, um die er mir gefolgt sei. Die Figur war so kläglich, daß ich mich nicht enthalten konnte, ihm laut ins Gesicht zu lachen. Denn im Grunde war es, hätten wir nur die Pferde nicht mitschleppen müssen, eine Kletterfahrt, wie sie Einen jeden Tag im Gebirge treffen kann. Endlich waren wir oben und hatten den ersichtlichen Weg wieder unter den Füßen. Statt seinen Windungen zu folgen, waren wir eine Stunde lang gerade auf geklettert: Hussein hatte seine Schanze im Sturm genommen.

Wie schön aber, wie verheißend grüßte jetzt ein blendend weißes Schneehaupt herüber, der Olymp! Und als wir noch eine Zeit lang auf dem Bergrücken fortgeritten und höher kamen, da tauchte der weite stille Meeresspiegel auf, und da wallten zur Rechten die blauen und bräunlichen Bergzüge bis ans Meer, und drüben jenseits der blanken Seefläche lief wie eine lange ungeheure Bastion über den Küsten und Vorbergen der cilicische Taurus hin, bedeckt mit hellem Schnee. Das war eine prächtige Rast hier oben angesichts dieser gewaltigen Herrlichkeit, umweht von Frische und Duft und Bergäther, — eines der Reisestündchen, wie sie unvergeßlich in der Erinnerung haften.

Nun lief unser Weg fast beständig auf lichten Höhen hin, und die Aussichten blieben gleich herrlich. Doch nur gar zu licht blieben diese Berge. Das sollte hier alles voll dichter Waldung sein, der schönste Wald im ganzen Orient, so hatte man mir an der Küste gesagt, und wie kläglich war der An= blick! Nur hier und da schien an hohen Punkten noch ein Stückchen Waldung festzusitzen, und auch dort standen die Bäume weit auseinander. Die meisten Halden und Kuppen zeigten bloß niedriges Gebüsch, und vereinzelt erhob sich da= zwischen eine Föhre oder ragte dunkel ein Baumstumpf empor, oder lag ein modernder Stamm, dem man die Aeste abgehackt. Weit und breit nur die elendeste Waldverwüstung. Blumen die Hülle und Fülle, ganze Strecken bedeckt mit Cistrosen, Hyazinthen, Narzissen — aber höchst selten ein Baum, der nicht angebrannt oder angehauen. Nirgends kam ein Mensch zum Vorschein, nirgends ließ sich flüchtiges Herdengeläut ver= nehmen: nackt und todt blieben all diese Bergzüge und Thalungen. Es war nicht anders, als hätte ein großes Kriegs= heer hier die Waldung ausgerodet und wäre dann fortgezogen mit dem Gebote, hier solle fortan Oede bleiben und Ver= wüstung.

Ach, auf allen cyprischen Fluren scheint Stille und Leere so einheimisch, als hätte das Land seine Arbeit in der Ge= schichte gethan und sei nun im Absterben begriffen!

XVII

Auf den Olymp.

Als wir uns dem Gipfel des Olymps näherten, wurde der Wald ein wenig dichter. Nun ging der Weg zur Rechten nach dem Kloster Trooditiffa, links öffnete sich ein breites Bergthal, das zum Olymp hinaufführte. Der erste Weg, sagte Huffein, sei nicht länger als zwei Stunden, zögen wir aber den andern über den Gipfel, so würden wir wohl drei Stunden brauchen. Als der Dragoman das hörte, bebten ihm die Kniee, und mit kläglicher Stimme erging er sich im Ausmalen, wie schrecklich der Aufstieg zu so furchtbarer Höhe. Schluchten gäbe es da und Felsgeklüfte und tiefe Gruben und Windes= braufen: er habe davon gehört, wie Viele schon darin ver= unglückten. Die Nacht werde uns überfallen, und dann sei es vorbei mit dem Leben. Tausendmal beffer, erst zum Kloster zu gehen und dort frifche Kräfte zu fammeln, dann wolle er morgen früh flint wie ein Vogel mich zum allerhöchsten Gipfel begleiten. Ich erwiederte, es sei erst zwei Uhr Nachmittags, und daß ich morgen weder Zeit noch Luft hätte, den Weg zurück zu machen, und redete ihm ins Gewiffen: welche Ehre es sei für ihn und fein Haus, ja, für ganz Cypern und Italien, wenn er als ein standhafter Dragoman, der bei dem Reifenden aushalten müffe, mich auf den Gipfel des berühmten Berges begleite. Seine Eitelkeit fchwankte, doch feine Furcht war augenfcheinlich noch viel größer. Während ich mich aber nach dem Herrn und Diener unferer Pferde umfah, war Der auch schon eine Strecke fort und rief aus der Ferne: solch ein schrecklicher Berg stehe nicht in seinem Vertrage. Da schickte ich den italienischen Halbfranzosen hinter dem tapfern Cyprioten her und hieß beide mich im Kloster erwarten.

Nun allein mit dem braven Hussein, ritt ich in der schweigenden Oede ohne Weg und Steg zum Berge hinan, und es ging Alles vortrefflich, bis der Schnee anfing. Da wollte mein Pferd durchaus nicht weiter. Wahrscheinlich war ihm der ungewohnte weiße Glanz zwischen den Füßen verdächtig. Kein Schlagen, kein Ab- und Aufsteigen half. Ich mußte es Hussein überlassen, der zu warten versprach, bis ich zurückkomme.

So war ich der Einzige, der vielleicht seit langer Zeit auf diesen Berg kam. Bei uns würde er jedes Jahr von vielen Hunderten erstiegen, in Cypern machen sich die Leute so viel Mühe nicht. Sie haben ja ohnehin stets die Augen voll von Prachtschönheit des Landes, und die im Lande heimische Lässigkeit soll auch den Fremden allmählich fesseln, wenn er nur ein halbes Jahr auf der Insel verweilt.

Der Schnee aber war unten thauig, von großen und kleinen Bächen durchflossen, und ich sank ein paarmal ein bis an die Kniee. Weiter oben ging es eine Weile besser, kam aber am letzten Drittel der Berghöhe viel ärger. Denn hier war der Abhang steiler und der Schnee überfroren. Auf der harten glatten Kruste rutschte ich mehr als einmal zwanzig Schritte, die ich mit vielem Schweiß erklommen hatte, wieder zurück. Zuletzt blieb nichts übrig, als geduldig jeden Schritt aufwärts herrichten, indem ich mit Stock und Fuß erst mehrmal in den Schnee stieß, um eine feste Höhlung zu bilden, in welche sich mit dem einen Bein eintreten ließ, um dann das andere nachzuziehen. So half ich mir in kleinen Zickzack mühsam weiter, und wie es immer bei solchen Bergfahrten geht, hundertmal ist man dem Verzweifeln nahe und mit

einiger Beharrlichkeit kommt man endlich oben, und plötzlich
dringt mit Allgewalt in Sinn und Seele die lichtweite Aus=
sicht, und Brust und Auge und jeder Nerv fühlt sich freudig
erfrischt und gekräftigt durch den Lebensäther, der als Ozon
auf Bergeshöhe in den reinen Lüften webt.

Die Aussicht war nun eine der herrlichsten auf der Erde
und dabei ganz eigenthümlich. Cypern ist drittgrößte Insel
im Mittelmeer, gerade so groß wie das Königreich Württem=
berg, und diese ganze Insel sieht man unter sich ausgestreckt
liegen, gebettet im Wellenblau wie eine grünliche Perle, und
ringsum von allen Küsten sieht man das Meer ansteigen gegen
den Horizont, leis emporsteigen gegen den Himmel unabsehlich
in stillem blauem Glanz. Im Nordosten aber steht wie ein
Allherrscher in blendend weißem Gewande der Taurus und
zieht von der cilicischen Küste in langer Kette bis weit nach
Kurdistan hinein. Gegen Südosten dagegen blauet und dunkelt
der Libanon.

Weil auf der Insel der Olymp an Höhe keinen Neben=
buhler hat, so überschauet man Alles mit einem einzigen Blick.
Nur an drei Stellen ist die Aussicht ringsum auf die See
vom Gebirge durchbrochen; die lichte Flut schimmert aber um
so verlockender durch die breiten Lücken. Bedenkt man nun,
wie groß Cypern ist — etwa 350 Quadratmeilen — und aus
wie prachtvollen Bergen und Ebenen und mächtigen Vor=
sprüngen die Insel zusammengesetzt ist, und wie hoch und
gewaltig drüben in Kleinasien das Alpengebirg sich vor dem
Meere aufrichtet, als wäre es noch stolzer und trotziger als
das unermeßliche Meergewoge, so erhält man von der hehren
Größe und Schönheit dieser Aussicht eine ungefähre Vor=
stellung.

Ihr Eigenthümliches aber ist der scharfe Gegensatz von ein
paar großen Massen, und die Klarheit, mit welcher diese
ganz verschiedenen Massen gegen einander abstechen, nämlich

das Meer, das schneeige Alpengebirg, und die Insel selbst, die sich wieder ganz deutlich in drei Theile zerlegt, hier das dunkle Gebirg, das die Westhälfte Cyperns überwallt, dort im Nordosten die lange Bergkette, die in den schmalen Berg= streifen der karpasischen Halbinsel ausläuft, und hell dazwischen ausgebreitet, gleichwie ein ausgespanntes gelblich=bräunliches Tuch, die ungeheure Ebene.

Sollten die Höhen, welche ich in den letzten Jahren be= suchte, mit bekannten Punkten in Deutschland verglichen werden, so möchte ich die Aussicht vom Ida auf Kreta der vom Watz= mann zur Seite stellen, den Olymp auf Lesbos dem Rigi, Dämonokastro auf Imbros dem Pfänder oberhalb Bregenz, den Olymp auf Cypern aber noch am ersten mit dem Schaf= berg in den Salzburger oder der hohen Salve in den Tyroler Alpen vergleichen. Doch wie sehr treten all diese berühmten Höhen zurück gegen die Aussicht vom Pik auf Teneriffa, mit deren Erhabenheit sich nichts auf dieser Erde vergleichen läßt! In dem Büchlein über meine canarischen Reisetage habe ich versucht, jenen Anblick zu schildern. Auf dem cyprischen Olymp wurde ich durch das Ansteigen des Meeres ringsum an das gleichmäßige Emporwallen des Oceans erinnert, wie man es von der Dreizehntausendfußhöhe des Piks übersieht, und auf einmal faßte mich eine wilde Sehnsucht dahin. Nur noch einmal im Leben möchte ich jenen so ungeheuren und doch so unsäglich schönen Anblick haben.

Während ich dorthin gedachte, zog tief zu Füßen in langer Windung eine weiße Wolkenherde aus dem Gebirg über die Ebene, röthlich beglänzt von der Spätsonne. Zu beiden Seiten des Wolkenzugs erschien die Fläche unten jetzt noch lebhafter gefärbt. An den Nordhängen des Olymps aber ging vom Bergeshaupt der Schnee tief hinunter, und ich freute mich, daß mein Weg zum Kloster in anderer Richtung lag.

Die oberste Höhe war völlig schneefrei und ich konnte mich

nach jeder Weltgegend darauf ergehen. Drei einzelne Gipfel machen sich hier bemerklich, jedoch wenig von einander verschieden und keiner an sich bedeutend. Der mittelste war nach meiner Messung 6160 Fuß über dem Meere, also nicht 7000, wie gewöhnlich angegeben wird, auch nicht 5897, wie auf der kleinen geologischen Karte in Unger's Buche steht. Ich sah freilich nur auf meine kleine Meßuhr, jedoch hatte sie bisher immer richtig die Höhen angezeigt.

Vergebens aber suchte ich nach Ruinen, die auf dem Gipfel des Olympos noch stehen sollten. Grasstellen, Schutt und Gebröckel, niedrige Hügel und Wälle, die aus lose aufgehäuftem Gestein bestehen, und hier und da eine Thonscherbe oder eine Schlacke, die auf früheren Bergbau zurückweist — das ist alles, was man auf der nackten Höhe findet.

Auffällig, ja warum soll ich es nicht sagen, etwas unheimlich wurde mir zuletzt die Oede und das eherne Schweigen und die Abwesenheit alles Lebens in weiter, weiter Umgebung. Die Lüfte waren leer, nicht ein Raubvogel hing darin, und unten die Erde erschien noch leerer. Auf all den Wellenhöhen und den Thalungen des ringsum ausgegossenen Gebirgs, drüben in der ausgedehnten Ebene, noch ferner an all den Küsten — nirgends konnte ich eine Spur von Menschenwerk entdecken. Nur auf den kleinen Vorgebirgen schienen Ortschaften zu liegen, oder ragte dort nur Felsgestein? Ich mußte mich begnügen, die Linien der schmalen und breitrandigen Halbinseln und vielen Vorgebirge zu verfolgen, die Cypern umstarren.

Die rasch sinkende Sonne und etwas Frösteln mahnten zum Rückweg. Bald sah ich Hussein wieder, wie er unten bei den Pferden wartete. Ich schwenkte den Hut, er rührte sich nicht. Durch meinen Feldstecher sah ich deutlich, wie er beständig zum Gipfel hinaufschaute: so klar die Luft und so scharf sein Auge, sein Blick konnte doch die Luftwellen bis zur Höhe nicht durchbringen.

Löher, Cypern. 9

Als ich wieder herunter und bei ihm war, mahnte er zum eiligen Abreiten. Es sollten drittehalb Stunden bis zum Nacht= quartier sein, aber es waren viel mehr, und es fing schon an zu dunkeln, als wir noch keine Spur vom Kloster zur Troobitissa entdeckten. Damit es schneller ginge, bot Hussein mir seinen Schimmelhengst an, denn er verstand es besser als ich, ein störrisches Reitthier in raschere Gangart zu bringen.

XVIII

Cypern im Alterthum.

Als wir nun in der Dämmerung und Einsamkeit um den Berg zogen und es immer tiefer dunkelte, wollte mich die Vorstellung nicht loslassen, wie selbst auf dem sechstausend Fuß hohen Gipfel dieses Olymps, zu dessen Heiligthum früher die festlichen Schaaren wallten, nichts vom Tempel und Anbau übrig geblieben, wie sich unter der Bevölkerung selbst jedes Andenken daran verloren und selbst des Berges Name vollständig verschwunden. Von ganz Cypern ist das Alterthum ja wie abgescheuert.

Die wechselnden Zeitläufte der Insel zogen mir im Geiste vorüber. Schon steht Cypern in seinem zehnten Zeitalter: das erste war das phönizische, dann kam das griechische, dann das persische, das ägyptische, das römische, das byzantinische Zeitalter; darauf das arabische, darauf das fränkische, darauf das venetianische; und jetzt muß die Insel schon dreihundert Jahre lang ihre schlimmste Zeit, die türkische, erdulden.

Cyperns früheste Geschichte ist von grauen Schleiern verhängt. Lüften wir diese ein wenig, so erblicken wir eine große Waldinsel, ganz erfüllt von wogender Waldung.

Eine große Stadt zeigt sich an der Südküste. Aus ihrem Hafen stechen langgeschnäbelte kleine Schiffe in See, kühnes neugieriges goldsuchendes Volk darauf, das mit Ruder und Segel wohl Bescheid weiß und keck in die fernsten Meere hinein steuert. Es sind Phönizier, jene große Stadt heißt

Kiti, und wir gewahren noch eine Reihe von Ansiedlungen an der Südküste. Kiti soll nach der Bibel von Japhet's Enkel gegründet sein: aus so vornehmem Alterthum ragte bereits das Andenken Cyperns herüber. Syrische Völker waren es, die von der Gegenküste hierher kamen, die üppigen Fluren anzubauen, aus den Prachtwäldern sich Schiffsholz zu zimmern, die Metallschätze aus der Erde zu heben. Korybanten und Daktylen, unter denen wahrscheinlich eine Art von Gewerbs- und Familien-Genossenschaften zu verstehen, bauten die Bergwerke an. Die Industrie Cyperns hatte schon damals solchen Ruf, daß Semiramis sich von Kiti Schiffsbauer nach dem Euphrat kommen ließ.

Mit den Phöniziern kam der Dienst der syrischen Astarte nach Cypern: zu Paphos, Amathunt, Idalion standen ihre Altäre. Wie lag so schön und hochbusig die große grünschimmernde Waldinsel im Meere da! Alles auf ihr strotzende Fruchtbarkeit, Blütenfelder unabsehlich. Aber dann überfiel sie regelmäßig der gelbe Löwe des Sonnenbrands und verschlang das letzte Blättchen, das letzte grünende Hälmchen. War das nicht ein rechtes Ebenbild der Astarte, der üppig gebärenden und erbarmungslos verschlingenden Allgöttin? Cypern wurde ihr berühmtestes Heiligthum.

Die Kultur aber der Semiten, die vom Tigris und Euphrat und aus dem Nillande nach Phönizien und Cypern übersiedelte und hier neue Sprossen ansetzte, traf, als sie weiter nach Nordwesten wanderte, auf die Griechen. Diese, ein frisches geistvolles energisches Volk von arischer Natur, wurden von semitischer Kultur angeregt, befruchtet, unterjocht. Der Rückschlag konnte nicht ausbleiben, er erfolgte im trojanischen Kriege.

Die Sage dieses Krieges erfüllt mit wunderbarer Macht Jahrhunderte lang die Erinnerung der Menschen. All die Heerführer und Völker, die am trojanischen Kriege Theil genommen, leben mit ihren Thaten und Schidfalen frisch und anschaulich in der Ueberlieferung fort. Aber wie steht es mit dem historischen Inhalte dieser Sage? Läßt sich etwas anders darin finden, als die ersten Kriegszüge des Abendlandes nach dem Morgenlande? Etwa als eine längere Reihe Witinger= fahrten, welche die lanzenfrohen Häuptlinge von den griechischen Küsten nach dem Osten unternahmen, um die reichen Handels= städte in Vorderasien zu plündern. Endlich hatten sie deren Königin Troja erobert, vor ihren Mauern waren die längsten und blutigsten Kämpfe geführt worden, und auf den bleichen Gefilden Trojas sammelten sich nun die Schatten und der Ruhm all der Helden, bis ihre Geschichte sich zur schönsten Dichtung abklärte.

Alsbald nach dem trojanischen Kriege faßten die Griechen auch auf Cypern festen Fuß. Es segeln da heran Teuter, Alamas, Demophon, Agapenor, Kephas, Praxander, und noch eine ganze Reihe von Gefolgsführern aus fast allen griechischen Stämmen. Sie suchen die Buchten ab und, wo das Gestade lockt, treiben sie eilig die waffenklirrenden Schiffe ans Land, stürzen in den Wald, hauen Baumstämme, bauen eine Verschanzung und erwarten unter Schild und Speer, ob die Landesbewohner, die in der Ferne sich sammeln, sie an= greifen. Rings an der Küste entstand eine der berühmten griechischen Städte nach der andern, und bald gingen die An= siedler an den Flüssen hinauf und gründeten auch da ihre Wohnsitze und kleinen Staaten.

Die Griechen lebten auf Cypern noch lange Zeit unvermischt neben den Syriern von phönizischer und jüdischer Herkunft und theilten erst allmählich ihnen ihre Sprache und Sitte mit, nachdem sie vorher nicht wenig von ihnen angenommen hatten. So konnte man sich lange nicht gewisse Inschriften erklären, die auf Cypern gefunden worden, und man dachte schon an ein Volk, das weit älter noch als die Phönizier: erst in den letzten Jahren forschte der deutsche Gelehrtenfleiß es aus, daß die unbekannte Sprache und Schrift eine griechisch-cyprische Eigenart sei.

Auch Cyperns Göttin der wuchernden Ueppigkeit, die Astarte, verwandelte sich unter der feinen griechischen Bildnerhand in das holdeste Weib, in die Aphrodite. Nun strahlte Cypern über die Meereswellen hin wie von hellem Rosenglanz umwebt. Dort wohnte die goldene Aphrodite, umgeben von Blütengärten und lockendem Waldgrün, in dessen duftigen Tiefen das seligste Glück wohnen sollte, geadelt durch religiöse Weihe.

Damals erblühten neun kleine Königreiche, deren Haupt= sitze die Städte Kition (Kiti), Salamin, Amathunt, Kurion, Neupaphos, Kerynia, Lapithos, Soli und Chytros waren. Die zahlreichen Flüsse und Bäche, die aus dem Waldgebirg hervorströmten, verbreiteten mit ihrer Wasserfülle überallhin Leben und Fruchtbarkeit. An jeder Mündung eines Flusses oder Baches lag eine Stadt oder Ortschaft. Die Industrie stand auf ihrer Höhe, und aus dreißig Häfen liefen Flotten aus, die sich in den östlichen Meeren einen gefürchteten Namen machten.

Unterdessen haben sich in den Welttheilen, mitten zwischen denen Cypern liegt, große Reiche gebildet, das assyrische, ägyptische, persische. Jedes trachtet nach der berühmten Insel und es entbrennen langwierige Kämpfe um ihren Besitz. Im sechsten Jahrhundert vor Christus, als die vorherrschende Sprache noch die aramäische war, unterwarf sich endlich die Insel, um den beständigen Angriffen von außen und den innern Bürgerkriegen zu entgehen, freiwillig der ägyptischen Herr= schaft. Als diese aber im Laufe der Jahre zu drückend wurde und des großen Cyrus Name Alles überstrahlte, riefen die Cyprier seine Macht zu Hülfe. Nicht weniger als 150 cyprische Langschiffe dienten Xerxes bei seinem Uebergang über den Hellespont. Nicht lange darauf nimmt Cypern seine Stelle

ein in dem großen Nationalkriege gegen die Perser. Die
Griechen laſſen es ſich etwas koſten, die Inſel zu behaupten,
ſowohl wegen ihres Reichthums an Metall und Schiffbauholz,
an Früchten und Waaren, als weil ſie ſo vortrefflich gelegen
war zum Kriege gegen das aſiatiſche Küſtenland. Große
Schlachten werden in den cypriſchen Gewäſſern geſchlagen, an
der Spitze der Flotten erſcheinen die edlen Geſtalten des Kimon
und des Euagoras. Der Letztere hatte ſich zum König von
Salamin aufgeſchwungen, die Perſer faſt aus allen Städten
der Inſel herausgeworfen, und behauptete Cypern im zehn=
jährigen Kriege gegen die ganze Perſermacht, — ein glor=
reiches Beiſpiel, das ſeines tiefen Eindrucks auf alle Griechen
nicht verfehlte. Zuletzt aber behielten die Perſer wieder die Ober=
hand, und eine Buhlerin in Perſepolis konnte wieder in einer
einzigen Nacht den Tribut aller neun cypriſchen Könige verpraſſen.

Dann aber tritt hellglänzend im goldnen Waffenſchmuck
der große Mazedonier auf die Weltbühne. Ohne ſeinen ſchlauen
und gewaltthätigen Vater Philipp wären die Griechen niemals
einig geworden. Sie hatten mit einander verhandelt und ge=
ſtritten und wieder geſtritten und verhandelt, und wären von
ſelbſt nimmer fertig und nimmer einig geworden. Jetzt hatte
die nordiſche Macht beides zu Stande gebracht, und jetzt ver=
mochte es Philipps Heldenſohn, daß die griechiſchen Völker
alle ſich ſammelten zum zweiten großen Heereszug nach Aſien.

Als Alexander vor Tyrus erſchien, ſandten ihm die cypri=
ſchen Könige von freien Stücken ihre hülfreichen Flotten und
Belagerungsmaſchinen. Sie ſtritten ſich, wer am reichſten
die feſtlichen Spiele ausſtatten könne, die er zum Ruhm ſeiner
Siege feierte. Einige begleiteten ihn bis zum Indus, wo
ihre Baumeiſter es waren, welche die Flotten ihm bauten,
den Strom zu befahren. Der große Eroberer ſelbſt trug einen
Degen aus den Werkſtätten zu Kition, der wegen ſeiner
Schärfe und Feinheit bewundert wurde.

Seit aber des großen Alexander Heerführer Volksführer und aus Generalen zu Königen wurden, war blutiger Streit um die werthvolle Insel wieder an der Tagesordnung. Denn wer Cypern besitzt, hat eine Hand in den Küstenländern, und wer die Küsten hat und die Insel nicht, muß immer von Cypern her Einfälle befürchten. Zuletzt wurde es der Ptolemäer Eigenthum und blieb bei Aegypten zweihundert Jahre lang. Schwer lag auf Cypern wiederum die Hand der Aegypter. Seine Städte und Dörfer zahlten starke Steuer, seine neun Könige sanken zu Schattenfürsten herab, der ägyptische Statthalter zu Salamin herrschte wie ein unumschränkter Monarch.

Allein schon bereitet sich das Abendland zum drittenmal zum großen Kriegszug nach Osten, schon erdröhnt von Italien her der wuchtige Sturmschritt römischer Kohorten. Wo sie einmarschiren, befällt die Prachtblüten griechisch-asiatischer Königshöfe ein Zittern, entblättert sinken sie zu Boden. Vom Recht oder Unrecht aber der Fürsten und Völker ist bei Römern keine Rede. Das große Nilland wird eingezogen wie ein verfallenes Lehen, und der ägyptische Statthalter auf Cypern abgelöst durch den römischen Prokonsul, der seinen Sitz zu Paphos nimmt.

Das römische Regierungssystem in den Provinzen unterschied sich eigentlich wenig von türkischer Paschawirthschaft. Nur beschenkten die Römer ihre Unterthanen, was die Türken nicht thun, mit höherer politischer Kultur, mit festem bürgerlichem Recht, mit Friede im Innern, mit guten Wegen und Häfen, mit freiem Handel durch das ganze ungeheure Reich, und — was die Türken auch nicht gewähren und trotz aller schönen Versprechungen und Anfangsbeispiele nur in winzigem Maßstab gewähren können — auch der Bewohner von Cypern hatte im Römerreich die Möglichkeit, sich durch Fleiß und Genie leicht zu den höchsten Staatsstellen aufzuschwingen. Das Eiland blieb im ganzen Alterthum der Sitz des berühmten

Gewerbes, Berg- und Landbaues, daneben die Heimat aller Wollüste, und so tief auch die Römer in den Seckel der Cyprier griffen, so große Reichthümer sie hervorholten, immer blieb noch viel übrig.

Zu Ende der römischen Epoche tritt ein merkwürdiges Er-eigniß ein. Eine alte Erfahrung, die des Unheimlichen genug enthält, lehrt uns, daß die Instinkte der Wollust, der Grau-samkeit, der mystischen Frömmigkeit so ineinander verwachsen sind, als hätten sie nur eine gemeinsame Wurzel. Auf Cypern konnte dies Naturgesetz sich an einem ganzen Lande bewähren. Vor den Astarte-Mysterien, in welchen grauenhafte Lust und Blut und Verderben gemischt sind, schließt man gern die Augen. Und siehe da, die düstere Astarte wurde unter den Händen der feinen Griechen zur blanken schaumgeborenen Göttin, der Dienst aber der cyprischen Aphrodite behielt noch genug und übergenug bei von dem Kultus der üppigen, allverzehrenden Götter- und Menschenmutter. Jetzt verwan-delte sie sich zum drittenmale. Wie nennt heutzutage das Volk auf Cypern die Muttergottes, die Panagia? Ganz einfach wie die „Aphroditissa". Noch heutzutage ist sie dort auf den ältesten Bildern die schwarze Muttergottes und trägt die finstern Gesichtszüge, und wird ihr auf den gold- und silberblitzenden Bildern das Gesicht verhüllt, gerade wie im Alterthum der große schwarze Meteorstein, das Idol der Astarte-Venus, von den Priesterinnen feierlich umhüllt wurde.

Was aber sollen wir denken, wenn aus den Erdschichten, auf welchen sich einst die cyprischen Venustempel erhoben, Muttergottesfigürchen hervorkommen? Man betrachte zum Beispiel die fünf im Thronsessel sitzenden Göttinnen mit dem Kinde auf dem Schooße, die aus den Gräbern von Idalion stammen und in der Ambraser Sammlung in Wien verwahrt werden. Hier hat zwar die Göttinmutter durchaus antiken Charakter, und doch ist jede der fünf bereits eine so voll-

ständige Muttergottes in christlicher Weise, daß man unwill=
türlich an Fälschung denkt.

Die Umwandlung der Aphrodite in die Aphroditissa erfolgte
schon in den ersten Zeiten des Christenthums. Die alte Buh=
lerin Cypern wurde eine seiner erstgebornen bußfertigsten Töchter.
Das Judenthum aber, längst knirschend vor Wuth in der
römischen Steuerpresse, gerieth jetzt, als auch die christlichen
Ideen zersetzend in seine Poren eindrangen, in Cypern wie
in Palästina in Grimm und Verzweiflung. Die zahlreichen
Juden auf der Insel rotteten sich zusammen, bildeten ein
furchtbares Heer unter Actemius Führung und erschlugen,
wie erzählt wird, an 250,000 Menschen, auch ein Beweis,
wie reichbevölkert die Insel damals war, während sie jetzt
nach solch einem Verluste plötzlich so menschenleer würde wie
Grönland. Seit jenem fürchterlichen Blutbade durfte kein
Jude mehr auf Cypern wohnen. Um so rascheren Fortschritt
machte jetzt das Christenthum: in kurzer Zeit waren dreißig
Bisthümer da, die Insel wurde ein rechtes · Heiligenland.
Barrabas, Lazarus, Heraklides, Hilarion, Spiridion, Epi=
phanes, Johannes Lampadista, Johannes der Almosenier,
Katharina, Akona, Maura und noch eine lange Reihe von
Heiligen stehen im Kalender, die alle aus Cypern.

XIX

Mittelalter und Neuzeit.

Auf die römische Epoche folgte das langsame einförmige Hinsiechen im byzantinischen Staatswesen. Die Insel wurde meistens von einem Militär= und Civilgouverneur verwaltet, doch waren öfter beide Eigenschaften in den Händen eines Satrapen vereinigt, welcher den Titel Herzog oder Katapan (der über Alles gesetzt ist) führte. Dieser trachtete dann, die fürstliche Würde in seinem Geschlechte erblich zu machen. Gelang es, so folgte in der Regel ein Versuch, die volle Unabhängigkeit zu erwerben. Denn gestützt auf seine Lage und den Reichthum seiner inneren Hülfsmittel erschien Cypern wohl zur Unabhängigkeit berechtigt. Sie dauerte aber stets nur so lange, bis die kaiserliche Macht wieder erstarkte, die Flotte von Konstantinopel herbeisegelte und ein Heer ans Land setzte, welches den Aufstand niederwarf und bestrafte. Das vierte Jahrhundert, als Cypern dem politischen und wirthschaftlichen Verderben gemach in die Arme sank, war durch großes Landesunglück bezeichnet. Erdbeben erschütterten die Städte. Wiederholt trat schreckliche Dürre ein; einmal soll es dreißig Jahre lang nicht geregnet haben. Als die Einwohner aus dem todtgeweihten Lande flüchteten, erschien die h. Helena, und wo sie herzog, floß nach der Legende wohlthätiger Regen nieder und belebten sich Städte und Klöster wieder von zurückkehrenden Einwohnern.

Von der Mitte des 7. bis zur Mitte des 10. Jahrhunderts

war eine Zeit schrecklicher Verwüstung durch Menschenhand. Schwärme von kleinen schwärzlichen Segeln zeigen sich vor den Küsten, blitzschnell sind Seeräuber gelandet, werfen Feuer= brände in Städte und Dörfer, und während Alles schreit und flüchtet, greifen sie nach Geld und Frucht, nach Vieh und Menschen, und schleppen den Raub in ihre Schiffe. Rasch, wie sie kamen, sind sie wieder davon. Vergebens trachtet die Regierungsflotte, sie zu verfolgen. Im insel= und hafenreichen griechischen Meer finden die Seeräuber bald hier, bald dort ihre Schlupfnester. Man weiß sich nicht anders zu helfen, als auf vorspringenden Punkten der Küste, wo sich auf und ab weithin schauen läßt, Thürme zu bauen und Wächter auf= zustellen, die auf ihrer Höhe Feuer und Rauch anfachen, so= bald sie Verdächtiges auf dem Meere erblicken. Dann flüchten die Leute mit ihren Rindern und Heerden und ihrer besten Habe ins Innere, und wagen sich nicht eher wieder hervor, als bis die Kundschafter zurückkehren und sagen, die Küste sei wieder rein.

Bald aber kamen schlimmere Räuber. Jene trachteten nur nach dem, was sich rasch fortschleppen ließ: diese sind Land= räuber. Jene schlugen nur nieder, brannten nur weg, was sie hindern wollte: diese zerstören aus Instinkt und treiben die Menschen scharenweise in die Sklaverei. Es sind die Araber. Aus ihren Sand= und Felswüsten bringen sie einen grimmigen Haß mit gegen die Kunstwerke der alten Kultur und suchen sie dem Erdboden gleich zu machen. Jetzt erst fallen auf Cypern die alten Tempel und Staatsgebäude, die noch aus der griechisch=römischen Zeit aufrecht standen. Die Araber wollten ihrer neuen Religion, ihrem neuen Staatswesen Platz machen: sie brauchten dazu nackten Erdboden. Von Konstantinopel aus machte man die äußersten Anstrengungen, die reiche Insel wieder zu erobern und zu behaupten. Aus Verzweiflung gab einmal der Kaiser Befehl die ganze Bevölkerung solle Cypern verlassen. Endlich, endlich hörte man das arabische Geheul nicht mehr in den Lüften, die Bevölkerung sammelte sich wieder, zuerst in den Ebenen und Küstenstädten, allmählig wurde es auch im Gebirge wieder lebendiger.

Auf diese Araberzeit folgte wieder eine ruhigere, in welcher sich die Insel erholen konnte. Wäre nur die nachlässige, aussaugende, tückische Regierung der Byzantiner nicht gewesen! Sie dauerte auch noch ihre zwei Jahrhunderte. Wiederholt suchte sich Cypern aus den Banden zu befreien, die seine Lebenskraft umschnürten. Es war vergebens. Die Insel blieb hineingezogen in das leise Absterben, welches das Schicksal aller byzantinischen Provinzen war.

Lernt man das weströmische Raubsystem und die ganze Elendigkeit Ostroms näher kennen und erwägt dabei, daß das griechische Volk dreizehn Jahrhunderte lang solche Regierungen ertragen mußte, daß unterdessen so viele Völkerstürme der Germanen Slawen Araber und Turanier sich verwüstend über seine Fluren wälzten, wahrlich, dann muß man den unverwüstlich guten Kern anerkennen in diesem Volke. Es ist ein Wunder, daß so viele Jahrhunderte voll Druck und Raub und Jammer nicht noch mehr daran verdarben.

Wir stehen am Ende des 12. Jahrhunderts. Das Abendland hat sich zum viertenmal gesammelt zu großen Kriegsfahrten nach dem Osten.

Frankreich und Deutschland stehn an der Spitze der Kreuzzüge, Italien und England helfen. Seit fast hundert Jahren ist Cyperns Gegenküste von Cilicien bis Aegypten wieder christlich geworden. Mittelpunkt ist das Königreich Jerusalem, seine Lehensreiche sind die Fürstenthümer von Tripolis Edessa Antiochien, die Herrschaften Cäsarea Beyrut Sidon Tyrus. Nur Cypern wird noch im byzantinischen Banne gehalten. Da kommt Richard Löwenherz: gleichwie auf wildem Jagdritt erobert er die Insel und tritt sie an die Lusignans ab. Cypern hat wieder seinen eigenen König. Da verbreitet sich wie mit

einem Schlag neue Rührigkeit, neues fröhliches Schaffen über
das ganze Land. Gewaltige Burgen, Abteien mit prachtvollen
Hallen, die schönsten gothischen Dome steigen empor unter
Cyperns veilchenblauem Himmel. Die Abhänge bedecken sich
mit Wein= und Baumgärten, die Felder mit Saaten und
Pflanzungen von lohnenden Gewächsen. Reiches Gewerbe, ein
Handel übers ganze Mittelmeer belebt die Städte. Famagusta
und Limasol stellen sich in die Reihe der großen Seestädte.

Die schönsten Zeiten des Alterthums verjüngten sich. Seit
mehr als anderthalb Jahrtausend abhängig von Memphis,
von Persepolis, von Alexandrien, von Rom, von Konstan=
tinopel, erlebt Cypern wieder dreihundert Jahre der Selbst=
ständigkeit, der Blüte, des hohen Ruhms. Es erhält seine
neue herrliche Hauptstadt; ja, als das heilige Land verloren
geht, nimmt es dessen Ritter und ihre Gesetze auf und wird
einigender Mittelpunkt, wird zur strahlenden Krone eines
Kranzes von fürstlichen Reichen, als da sind die Königreiche
von Jerusalem und Armenien, die Fürstenthümer von Tyrus
und Antiochien, das lateinische Kaiserthum zu Konstantinopel,
die Herzogthümer von Lesbos Salonichi Morea und andere
mehr. Cypern theilt ihnen sein Recht, sein Staatswesen, seine
Unternehmungen mit: sie alle richten die Augen auf diese
Insel. Gleich wie sie zur Zeit des Kimon und Euagoras das
große Arsenal wurde, wo Griechenlands Flotten und Heere
sich sammelten und ausrüsteten, um die Perser zu bekämpfen,
so wurde Cypern jetzt der Christenheit Schild und Schwert.
Cypern strahlte über die Gewässer bis an die fernsten Küsten
als Prachtblüte, als das rechte Ideal der europäischen Ritter=
schaft. Von hier aus wurden die Ungläubigen unaufhörlich
und lange Zeit siegreich bekämpft, wo immer sie sich nieder=
ließen in den langen Küstenstrecken von Smyrna bis nach
Alexandrien.

Diese herrlichste Zeit aber ward über Cypern heraufgeführt

nicht mehr durch seine eigenen Einwohner, sondern durch die Ritter und Mönche und Städter, die aus dem Abendlande herangesegelten und ihre Kenntnisse, Thätigkeit und Erwerbslust mitbrachten.

Als die schlauen Venetianer die Insel zu Ende des Mittelalters unter ihre Herrschaft brachten, sank sie wieder herab zu ihrer früheren Bestimmung. Sie wurde wieder, was sie zur Zeit der Perser und Aegypter, der Römer und Byzantiner gewesen, Geldtruhe und Kornkammer eines fremden Volkes. Schlauer als von Byzanz, unbarmherziger als von Rom aus wurde jetzt Cypern von Venedig aus regiert. Die ganze Bevölkerung verlor ihr ritterliches Aussehen und versank in das weichliche und stumpfsinnige Wesen, das sie seitdem nicht wieder abgeschüttelt hat. Venedig bewirthschaftete die Insel einfach als ein großes werthvolles Pachtgut, von welchem man möglichst reichen Ertrag haben wollte. Die drei Landesregenten, die beiden Schatzkämmerer, der Proveditore mit seinen tausend Albanesen, und die Kapitäns mit ihrer Kompagnie in jedem der zwölf Distrikte sorgten dafür, daß Ruhe und Ordnung herrschte, daß die Felder und Gärten wohl angebaut wurden, daß die Steuern regelmäßig eingingen. Nach Abzug aller Unkosten lieferte Cypern einen Reinertrag von einer Million Goldthaler jährlich nach Venedig, und als der Sultan Aegypten erobert hatte, mußte außerdem die Insel für ihn noch jährlich einen Tribut von 800,000 Goldthalern aufbringen. Damit aber die italienischen Beamten nicht zu vertraut würden mit der Bevölkerung, wechselte man sie alle zwei Jahre.

Die Insel bringt jetzt ihren Beherrschern höchstens etwa 7 Millionen Mark, eine winzig kleine Summe im Verhältniß zu den Einkünften der Venetianer. Deren Nachfolger bedürfen freilich auch nur 800 Mann, die in fünf Städten vertheilt liegen, um die ganze Bevölkerung in Zaum und Zügel zu halten, so sehr ist sie zusammengeschwunden. Die

Venetianer hatten nämlich noch keine hundert Jahre regiert, da wurde Cypern von den Türken erobert. Sofort verlor es an Freudigkeit, an Bevölkerung, an Selbstbewußtsein. Indu= strie Handel Ackerbau Bergbau Salzbereitung, Alles ging unaufhaltsam zurück. Und als hätte sich auch die Natur zum Unheil verändert, so fiel jetzt eine fürchterliche Geißel mit un= aufhörlichen Schlägen auf das arme Land. In den Wüste= neien, welche der zurückweichende Anbau entstehen ließ, ver= mehrten sich die Heuschrecken und traten von da aus ihre gräßlichen, jedes Blatt und jeden Halm verzehrenden Wander= züge an. Noch viel schwerer, als dieses Unglück, wiegt die fort und fort gehende Waldverwüstung, welche selbst das Ge= birge bald ganz zu nackten Höhenzügen gemacht hat. In natürlicher Folge fließen Ströme und Bäche stets geringer und nimmt die Trockenheit zu und das anbaufähige Land ab.

Solche Verluste dauerten jetzt gerade 300 Jahre, und jedes folgende Jahr ist schwerer, räuberischer, unheilvoller, als das vorhergehende. Cypern glich, seitdem die Türken darüber kamen, einem Thier, dem gewaltsam der Rückgrat verrenkt und zerbrochen ist: es lebt nur so dahin. Auch ihre kleinen Mordfeste haben die Türken auf dieser Insel gefeiert. Denn — so denken sie — eine vollbrachte Thatsache hat immer Verstand: die Todten beißen nicht mehr, und wer noch lebt, den lähmt heilsamer Schrecken. Gegenwärtig ist in Cypern, einige wenige Familien ausgenommen, jeder Sinn des Auf= schwunges gelähmt, erloschen jede höhere sittliche Kraft, nichts rührt sich mehr in den Geistern und Armen.

Erst in unseren Tagen belebte sich, jedoch hauptsächlich durch fremde Hände und Einwirkung, Handel und Anbau wieder etwas am Meeresrand der so reichen, so schönen, so unglück= lichen Insel. Wird nicht bald das Abendland sich aufmachen, um Rettung zu bringen? Will man etwa den Orient den Russen zum Raube lassen, die wohl Beruf haben, im weiten

Asien unter halbwilden Völkern eine große Kulturmission zu vollziehen, niemals aber in Ländern, in welchen ein so viel höher gebildetes Volk lebt, als sie es sind und der großen Masse nach kaum jemals werden.

Wenn wir nun auf Cyperns Geschichte zurückblicken, welche ungeheure Schicksalswechsel erlebte die Insel in etwa vier= tausend Jahren! Und was bedeuten viertausend Jahre gegen fünfzig= und hunderttausend und mehr Jahre, welche die Erde doch wohl noch ausdauern wird! Denn aus welchem Grunde sollte sie schon früher unbewohnbar werden? Und wie wenig bedeutet erst in solchen Zeiträumen ein ganzes Volksleben? So viel als das winzige Fünkchen eines Menschenlebens, als diese große Insel selbst nur ein Pünktchen im Weltall ist. Was ist hier Zeit, was Größe? Hier in diesem Ozean des Daseins, wo Alles unendlich, Alles unermeßlich ist!

XX

Trooditissa.

Das Stolpern des Pferdes riß mich aus meinen Träumereien, denn es ging rascher abwärts und war dunkle Nacht geworden. Der Weg zog sich, wie es mir vorkam, um scharfe Felsvorsprünge und wandte sich hin und her und steil hinunter. Ich folgte Hussein, der auch nicht abstieg. Auf einmal aber sah ich ihn nicht mehr und wollte mein Hengst nicht weiter. Das Pferd stand und tastete und stampfte, bis ich nach Hussein rief: dieser kam, sprang ab und mit einem Schreckensruf herzu und riß uns an den Zügeln rückwärts. Mit ein paar gewaltigen Sätzen bergaufwärts erreichten wir wieder den rechten Steig, von welchem ich in der Dunkelheit abgekommen, um, wie der Zaptieh mir anderen Tags zeigte, gerade auf den Absturz einer Felswand hinzureiten, an deren Rande sein kluges Thier still gehalten. Nun ging es noch eine lange Weile schroff abwärts, so daß ich mir die Lage des Klosters unten vor steiler Berghöhe dachte. Endlich hörte das gliedererschütternde Stürzen und Schurren des Pferdes auf, wir waren in einem Thale dicht am rauschenden Flusse und sahen in der Ferne große Lichter. Das mußte das Kloster sein.

Als wir näher kamen, waren es Feuer, die nebenan jenseits eines Flusses auf freien Plätzen in einem Dorfe brannten und malerisch Hellschein und Schlagschatten zwischen die Hütten warfen. Um hin zu kommen, brachten wir die Pferde in das rauschende Gewässer hinein, das von hohen Bäumen umstanden war, konnten aber, weil das jenseitige Ufer viel zu hoch, nicht wieder heraus, und ritten nun in dem Strome auf und ab und schrieen uns fast heiser, weil Niemand kommen wollte, uns zu helfen. Zuletzt gab man von weitem den Bescheid: wir müßten wieder zurück, das Kloster Troobitissa liege höher, jedoch sei es nicht weit bis dahin. Also ritten wir des Weges zurück. Aber wie und wo wir schauten, weder im Thal noch auf den nackten Höhen, wollte sich irgend etwas zeigen, was Umrisse von Gebäuden hatte. Im Suchen danach waren wir schon wieder eine Strecke denselben Berg hinaufgekommen, welchen wir vorher niedergerutscht. Fluchend und mit wüthenden Schlägen — es war ja nicht sein Schimmelhengst — ritt Hussein eilends zurück, und natürlich mußte ich hinter ihm drein, wollte ich nicht die Nacht an dem heillosen Berge umherziehn. Als wir nun wieder zu der Stelle kamen, wo die Osterfeuer brannten und die Strömung dazwischen lag, da rief Hussein ins Dorf hinein: man solle auf der Stelle mit Fackeln kommen, uns zu leuchten. Niemand erschien. Vergebens suchte er aus dem Wasser auf das Ufer drüben hinaufzukommen. Die Feuer brannten in der stillen Nacht, als wären sie sich selbst überlassen. Eines erlosch. Noch immer ließ sich drüben Keiner blicken. Da erklärte der Zaptieh, schreiend aus Leibeskräften: „Er habe auf des Pascha Befehl eine hohe Person heute noch auf das Kloster zu führen, und weiche nicht mehr von der Stelle. Komme Niemand, den Weg zu zeigen, so werde der Pascha Mann für Mann im Dorfe Herberg und Buße zahlen lassen, oder ihm das Haus über dem Kopfe zusammenreißen."

Das half. Zwei Männer mit Fackeln zeigten sich und schritten vor uns her. Sie erzählten, daß vor etwa zwei Stunden ein fremder Herr, der aber ganz gut Griechisch gesprochen, mit einem Diener da gewesen und ebenfalls einen Führer zum Kloster genommen. Das konnte kein Anderer sein, als mein sauberer Herr Dragoman, und ich meinte schon das Gefnatter seiner französischen und italienischen Flüche und Stoßseufzer zu vernehmen, die er in Nacht und Aengsten ausstieß. Als unsere Fackelleute erfuhren, daß ich oben und allein auf dem Berggipfel gewesen, meinten sie, ich könne von Glück sagen, daß es noch so gut abgelaufen. Denn der Berg sei Wohnort feindseliger Geister. Habe doch, wie sie sagen gehört, selbst die Aphroditissa dort nicht ausdauern gewollt, und sei ihre Kirche deßhalb mit dem Kloster vom Gipfel tiefer ab gelegt.

So muß nun der edle Berg, in dessen reinen Lüften Zeus, der Vater alles Lichts und Segens, verehrt wurde, in der Menschen Vorstellung verfinstert sein von allerlei tückischen Unholden. Ich wundere mich nur, daß sie den Olymp, statt Troodos, nicht auch Dämonokastro nannten, wie den höchsten Punkt auf Imbros, wo sich die wundervolle Aussicht bietet, die ich in meinen „Griechischen Küstenfahrten“ beschrieb. Freilich ging es einst in Deutschland nicht anders her. Die göttlichen Wesen, die unsern germanischen Vorfahren heilig waren, verwandelten sich in fürchterliche Riesen und Kobolde. Die Menschen müssen einmal des Nächtlichen, das düster in ihrer Seele wohnt, sich entlasten, indem sie es herausgestalten zu unheimlichen Geschöpfen. Haben doch selbst die feinfühligen Griechen ihre Götter umhüllt mit einem dunkeln Gewölk von Sagen und Geschichten, von denen im Grunde die eine immer kläglicher und lächerlicher ist, als die andere.

Mir sollte aber der cyprische Olymp auch ohne Fabelwesen noch schrecklich genug werden. Das Dorf Fini, von welchem wir kamen, liegt ziemlich tausend Fuß tiefer als das Kloster der Trooditissa, und der Weg geht steilauf und oft zwischem rauhem Gestein. Nachgerade fühlte ich mich doch wie gerädert in allen Gliedern und wollte etwas rasten. Hätte ich eine Ahnung gehabt, daß dies derselbe Weg sei, der uns in die Tiefe geführt, und daß er so furchtbar lang sei, länger als eine Stunde, so wäre ich tausendmal lieber in der elendesten Hütte des Dorfes geblieben. Aber solch ein türkischer Zaptieh kennt kein Erbarmen. Immer wieder trieb er die Leute zur Eile an, und mir blieb in der pechfinstern Nacht nichts übrig, als mich willenlos dem Instinkt meines guten Schimmelhengstes zu überlassen, indem ich nur darauf Bedacht nahm, mich möglichst fest im Sattel zu halten.

Wie dankte ich dem Himmel, als wir endlich gegen eilf Uhr vor der Klosterpforte anlangten! Auch hier brannte ein Osterfeuer zwischen den Gebäuden. Es wurde die ganze Nacht bis gegen Sonnenaufgang unterhalten: ein paar Baumstämme lagen brennend übereinander, und war das Ende aufgelobert, wurde der Rest sorgsam näher in die Glut geschoben, damit das Feuer vor Sonnenaufgang nicht erlösche. Im Orient besteht ja bei allen Religionen ein guter Theil in äußerlichen Uebungen, gerade wie in der Heidenzeit. Des Gesetzes Beobachtung ist nöthig und nicht die Gesinnung.

Man führte mich in einen Raum, der mit einem Stalle abschreckende Aehnlichkeit hatte, es war aber das beste Gemach im Kloster. Kaum war ich an den Bohlentisch getreten, erhob sich Herr Clementin von seinem Lager und fing sogleich an, in jammervollen Tönen die Schrecken und Leiden zu schildern, die er auf seiner Irrfahrt im trostlosen Gebirge erduldet. Und hungrig sei er auch noch: die Mönche hätten ihm nichts zu essen gegeben, als klitschiges Brod, in welchem die Zähne hängen blieben. Für mich brachte nun ein Mönch ihr Osteressen. In einem kleinen irdenen Napfe, der von Schmutz starrte, lagen kalte Rüben und ein Stück gekochtes kaltes Rindfleisch. Der Magen wandte sich mir um. Doch zum Glück erschien auch der Klostervorsteher und hatte Erbarmen. Er ließ uns ein paar Eier sieden und Wein kommen. Der Wein war trefflich und löste die Zunge, die beiden Mönche wurden redselig, wir stießen an, und siehe da, noch in tiefer Nacht entwickelte sich ein hübsches kleines Gelage. Der Wein hatte rasch die Müdigkeit verscheucht und kräftigte Geist und Glieder in wunderbarer Weise. Es war „Schwarzer" (Mavro), ein sehr dunkler Rothwein, aus dem Dorfe Fini unten am Berge, wo zwar kein Commanderia, aber doch ein höchst kräftiger und feiner Wein angebaut wird. Wiederholt machte ich auf Cypern die Erfahrung, wie wunderbar nach Wegesmühn ein Gläschen Commanderia stärkt, und ich glaube gern daran, wenn es in Cypern heißt: bei jeder innern Krankheit sei der alte gute Commanderiawein die beste Medizin.

Andern Morgens früh ließen mich die Glocken, die in dem niedrigen Gebäude dicht über meinem Haupte erschollen, nicht mehr ruhen. In der Kirche sangen schon die Priester, und auf dem kleinen Klosterhofe standen die Männer mit Lichtern, denn das Kirchlein hätte nicht den dritten Theil gefaßt. Die Frauen hielten sich mehr zurück. Als das Hochamt zu Ende, setzten sich die Frauen und Mädchen unten im Hofe auf Baumstämme und konnten essen, was sie sich selber mitgebracht. Die Männer aber stiegen die Stufen hinauf zu einer Art offener Galerie, die roh und fest aus hölzernen Stämmen gebaut sich vor dem Kloster hinzog, und reiheten sich auf Bänken. Die beiden Mönche, mehr waren nicht da, kamen mit Krügen und Körben, jeder Mann küßte ihnen die Hand, erhielt ein Leintüchlein über die Knie, und Brod und Käse und Wein zur Genüge, und zuletzt eine Tasse Kaffee. Unter den Frauen bemerkte ich mehrere, wenn auch von derber Bildung, doch mit klassischen Zügen. Zwei Mädchen aber hätte auch jeder Künstler für wahre Schönheitsperlen erklären müssen. Alle aber wußten sich mit Anstand und natürlicher Würde zu benehmen.

Während mich das alles vergnügte, ließ sich noch ein dritter alter Mönch herbeitragen. Der Aermste litt große Qual an einer Beinwunde und flehte den Fremden um Hülfe an. Die Wunde war gräßlich roh behandelt, und da ich früher einmal an einem Verwandten etwas Aehnliches gesehen, so zeigte ich ihm, wie man Charpie mache und auflege und die Wunde reinige. Dann ließ ich reines Ziegentalg schmelzen, holte aus dem halb verwilderten Garten Wegebreitblätter, ließ sie etwas klopfen, und legte ihm die Salbe auf und darüber die Blätter. Die Kühlung that ihm augenscheinlich wohl, der Glaube half mit dabei.

Dann trat ich, von den Mönchen gefolgt, in die Kirche. Sie war, wie alle Klosterkirchen auf Cypern so uralt, daß man sich darin in die ältesten Zeiten zurückversetzt fühlte, wo das Christenthum zuerst seine Strahlen über dieses Waldgebirge fallen ließ. Das Kirchlein bestand aus drei Spitzbogenhallen hinter einander, mit einem Dachfirst darüber. Gegenüber stand ein altes roh aufgemauertes Gebäude mit ein paar elenden Dachkammern, und daneben ein ähnliches Bauwerk. Das war das ganze Kloster. Wollte Einer acht Tage da bleiben, so mußte er erst von den Mönchen das Fasten lernen, sie sind nicht besser daran, als arme Bauern auch.

In ihrem düstern Heiligthum aber bewahren sie eine große blitzende Kostbarkeit: das ist ein fünftehalb Fuß großes und drittehalb Fuß breites Bildniß der Mutter Gottes, in Gold und Silber getrieben und die Köpfe von Mutter und Kind auf Elfenbein gemalt. Als ich die Verhüllung, die beständig über dem Antlitz der Maria liegt, etwas lüften wollte, fuhr mir ein Mönch entsetzt in den Arm. Ein breites Band mit zwei großen Silberbuckeln hängt daran, und in den Buckeln ist der russische Doppeladler eingegraben mit der Jahreszahl 1799. Also schon damals wollte sich die kaiserlich russische Frömmigkeit hier ein Andenken stiften.

Es war das recht gescheit von ihr; denn etwas von der alten religiösen Anziehungskraft des olympischen Berges hat die Troodos Panagia, die Trooditissa, bewahrt. Sie besitzt großen Ruhm in Heilung von mancherlei Unglück und Krankheit. Deßhalb ist das Kloster ein vielbesuchter Wallfahrtsort von fern und nah, und die armen Mönche hätten nichts zu beißen und zu brechen mehr, wenn die Pilger ein Jahr ausblieben. Denn selbst arbeiten und Nahrung schaffen, wie unsere alten Benediktiner, wie sollte das den heiligen Leuten beifallen! Sie besaßen etwa anderthalb Stunden entfernt noch ein Nebenkloster, die Panagia tu Troodos, konnten es aber nicht mehr mit Leuten Gottesdienst und Anbau versehen und müssen ruhig zuschauen, wie es in Ruinen und Verwilderung verfällt. O, diese Zeit! Selbst gegen die uralten Klöster auf Cypern geberdet sie sich feindlich.

Bei dem Abreiten erschien wieder der alte Mönch mit der Beinwunde. Er winkte mich heftig zu sich heran, fiel mir um den Hals, und unter Thränen küßte und segnete er den wohlthätigen Fremden. Nun ritten wir den Berg wieder hinunter, der mir am vorigen Abend so viel zu schaffen gemacht. Das Kloster liegt schon zweitausend Fuß tiefer, als der Gipfel des Olymp: bis wir aber zum Dorfe Fini kamen, brauchten wir fast eine Stunde. Ich entsetzte mich, als ich sah, wie ich im Dunkeln haarscharf an Abgründen vorbeigekommen. Eine so halsbrechende Fahrt mochte ich doch nicht im Sattel machen, Hussein aber dachte nicht ans Absteigen. Ein türkischer Zaptieh besteht rein aus Leichtsinn Kraft und Kühnheit, und doch bricht selten einer den Hals.

XXI

Wildniß.

Ich wollte nun die wilde Einöde des Gebirges durchmessen
bis zum Kloster Chrysorogiatissa: es sollten bis dahin sieben
oder acht Stunden sein. Wir brauchten aber fast den ganzen
Tag dazu.

Vor dem Dorfe Fini wendete sich der Weg und nicht
lange darauf nahm ein prachtvolles Thal uns auf, umstarrt
von braunen und röthlichen Bergen, aus deren Nacktheit die
Felsen hervorbrachen. Die Bäume blieben, wie am Tage
vorher, in weiten Zwischenräumen über die Abhänge verstreut.
Es erinnerte mich an die „offene Prairie" im amerikanischen
Westen, wo alle hundert oder dreihundert Schritte ein Baum
steht. Dort aber dienten sie zum Schmuck der Landschaft, hier
erweckte ihr ärmlicher oder halb zerstörter Zustand nur zu häufig
das Gefühl des Aergers und Mitleids. Es begleiteten uns
aber beständig, wenn auch vereinzelt, Seestrandskiefern, welche
bis zu viertausend Fuß Höhe emporsteigen. Nur an den obersten
Bergkämmen hing noch hie und da ein dunkler Waldrest von
Schwarzföhren.

Ganz anders aber war das Leben der Pflanzenwelt in den
felsigen Thälern, in deren Tiefen immer ein Strom im Ge-
steine brach und plätscherte. Alle Waldnymphen, die erschreckt
von den entblößten Halden geflohen, hatten sich hier in den
kühlen Schluchten verborgen und mit den Grotten- und Wasser-
geistern gute Brüderschaft geschlossen. Von den Absätzen der

Steinwände hing langes wehendes Gras und Blüthengebüsch hernieder, zu Zeiten waren die Felsen ganz überwuchert mit Moos und glänzendem Grün und farbenbunten Gewinden. An den erdigen Abhängen zogen sich von der Höhe bis zur Tiefe Salbei Majoran Cistrosen Arbutus Lorbeer- und Myrtengebüsch. Und all das Gesträuch hätte gern das rinnende und blinkende Gewässer geküßt, aber da hatten dichtgedrängt mächtige Laub-bäume Posto gefaßt, Eichen und Platanen, Wachholder und Mastir. In das weiche Laub der Tamariske mischte sich hier das dunkle Tannengrün und daneben das Silbergrau wilder Oelbäume. Dabei war Alles belebt von zahllosem Gefieder, Vögelgesang und Wasserrauschen das wollte gar nicht auf-hören. Auf jedem lieblichen Baum hielten die Vögel Landtag, und jede Schlucht war Brunnkammer, in welcher es von mosigem Gestein niederrauschte und hell spiegelnd über den Bachkies schäumte. Zu Zeiten gab es wieder kleine sumpfige Stellen, wo Päonien Tulpen Tazetten fettige Kräuter uud allerlei Zwiebel- und Knollengewächse in Saft und Blüte standen, und lag da irgendwo ein modernder Stamm, so war er auch bedeckt von allerlei Orchideen und seltsamen Gewächsen, die wucherisch sein Letztes verzehrten.

Den zahllosen Blüten und Blumenkelchen und dem vielerlei aromatischen Laub entströmten so würzige Düfte, daß freier die Brust athmete, wenn wir aus den Thalwindungen wieder auf lichte Anhöhen kamen, über die ein belebender Lufthauch wehte. Wie köstlich war da die eigenthümlich erregende Berg-frische, der Weitblick über all die Bergrücken und Kämme und Kuppen hintereinander, und der heimathliche Fichtengeruch, an welchem ich mich nicht erfättigen konnte!

Ein andermal lag in einem offenen Bachgrunde eine Hitze, als stiege sie vom Boden auf und könnte Einem das Gebein versengen. Jedoch habe ich in Cypern niemals die brandige Schwüle wahrgenommen, wie sie in Sicilien öfters so lästig fällt. Freilich, freilich — ich muß das stets wiederholen — ich reiste durch Cypern in der schönsten Jahreszeit, im April.

Nun muß man aber nicht denken, daß in diesem blumigen Gebirge Weg und Steg ohne jede Mühsal. Zahllos oft mußten wir in die stürzenden hallenden Waldströme hinein, deren Bette tief eingerissen und mit Rollsteinen erfüllt war. Hatte das Pferd glücklich seinen Satz auf's andere Ufer gemacht, so ging's an scharfen Abhängen hin und über breite Felsbänke, wo von einem Pfade kaum noch leichte Spur zu entdecken. Darauf verlor sich der Weg in kleine enge Schluchtgassen, wo man rechts und links mit dem Fuße anstieß, und lachte am Ausgang der Steinwände ein offenes Thal, war es gewöhnlich hochbesetzt mit streifendem und reißendem Gebüsch und Gestrüpp.

So kamen wir nur langsam voran und brauchten auf jede Wegstunde eine starke Zeitstunde. Welche Richtung eigentlich die Reise nahm, wollte mir nicht klar werden. Wir geriethen beständig aus einem Bergthal in's andere, jedes hatte seinen großen oder kleinen Rauschebach, bald ritten wir an ihm hinauf, bald hinunter, und dann zog sich ein Ziegenstieg wieder am Bergrücken empor, um jenseits wieder in Schluchttiefen sich zu verlieren. Zaptieh Hussein behauptete, es gebe keinen anderen Weg nach Chrysorogiatissa: Jedermann wisse das und er kenne ihn, darauf könne ich mich verlassen. Es blieb mir freilich nichts Anderes übrig, fragen ließ sich ja Niemand. Dragoman und Cypriot waren nie in der Gegend gewesen, und blicken ließ sich weder ein Mensch noch eine Hütte in diesen Wildnissen.

Erst am Mittag, als ich auf einem blütenübersäeten Hügel zwischen tosendem Waldstrom und klarem Murmelbächlein Halt machen ließ, hörten wir Heerdengeläut. Melodisch hin und her hüpfend in dem Fels- und Berggehänge, näherte es sich, und bald erschienen zwei Hirten, die Flinte über dem Nacken. Mit

freundlichem Dank nahmen sie Theil an unserem Mahl. Es
waren ein paar stattliche Bursche und sie erzählten gern von ihrem
Leben im Gebirge. Sie sind in der That eine Art Berg=
nomaden, die den größten Theil des Jahres in diesen Gebirgs=
öden, die sich Tagreisen weit erstrecken, mit ihren Heerden
umherziehen. Wo sie keine Zweig= und Rindenhütte für die
Nacht mehr vorfinden, ist leicht eine neue hergerichtet. Als
ich fragte, ob es in ihrer Ortschaft noch mehrere gäbe, die so
im wilden Gebirge umherzögen, da lachten sie und erwiederten:
alle Männer thäten das sehr gern und die Buben noch lieber,
öfter gingen auch Frauen und Mädchen mit, und da lebten
sie alle mit einander monatelang im Gebirge. Die Frauen
können ja ihre Wollspindel leicht überallhin mitnehmen, und
diese leichte Spindel gefällt ihnen viel besser, als Hacke und
Sichel für Feldarbeit. Es war ganz dasselbe herumziehende
halbmüßige Hirtenleben hier auf der südlichsten Griecheninsel,
wie ich es im Norden auf Samothrake und Thasos kennen
gelernt, auch ganz dasselbe Volk in Gesichtszügen Körperbau
und Kleidung. Gerade wie die Hirten dort wußten diese hier
den Schrei der Geier und anderer Waldvögel auf das Natür=
lichste nachzuahmen.

Ich fragte auch nach Mufflons, einer gemsartigen wilden
Bergziege, erfuhr aber, daß sie sehr selten seien: der eine der
Hirten hatte noch niemals Mufflons gesehen. Offenbar geht
dieses Wild auch hier rasch der Ausrottung entgegen. Die
Mufflons können zwar ein weit ausgedehntes Gebirge durch=
schweifen, allein, da die meisten Gipfel und Rücken nicht weit
über fünftausend Fuß hinaufgehn und von Hirten und Harz=
brennern leicht erstiegen werden, so hat das Wild nirgends
Ruhe, wo es sich äsen und niederthun kann. Der einzige
Schutz ist die Flucht in die Weite, die überall offen steht.
Die Kitzchen aber werden oft von den Hirten gefangen, denen
auch Fallgruben nicht unbekannt sind. Nur an einer Stelle,

in der Nähe des Vorgebirges Akamas, soll es noch kleine
Rudel von Mufflons geben.

Ein Mittagsmahl im Freien ist auf Reisen im Oriente
bald beendet. Mit etwas Hamburger Rindfleisch und Sar-
dinen, die ich von der Küste mitgebracht, mußte ich sparen,
geschossen hatten wir gar nichts, und sonst gab es nur harte
Eier Brot Käse Orangen und grüne Bohnen und — Knoblauch. Das Letzte ist das beste, Knoblauch schmeckt hier wie
süße Nuß und erfrischt wie saftig Obst. Das Allerbeste aber
ist der Wein. Wo Griechen wohnen, ist er überall gut, auf
Kreta und Cypern aber reiner Göttertrank, und dazu kostet die
Oka guten Landweins, das sind fast dritthalb Flaschen, noch
keine Mark.

Es schlürft sich so behaglich in freier Bergwildniß, man
liest ein wenig und dämmert dabei ein, umspielt von der
himmlischen Luft, Brust und Seele getränkt mit Kraft und
Heiterkeit. Ach, diese lichte unsägliche Klarheit griechischer
Aetherbläue! Leise rieselt sie gleichsam in's innerste Aederchen
hinein. Nach kurzem Schläfchen ist man wie neugeboren und
zieht gern wieder hinaus in die Wildniß und Einsamkeit. Der
Menschen sind hier so wenig, und wo man ihrer wieder ein
Häufchen beisammen sieht, da ist all ihr Thun so ungemein
einfach und natürlich, daß sich alles von selbst versteht. Immerdar ist man mit der großen Natur zusammen, und nichts
belebt die öden Landschaften, die man durchzieht, als die
eigenen Gedanken an die Geschichte der Erde und der Völker,
die über die Erde wandern, aufblühen, und wie Schatten verschwinden.

XXII.

Waldverwüstung.

Wenn nur manche Zeiten, die so rasch vorübergehn, nicht
so viel Zerstörung hinter sich ließen, Verwüstung, die aus-
zuwetzen es gleich ein Jahrhundert und mehr braucht! So
hinterläßt das jetzige Geschlecht, das für Cyperns Fortschritt
kaum die Hand rührt, der Insel ein Uebel, an welchem sie
krank wird bis in's Herz hinein. Das ist die Waldverwüstung.

Die Griechen, die Perser, die Aegypter, die Römer, die
Araber und Byzantiner, all die Völker, die in der Herrschaft
der Insel auf einander folgten, machten sich ihren Reichthum
an trefflichstem Werkholz, an Fichten und Föhren, an Eichen
Platanen und Nußbäumen, wohl zu Nutze. In Cypern reichte
die Waldung bis zum Meere, und auch aus dem Innern
ließen sich die schwersten Stämme leichter, als aus den Fest-
landsgebirgen, an die Küste schaffen. Am stärksten wurde in
den Wald hineingehauen in den ersten beiden Jahrhunderten
der Lusignans, wo die Insel unaufhörlich Holz zu der Menge
Prachtbauten, noch mehr zu den vielen Handelsschiffen liefern
mußte, die für alle großen Seestädte des Mittelmeers hier gebaut wurden, und noch mehr zu den großen Seeflotten, die fort
und fort von Cypern aus in See stachen nach den kleinasiatischen syrischen ägyptischen Küsten. Dann kamen die Venetianer, die gutes Schiffsbauholz zu schätzen wußten, jedoch
scharfe Aufsicht führten, daß es vorhielt. Der Wald war nicht
zu verderben: so viel man auch nahm, alles wuchs gleich wieder

im fruchtbaren Boden und herrlichen Klima. Der eigentliche feste Bestand der Hochwaldung scheint all die Zeit her wenig vermindert zu sein.

Anders in den drei Jahrhunderten der Türkenherrschaft, da fiel jede Rücksicht fort. Um hundert Stämme auf die Kriegswerften zu bekommen, wurden gleich tausend niedergeschlagen. Wenn sie am Boden lagen, konnte man ja bequemer auswählen: die andern blieben liegen zum Verfaulen. Jedes Unglück, das die Türken zur See erfuhren, brachte den cyprischen Waldungen neue Verheerung. Dabei nahmen Paschas und Kaimakams und Agas Jahr für Jahr, was sie brauchen oder verkaufen konnten, und überließen das Uebrige der freien Ausbeute. Der Wald gehört Gott dem Herrn wie Wasser und Luft, ist also Jedermanns freies Eigenthum — das wurde jetzt Glaube und Grundsatz auf Cypern. Je ärmer das Volk wurde, je mehr seine Nahrungsquellen versiegten, um so mehr erholte es sich am Walde. Mehemed Ali, der erste Vizekönig von Aegypten, gab den Hochforsten den Gnadenstoß. Wo sich noch gute Bestände zeigten, da ließ er alles zusammenhauen, theils zum Verkauf über Meer, theils zum Flottenbau, das Meiste aber zur Ueberfuhr nach Aegypten, um dort die zahllosen Wasserräder und Kanalbauten einzurichten.

Seitdem greift nun ein gründliches Verderben der letzten Ueberreste aller Orten um sich, und verhindert jede Heilung. Man kann nichts Niederträchtigeres an Waldverwüstung sehen. Sie hat sechs Ursachen: das Fortschleppen zum Verkauf über Meer, — die Art und Weise, wie man sich Brenn- und Bauholz schafft, — die vielen Waldbrände, — das freie Umherschweifen des Viehes, — das Harz- und Theerbrennen, — endlich noch der gemeine Haß, welcher Nachbargemeinden entzweiet. Das Erste, der Verkauf über Meer, thut dem Walde noch am wenigsten weh, weil man dazu bloß die schönsten Stämme niederhaut, und auch diese nur, wenn sie nicht zu weit von Pfaden stehen, auf denen sie sich fortbringen lassen. Man bindet die Stämme mit dem einen Ende an Maulthiere und Esel und läßt sie auf der Erde schleifend fort= schleppen nach der Küste, wo sie in Schiffe verladen werden.

Tausendmal mehr verderben kleine Hände und kleine Aexte im Innern des Landes. Wo eine Ortschaft liegt, groß oder klein, regelmäßig zeigt sich dort im weiten Umkreis Waldblöße. Dabei fällt auf, wie es hier vorzugsweise ganz junge Bäume sind, die man dicht über der Wurzel abgehackt. An den grö= ßeren Bäumen fehlen dagegen alle Zweige, so weit man vom Boden mit der Hand reichen konnte. Steht irgendwo noch eine Eiche oder Esche, so ist ihr gewiß alles schwächere Ast= werk genommen. War ein Baum aber gut zu ersteigen, so ist sicher bloß der Hauptstamm übrig und giebt es keine Aeste und keine Wipfel mehr. Etwas weiter von der Ortschaft entfernt findet man wohl noch stärkere Bäume, jedoch keinen einzigen, der nicht unten abgerindet, angehackt, angebrannt. Sie ver= trocknen, modern einige Jahre, dann wirft sie Sturm und Wetter um, und man beeilt sich, wenn sie niedergestreckt sind, ihnen die letzten Aeste zu nehmen. Der Stamm aber bleibt liegen zum Verfaulen.

Diese kleinliche Art des Holzgewinnens erklärt sich folgender Gestalt. Erstens gibt es in keinem Dorf auf Cypern eine ordentliche Axt: sie zu erwerben würde ja Geld, sie zu schwingen würde ja Kraft und Mühe erfordern. Man hat nicht einmal Baumsägen, nur Handbeile und höchstens eine kleine erbärm= liche Säge. Zweitens aber sind es die Frauen, welche Brenn= holz herbeischaffen müssen, und diese helfen sich so gut sie können mit ihren schwächlichen Kräften und Werkzeugen. Sie hacken daher erst die jungen Bäumchen ab, dann das schwächere Astwerk, und die stärkeren Bäume brennen sie an.

Die Männer rüsten sich nur dann zum schweren Werk, wenn sie Sparren zu Dachdecken oder Thürschwellen und Bretter brauchen. Tausendmal lieber ist ihnen das Umherschweifen mit ihren kleinen Herden im Gebirge. Dadurch entsteht die dritte und vierte Ursache der Waldverwüstung. Tag und Nacht liegen die Leute müßig bei ihren Hirtenfeuern und haben ihr Vergnügen daran, alte stolze Waldbäume anzubrennen. Bei dem lässigen und sorglosen Wesen, das allem cyprischen Volk in den Gliedern sitzt, geschieht es dann in der heißen Jahres= zeit, wenn Laub und Boden ausgedörrt sind, gar häufig, daß ein Waldbrand entsteht und so weit sich ausbreitet, als er Nahrung findet. Auf der Reise kam ich öfter an einem ein= zigen Tage an mehreren Stellen vorbei, wo die Waldbrände gewüthet hatten. Nur das weite Voneinanderstehen der Bäume und die Nacktheit des Bodens hatten den Grund gegeben, daß das Feuer zuletzt erloschen war. Ein weiterer Schaden aber, welchen die Waldbrände anrichten, besteht darin, daß sie das Gesträuch und Gebüsch in der Nähe der Ortschaften verzehren, und nun die armen Frauen genöthigt sind, weiter ins Ge= birge zu gehen, um Astwerk und junge Bäumchen abzuhacken.

Blieben nun die Waldblößen unangetastet liegen, so würde Laub= und Nadelholz ganz von selbst wieder aufsprießen. Denn es ist unglaublich, welch fruchtbare Keim= und Nährkraft der cyprische Waldboden enthält. Es ist das gerade wie in Amerika auf der Prairie. Sobald Pflug und Brand eine Stelle drei Jahre lang nicht berühren, gleich wachsen in buntem Gemisch die Bäume des alten Urwaldes wieder hervor, ohne daß Menschenhand irgend etwas dabei gethan. Selbst auf hohen felseckigen Vorsprüngen, auch wenn sie noch so trocken schienen, sah ich auf der cyprischen Gebirgsreise wieder das hoffnungs= volle Grün von jungem Nadelholz. Das Unglück ist nur, daß das Vieh ungehindert überall umher zieht und steigt. Nament= lich Ziegen und Schafe — von letzteren sieht man in Cypern häufig die fettschwänzigen — sind es, die alles, was eben hervorsprießt, wieder benagen und abreißen.

So also wird den Seekiefern, Eichen und Platanen, Wach-
holdern und Tamarisken mitgespielt, und rings um jede Ortschaft dehnt sich mit jedem Jahre weiter und weiter der wald-
leere Kreis. Noch aber gibt es stattliche Schwarzföhren, die
an entfernten und hoch gelegenen Firsten und Kämmen stehen.
Es wäre zu weit und mühsam, von dorther Holz zu holen.
Aber in den Bäumen steckt Harz und Pech, welches dem Bauer
zu seiner Weinbewahrung unentbehrlich scheint. Harz und Pech
läßt sich leicht herunter schaffen. Da steigen sie denn hinauf
und zerstören gerade die schönsten und lebenskräftigsten Bäume
auf die elendeste Art. Erst rinden sie die Föhren ab, so hoch
sie mit der Hand reichen können, jedoch eine jede nur an einer
Seite. Nach dieser entblößten Stelle hin zieht sich nun das
Harz und füllt alle Fasern. Bringt man dort Feuer heran,
brennt das Holz gleich lichterloh, der ganze Stamm verkohlt,
bricht zusammen, oder wird mit geringer Anstrengung und
einigen Nachhieben umgeworfen. Dann werden Aeste und so
viel man von Stammholz bewältigen kann abgehauen, zer-
kleinert, ein kleiner Ofen von rohen Bruchsteinen gebaut und
dieser mit Holzstücken angefüllt. Unten auf der Erde hat der
Ofen eine Oeffnung, durch diese wird Feuer hineingebracht,
das Holz drinnen schwelt und schmaucht, und durch die im
Ofen verbreitete Hitze geräth das Harz in Fluß. Zuletzt läuft
es unten in eine kleine Erdgrube, aus welcher man den ersten
Kuchen als Kolophonium, die späteren als Pech, die letzten
als eine Art schmutzigen Theers heraushebt. Die ganze Hälfte
des Harzes wie des Holzes geht bei dem rohen Werk verloren, und haben diese Waldbrenner einen grünen Abhang mit
den schwarzen halbverkohlten Trümmern ihrer Thätigkeit besäet, so klettern sie zum nächsten besten, dieselbe Verwüstung
zu wiederholen.

Man sollte denken, diese fünferlei Arten von Waldverwüstung wären genug und übergenug. Es gibt aber noch

eine Art, die viel schändlicher als alle. Die auf dem Wald=
boden umherliegenden Hirten haben ihre Lust daran, wenn
ein stattlicher Stamm in Flammen glüht und knistert und
krachend und funkenstiebend zusammenbricht. In dieser Lust
regt sich schon eine gewisse Bosheit: aus reiner Schlechtigkeit
aber geschieht es gar häufig, daß die Gemeinden sich gegen=
seitig die Platanen und Eichen, aber auch Oel= und Johannis=
brodbäume zerstören. Benachbarte Gemeinden liegen gewöhn=
lich miteinander in Streit und Hader, besonders wenn Religion
sie trennt. Dann läßt sich die Tücke und Schadenfreude an
den armen Bäumen aus: das Anbrennen oder Abrinden und
Anhacken läßt sich ja in heimlicher Nacht leicht ausführen.
Was die Insel auf so elende Weise an Wald= und Frucht=
bäumen verliert, berechnet sich jährlich nach Tausenden.

Stellt man die Leute zur Rede über ihre Waldverwüstung,
so ist die Antwort ein verlegenes Lächeln. Dringt man weiter
in sie, so heißt es ärgerlich: „Ei, das ist immer so gewesen
in unserm Lande." Macht man ihnen dann die bittern Folgen
deutlich, so ist die letzte Ausflucht: „Die Regierung will es ja
so." Diese Griechen sind so sehr gewöhnt, für alles Schlechte
die Türken zu vermaledeien, daß sie selbst die eigene Fahr=
lässigkeit und Rohheit der türkischen Regierung Schuld geben.

XXIII

Heuschreckenplage.

Was könnte, was sollte nun geschehen, um dem entsetzlich raschen Aufzehren der letzten Waldung zu steuern? Zuerst müßte Feld und Wald unter strenge Aufsicht, absichtliches Verderben von Bäumen unter schwere Strafe gestellt werden. Theer= und Harzbrennen müßte man ganz verbieten, nur in seltenen Fällen dürfte es auf Grund einer besondern Regierungs= erlaubniß stattfinden.

Sodann ließen sich gewisse Bezirke als Regierungsforsten ausscheiden, in welchen bei Strafe nicht dürfte gehackt und geholzt oder geweidet werden. Dort würden die Seestrands= kiefer, die Cyperns rechter Waldbaum ist, und viele andere Bäume ungepflegt in kurzer Zeit wieder emporwachsen. Wo aber alle Wurzeln und Keime im Boden verdorrt sind, müßte man sich entschließen, wieder anzusäen.

Der übrige Waldboden wäre unter die Gemeinden zu ver= theilen und für eine jede ihr Bezirk durch Merkmale wohl ab= zugränzen. Dann müßte man die Geistlichkeit, insbesondere die Schullehrer dafür gewinnen, daß sie die großen Vortheile geordneter Waldwirthschaft lehrten und die Leute dazu an= hielten, sich für Kind und Kindeskind den großen Gewinn zu verschaffen. Wäre die Sache einmal im Zuge, so würde die eigenthümliche Eitelkeit und Eifersucht der Gemeinden unter einander schon mithelfen.

Ich sprach über dieses Kapitel mit dem Statthalter von

Cypern, einem ungewöhnlich gebildeten und wohlwollenden
Pascha. Auch ihm war kein Zweifel darüber, daß der ganzen
Insel Heil und Zukunft von künstlicher Wiederbewaldung abhänge. Erfolge diese nicht, so müßten Flüsse und Bäche mit
jedem Jahre mehr versiegen, also fruchtbares Land mit jedem
Jahre mehr hier vertrocknen dort versumpfen. Der Pascha
glaubte, daß vorzüglich Eukalyptus sich zur künstlichen Wiederbewaldung eigne, und man könne damit in der großen Ebene
anfangen und die trockenen Höhenzüge und die kleinen er-
hobenen Tafelstücke, welche die Griechen Tische und Dürrland
nennen, mit Eukalyptus besetzen. Als ich aber fragte, ob
wirklich Aussicht dazu vorhanden, da war die ganze Antwort
ein tiefer Seufzer.

Wie soll man in der heutigen Türkei an so große und
weitaussehende Maßregeln denken! Gleichwohl darf man noch
nicht für immer verzweifeln. Das Erste und Nothwendigste
zur Rettung ist noch vorhanden, die Walderde liegt noch fast
überall hinlänglich im Gebirge ausgebreitet. Wahrscheinlich
bringt schon die nächste Zukunft dem Morgenland Besserung
seiner Zustände, einerlei ob und wo die Türken in der Herrschaft sitzen bleiben oder nicht. Dann wird gewiß auch das
fruchtbare Cypern wieder den Unternehmungsgeist anlocken,
und Geld- und Arbeitsmittel könnten sich gerade auf dieser
Insel, die so lange vernachläßigt da gelegen, allmählig zu
gedeihlichen Versuchen zusammenfinden.

Ist doch die Insel in unsern Tagen unerwartet von
ihrem ärgsten Feinde, der nicht wenig dazu beigetragen, daß
das Land so entvölkert und muthlos geworden, fast gänzlich
befreit worden. Dieser Feind waren die Heuschrecken, eine
noch etwas kleinere Art, als die gewöhnliche Wanderheuschrecke.

Schon im Mittelalter ist Cypern von ihren verheerenden
Zügen heimgesucht. Eine Chronik berichtet: in den drei

Jahren 1411 bis 1413 hätten alle Bäume nackt gestanden,
„und es sah aus wie die Hölle." Doch muß das damals
selten gewesen sein. Im letzten Jahrhundert kamen die Heu=
schreckenschwärme alle paar Jahre, wenn lange Nordwind
wehete, von den karamanischen Bergen herüber geflogen. Im
letzten Jahrzehnt aber des vorigen Jahrhunderts, als es mit
dem Ackerbau so rasch rückwärts ging, hatten die Heuschrecken
auf der Insel selbst ihre Heimstätte gefunden. Diese liegt
auf dem östlichen Tafellande, wo der Boden dürr und mager
ist und von Pflug und Hacke nur theilweise berührt wird.
Auf dieser Brutstätte legten sie alljährlich ihre Eier, und von
dort begannen sie alljährlich ihren gräulichen Umzug rings um
die Insel.

Wenn sie zu Ende März aus den Eiern kriechen, sind sie
so klein wie Erdflöhe und sammeln sich in zahllosen schwarzen
Punkten um Halme und Büsche. Vierzehn Tage später, wenn
sie sich zweimal gehäutet haben, sind sie schon einen halben
Finger lang, dann aber sind sie auch bereits kriechend und
hüpfend eine große Strecke nach Westen gerückt, und haben
kein grünes Grasblättchen auf ihrem Wege unverschont ge=
lassen. Je größer sie werden, desto stärker wird ihre Gefräßig=
keit, sie greifen bereits die Kornhalme auf den Feldern an.
In nochmal vierzehn Tagen haben sie sich wieder zweimal ge=
häutet und lange Flügel bekommen.

Jetzt aber rücken sie in breiten Zügen rasch voran. Gräß=
lich tönt ihr Flattern und Gerassel in der Luft, und soweit
man blicken kann, ist die Erde mit dem kriechenden und
hüpfenden Gewürm bedeckt. Ihre Freßgier ist entsetzlich ge=
worden, sie nagen die Strohhalme bis in die Wurzeln ab,
und wehe dem Garten wohin ein Schwarm fällt: in wenigen
Minuten stehen die Bäume wie abgestreift vom Laube. Alles
was wächst und nicht schon festes Holz ist, wird vertilgt.
Der Hunger treibt sie selbst in die Häuser, und nirgends kann

man sich retten vor dem widrigen Gezücht. So ziehen sie weiter und lassen hinter sich breite ekelhafte nackte Striche Landes, bis die Sonne heißer sticht oder ihre Zeit um ist. Dann liegen sie in langen Streifen zu Hunderttausenden da, das Meer schwemmt ganze Haufen an die Küste, und ihre Verwesung erfüllt noch die Luft mit pestartigem Hauch. Genug ihrer sind aber bereits wieder auf ihre Brutstätte im Osten gekommen, um Millionen Eier zu legen fürs nächste Jahr.

So war es noch vor wenigen Jahren, jahraus jahrein. Bald schwächer bald stärker kam der gefräßige Zug vom Osten her ins Land, und bangend, wohin er sich wende, freuten sich die armen Leute beinahe, wenn er frühzeitig ihre Flur traf, wo die Gefräßigkeit und die Verwüstung noch geringer war. Denn wo die Heuschrecken einmal gewesen, da kamen sie im selben Jahr nicht wieder hin, als ekelten sie sich selbst davor. Jetzt wird Cypern von seiner entsetzensvollen Geißel befreit. Nicht durch Naturereignisse, bloß durch Verstand und Fleiß der Menschen. Seit ein paar Jahren weiß man wenig mehr von der ägyptischen Landplage, und das Volk fängt wieder an etwas aufzuathmen. Wodurch aber half man sich?

Anfangs hielt man — mehr als zwei Drittel der Bevöl= kerung sind Christen — fromme Bittgänge, einen nach dem andern. In einem Jahr zogen einmal zehn Tage lang flehende und jammernde Prozessionen mit Kreuzen und Fahnen durchs Gefilde. Es half nicht. Da holte man berühmte Reliquien herbei, ja selbst das Hauptkloster Kikku mußte seinen großen Schatz herschicken, das Marienbild, welches der Apostel Lucas mit eigenen heiligen Händen gemalt. Man hielt es drohend dem gefräßigen Heerzug entgegen. Aber die Millionen der kleinen Ungethüme rührte nichts, ihr Instinkt sagte ihnen nichts von den Heiligthümern, sie fraßen und schwirrten und hüpften ruhig weiter. Jetzt befahlen die türkischen Paschas: jedermann solle einige Oka Heuschrecken an die Regierung abliefern, damit man sie in die Erde grabe. Das hatte die Wirkung von ein paar Wassertropfen auf einen heißen Stein; denn die Bevölkerung ist sehr dünn gesäet, und die fressenden Heer- schaaren wanderten rasch. Da setzte man das Gesträppe in Brand, wo ihre Züge durchgingen; man zog weite Schutz- gräben; man kam herbei mit Pferden und Ochsen und Sol- daten und ließ die Heuschrecken einstampfen; noch besser, man zog Steinwalzen darüber hin. Alles half etwas, am meisten noch das Einsammeln der Eier und das Umpflügen des Bodens wo die Eier lagen. Man hatte aber weder Geld noch Leute genug, um diese Vertilgungsmittel quer über die ganze Insel anzuwenden.

Da kam ein Großgrundbesitzer — er selbst erzählte es mir, es ist Hr. Mattei in Larnaka Hafen — auf den Gedanken, ein einfaches und gar nicht kostspieliges Mittel anzuwenden. Man hatte bemerkt, daß die Heuschrecken an Wänden, die nur einigermaßen geglättet, nicht heraufkriechen konnten. Es ward deshalb rings an der Festungsmauer von Nikosia, der Haupt- stadt, ein Gürtel gezogen, in dessen Breite man die Mauer glatt gemacht und geweißt hatte. Mattei berechnete ferner, daß die Heuschrecke, selbst wenn sie ihre langen Flügel hat, sich doch nicht lange in der Luft halten kann, sondern in ge- wissen Zwischenräumen wieder zu Boden fällt und weiter kriecht. Auf diese beiden Wahrnehmungen gründete er seinen Plan. Er ließ Gräben ziehen und dahinter niedrige Wände von Wachstuch oder Leinwand oder glatten Tafeln und Brettern aufstellen, und in gewissen Zwischenräumen dahinter wieder einen Graben mit andern Schutzgestellen. Die Heuschrecken konnten die glatten Wände nicht heraufkriechen, fielen in den Graben, wurden mit Pfannen und Schöpflöffeln herausgezogen, rasch in Körbe und Säcke gethan und eingegraben, oder sie wurden auch schon im Graben selbst mit Erde überworfen und diese festgestampft. Die über die erste Schutzwand hinüberflogen, entgingen der zweiten nicht, ſicherlich nicht der dritten. Anfangs wurde dieſe Weiſe nur auf den Fluren von Larnaka verſucht, und weil ſie ſich bewährte, ſo ahmte man ſie mehr und mehr und zuletzt allgemein nach. Die Folge war, daß keine Heuſchrecken mehr zu ihrer alten Brutſtätte im Oſten der Inſel zurückkamen, um Eier zu legen. Damit erloſch die ſchreckliche Landplage.

XXIV

Chrysorogiatissa.

Während wir nun über Thal und Höhen zogen, fand ich mich allmählig in der Landschaft zurecht. Unser einsamer Pfad kreuzte fort und fort Zuflüsse erst des alten Lykopotamos, der bei Episkopi, dann des Keropotamos, der bei Kuklia ins Meer geht, und endlich die Hauptarme dieser Ströme selbst. Dazwischen ging es einen Bergrücken oder Vorsprung hinauf und an der andern Seite wieder hinunter. Und stets von Neuem staunte ich über den Reichthum an Strömen. In all den Schluchten und Thälern flüstert und perlt und plätschert es, rauscht und hallt es von lebendigem Gewässer. Das ganze Gebirge ist wie eine einzige große Brunnkammer. Das ganze Erdreich gab offenbar in diesen Tagen rasch alle Nässe ab, die es von Schnee und Winterregen eingesogen. Da mußten im Sommer Bächlein und Flüsse wohl dünner und dünner fließen, und immer weniger Wasser in die Ebene führen, bis sie er= dürstend wieder da lag unter den brennenden Sonnenstrahlen.

Gar prächtig aber war es, wenn man wieder auf eine er= habene Höhe kam und nun allumher lichtweit das Gebirge gleichwie ein riesenhaftes Meer im Wellensturme auf und ab wogte, unabsehlich bis tief in den Horizont hinein. Nur ganz wenige Kämme und Scharfrücken und Rundkuppen ragten über der wogigen braungrünen Masse empor. Jede Form des Ge= birges aber ist hier so schön, so ganz vollständig ausgeprägt, als wäre sie eben frisch in Metall gegossen.

In der Ferne sahen wir zur Rechten wie an einer Py=
ramide in den Lüften Kloster Kikku oder vielmehr, wie man
es aussprach, Zkikku. Das ist das reichste und größte Kloster
der Insel, das rechte Brutnest cyprischen Mönchthums. Es
liegt in gerader Richtung nur etwa vier oder fünf Stunden
westwärts vom Troodoskloster, ebenfalls auf dem obersten Ge=
birgsrücken, und man soll nur mit Mühe und Schweiß seine
Höhe ersteigen. Das hindert aber nicht, daß aus fernen
Ländern die Pilger kommen; denn unter den vielen ganz
echten Muttergottesbildern, die der h. Lukas so schwarz in
Gold und Braun gemalt haben soll, besitzt die Panagia tu
Kikku den Ruhm der allergrößten und allerunzweifelhaftesten
Echtheit.

Erst gegen Abend erreichten wir das Dorf Panagia, wo
wiederum alles Volk um seine Kirche versammelt war. Die
Kinder spielten und die Eltern lachten, und die Burschen und
Mädchen schienen diesen Tag und Ort sich erlesen zu haben
zum angenehmen Stelldichein. Es war ein friedliches, hübsch
belebtes Bild da unter den hochschattigen Bäumen, welche das
Kirchlein umgaben. Auch in dieser Ortschaft bemerkte ich wieder,
wie alle unsere Obstbäume in Cypern fast ohne Pflege kräftig
und fruchtreich emporwachsen, ganz besonders aber Wallnuß
und Mandel, Aprikose, Kirsche und Maulbeer. Und erst der
Weinstock scheint dieser Insel eigenste Naturgabe zu sein. Wohin
man blickt, gibt es gute Plätze, auf denen die Fülle der
edelsten Trauben gedeihen würde.

Im Kloster Chrysorogiatissa, wo wir im Dunkeln anlangten,
waren die Spätkömmlinge, wie es schien, nicht gerade gern
gesehen. Mönche und Dienstleute waren schon auf ihrem
Lager und hatten sich, nach einigen Kennzeichen zu schließen,
am Wein eine Güte gethan, was ihnen zum Abschied vom
hohen Osterfeste herzlich zu gönnen. Nach ziemlichem Warten
kamen ein Mohr und ein Mönch mit Brod und knöchernem

Ziegenbraten, und Beide konnten nicht mehr auf den Füßen stehen, weder der Naturschwarze noch der Weißmönch.

In der Nacht hörte ich einen alten Bekannten an Thüren und Fenstern rasseln, es war ein tüchtiger hallender Sturm. Ich konnte ohnehin nicht viel schlafen: mein Lager war gar zu hart. Ich unterhielt mich mit wachen Träumen und es schwebte mir vor, wie bald dies weltverlassene Cypern wieder aufblühen sollte, wenn es uns Deutschen gehörte! Es ist so groß wie ganz Württemberg, sein Werth aber wird durch unerschöpfliche Naturschätze, durch ein Klima, das allen Handelspflanzen günstig, und durch eine unvergleichliche Lage noch bedeutend erhöht. Was der Erwerb Cyperns uns kostete, wäre in wenigen Jahren eingebracht. Hier hätten wir den besten Platz für unsern Handel, von wo er sich nach Syrien Aegypten Persien und weiter ausdehnen würde. Der Orient braucht ja billige Manufakturwaaren und wird immer mehr brauchen. Hier wäre ein Stützpunkt für unsere Missionen und Ansiedlungen, die jetzt auf eigene Hand und mitten in dornigen Hindernissen sich versuchen müssen. Freilich, das sind nur Träume, schon das Aussprechen erregt bei den Meisten Staunen oder Gelächter. Ob das nach fünfzig Jahren noch ebenso sein wird? Es scheint doch, als hätten wir Deutsche unsern zweiten welthistorischen Gang angetreten, aber wir stehen erst wieder im Zeitalter der Ottonen.

Am frühen Morgen zeigten sich Kloster und Berge von weißen Nebeln eingehüllt. Ich dachte mir wenigstens die Baulichkeiten anzusehen. Das Ganze war einer kleinen Bergfeste nicht unähnlich, mit dem elenden Gemäuer am Troodos aber nicht zu vergleichen. Nach Kikku ist Chrysorogiatissa das zweitgrößte Kloster der Insel, hat fünfzehn Mönche und läßt durch fünfzehn Dienstleute seine großen Ländereien bearbeiten. Ein Theil der Aecker wird verpachtet.

Die Klöster haben auf Cypern die besten Güter, bezahlen

der Regierung außerordentlich wenig Abgaben, müssen aber heimlich um so mehr aufwenden, die türkischen Beamten bei guter Laune zu erhalten. In der Nähe der Klöster finden sich auch am meisten Pachtgüter, während die Insel im Uebrigen den Vortheil hat, eine große Menge kleiner Bauerngüter zu besitzen.

Entlang dem Hauptgebäude in Chrysorogiatissa laufen Säulenhallen mit Schwibbogen. Von der Pracht freilich, die in unseren alten Abteien herrschte, konnte hier im wilden Gebirge keine Rede sein. Die Kirche ist ähnlich wie die erzbischöfliche in Nikosia gebaut. An dem Christusbild vor dem reichvergoldeten Ikonostas war die zum Segen erhobene Hand so wie der Heiligenkreis um das Haupt von getriebenem Silber. An dem Schnitzwerk der Bilderwand erschien auch Eva mit dem Apfel, ihr Adam aber trug in paradiesischer Tracht seinen Schnurrbart. Ohne Schnurrbart kann sich ja die Griechin einen natürlichen Mann nicht denken.

Als die Nebel zerrissen und hier und dort in die Thäler sanken, konnte ich mich der Landschaft erfreuen. Das Kloster steht etwas abwärts vom höchsten Bergzug nach Süden gekehrt und beherrscht eine gewaltige Aussicht. Das Gebirge liegt drunten ausgegossen so regelmäßig wie ein wellenbewegtes Meer, und hinter den wallenden Zügen und Höhen sieht man in des wirklichen Meeres leuchtenden Großblick.

Der Ort hieß früher Rogio, und da Rogiotis der Rogiobewohner heißt, so wurde, als das goldeingefaßte Muttergottesbild hieher kam, eine Goldrogiobewohnerin daraus, gleichwie die am Troodos die Troobitissa, die Troodosbewohnerin, heißt. Diese Erklärung gab mir der Abt, der zum Frühstück, das übrigens weit saftiger war als der Abendimbiß erwarten ließ, mir Gesellschaft leistete. Er erschien gefolgt von dem Mohr und einem dienenden Knaben, und Beide standen da mit gefalteten Händen, bis der Hochwürdigste sie gehen hieß. Von ihm erfuhr ich auch, daß eigentlich hier der Bisthumssitz

gewesen, und zwar von Alters her; erst seit dreißig Jahren
ziehe der Bischof es vor, drunten in Baffo, wo es lebhafter
sei, zu wohnen.

Auch wurde mir bestätigt, was zu glauben schwer fällt,
nämlich die außerordentliche Oede des Gebirges. Dieses umfaßt beinahe die ganze Osthälfte der Insel, hat durchgängig
in den Thälern, an den Halden und auf den Hochbreiten
fruchtbaren Boden, und dennoch ist es sieben Stunden weit
nach Norden und sieben Stunden weit nach Süden und sieben
Stunden weit nach Westen fast ganz unbewohnt, nur den süd-
und westlichen Küstenrand und den mittleren Höhenzug ausgenommen. Wo Schluchten sich erweitern, liegen fern von
einander zerstreut ganz kleine Ansiedlungen von fünf oder
zehn Erdhütten, im Winter kaum bewohnt, im Sommer von
den Familien verlassen. Die Küsten, schon im Alterthum ihrer
Fruchtbarkeit wegen berühmt, waren die Stätten der Venustempel: ob aber schon damals gerade die Mitte des Gebirges,
gerade oben dicht vor dem höchsten Bergzug, bevölkert war
wie jetzt, möchte ich sehr bezweifeln. Die Ortschaften ziehen
sich an dem südlichen Abhang der höchsten Kette hin und sind
zahlreich, auch wohlhabend, sofern überhaupt hier von Wohlstand die Rede sein kann. Was ist der Grund? Besseres
Land oder leichtere Bewässerung? Beides findet sich vorzüglicher weiter unten, wo Alles öde liegt. Oder ist es die
reinere Luft? Auch diese weht überall, so weit die Berge
ziehn. Der Grund aber lag gewiß in der größern Sicherheit, deren man sich in den versteckten Falten des Gebirges
und auf seinen unzugänglicheren Abhängen erfreute. Dort
fanden die Leute Schutz vor den Seeräubern, den Arabern,
und zuletzt auch vor den türkischen Beamten. Diese wohnen
an der See und je länger sie ihren Arm ins Gebirge hinauf-
recken müssen, desto schwächer und seltener werden ihre Raubgriffe.

XXV

Wieder an's Meer.

Während ich mit dem wohlberedten Abte mich noch unter=
hielt, kam Mr. Clementin, mein Dragoman, herein, äußerste
Bestürzung im Gesicht. „Das ganze Gebirge stecke voll Räuber=
gesindel! Ganz gewiß sei es, drei Unbekannte hätten vor
einem Monat im Troodoskloster Geld gefordert, einer Frau
dort schrecklich mitgespielt, und säßen jetzt gefangen in Nikosia.
Es sei eine Gewissenssache, in den Nebel hinauszuziehen: der
Abt müsse es mir verbieten. Auch Michaili, unser Pferde=
diener, wolle durchaus das Kloster nicht verlassen." So lautete
wiederum der Klagegesang. Ich war der Schrullen des alten
Müßiggängers müde und erklärte ihm: wenn er und Michaili
sich nicht sofort zum Aufbruch fertig machten, so würde ich
mit Hussein fortreiten, dann könnten sie sehen, wie sie aus
dem Gebirge wieder heraus und zu ihrer Bezahlung kämen.
Da der Abt lächelte, raffte Monsieur bleich und zitternd vor
Angst und Aerger seine Siebensachen zusammen.

Als ich nun von beiden Vorstehern des Klosters begleitet
zur Pforte kam, so standen da noch acht andere Mönche ver=
sammelt, um den Gast wenigstens bei dem Abschiede zu be=
grüßen. Es war die prächtigste Sammlung von grauen Breit=
bärten, und jeder Mönch eine wahre Hünengestalt. Lachend
versicherten sie mir, Riesen ihres Gleichen wüchsen noch viele
in diesen Bergen. Sie trugen alle ihr weißes Ordenskleid,
ihre Gesichter aber schienen roth und braun von Wind und

Arbeit, und sah man näher zu, glichen sie auf ein Haar derben Bauern in weißlichen Mönchskitteln.

Es wächst in diesem Gebirg an Abhängen und in Thalgründen, welche die höchsten Ketten begleiten, ein kerniges Geschlecht. Die Männer lieben schwärmerisch ihre Berge und möchten um Alles nicht drunten an den Küsten wohnen. Es sind die Sphakioten Cyperns, jedoch ohne Waffen. Eines ihrer Lieder lautet:

> Im Flachland wohnen Sklaven nur,
> Sind unterthan den Türken:
> Zur Heimath haben Wüsten wir,
> Zur Wohnung wilde Schluchten.
> Weit besser als mit Türken ist's
> Mit wilden Thieren leben.

Nun ging's den Klosterberg scharf hinunter, und Wind und Nebel schlugen uns ins Gesicht. Unten am Berge hockten bei ihren Kühen zwei Türkinnen weiß vermummt wie Gespenster im Grünen. Anderthalb Stunden weiter stand auf freiem Rundberg eine alte verlassene Kirche, die in Trümmer zerfiel. Dies Beides, dann die Schafe mit den dicken Fettschwänzen, die in der Nähe weideten, waren das einzige Fremdartige: im Uebrigen, je mehr wir abwärts uns der Küste näherten, hätte ich glauben können, die Reise ginge durch eine bergige Gegend Norddeutschlands, wo der Wald abgeholzt und die Aecker die breiten Hänge hinaufgehen. Nur wenn ich zurück nach Nordosten blickte, erinnerten die schroffen Joche und Häupter an die Vogesen, jedoch war hier Alles noch reiner und schärfer ausgeprägt als im Oberelsaß.

Freilich, deutsche Dörfer mit schlankem Kirchthurm darf man im cyprischen Gebirge nicht vermuthen. Was sich von Ortschaften zeigt, stellt sich nicht besser dar, denn als ein paar Stücke von gelbbraunen Gartenmauern, die am Abhang hinter- und übereinander gezogen sind, oben mit Erde bedeckt zum Dach, und unten mit dunkelm Thürloch zum Eintriechen. Die Bauart dieser Dörfer aber war hier im Süden des mittelländischen Meers ganz und gar dieselbe, wie ich sie oben im Norden in Samothrake gesehen, nur waren dort die Wohnungen doch etwas größer und sauberer. Ich hege nicht den geringsten Zweifel, daß diese Wohnart noch aus dem griechischen Alterthum stammt.

Nach vier Stunden Reitens sahen wir bereits das Meer die gelbgrünen Strandebenen umsäumen, und kamen nun ein langes einförmiges Engthal hinab, das sich auf die Ebene öffnete. Die Gebirgsreise näherte sich dem Ende.

Im Ganzen genommen fühlte ich mich doch ein wenig enttäuscht. Klarschöne Bergformen, blütenerfüllte und wasserdurchrauschte Schluchten, unabsehlich hinter einander Reihen von Wellenzügen des Gebirgs, Bauernmönche, schlanke kräftige Bergnomaden, und ein Rest armseligen Volks mit halb städtischem Benehmen — das war alles, was in den vier Tagen sich etwa Merkwürdiges gezeigt hatte. Der sanfte Charakter Cyperns, aber auch das Trauern und Verfallen und Schweigen, welches der unglücklichen Insel anhängt, ziehen sich hinauf bis zu den erhabensten Häuptern ihrer Gebirgswelt! Diese lassen sich aber mit den hoch zum blauen Aether ansteigenden Bergfesten anderer griechischer Landschaften gar nicht vergleichen, noch weniger mit dem Prachtgebirge Kretas oder der Canarischen Inseln, viel eher mit den Höhen des Harz- oder Riesengebirgs.

Nicht von ferne dürfte man einen Vergleich wagen mit unserm deutschen Alpenland. Das ist und bleibt doch der Sitz rechter Bergwonne. Wo auf der ganzen weiten Welt gibt es noch so kräftige Fülle der Gebirgslust als bei uns? Früh Morgens mit der Gemsbüchse emporsteigen immer höher in den Thalwindungen, der frische Duft von tausend würzigen Kräutern weht Einem entgegen, oben blinken die Alpenjoche und das steile Steingeschroff, unter den Füßen stürzt und

perlt und schäumt der Rauschebach, und das luſtige Tannengrün glitzert in den reinen Lüften von Thau behängt, und
die kleinen Finken ſchlagen die benäßten Flügel, — dann
tagsüber ſchweifen und jagen auf den lichten Höhen, die
Bruſt dem pfeifenden Wind entgegen und jeder Nerv voll
ſtärkenden Bergäthers, und jeder Schuß hallt wie der Donner
in den Felsſchluchten hin, — und dann Abends trinken und
erzählen mit fröhlichen Geſellen, wo die helle Luſt aus allen
Geſichtern lacht und ein Witz den andern um den Tiſch jagt,
— dergleichen hat und verſteht man doch nur im lieben
Deutſchland.

Ueberhaupt, wir Deutſche haben ſehr Unrecht mit unſerm
ewigen Seufzen und Sehnen in die Ferne, als wäre es dort
tauſendmal ſchöner. Freilich, uns fehlt das Felsgeſtade be-
kränzt mit Oleanderblüten am leuchtenden Meeresſpiegel, uns
fehlt der Orangen- und Palmenhain im ewig heitern Aetherglanz, uns fehlt die funkelnde Sternenpracht der wollüſtig
weichen Südnächte. Ich habe das Alles öfter genoſſen, habe
überhaupt von den Gebieten, die man auf dieſer Erdkugel als
die ſchönſten preiſt, ziemlich viel geſehen, und wenn ich auch
gern einräume, daß es für den Anblick und auf ein paar Monate
vorübergehenden Aufenthalts reizvollere Gegenden gibt als
unſer Land, ſo darf man doch deren tiefe Schattenſeiten nicht
verkennen. Rechnet man Eines in's Andere, ſo ſind und bleiben
von allen Ländern der Erde doch Deutſchland, Frankreich, die
brittiſchen Inſeln, Oberitalien, und die Neuenglandſtaaten die
beſten Wohnplätze, denn ſie erfreuen ſich am reichlichſten deſſen,
wovon man am meiſten und am längſten vergnügt leben kann,
— geſunde Luft, Fülle an Korn Obſt und Vieh, überall
Waſſer, faſt überall Anmuth und Anregung in wechſelnder
und theilweiſe ſchöner Landſchaft. Deutſchland aber gebührt
in mancher Beziehung ſogar der Preis: denn es beſitzt am
meiſten Wald und Waſſerfriſche, am meiſten grüne Weide, am

meisten höher gebildete, frohherzige, treue Menschen. In keinem andern Lande wird so viel gelacht und gesungen und getrunken, gibt Liebe und Freundschaft, Religion und Wissenschaft, Kunst und Poesie so viel Glück und Qual.

Ein großes Gut aber besitzt Deutschland nur theilweise — die Meeresnähe. Kaum hatte ich auf der Reise durch's Innere von Cypern die See ein paar Tage verlassen, kaum lag das Gebirge hinter mir, so gab, als die Meeresküste wieder vor uns lag, das eine Empfindung, als wäre hier die rechte Menschenheimat, die Stätte an der ewig bewegten völkerverbindenden Meeresflut. Deutschland hat seine schöne blaue Ostsee, seine dunkelwogige stürmevolle Nordsee, seine schimmernden Landseen und unaufhörlich strömenden Flüsse und Bäche, — aber so wie man die norddeutsche Ebene verläßt, vermißt man den Meereshauch, die eigenthümlich anregende Seenähe.

Aus dem cyprischen Hochgebirge herkommend überschaute ich das Gefilde, auf welchem die Göttin der Schönheit und Liebe die allergrößte Verehrung gefunden, und zwar zweitausend Jahre lang in den besten Zeiten des griechischen und römischen Alterthums. Es war eine Küstenbreite von anderthalb Stunden, die sich in der Länge von drei bis vier Stunden am Meere hin erstreckte, zu welchem sie sich leise abdachte. Gerade unter mir sah ich das Städtchen Ktima, und tiefer unten ein Seekastell. Dort lag einst Neupaphos, und zur Linken, gute zwei Stunden entfernt, hob sich als dunkelgrauer Punkt das Dorf Kuklia hervor, einst Altpaphos: an beiden Orten standen die ältesten und berühmtesten Tempel der Aphrodite. Es war ein lichtweites Gefilde, das vor dem schimmernden Meere ausgebreitet lag, in machtvollen schlichten Umrissen, groß und lieblich zugleich, alldahinter das dunkle Gebirge, alldavor das Meer, das zahllose kleine Zacken und Vorsprünge umränderte. Hier ward einst die schaumgeborene Göttin auf spielenden Wellen zum Lande getragen, an dieser Küste stieg sie empor, und auf dieser lichten Höhe erhuben sich ihre strahlenden Tempel, umgirrt von weißen Tauben, umrauscht von Liebeshainen, in denen, so träumte man es sich in der Ferne, die Seligkeit wohne und die ewige Unruhequal des Menschenherzens gestillt werde. Aus den vornehmsten Städten des Alterthums langten Boten und Pilger hier an, und dann wallten die bunten glänzenden Festzüge einher unter Flöten= klang und Gesängen zwischen Alt = und Neupaphos, bis die Theilnehmer sich in der Tiefe der Tempel und Haine verloren.

Mein Reisezug hielt in Ktima vor der Wohnung des Prä= laten, der auch Bischof von Baffo heißt. Von mehreren Seiten war ich aufmerksam gemacht: an dieser gastlichen Schwelle dürfe ich nicht vorüberziehn, den Bischof werde das kränken, und ich die beste Tafel auf der Insel nicht kennen lernen. Auf das Liebenswürdigste wurde ich empfangen, Tags zuvor war vom Kloster Chrysorogiatissa Nachricht meiner Ankunft ge= kommen. Der Bischof war ein noch junger ansehnlicher Herr, blühend von Gesundheit, und an den zehn Fuß langen Wasser= pfeifen, die mit köstlichem persischen Tabak gestopft alsbald erschienen, an den prächtigen weichen Teppichen und schwellenden Polstern merkte ich, daß hier ein reicher Herr wohne, der das Leben von seiner schönen Seite nehme.

Aus einer offenen Halle des obern Hauses trat man auf das glatte Dach des niedriger gelegenen, und hier bot sich eine prächtige weite Aussicht auf Meer und Küste. Landein= wärts aber hob sich das Gebirge, das von hier aus gesehen wie ein einziges gewaltig hohes Tafelland über der sanft an= steigenden Ebene aufragte. Seit Kairo hatte ich nicht so schön gewohnt, und da es einmal nicht anders war, so ließ ich es mir behagen, obwohl ich sonst auf meinen Reisen gern allem aus dem Wege gehe, was mir die volle Unabhängigkeit ver= derben könnte.

XXVI

Byzantiner und Slaven.

Der cyprischen Gebirgsfahrt verdankte ich eine gute Reise=
frucht: sie erweiterte und befestigte meine Ansicht über Schick=
sale und Zukunft des Griechenvolkes. Hätte Fallmerayer diese
Cyprioten des Gebirges mit den Bewohnern der kretischen
Sphakia und von Thasos, Samothrake, Imbros, Lemnos
und anderen griechischen Inseln verglichen, wäre durch aus=
gedehntere Völkerschau sein Feingefühl geschärft für das eigen=
thümlich Leistungsfähige verschiedenster Völker, so hätte sein
Urtheil über die Neugriechen und des Orients Zukunft wohl
anders gelautet. So aber fand sich der deutsche Schulprofessor
plötzlich in den Orient versetzt. Verstand und Geschichte sagten
ihm sofort, in welch ungeheuerlichem Irrthum sich die deut=
schen Schwärmer befanden, die da meinten, auf alter griechi=
scher Erde wohnten noch alte Griechen. Er durchschaute die
ganze Elendigkeit der Türken Neugriechen und Rumänen, und
erblickte ihnen gegenüber in seiner Größe und Breite nur den
russischen Koloß, dessen eisige Schatten damals über ganz
Europa fielen.

Wir befinden uns jetzt in glücklicherer Lage als Fallmerayer.
Wie hätte des edlen Mannes Wesen sich stolz emporgerichtet,
welche tiefausklingende Wonne hätte seine Seele erfüllt, wäre
ihm noch beschieden gewesen, die nationale Hochflut von 1870
zu erleben! Dann hätte er auch gewisse Folgerungen aus der
Thatsache gezogen, daß zur Wahrheit wurde, was ich schon

vor dreißig Jahren schrieb: „Das alte Deutschland einigt sich jetzt wieder, es nimmt seine Stärke wieder zusammen und erhebt sich und wird auch seine Herrschaft in Europa zurücknehmen," und was ich vor fünfzehn Jahren schrieb: „Das deutsche Volk ist gewachsen wie ein Wald, man sieht sein stilles Wachsen nicht, aber die Welt wird sich noch wundern, wenn der Wald auf einmal dastehen wird in seiner Größe und Herrlichkeit." Wenn ich damals, auf historische Studien und auf eigene unbefangene Völkerschau gestützt, richtiger sah, als viele Andere, so darf ich vielleicht hoffen, daß man nicht von vorn herein als thörichte Hoffnungen abweisen werde, was ich hier noch über des Orients Zukunft zu sagen mich erkühne.

Nehmen wir zunächst einen kurzen Ueberblick über die Geschichte, den geistigen Kern und die Leistungen der Neugriechen.

Im Jahr 146 vor Christus verloren die Hellenen, nachdem sie fast tausend Jahre lang in Krieg und Staat, in Kunst und Wissenschaft, und allen Würden und Blüten des Menschendaseins herrlich dagestanden, ihre politische Selbständigkeit, und nun blieben sie fast zwei tausend Jahre lang an ein mehr oder minder fremdes Staatswesen gekettet. Eine Zeit, furchtbar lang genug, um völlig zu entarten und sich selbst zu verlieren. Es geschah so, was nicht ausbleiben konnte: die Hellenen entarteten sehr, sie verloren sich beinahe ganz unter fremde Zuwanderer, und dennoch hatten die Griechen nach Perioden der entsetzlichsten Verwüstung stets wieder, wie im zweiten, sechsten, neunten, eilften und dreizehnten Jahrhundert nach Christus, eine Zeit, wo das Volk sich wieder sammelte und von innen heraus sich kräftigte. Jede kurze Frist, wo irgend eine Macht ihnen Schutz und etwas Freiheit gewährte, wurde benutzt, um in Handel und Gewerbe wieder zu materiellem, aber auch durch sofortiges fleißiges Lernen und Studiren wieder zu geistigem Vermögen zu kommen.

Freilich kam ihnen hierbei zu Gute, was sonst ihre Schwäche

bildete, daß sie nämlich nirgends in ganzer Masse beisammen wohnten, sondern zerstreut über ein großes Gebiet verschiedener Länder Küsten und Inseln. Gingen ihre guten Sterne im Westen unter, so fingen sie im Osten wieder zu glänzen an, und wenn die schwere Faust des Turaniers oder Mongolen erdrosselnd in jede Schlucht Asiens hineingriff, ließ sie die Griechen in Hellas wieder zu Athem kommen. An einem Punkte blutig zerschlagen und vertrieben, bringt dieses Volk von einem andern Punkte wieder vor und gibt niemals die Hoffnung auf, auch die verlassenen Sitze wieder zu erobern. Kurz, elastische Kraft und Zähigkeit ohne Ende! Was anders aber ist ihr tieferer Grund als die geheimnißvolle Stärke gei- stigen und gebildeten Wesens, das leichter, aber unfaßbarer, das flüchtiger und doch widerstandsfähiger ist, als alle rohe Gewalt!

In den beiden ersten Jahrhunderten des Römerreichs kom- men über die Griechen schwere Kriege und Heimsuchungen. Sie stäuben auseinander und wandern aus nach allen Weltgegen- den, als wollten sie ihr eigenes Land leer werden lassen. Dann aber beginnt wieder rasches Aufblühen an allen Haupt- stätten des griechischen Lebens. Das Volk fühlt sich in seiner Vornehmheit; denn zu ihm kommt alle Welt, um die Lebens- wie die Redekunst zu lernen. Sein schöpferischer Trieb ist er- lahmt, jetzt entwickelt sich die zierlichste Feinheit und zugleich die freieste Sitte. Unter den vier hohen Schulen in Alexan- drien Athen Rom und Massilia bleibt Athen doch die erste: hier herrscht eine fast kindische Lust und Freude an der schönen Rede, hier aber blüht auch eine neue philosophische Schule auf, die neuplatonische.

Es treten Konstantin und Justinian auf die Weltbühne, Beide ausgeprägte Byzantiner. Der Eine verhilft dem Christen- thum zum Siege, der Andere tödtet die letzten Reste des Götterdienstes. Beide aber machen das Christenthum diensam

ihrem Staatswesen. Die einfache christliche Gemeinde weitet
sich aus zur Hof= und Staatskirche, wird aber zugleich getränkt
und durchzogen von allen Lebensadern der antiken Kultur.
Noch immer blitzt die feine stählerne Streitart, welche die Phi=
losophen schwangen: nur übt sie jetzt sich daran, Dogmen zu
zerklüften und die Splitter zu neuen Dogmen zuzuspitzen.

Unter Justinian ist die Sprache im Heer, im Gericht, in
der Verwaltung noch die lateinische, römischen Zuschnitt trägt
das ganze Staats= und Kriegswesen. Wo aber Römer herrschten,
romanisirten sie Staat und Sprache und Sitte, so in Italien
Afrika Gallien Spanien Britannien und an den Ufern des
Rheins und der Donau. Vom deutschen Boden wird das
römische Wesen weggefegt durch die nationale Kraft der er=
wachenden Germanen: auf griechischem Boden ist es das
feinere und gewandtere Wesen griechischer Politik, griechischer
Sprache und Lebensart, welches über das römische die Ueber=
hand gewinnt. Byzanz wird durch und durch griechisch, freilich
spätgriechisch.

Vom siebenten bis eilften Jahrhundert hatte Griechenland
seine dunkelste Epoche. Oefter unglücklich, im Ganzen siegreich
waren lange Zeit die Kämpfe geführt mit Gothen Langobarden
und Vandalen, mit Deutschen Persern und Arabern: endlich
ließ sich die Völkerflut, die ringsum das byzantinische Kaiser=
thum umbrandete, nicht mehr zurückdämmen. Slaven Bul=
garen Avaren strömen ein, besonders sind es Slaven und
später Albanesen, die bald in Gewaltshaufen, bald wie Ge=
wässer, die leise steigen bei Ueberschwemmungen, fast das ganze
alte Griechenland überziehen. Ja, es muß in jenen Gegenden,
wo wir bloß slavische oder albanesische Ortsnamen finden, das
Hellenische völlig untergegangen, es muß Einöde gewesen sein.
Denn sonst nimmt das einwandernde Volk die Ortsnamen an,
die es vorfindet, und macht sie bloß sich mundgerechter.

Gleichwohl läßt sich Fallmerayer's Satz, auf welchen er

seine ausschweifenden Behauptungen zuletzt zurückzog, nicht
aufrecht halten. Dieser Satz lautete: „Um das Jahr Ein-
tausend nach Christus war die Halbinsel Peloponnes mit dem
ganzen rückwärts liegenden hellenischen Kontinent, wenig ausgenommen, von scythischen Slaven bebaut und von den Zeitgenossen als Slavenland anerkannt." Fallmerayer ließ sich verführen durch Chroniken, deren spätere Entstehung und geringe
Glaubwürdigkeit, und durch den Porphyrogeneten Konstantin,
dessen Unzuverlässigkeit seinem Scharfsinn entging. Selbst in
trübster Zeit, um die Mitte des zehnten Jahrhunderts, standen noch als griechische Städte da Athen, Daulis, Chalkis
(Egribos), Naupaktos, Korinth, Argos, Sikyon, Paträ, Krisa,
Lebadeia, Koronea, Amphissa (Salona), Ditylos (Bitylon),
Lamia (Zeitun), Hypata (Neopatra), Messene (Vulkano), Trözene
(Damala), Gortys (Karitena), Geronthrä (Geraki), Zarax
(Hieraki), ferner Nauplia, Monembasia, Arkadia, Christiano-
polis und andere mehr. Während wir bestimmt wissen, daß
diese Städte noch wie helle Punkte aus der schwärzlichen Um-
flutung hervorleuchteten, gab es ohne allen Zweifel noch viele
andere Ortschaften, in denen Griechen wohnen geblieben, selbst
wenn die Gemeinden slavische Namen erhielten. Dort, wo
die slavische Strömung sich am stärksten fühlbar machte, sind
die Griechen ihr ausgewichen; aber indem sie sich zurückzogen,
kam ihnen trefflich die eigenthümliche Gebirgsnatur ihres Landes zu Statten, das überall von Bergzügen umhegte Thäler
und Kessel und Halden bildet, in und auf welchen die Bewohner von der übrigen Landschaft gleichsam abgeschnitten
leben konnten. Zweifellos blieben die Küstenplätze im Besitz
der Griechen und den kaiserlichen Flotten offen.

Was aber das Entscheidende ist, die ganze slavische Bevölkerung ist vollständig von der griechischen zersetzt, aufge-
sogen und umgebildet. Selbst die Sprache der Slaven erlosch beinahe vollständig. Von den festen Plätzen an der Küste

dringen byzantinische Heere, Beamte und Mönche in's Land
ein, besiegen die Slaven, legen neue griechische Standorte und
Ansiedelungen an, nöthigen alles Volk, Christen zu werden,
und sobald Slaven das Christenthum annehmen, verflüchtigt
sich ihre Sprache und Sonderart. Ueberall zeigt sich die sla=
vische Natur weicher, schmiegsamer, untergeordneter, die grie=
chische aber härter, schneidiger, gebieterischer. Diese gründliche
Umbildung nimmt aber nicht etwa erst in den letzten Zeiten
ihren Anfang, sondern energisch ist sie bereits im neunten
Jahrhundert im Werke und vollendet schon im eilften. Nur
in Lakonien und am Alpheios saß noch slavische Bevölkerung
fest, doch auch sie konnte sich auf die Länge nicht mehr auf=
recht halten. Seit den letzten sechs Jahrhunderten spricht und
denkt in Griechenland alles, was ehedem slavisch war, griechisch.

XXVII

Neugriechen.

In jener Zeit nun, wo Staat und Kirche der Byzantiner die slavischen Eindringlinge in scharfe Schule nehmen, gestaltet sich die neugriechische Sprache und Nation. Beide hätten von allem, was auf der Erde lebt und besteht, eine Ausnahme gebildet, wären sie allein dem ewigen Gesetze der Um- und Neubildung entzogen gewesen. Die griechische Schriftsprache hatte man immerdar in Büchern vor sich, von ihr abweichen hätte Mangel an Bildung verrathen. Anders die Volkssprache. Diese formt sich flüssig im Volksmunde je nach Umgebung, nach wechselnden Bedürfnissen und Ideen. Jedes Volk, mit welchem die Griechen lange zusammenlebten, hat dem Wörterschatz wie dem innern Gefüge ihrer Sprache etwas mitgetheilt. Und eben so hat jedes dieser Völker, mit dessen griechisch gewordenen Nachkommen Hellenen sich verheiratheten, zu ihrer Bluts- und Charaktermischung beigetragen. Es konnte gar nicht anders sein, an Stelle des altgriechischen mußte ein neugriechisches Volk entstehen.

Denn die slavische Einwanderung war nicht die einzige; noch von vielen anderen Volksarten wurde der griechische Boden im Laufe der Zeiten überrieselt. Konstantinopel aber war erst recht der große Schmelztigel, in welchen fort und fort Bruchstücke von Asiens wie Europas Völkern hineinfielen, um als Neugriechen daraus hervorzugehen. Gerade die ungeheure Bedeutung, die Konstantinopel schon seiner Lage wegen nothwendig erhielt und ein Jahrtausend lang behauptete, mußte am Bosporus eine Völkerverschmelzung ergeben, die eben so reichlich bis auf die Höhe des Thrones als in das Dunkel der ärmsten Hütten hineinging, ein seltsamer Hergang, wie er sich nur etwa in Petersburg und den nordamerikanischen Städten wiederholte.

Ueberhaupt nimmt das ganze byzantinische Reich eine seltsame Stellung in der Geschichte ein. Ein alterndes Kaiserthum — es war eine Fortsetzung des römischen —, das sich über ein großes Land- und Meergebiet erstreckt, das nur über eine weit zerstreute dünne Bevölkerung gebietet, das beständig ringsum von wilden Massen der Barbaren angegriffen wird, hält sich gleichwohl beständig aufrecht, muß die wilden Völker hier einlassen, wirft sie dort wieder hinaus oder unterjocht sie, und bleibt stets von dem Gedanken beseelt, verlorene Länder zurückzuerobern. Dieses Kaiserreich hat eigentlich nur ein großes festes Vollwerk, das ist seine riesige Hauptstadt, die trefflich befestigt und wohlgelegen zu jeglicher Herrschaftsübung. Und dennoch steht das byzantinische Kaiserthum über tausend Jahre lang aufrecht, ein Triumph, der nur in der Ueberlegenheit beruht, welche ihm höhere Kultur über alle seine Feinde gewährte.

Konstantinopel war nicht nur das Wahrhaus der antiken Bildung und dadurch eine unendliche Wohlthat für die ganze Welt: diese Kaiserstadt blieb auch Sitz und Erbe jener römischen Reichspolitik, welche die verschiedenartigsten Völker zu beherrschen, zu verknüpfen und in eins zu formen verstand. Welch ein Meisterstück machten diese Byzantiner z. B. an den Gothen! Sie wußten sie aufzuhalten in ihrem Siegeslauf, zu vertheilen, zu christianisiren, schickten sie weiter nach Westen und besiegten sie endlich in Italien.

Nichts als diese grundgescheidte Erbpolitik erhält das byzantinische Reich. Ihr Träger ist eine Beamten-Hierarchie, die

aus allerlei Volk beständig die besten Köpfe in ihre Reihen
aufnimmt, zuschult und verwendet, und sie vom untersten
Zolleinnehmer bis hinauf zum Kaiser ganz und gar erfüllt
mit dem gleichen Bewußtsein der Staatsnothwendigkeit, des
Herrschertalents, des eigenen höhern Werthes. Nur die päpstliche Kurie brachte Aehnliches, und zwar noch ausgiebiger zu
Stande. Finanzen, Heer, Diplomatie — das sind die drei
Hebel, mit welchen das byzantinische Staatswesen zu arbeiten
versteht. Insbesondere die Diplomatie vergaß niemals die
Kunst, wie man feindliche Nachbarn oder eingedrungene Wild-
massen bearbeitet, zersetzt, lahm legt. Mit teuflischer Klugheit brachten die byzantinischen Gesandten und Agenten im
Innern jener Völker Zwietracht, Aufstände, Zerstörung hervor.

Die mächtige Helferin aber, mit welcher der Staat sich
aufs Innigste verschwistert, war die Kirche, und es konnte
gar nicht anders sein, als daß dieses Kirchenwesen, so ver-
zweigt und verwachsen mit dem byzantinischen Kaiserthum, sich
mehr und mehr von der abendländischen Kirche trennte.

Dazu kam noch Eines, das man Konstantinopel niemals
nehmen konnte, das ihm stets aufs neue Geld und Mannschaft zuführte, das war das Meer mit Handel und Flotten.

Wenn aber Byzanz zu gleicher Zeit ein großes Rattennest
von Tücken und Ränken und die rechte Heimat wüthender
Hab- und Ehrsucht, Haß- und Rachgier wurde, wenn seine
ganze vornehme Welt sich wiederholt in Blut und Lüsten
badete, wie könnte das bei einem glänzenden, pracht- und
lustvollen Herrschersitz Wunder nehmen, in dessen Palästen
Ueberfeinerung sich einigte mit einem durch und durch künstlichen Dasein, und die Antriebe statt von einem gesunden
Nationalgefühl ausgingen von Mönchen und abenteuernden
Damen?

Den stärksten Stoß erhielt das byzantinische Reich durch
die Franken, einen Stoß ins Leben, welchen es nicht wieder

verwinden konnte. Cypern zuerst wurde weggenommen, und als den fränkischen Rittern dort ein hübsches kleines Königreich erblühte, kam ihnen der Gedanke, den Kaiser in Konstantinopel selbst vom Throne zu reißen.

Die schlauen Venetianer, die sich schon längst als des Kaisers „Diener" überall mit einträglichen Privilegien eingenistet, schürten die ritterliche Idee. Die Franken sollten ihnen erst die rohe Arbeit thun, damit sie später den Gewinn davon einzögen. Ihre Flotte führte die Kreuzfahrer nach Konstantinopel, die Stadt wurde erobert, ein Franke auf den Thron gesetzt. Nun dauerte das lateinische Kaiserthum zwar nicht einmal sechszig Jahre, die Byzantiner trieben die Franken wieder heraus aus der Kaiserstadt, allein es geschah das nur mit Hülfe der Genuesen, Venedigs Nebenbuhlern, die sich dafür ebenfalls mit Schlössern und Länderperlen bezahlen ließen, während Hellas, Morea, Cypern, Candia und andere Inseln dem Reiche entfremdet blieben. Venetianer und Genuesen spielten jetzt die Meister, und aller Orten, wo noch Handel und Gewerbe blühete, siedelte sich italienische Sprache und Sitte an und gewann einen viel tieferen und dauernderen Einfluß als alles, was von Slaven herrührte.

Noch zwei Jahrhunderte lang hält sich Byzanz aufrecht. Vergebens werden die Mauern von zahllosen Feinden berannt, griechische Künste werfen sie zurück und machen sie ohnmächtig. Oefter erobern die Kaiser durch ritterliche Thaten längst verlorene Provinzen zurück. Endlich naht das Verhängniß durch die Osmanen. Nicht in einem Ansturm, sondern in Kriegszügen, die sich zwei Jahrhunderte lang wiederholen, reißen sie eine Provinz nach der andern ab, immer näher umzingeln ihre drohenden schreienden Sturmhaufen die Kaiserstadt, im Jahre 1453 fällt sie in ihre Hände. Durch die Türken aber setzt sich die rückläufige Bewegung fort: die neugriechischen Länder, die fränkisch oder italienisch geworden, werden von

Konstantinopel aus wieder erworben. Das byzantinische Reich
ersteht wieder in seinen weitesten Gränzen, seine Herren aber
sind Türken.

Unterdessen hat sich, fast unbemerkt, in Griechenland eine
neue Völkerwanderung begeben. Die Albanesen, die bereits
zu Ende des eilften Jahrhunderts anfingen, ihre alten Sitze
zu verlassen, breiten sich mehr und mehr aus, bis sie Attika
und Hydra erreichen, während Walachen große Stücke von
Thessalien und Epirus besetzen. Ein eigenthümliches Volk,
diese Albanesen oder Skypetaren, d. h. Bewohner des Fels-
gebirgs. Vergleicht man sie mit Ariern, so macht sich deutlich
bemerklich die größere Kurzköpfigkeit, die Schädelbreite von
Ohr zu Ohr gemessen, der untersetzte gedrungene Körperbau,
die Schwärze der Augen, die Straffheit des dunkeln Haars,
und eine Hautfarbe, die ins Gelbbräunliche spielt. In ihrem
Geist und Charakter steckt viele Kraft und Zähigkeit, er ist
aber umzogen von einem engen Horizont des Denkens und
Unternehmens. Auf Viehzucht und etwas Ackerbau steht ihr
Sinn, Krieg und Raub ist ihre Leidenschaft, und in diesen
Beschäftigungen zeigen sie sich arbeitsam, abgehärtet und viel-
geduldig. Ein Kulturvolk, das Staaten bildet und Geistes-
werke schafft, sind sie nicht, und als hätten sie ein dunkles
Bewußtsein davon, nehmen sie mit Leichtigkeit fremde Herrscher
und Heerführer und fremde Sprache an.

Weß Stammes die Albanesen sind? Die Frage ist noch
nicht ganz aufgeklärt. Sie scheinen nicht arischer und nicht
mongolischer und noch weniger semitischer Art. Wenn sie kein
Urvolk sind, wie Arier oder Mongolen oder Semiten, so
müßte man glauben, es habe einst durch die illyrischen Gebirge und auf beiden Seiten der Abhänge des Balkans sich
ein Volk verbreitet, das dem mongolischen verwandt war, und
auf der großen Wanderung der Arier habe sich ein Zweig
von diesen in jenen Gebirgen verrannt und mit jenem Volke

verschmolzen. Unter mazedonischen römischen und byzantinischen Generälen machten sich die albanesischen Sturmhaufen einen großen Namen. Später wurde dieses Volk, soweit es in den Bergen von Illyrien und Epirus steckte, völlig von der Geschichte vergessen, bis sich auf einmal zeigte, daß Albanesen ganz in der Stille sich den größten Theil vom mittleren Griechenland angeeignet.

Auch von ihnen mußten die Neugriechen nicht wenig in ihre Sprache und Volksart aufnehmen, ja mehr, wie es scheint, als von irgend einem andern Volke. Nicht zu ihrem Nachtheil; denn der Albanese ist kriegerische Kraft und Entschlossenheit vom Wirbel bis zur Zehe. Nach den Albanesen hat die neugriechische Sprache am meisten von den Italienern angenommen, nach diesen von den Türken. Denn es war ganz unmöglich, daß sie vor diesem Herrenvolke, das sie beherrschte und auspreßte, das sie aber wieder in Handel und Wandel, in Politik, Haus= und Felddienst tausendfach benutzte, ihre Volksart rein und verschlossen gehalten hätten. Im Gegentheil, wie von keinem andern Volke wurden sie von den Türken durchsetzt, und waren sie bereits von so vielen Nationen bekämpft und unterdrückt, so begann erst mit der Türkenherrschaft ihre schwerste und längste Leidensperiode, eine furchtbare Periode von vierhundert Jahren.

Und auch diese Zeit haben sie überbauert! Verachtet, mißhandelt, in den Staub getreten, haben sie freilich aller Listen und Tücken, der Waffen des Schwachen, sich bedient, um nicht unterzugehen, aber niemals haben sie sich mit des Unterjochers Volk und Glauben verschmolzen. Dafür hielten sie sich doch zu gut.

Und gegenwärtig? Jetzt ist gar keine Rede davon, daß die Neugriechen als Volk nicht fortdauern werden.

Was haben wir nun auf dem Gebiete der alten Griechen heutzutage für Leute vor uns? Vollständig ist das Hellenische untergegangen in Italien und Sizilien und weiter westwärts, eben so in Aegypten und Syrien; dagegen auf den Inseln im Griechischen Meer und in den Ländern an beiden Seiten, auch in Kreta und Cypern, lebt überall noch ungebrochen in frischer Kraft ein Volk, das den alten Griechen noch immer fast so nahe steht, wie die meisten Völker der Gegenwart ihren Vorfahren, die vor zweitausend Jahren lebten. Ich will ein paar Resultate meiner Reisen im Folgenden zusammenstellen.

Im Norden gibt es auf Samothrake und Thasos, im Westen im sphakiotischen Bergland auf Kreta, im Süden in dem Gebirge Cyperns eine Bevölkerung, die sich, soweit sie auch von einander entfernt ist, ungemein ähnlich sieht und in Sprache Wohnung Sitte Glauben und Neigung auffallende Uebereinstimmung zeigt. Man könnte slawische und gothische Gestalten darunter finden, noch mehr mittelitalienische und Dalmatiner: vorherrschend ist aber die schlanke Wohlgestalt des Leibes, welche der Kraft nicht entbehrt, die schöne natürliche Haltung, der leichte Gang, das ewige Gespräch, der helle scharfe Blick. Es ist etwas Leuchtendes in diesen Köpfen, das Auge häufig stechend. In ihrer Sprache finden sich am reinsten altgriechische Wörter und Satzfügungen, in ihrer Religion am meisten von altgriechischer Anschauung. Alles spricht dafür, daß wir auf den genannten Punkten Reste, wenn auch im Lauf der Zeiten etwas veränderte Reste altgriechischer Bevölkerung vor uns haben.

Unverkennbar sind ihnen nahe verwandt fast alle Inselgriechen und eben so die vornehmeren Neugriechen in den See- und Handelsstädten, einerlei, ob sie am Jonischen oder Griechischen oder Schwarzen oder Syrischen Meer wohnen. Diese sind aus viel stärkerer Volksmischung, als die Vorgenannten in Kreta Thasos und Cypern hervorgegangen; aber diese Mischung durchbricht stets, wenn auch gedämpfter, die schöne helläugige griechische Art, der leicht bewegte, rasch

auffaſſende Geiſt, der Sinn für geſellige Bildung und häus=
lich feſte Sitte, die Parteiſucht und Eitelkeit, und das Han=
delstalent.

Auf dem griechiſchen Feſtlande erſcheint uns das alles ab=
geblaßter und zerriſſener. Die Natur des Volkes iſt viel mehr
ſlawiſcher, noch viel mehr albaneſiſcher Art. Gleichwohl läßt
ſich die Verwandtſchaft mit den Inſelgriechen im Großen und
Ganzen gar nicht leugnen. Volksart Sprache Religion, und
in gewiſſen Hauptſachen auch Sitten und Neigungen haben
ganz dieſelbe Grundfärbung. Wie viel oder wie wenig dieſes
Miſchvolk in Hellas Thrazien und Kleinaſien noch von alt=
griechiſchem Blut in ſeinen Adern führen mag, ſicher war jedes
Tröpfchen von einer feinen Kräftigkeit, die den ganzen Menſchen
beſtimmte.

XXVIII.

Volkscharakter.

Wir haben hier also ein Volk, das auf weitem Gebiete
im Wesentlichen überall dasselbe neugriechische Volk ist. Gewiß
besteht es nicht aus alten Griechen: diese müßten ja recht
greisenhaft geworden sein, wenn sie noch lebten. Es ist viel=
mehr hier nicht anders gegangen, als es in ganz Europa
herging: eine Verjüngung, oder Verschlechterung, jedenfalls
eine Neubildung erfolgte durch zuströmende neue Völker. Aber
es ist nach einem ewigen Völkergesetze so hergegangen, daß
das an Geist und Kultur höher stehende Volk die niedrigeren
Arten umbildete und sich angliederte. Das Neugriechische hat,
als es sich formte, mehr Albanesisches Italienisches Türkisches
Slawisches mit sich verschmolzen, als die Sprachen der Ro=
manen Germanisches in sich aufnahmen: gleichwohl hat das
eigenthümlich Griechische sich niemals so weit bewältigen lassen
von den ins Land eindringenden Eroberern, wie das Slawische
in der ganzen Osthälfte Deutschlands oder das Celtische in West=
europa und Großbritannien. Noch immer steht es dem Alt=
griechischen näher, als die Sprachen der Romanen dem Latein.

Verkennen wir doch nicht die große Wahrheit: nicht Blut
und Nieren, nicht Knochen und Sehnen, nicht Leibes= und
Schädelbildung ergeben den Volkscharakter, sondern der Geist
thut es, jenes Unfaßbare in uns, welches denkt, Antrieb und
Entschlüsse gibt, und die Energie und Farbe der sittlichen Eigen=
schaften bestimmt. Diese geheimnißvolle Macht ändert gemach

auch den körperlichen Menschen um, indem sie in jeden Nerv, jede Hirnfaser, jedes Blutkügelchen eindringt. Nicht aber wird vom körperlichen Wesen das geistige verändert und geformt. Ist nicht der untersetzte breitknochige Pommer ein so echter Deutscher, als der langgeschenkelte brustgewölbte Schwabe?

Vor Allem ist es die Sprache, von welcher die Volksseele geätzt und geschliffen wird, welche sie durchdringt und beherrscht. Die Sprache ist nicht Kleid oder Rüstung, die man an= und ablegt; sondern die seelische Eigenschaft und das geistige Gesetz, welches sich mit den Lauten zur Sprache verschmolzen hat, theilt sich jedem mit, der sie annimmt. Niemand spricht ein feines Französisch und bleibt ein plumper Deutscher, und Niemand, der mit der edlen Sprache des Sophokles und Plato vertraut worden, setzt noch all sein geistiges Vermögen in Holz= und Pferdehandel.

Wohl aber sitzen in der Natur der Völker gewisse Neigungen und Talente ungemein fest und kehren in verschiedener Färbung wieder, wie der Türke und Magyar sie besitzt für Politik, der Deutsche für bürgerliche und geistige Schöpfungen, der Slawe für Ackerbau Viehzucht und Kleinhandel, der Jude und Armenier für Geldgeschäfte.

Haben nun die Neugriechen Geist und Charakter, Gemüths= und Sinnesrichtung der Altgriechen? Wer könnte die Augen schließen vor der dunkeln Kluft, die zwischen beiden liegt? Ist sie doch beinahe so groß, als der Anblick des Landes jetzt verschieden ist von der Pracht und Herrlichkeit Altgriechenlands. Ja, man meint oft die klagende Seele eines verlorenen Volkes zu vernehmen, wie sie umherirrt unter bleichenden Trümmern und kahlen Hügeln und Berggipfeln, und in weichen kindlichen Tönen und Liedern ihrer Trauer Worte verleiht. Sehen wir aber näher zu, so entdecken wir eine ganze Menge kleiner Brücken, die über jene Kluft hinüberführen.

Am wenigsten altgriechisch, am meisten slawisch oder türkisch ist die starre Unbeweglichkeit in kirchlichen oder religiösen Dingen, die nun schon tausend Jahre währt. Nicht ein Schriftzug in den Büchern, nicht eine Geberde in der Kirche, nicht ein Gedanke in den Geistern hat sich geändert, ein wahres Räthsel bei der geistigen Lebendigkeit des Volkes. War es die unaufhörliche politische und nationale Noth, welche die Denkfreiheit in Fesseln schlug? Oder war es vielleicht ein glücklicher Instinkt, der die Neugriechen lehrte, an diesen einzigen Hort ihrer nationalen Religion und Kirche dürften sie nicht rühren, solle ihr Volk sich nicht in die Irre verlieren? Oder legte die Weltvorsehung hier eine schwere Decke auf die Geister, damit um so gewisser und kraftvoller einst ihr Frühling aufbreche?

Das Schönste, was die Neugriechen haben, ist ihr Familienleben. Die Glieder der Familie hängen wie die Kletten zusammen und theilen einmüthig Glück und Noth. Um für einen Sohn oder Bruder Reise- und Studienkosten zu erschwingen, sparen und hungern Eltern und Geschwister. Die Brüder heirathen nicht, ehe sie die Schwester versorgt wissen. Und es ist oft wahrhaft rührend zu sehen, wie greise Väter und Mütter, die man besonders in griechischen Familien zahlreich und verehrungswürdig findet, von Pietät umgeben sind.

Die Herren Altgriechen gönnten sich viele Freiheit in Liebe und Gefallen an der sinnlichen Schönheit: ihre Weiber aber lebten zurückgezogen in fleißiger Hausarbeit, in Keuschheit und schöner Schamhaftigkeit. Das ist auch heute noch der Fall. Die Bedeutung aber der Frauen ist außerordentlich gestiegen. Vielleicht nimmt bei keinem andern Volke das Weib eine so wohlthätige Stellung ein, als bei den Neugriechen: sie vorzüglich ist es bei ihnen, welche die Familie zusammenhält.

Die Frauen sagen bekanntlich: mögen die Männer Gesetze machen, wir schaffen die Sitte. Die Gesetze aber gehen erst aus der Sitte hervor, und je fester die Sitte eines Volkes, um so länger hält es aus.

Der Slawe ist Feldbauer und Kleinhandwerker, der Albanese Landsknecht und Viehzüchter, der Türke Krieger und Junker — ganz anders die Neugriechen. Diese sind ein rechtes See- und Handelsvolk, die besten Matrosen, die gescheidtesten Großhändler, und statt der rohen lieben sie die feine Arbeit, den Anbau von Handelspflanzen, Fabrikthätigkeit, und Geldindustrie. Bei der wärmsten Anhänglichkeit an den heiligen Boden der Heimath sind sie gleichwohl jeden Augenblick bereit, in die Fremde zu ziehen, um Gut und Geld zu erraffen.

Was sie aber hoch über alle Bewohner des Orients erhebt, das ist ihr beweglicher und elastischer Geist, der gar nicht umzubringen, nach jedem Drucke emporschnellt und wieder licht und heiter wird, wie der griechische Himmel nach dunkeln Stürmen. Die Wissenschaft zieht sie an, und feine Grazie und ein geistreiches Wort kann sie entzücken. Unwiderstehlich ist ihr Lern- und Bildungstrieb, für alle Dinge haben sie gleich ein Interesse, und nichts thun sie lieber als sprechen und erzählen. Das alles könnte nicht sein, wären nicht Verstand und Phantasie bei ihnen besonders kräftig und aufgeweckt.

Nun aber auch von ihren Untugenden und Lastern! Ihre lächerliche Eitelkeit in tausend Dingen, hinter welcher man kaum sie suchen sollte, eben so den niedrigen Geiz möchte man ihnen noch hingehen lassen, da mit der Eitelkeit glühender Ehrgeiz, und mit dem Geiz Mäßigkeit und wohlgeordneter Sparsinn zusammenhangen. Wären nur der anderen sittlichen Uebel nicht so viele und so gräuliche, als wären alle Sünden des Orients in diesem Volke zusammengeflossen, und man sich nur wundern muß, daß es nicht längst darin ersäuft ist!

Im bürgerlichen Leben nimmt die Spitze der Untugenden die Untreue und Unbeständigkeit, die Tücke und Verlogenheit. Von unersättlicher Habsucht, herzlosem Raubsinn, unversöhnlicher Rachgier finden sich zahllose Beispiele. An Rechtssinn ist solcher Mangel, daß, wenn ein Bauer Geschworener wird, er stets geneigt ist, den Verbrecher freizusprechen, weil er in seinem Herzen denkt, vielleicht könne ein böses Schicksal ihn selbst nächstes Jahr auf die Bank des Unglücklichen führen.

Fragen wir nach dem politischen Vermögen, so kann die Antwort nur lauten: höchst ausgezeichnet im Kleinen, niederträchtig im Großen. Wer wollte dem Neugriechen politische Klugheit absprechen! Es fehlt ihm aber vollständig die große und nothwendige Tugend des Gehorsams. Offiziere und Soldaten erörtern und zanken sich, wo Jene befehlen und Diese gehorchen sollten. Kaum ist eine gute Anordnung verkündigt, so wird sie durch Spott und Kritik zersetzt und lahmgelegt. Der Neugrieche ist der pfiffigste rührigste ausdauerndste Gesell, aber bloß um den Gegner zu werfen und den Staat zu betrügen. Gleichwie heillose Simonie die orientalische Kirche erniedrigt, so läßt elende Parteisucht den Staat niemals aus jammervoller Schwäche sich aufraffen. Die Parteien sind Gefolgschaften, jede Gefolgschaft kämpft für ihren Häuptling, nicht damit er Grundsätze und Maßregeln durchsetze, sondern damit er zu Gewalt gelange und seine Helfer mit Stellen und Vortheilen belohne.

Diese sittlichen Uebelstände verbreiten über die Neugriechen so tiefe Schatten, daß die leuchtenden Punkte, als da sind Gastfreiheit Gemeinsinn Tapferkeit und höchste Vaterlandsliebe, sobald der edlere Ehrgeiz erwacht, in jenem Dunkel fast verschwinden.

Allein dürfte man nun, weil Simonie ihre Kirche, Partei- und Raubsucht ihren Staat beherrscht, sagen: die Neugriechen hätten kein Prinzip, keine Kulturidee zu erfüllen? Mit anderen Worten: sie hätten nur ein Naturleben und keine unsterbliche, strebende Volksseele, wären daher nur zum Völkerdünger bestimmt? Wer möchte das behaupten, der nur ein wenig ernster sich in Länder- und Völkerkunde umgesehen!

Die Griechen in Massen und zersplittert waren und sind

stets bereit, Türken und Islam zu bekämpfen. Wo ihnen Muskete und Handschar aus den schwachen Händen fielen, da stritten und streiten sie noch mit ihrem rührigen Handelstalent, ihrem Volks- und Familiengeist, ihrer ganzen höheren Kultur gegen den Feind. Das bedeutet doch schon etwas auf der Welt.

Die Griechen sind auch längst innerlich gerüstet, gegen eine viel stärkere Macht zu kämpfen, die russische. Sie hegen die unaustilgbare Zuversicht, daß ihnen gehört, was wir den Orient nennen, Syrien und Aegypten ausgenommen. Sie rechnen, daß sie langsam, langsam, aber doch endlich siegen werden. Wer ihnen diese Aussicht verschließen will, ist ihr bitterster Feind, und so lange er sie nicht Mann für Mann ausrottet, werden sie niemals aufhören, ihn heimlich und öffentlich zu bekämpfen. Sie würden sich nöthigenfalls in ihre Gebirgsschlupfwinkel zurückziehen und Jahrhunderte des Kampfes für nichts rechnen, bis sie endlich dennoch wieder an die Küsten und über's Meer dringen und ihr altes Erbe Konstantinopel gewinnen würden.

XXIX.

Leistungsfähigkeit.

Aber, so fragt man, wie ist es denn nun mit der that=
sächlichen Leistungsfähigkeit bestellt? Hat denn das Völklein
Mittel genug zu solchen Aufgaben? Die beste Probe gibt die
Erfahrung der letzten fünfzig Jahre.

Was haben die Griechen in dieser Zeit geleistet? Es ist
ein Geringes im Vergleich mit andern glücklicheren Völkern,
es ist etwas sehr Großes im Vergleich mit dem, was sie vor
fünfzig Jahren hatten und waren. Damals gab es nur einen
schwachen Rest von Neugriechen, der dem Schwert, dem
Hunger, den Seuchen entronnen; dieses Volk lebte in Lumpen
und Elend; das Land taugte kaum noch zum Weideland für
Ziegen und Schafe; die Wohnungen lagen da als halbzerstörte
Stein= und Erdlöcher; in keinem Hause gab es einen Pfennig
baares Geld. Jetzt, nach etwa vierzig Jahren, erblicken wir
an Stelle der ehemaligen Piratennester, die sich Syra Athen
Piräus Nauplia Patras Kalamata u. s. w. nannten, ansehnliche
Städte, die Ortschaften wieder aufgebaut und vergrößert, wim=
melnd von Kindern. In den Häusern ist wieder Geräth und
Vieh, in zahllosen Familien wieder etwas Vermögen angesam=
melt, in vielen sogar Reichthum. Ackerbau und Gewerbe, Handel
und Schiffahrt haben sich gegen früher außerordentlich gehoben.

Das geschah trotz der denkbar schlechtesten Staatsverwal=
tung, die es dahin gebracht hat, daß es an Festungen und
Kriegsschiffen, an guten Offizieren, an Ausstattung und Mu=
nition für die Soldaten fehlt, daß die Wege noch fast aller

Orten im gräulichen Zustande, daß jede Familie im Durch=
schnitt nahe zehn Mark Steuern jährlich zahlt. Außerdem
muß sie noch durch freiwillige Gaben die zahlreichen Bischöfe
Priester und Mönche unterhalten, von denen der größte Theil
seine Wolle auf das Allergeschickteste zu scheren weiß.

Die Neugriechen rechnen ihres Stammes im eigenen und
türkischen Lande neun Millionen. Ich glaube, diese Ziffer ist
viel zu hoch gegriffen. Aber wie viel Hellenen waren nach
dem großen Würgekrieg thatsächlich noch übrig? Seit jener
Zeit hat sich die Volksmenge mehr als versechsfacht. Diese
Volksvermehrung hatte aber nicht bloß im Königreich Griechen=
land Statt, sondern sie erfolgte gleichmäßig in Thessalien
Epirus Mazedonien Thrazien Kleinasien, auf allen Inseln,
an allen Küsten des griechischen Meeres. An tausend Orten,
wo ehedem kaum ein paar Griechen lebten, sind sie jetzt zahl=
reich im Besitz von Gütern und Häusern. In ganzen Land=
schaften, in denen man früher kaum ein hellenisches Wort
vernahm, herrscht jetzt ihre Sprache. Ein Volk, das, sobald
es sich nur etwas wieder regen kann, so großen Vermehrungs=
und Ausdehnungstrieb entfaltet, darf wohl von Zukunft reden.

Stärker aber fällt in dieser Beziehung in's Gewicht das
Vermögen, andersssprachige Völkerschaften aufzusaugen und mit
sich zu verschmelzen. Wie früher an den Slawen, hat sich
das in den letzten Jahrzehnten glänzend bewährt an den Alba=
nesen. Bei diesen sprechen im Königreich jetzt alle Männer
griechisch, die Kinder lernen es gern in der Schule, höchstens
ein paar alte Frauen verstehen es noch nicht. Und nicht das
allein, diese Albanesen sind auch äußerlich den Griechen ganz
ähnlich geworden, und man muß bereits hoch in's Gebirge
steigen, um bei ihnen noch das Kennzeichen kulturloser Völker
zu finden, nämlich bei dem Einen wie den Andern gleichen
Stempel und Ausdruck der Gesichter, so wie bei Lappen und
Pußta=Magyaren und früher bei unseren polnischen Rekruten.

Sobald nur ein wenig geistiges Leben ins Innere bringt, prägt es sich aus in individuellen Gesichtszügen.

Und nun das beste Zeichen, welcher Kern in den Neugriechen steckt, das ist die Rührigkeit und der Erfolg ihres Lern- und Bildungstriebes. Kein Volk der Neuzeit hat, so ganz von der Wurzel anfangend, so viel für sein Schulwesen gethan, auch Deutsche und Nordamerikaner nicht. Die Hoffnung König Ludwig I., von Athen solle die geistige Wiedergeburt der Hellenen ausgehen, geht jetzt auf das Vollständigste in Erfüllung. Athen sendet jährlich Hunderte von Schulmännern und Lehrerinnen in die neugriechische Welt aus, die an anderen Hauptorten neue Pflanzschulen hervorrufen. So arm und klein das Volk, so unverhältnißmäßig viel Zeitungen und Bücher erscheinen in neugriechischer Sprache, so unverhältnißmäßig viele junge Griechen studiren in Deutschland. Noch keinem Volke, das neben den materiellen so sehr nach den geistigen Gütern trachtet, haben die nationalen Erfolge gefehlt.

Wohl sehen wir also eine Leistungsfähigkeit, die Gutes und Großes verspricht. Aber ist sie mächtig genug, um ihr Ziel allmählich zu erreichen? Wird irgend etwas wie das byzantinische Reich jemals durch Neugriechen wiedererstehen? Zweifellos, sie brauchen nur etwas dazu, nämlich viele Zeit.

Ob sie aber noch viele Zeit haben werden, ist fraglich geworden. Zwei Möglichkeiten liegen vor uns. Entweder besteht das Türkenreich noch ein Menschenalter, oder sein Verhängniß erfüllt sich schon früher. Stellen wir uns deutlicher vor, was im einen und was im andern Falle wahrscheinlich vor sich gehen wird.

Ist der Türkei noch ein langer Bestand beschieden, so muß alles, was die Osmanen beginnen, das Gute wie das Schlechte, schließlich zu ihrer Zersetzung ausschlagen. Es verhält sich damit gerade so wie in revolutionären Zeiten, wo der Kampf für und gegen die Neuerung schließlich immer der letztern

dient. Ein Reich, das lediglich auf der kriegerischen Herr=
schaft einer kleinen und wenn auch kraftvollen, doch innerlich
rohen Minderheit gegründet ist, muß nothwendig zerfallen oder
eine andere nationale Färbung annehmen, sobald gleiches
Recht und gleiche Kultur all seinen Bewohnern zu Theil werden
soll. Dieser Hergang muß mit beschleunigter Bewegung er=
folgen, wenn die bisher herrschende Minderheit so sehr klein
an Zahl, so sehr dürftig an geistigem Vermögen, so sehr
schwächlich an Arbeitskraft ist, wie die Osmanen es wirklich sind.

Welches Volk aber muß allmählich an Stelle des herr=
schenden Volkes treten? Welches wird nach und nach die
Zügel der Herrschaft an sich ziehen? Welches in ihrem Besitze
sein, wenn sie bei irgend einem starken Anstoß von innen
oder außen den Türken entfallen? Wer anders als die
Griechen, — denn wer könnte es sonst sein?

Die Griechen sind in dem Landgebiete, welches rings um
das Griechische Meer durch ihr Königreich Epirus Thessa=
lien Mazedonien den Archipel und die Küstenlandschaften von
Thrazien und des vordern Kleinasiens gebildet wird, ganz
ungleich zahlreicher als die Türken, und in diesem Landgebiete
kommt auch weder die Volkszahl der Slawen, noch der Ru=
mänen, noch der Armenier gegen die ihrige in irgend wesent=
lichen Betracht. Sie sind dabei das gebildetste begabteste rüh=
rigste Volk und ziehen beständigen Antrieb aus ihren histo=
rischen Erinnerungen.

In welcher Weise aber dieser Herrschaftswechsel im be=
zeichneten Gebiete vor sich gehen würde, dies des Näheren
hier zu erörtern, möchte zu weit führen, vielleicht auch noch
zu verwegen sein. Wahrscheinlich wird das Türkenreich in
mehrere kleine Staaten= und Küstenlandschaften zerfallen; dazu
leitet die ganze Natur dieser Länder an, die durch Gebirgs=
und Küstenlauf in lauter kleine Landschaften zerschnitten sind.
Früher oder später werden sich die Staaten, welche an der

griechischen Seite des Balkans und des von ihm nach Süden laufenden Scheidegebirges liegen, sich verbünden müssen, weil ihre gemeinschaftlichen Interessen es erfordern: die Hegemonie aber in diesem Bundesstaat kann den Griechen nicht entgehen. Die Türken wissen, daß diese ihre eigentlichen Erben sind, und so groß ihre Verachtung des listigen und wetterwendischen Volkes, ihr Haß und ihre Furcht sind noch größer.

Setzen wir nun den andern Fall, den Sturz des ganzen türkischen Reiches in Europa schon in nächster Zeit. Dann würden die Griechen lernen müssen, wahrscheinlich noch auf längere Zeit andere Herren am Bosporus und im griechischen Meer zu ertragen. Aber es fragte sich, ob sie mit ihrer Zähigkeit und mit ihrer rührigen Thätigkeit, die der Landesnatur ganz gemäß ist, nicht jede fremde Herrschaft überdauern und sich fort und fort an Volk und Gütern vermehren würden, bis sie zuletzt doch wieder empor kämen, wie sie im Laufe von zweitausend Jahren aus den größten Gefahren und Nöthen stets wieder emporgekommen sind und auch die vierhundertjährige Türkenherrschaft überdauert haben. Den Fall aber des Türkenreiches könnten nur die Russen verursachen. Wollten sie dann großmüthig Epirus und Thessalien den Griechen überlassen, die übrigen Länder aber unter irgend einer Form unter ihr Machtgebot nehmen, müßten nicht auch dann die europäischen Mächte sich immer wieder einmischen? Würden und könnten sie den Bann ertragen, der von den griechisch-russischen Meeren aus sich lähmend auf die gesammte europäische Verkehrsströmung legen würde? Dann könnte sich leicht wiederholen, was im dreizehnten Jahrhundert im Orient vor sich ging. Die Länder würden theilweise kleine Fürstenstaaten oder auch Republiken bilden unter westlichem Protektorat, theilweise unter europäische Mächte vertheilt, gleichwie die Abendländer ehemals einen Kaiser von Byzanz, einen König von Cypern, einen Herzog von Athen, einen Fürsten von Salonicht u. s. w. einsetzten. Engländer und Franzosen können ja leicht wieder die Rolle von Venetianern und Genuesen im Morgenlande spielen und üben sich schon lange darauf ein. Einmal unter gute und kraftvolle Regierungen gestellt, würden die Gebiete des Morgenlandes wie mit Einem Schlage wieder aufblühen, gleichwie Cypern unter den Lusignans.

Und wir Deutsche? Sollten wir bei solcher Wendung der Dinge die Hände in den Schoß legen? Wie immer auch in ihrer Rückwirkung die Dinge in Mitteleuropa sich gestalten möchten, das ist doch wohl zweifellos, daß wir den Orient nicht den Russen überlassen dürften. Durch seinen Besitz erst und seine Geldquellen würden sie uns übermächtig werden. Jene Gebiete aber gehören zugleich zu den wichtigsten für unsere Ausfuhr, dorthin weiset der Lauf unserer Donau und der Finger unserer Zukunft. Ehe wir uns von jenen Ländern durch einen russischen eisernen Gränzgürtel abscheiden ließen, gleichwie Ost= und Westpreußen sammt Posen durch die russische Gränzsperre halb lahm gelegt werden, eher müßten wir denn doch die äußerste Anstrengung nicht scheuen.

Unser Interesse also gebietet uns zunächst, einen Schild über die Neugriechen zu halten, damit sie in friedlicher Ent= wicklung ihre Bestimmung im Orient erfüllen können. Wie aber die Dinge dort auch gehen mögen, niemals dürfen wir uns ganz bei Seite halten, damit wir das Recht der Mit= entscheidung nicht aufgeben.

Käme es aber wirklich zum allgemeinen Zugreifen im Orient, so haben wir dort gerade so viel Recht, als Russen und Engländer, Italiener und Franzosen. Haben wir doch das altgriechische Gebiet in Asien und Europa zehnmal mehr, als irgend ein anderes Volk, mit unserm Geist und unsern Studien angebaut. Kaiser Friedrich II. hat sich auch nicht lange be= dacht, als er Cypern als deutsches Reichslehen in Besitz nahm.

XXX.

Baffo.

„Venus, eine sehr schöne Dame, wurde in Aphrodisia, einer Stadt auf Cypern, geboren, und weil sie gar so schön war, so wurde sie nach Cythere gebracht, um dort erzogen zu werden unter Göttern und Göttinnen, und als sie erwachsen war und ihr Alter dazu paßte, wurde sie dem König Adonis vermählt und zur Königin von Cypern gekrönt. Die Dichter und Geschichtschreiber erzählen unendliche Dinge von dieser Dame, aber es wäre viel zu schwer, alles das zu ergründen und zu erzählen. Begnügt Euch blos zu hören, daß man ihr den ersten Rang unter den Göttern und Göttinnen gegeben, daß man sie unter verschiedenen Namen angerufen, und daß man ihr viele Tempel erbauet hat, nicht blos in Cypern, sondern auch in vielen andern Ländern, ja in der ganzen Welt."

So legte der Dominikaner Stephan von Lusignan, [1] als er zu Ende des sechszehnten Jahrhunderts sein werthvolles Buch über Cypern schrieb, sich den hohen Ruhm der Dame Venus zurecht, gegen deren verführerische Macht alle Mönche der Welt nichts ausrichten konnten. Der gute Pater steckte noch ganz in der Anschauung des ritterlichen Mittelalters, für welches alle Helden und Göttinnen der Heidenzeit echte leibhafte Personen waren, die man mit Wort und Degen zu grüßen hatte.

[1] Le P. Etienne de Lusignan Description de toute l'île de Chypre. 1580. p. 39.

Jetzt erinnerte an die schöne Dame von Paphos nichts mehr, als der Name des Bisthums von Baffo. Der jetzige Inhaber schien noch etwas zu halten auf den uralten Ruhm seiner Gegend, und beklagte, daß so wenig Alterthümer erhalten seien. In der Araberzeit, so hat sich die Sage erhalten, sei Alles dem Erdboden gleich gemacht.

Im Einverständniß mit dem gütigen Gastfreunde entwischte ich am Nachmittag meinem Dragoman, der einen Alterthums= krämer aufgetrieben. Sie standen schon auf der Lauer, mich das alte paphische Gemäuer, so viel oder so wenig noch vor= handen, mit Schweiß Geld und Anhören ihres Geredes be= zahlen zu lassen. Ich ging in gerader Linie abwärts zum Meere hinunter, eine Entfernung von kaum einer halben Stunde.

Als ich mich umblickte, stellte sich das Städtchen Ktima sehr bedeutend dar. Seine Hütten und drei Minarets erhoben sich auf einem langen Steindamme, der jäh abgebrochen da= stand wie eine Bastion gegen den Horizont.

Tiefer unten am Strande traf ich auf eine andere Felsen= bank, die in freistehendem Sandstein und gewaltiger Masse eine lange Strecke dahin lief. Ich wußte erst nicht, was ich daraus machen sollte. Viele Stellen waren bearbeitet, Wände verglättet, Sitze und Höhlungen darin angebracht. Oefter leiteten eingehauene Stufen auf die Platte oben. Am Boden der Felsenbank zeigten sich an der Meeresseite große und kleine Räume eingehauen, in viereckigen, seltener in runden Linien. In einem standen noch dorische Säulen aus dem Schutte her= vor, an anderen war das Gestein halb zu Säulen und Pfeilern geformt, etwas wie Gebälk und Fries darüber. Im Hinter= grunde inwendig öffneten sich andere kleine Kammern und Grotten, öfter mit Nischen und Verzierungen. Bei einer war der Eingang noch überragt von breitem Deckstein, bei einer andern steckte die steinerne Thürplatte halb in der Erde. Diese

Kammern hatte man tief in den lebendigen Fels hinein ge-
arbeitet, auch wohl mehrere hinter einander.

Offenbar waren diese Grotten ehemals Grabkammern, vor
jeder ein großer oder kleiner Säulenhof, das Ganze ungeheure
Werke von weiter Ausdehnung. Man nannte sie wie alle
alten Bauwerke auf den griechischen Inseln, deren Bestimmung
man nicht mehr kennt, die alte Burg, Palaiokastron. Jetzt
scheinen sie zu nichts anderen mehr zu dienen, als Ziegen
und Schafe und Rinder aufzunehmen, wenn sie aus der
Sonnengluth kommen, und deren Auswurf zu bewahren von
einem Jahrhundert zum andern.

Aber auch die Felsplatte oben erschien häufig geglättet
und ausgehauen, und ich möchte fast glauben, gerade wie
bei Girgenti in Sizilien stand hier dem Meer entlang eine
griechische Tempelreihe auf der Höhe der Felsplatte, und dahinter erstreckte sich die Stadt Neupaphos mit ihren Gärten
bis zu dem oberen abgebrochenen Steindamme, auf welchem
sich die Akropolis, jetzt Ktima, erhob.

Die Grabkammern aber unten in den Felswänden waren
uralten phönizischen Ursprungs, vielleicht nach geheiligtem Herkommen die Familiengräber der Kinyraden, eines Priester-
geschlechts, gleichwie die Koreyschiten in Mekka, jene erbitterten
Gegner von Mahomets Neuerungen. Die Kinyraden leiteten
ihren Namen wie ihr Geschlecht und ihre priesterlichen Aemter
noch aus entlegenem Alterthum her, als man nur erst der
Astarte an dieser Küste huldigte, und sie genossen ein fürst-
liches Ansehen, welches die ganze Insel anerkannte.

Während ich zwischen den Gräbern und Felsen umherstieg,
war auf einmal Monsieur Clementin, mein Dragoman, mit
dem jungen griechischen Alterthumskrämer da, und Beide fielen
mich an mit Vorwürfen, daß ich ohne sie hierher gegangen.
Sie allein wüßten hier Weg und Steg und was ein jeglich
Stück bedeute. Der Händler wolle mir auch zeigen, wo seine

schönen Alterthümer gefunden seien. Offenbar hatten sich die
Beiden längst verständigt. Als ich ihnen aber erwiderte, bei
uns zu Hause hätten wir das alles viel besser in unsern
Büchern, als irgend Einer auf der ganzen Insel es wisse,
und ich wolle deshalb die Alterthümer für mich allein unter-
suchen, da sahen sie verdutzt mich an. Weil sie aber stets
wieder losplatzen und dies und das zeigen und erörtern
wollten, so erklärte ich ihnen: ihre Begleitung könne ich mir
nicht verbitten, aber stillschweigen müßten sie. Kurz sie mußten
schweigen, daß sie schwitzten, und endlich blieben sie zurück
und verloren sich wieder.

Am Strande weiter wandernd kam ich nach einer Viertelstunde zur Kassabah, einem Seekastell, das von den Genuesen
erbaut worden. Auch hier erhoben sich wieder Sandsteinbänke
in gleicher Linie wie die früheren, und auch sie waren ebenso
vielfach bearbeitet, und an ihrem Fuße thaten sich tiefe dunkle
Kammern auf. Hin und wieder ließen sich noch Stufen erkennen, die ins Innere hinabführten. Ueber der größten
dieser Grotten war in den alten altcyprischen Schriftzeichen,
die so lange räthselhaft geblieben, eine Inschrift eingehauen,
und in der Grotte selbst, die zwei Gemächer hatte, in dem
hinteren die Decke wie eine Kuppel gewölbt, fanden sich an
den Wänden halbzerstörte Inschriften.

Nicht weit von dem Kastell ist eine Anhöhe am Meere,
bedeckt von Trümmern, unter denen mehrere schöne Säulen-
stücke im Gesträuche lagen. Hier soll der Haupttempel gestanden haben.

Nahebei war der alte Hafen, dessen Dämme man aus
Steinblöcken aufgeführt hatte. Ein Flüßchen mündet in ihm
aus, und es heißt, der Hafen sei ehemals viel tiefer ins Land
hinein gegangen und wäre allmählich versandet und verschüttet.

Das Meer aber rauschte fort und fort mit dumpfem Hall
weißschäumend ans Ufer, Gebüsch und Bäume dufteten von

würzigem Laub und Blüten, und das dunkle Gebirge bildete einen prächtigen Hintergrund zur Landschaft.

Vom Kastell aus breitet sich landeinwärts ein Gartendorf, von Griechen und Türken bewohnt. Eine Menge Bäume und Gewächse, auch malerische Palmen ragen aus den Gärten über deren Steinwälle, zu denen man allerlei alte Bau= und Säulen= stücke zusammengeschleppt hat. Bei einer Kirche, die in Trüm= mern lag, standen noch kleine Säulen im Grünen, zwei von weißem Marmor, zwei von schön geglättetem Granit. Von einer andern Kirche ist nur der viereckige Thurm mit dem Ansatz eines Schwiebbogens übrig geblieben. Inmitten der Ortschaft gibt es noch aus gewaltigen Quadern ein geräumiges Becken, einst ein Bad, aus dessen krystallener Tiefe die Grie= chinnen die marmorblanken schönen Glieder hervorhoben. Jetzt ist das Bad von Kuhdünger halb verschüttet.

Je tiefer ich in die Ortschaft hinein kam, um so häufiger zeigten sich links und rechts herrliche alte Bautrümmer, die in den elenden Mauern steckten. Wo die größte Granitsäule am Wege stand und ein Dutzend Marmorsäulen umher lagen, traf ich auch noch eine mächtige weiße Marmortafel, gar schön in Vierecken ausgereift, offenbar ehemals ein Deckstein. Bei der jetzigen Kirche blickt aus dem Gemäuer ein weißgrauer Säulenkopf hervor, von welchem die Sage geht, an diese Säule gefesselt habe der Apostel Paulus die Geißelstrafe er= duldet, und deshalb schlägt man sich kleine Stückchen ab und bewahrt sie als ein wunderthätig Gestein. Hinter dieser Kirche standen die drei größten Granitsäulen, und eine andere lag daneben umreift von zierlichen Schlangenlinien.

Die Franzosen haben mit dem Besten, was von antiken Bautheilen zu Tage stand, vor zehn Jahren aufgeräumt, den= noch mußte ich immer mehr staunen über die Menge kostbarer alter Baustücke. Das ganze Dorf gleicht einer zusammen ge= sunkenen Stadt von Tempeln und Palästen, über und zwischen

deren Trümmern sich in einer wuchernden Fülle von Baum-
und Gartengrün armselig Volk ansiedelte, das aus den alten
Cisternen noch das frische Wasser hervorzieht. Auch die besseren
türkischen Häuser zeigten aus früherer Zeit nur noch ein paar
Grundmauern oder halb zerfallene Steinthore. Als Kaiser
Augustus regierte, wurde Neupaphos durch ein Erdbeben zer-
stört, der Imperator aber befahl den Neubau, und ihm zu
Ehren nannte man die neue strahlende Stadt Augusta.

Wahrscheinlich in der Zeit der Seeräuber oder Araber hat
ein zweites Erdbeben hier gewüthet, die Ersteren allein hätten
so viel Zerstörung nicht fertig gebracht. Wann dieses grauenhafte Unglück stattfand, ist nirgends aufgezeichnet. Wer hätte
in jener Zeit voll Noth und Jammer daran denken sollen,
etwas Geschichtliches niederzuschreiben. Wie viel Werthvolles
und Belehrendes aber würde sich bei Nachgrabungen hier, wie
an den meisten Orten in Cypern, noch finden!

XXXI

Alte Gedanken.

Aus dem Gartendörfchen wanderte ich zum einsamen
Strande zurück. Der Abend war wunderbar schön, die Luft
so weich und lieblich, und die letzten Sonnenblicke wechselten
mit ziehendem Gewölk und frischen Windstößen. Ich konnte
mich von dieser öden Küste und ihren wenigen trauernden
Ruinen nicht losreißen. Ergreifend war der Gegensatz zwischen
dem brausenden Völkerleben, das im Alterthum diesen Ort
erfüllte, und der jetzigen Leere und völligen Verlassenheit.
Das Meer aber markirte anrauschend in ruhigen langsamen
Takten die forteilende Zeit. So hatte es den Ablauf unserer
irdischen Zeit, wie sie in die endlosen Wellen der Ewigkeit
verfließt, schon seit Jahrtausenden markirt.

Die scheidende Sonne, die hinter dem glühenden Spiegel
versank, die graue zerfallende Burg, die düstern Felsengräber,
und die tiefe Stille und Einsamkeit rings umher, durch nichts
unterbrochen als durch das stätige Gleichmaß im Wechsel der
Meeresflut, deren Anbonnern und Wiederabrauschen weit das
Gestade hinab hallte — alles das war erhaben und traurig
zugleich. Allmählich dunkelte es, der Nachtwind und das Wogen=
rauschen verstärkten sich, und ihr Widerhall verlor sich seufzend
unter den Grotten und Gesteinen. Wo waren all die Ge=
schlechter, die Hunderttausende von Menschen, die auf dieser
weiten Stätte der Vernichtung sich einst in glänzenden Gruppen
zusammen drängten und jubelvolle Feste feierten? Die armen

Sterblichen, die so sorgsam ihre Ueberreste bargen! Auch nicht
eine Spur war geblieben, als die leeren Felsgehäuse. Es
genügt ja schon der bloße Ablauf der Zeit, um alles, was
Mensch und menschlich Werk gewesen, zu vernichten.

Und wo, in welchen unsichtbaren Tiefen des Weltalls
webten und zitterten noch ihre unsterblichen Seelen? Es gab
doch gewiß Denker genug unter ihnen, die ein starkes Gewicht
ihrer geistigen Persönlichkeit fühlten und diese als ein unzer=
störbares Wesen von allem unterschieden, was sie sahen, fühlten,
dachten. Es lebt ja des Menschen eigentliche Persönlichkeit,
sein geistiges Ich ein Sonderleben, das in kein anderes Wesen
aufgeht, und ebenso führt unser Leib, trotz der innigsten Ver=
schmelzung mit Geist und Seele, doch auch seinen eigensinnigen
Haushalt. Bei Mann und Weib macht der Leib wohlmal
trotz empörten Widerwillens und Abscheues des Geistes seine
Dinge so sicher und regelmäßig ab, wie eine Maschine, deren
Feder berührt worden. Grauenhafte Nachtseiten unserer Natur
treten in diesem Widerstreit zu Tage. Fast wie eine Erlösung
klingt die Lehre, Geist und Seele seien nur Funktionen des
Leibes, — ließe sich nur das heimliche Gelächter ersticken, das
über solche Verneinung seines Wesens im Geiste entsteht!

Gewiß also führte der natürliche Gedankengang jene Philo=
sophen zu einer Ahnung, ja Viele gewiß zu einer stillen seligen
Ueberzeugung von persönlicher Fortdauer. Und doch, was
sahen sie um sich her, und was sehen wir stündlich? Nichts,
als Absterben und Vergehen im Einzelnen und unpersönliches
Fortleben im Ganzen? Warum der Widerspruch? Sollten die
Geschlechter, die Jahrtausende nach uns leben, auch verurtheilt
sein, qualvoll an seiner Lösung zu arbeiten? Die Widersprüche
stoßen uns ja überall ins Auge. Warum betet die Kirche
für die Abgeschiedenen „Herr, gib ihnen die ewige Ruhe“,
wenn sie unsterblich sind?

Was ist besser, sich ein für allemal zu gestehen, daß unser

Menschenloos in Ungewißheit, Dämmerung, Zweifel auf immer=
dar versunken bleibt, oder sich gläubig und entschieden an die
Lehre einer Religion anzuklammern? Aber verwehten nicht auch
die Völkerreligionen wie Wolkenschatten, die der Wind über
das Land treibt? Ist denn von der brünstigen Verehrung der
Hunderttausende, die an diesem Gestade zur göttlichen All=
mutter beteten und sangen und jubelten, auch nur ein Hauch
übrig geblieben, es sei denn in unseren Büchern eine ver=
wirrte Ueberlieferung vom Kultus der Astarte und Aphrodite?

Und jene Denker, die damals mit selbständigem Geist und
Willen in den Festzügen einhergingen, dachten sie denn selbst
sich etwas Klares und Bestimmtes unter der hier verehrten
Urkraft, die ewig verhüllt dennoch alles durchbringt und formt,
und unbekümmert um der Menschen Wollen und Schaffen ewig
in sich einschlingt, um ewig wieder zu gebären? Konnten sie
es einander verhehlen, daß in diesen Mysterien doch nur niedere
Lust sich dürftig mit religiösem Wahn verhüllte? Warum stan=
den sie nicht zornerfüllt auf wider die Priester, die da lehrten,
es sei ein der Göttin wohlgefälliges Werk, wenn in ihrem ge=
weihten Hain die Jungfrauen ihr erstes Liebesopfer brächten,
indem sie Unbekannten sich preis gaben?

Oder fühlten jene alten Weisen vielleicht Mitleid mit dem
armen Volke, das in seiner zehrenden Sehnsucht nach dem
göttlichen Wesen, und in seiner kindlichen Hilflosigkeit es sich
vorzustellen und dem Unfaßbaren sich in Ehrfurcht zu nahen,
auf die seltsamsten Dinge verfällt, gleichwie der Wilde in
seinem umnachteten Geiste, wenn er zufällig im Urwald auf
ein knorrig geformtes Würzelchen, ein merkwürdig geädertes
Steinchen, oder in endloser Prairie auf ein gebleichtes Vogel=
gebein stößt, plötzlich von dem Gedanken ergriffen wird, in
dem Dinge stecke eine höhere wunderbare Zauberkraft, mit
scheuer Hand es an sich zieht und verehrt als seinen Manitu?
Das war ja so in allen Ländern jener ewig verhüllten göttlichen

Macht gegenüber, in deren Hauch Völker= und Menschenleben spielen wie leichte Flocken: — wo ihr gegenüber das Wissen aufhört, setzt sich sofort das Glauben an.

Der Glaube ist und bleibt eine geheimnißvolle Kraft und Nothwendigkeit im Menschen, und die Sache rein praktisch genommen ist es viel besser, daß ein Volk nur überhaupt etwas Göttliches glaubt und verehrt, als daß sein Staats= und Gemeindewesen, sein Denken und Handeln keinen rechten Kern hat. Was wäre die antike Kunst und Kultur geworden ohne den griechischen Götterglauben! Und Judenthum Christen= thum Islam, wie hätten sie ihre Kultursendung vollbracht ohne jenen Glauben, der da eine drängende Stärke und Ge= walt im Innern fühlt, als könnte er Berge versetzen!

Bei meinem Phäakenbischof kamen dergleichen Ideen nicht auf den Tisch. Dafür war dieser um so besser bestellt mit allerlei schmackhaften Gerichten. Zur Nacht gab es einen delikaten Hammel am Spieß gebraten mit großem frischem Lattich dazu, Stippmilch wie in Westfalen, ausgehöhlte und mit Reis gefüllte Zwiebeln, und noch eine ganze Menge kleiner Süßgerichte, welche aus der türkischen Küche in die griechische gewandert. Andern Tages in der Frühe erschien geröstetes Brot mit fetten Käsestückchen, dann glänzender Osterkuchen mit Eiern darin und noch anderes Gebäck, dann Kaffee, und dann wieder die zehn Fuß lange Wasserpfeife. Gegen halb elf Uhr aber wurde schon wieder reichlich gefrühstückt.

Zwischen durch kamen Popen und andere Geistlichkeit und gingen mit vergnügten Gesichtern wieder weg, und es schien mir, als hätten sie mit diesem Prälaten leicht verhandeln. Auch der Kaimakam stellte sich bei mir ein, hinter sich ein halbes Dutzend Kavassen, und sein Besuch dauerte fast eine Stunde. Er erklärte feierlich: die Russen seien die größten Barbaren und ganz unfähig, im Orient etwas auszurichten; wer aber aufrichtig sein wolle, könne nicht anders sagen, als daß die

höhere Kultur jetzt bei den Türken mit Riesenschritten mar=
schire.

Ich hatte die größte Noth, dem Ehrengeleite zu entgehen,
das der Gütige mir in seinen Kavassen zugedacht hatte,
und es schien ihm unbegreiflich, wie ein Herr sich dagegen
sträuben könne. Bei Hinterwäldlern in Amerika bin ich wohl
mal aus einem Bett ins andere geflüchtet, weil bei ihnen die
Höflichkeit gebietet, daß man den Gast bei der Nacht nicht
allein lasse. Dieser Brauch soll noch herrühren aus den wilden
Indianerzeiten, wo Alleinschlafen die Gefahr vermehrte. Im
Orient, so sollte man beinahe denken, muß das Andenken an
Raub und Entführung wohl noch frischer sein; denn man kann
nicht gehen und stehen, ohne ein Geschleppe von dienstbaren
Geistern, die alle Einem die nöthige Ehre geben wollen und
natürlich keinen Schritt umsonst thun.

XXXII

Kuklia.

Um Mittag endlich machte ich mich los, und nie vergesse ich das Jammergesicht meines Dragomans. Ihn und uns dem fetten gastlichen Hause so früh entziehen — das schien ihm der wahre Abgrund von Eigensinn und Bosheit.

Im nahen Hierokipos, der Ort hat seinen alten Namen „der heilige Garten" noch unversehrt erhalten, sah ich den berühmten Quell sein herrliches klares Wasser noch in Fülle hervor strömen, und der schönste Terebinthenhain konnte sich davon belauben. Doch woher der Name ἱερος κῆπος? Gab es hier im Alterthum einen geweihten Gartenbezirk, welchen das reichliche Wasser durchströmte? Wurde vielleicht in dem Borne auch ein Idol der Göttin gebadet, wie drüben in Altpaphos? Oder hatten Ort und Wort eine paphische Nebenbedeutung?

Auch hier sind Grotten in den Fels gehauen, und der Boden schüttert dumpf, wenn man stampft; denn das leicht bröckliche Gestein ist voll der Höhlen und Risse. Es kam ein Gartenbesitzer herbei, der vor zwei Jahren zufällig ein großes Grabgewölbe aufgefunden. Es bestand aus fünf Rundnischen mit Grabhöhlungen, und davor lag eine runde Halle, alles von großen Werkstücken fest und zierlich gebaut, eine kleine Rundsäule als Weihaltar stand noch darin. Sonst hatte man blos die bekannten kleinen Fläschlein und Kröglein gefunden, die man lächerlich genug früher sich als mit Thränen gefüllt

dachte. Sie enthielten aber Salben und Harz, deren Wohl=
geruch den ganzen Raum mit angenehmem Duft erfüllte.
Wahrscheinlich war das Gewölbe schon früher entdeckt und
seiner goldenen Ketten und Ringe entleert.

Weil es nach Altpaphos oder Kuklia nur ein paar Stun=
den waren, so ritt ich zum Meer hinunter, aus dessen an=
donnernden Wogen ich schon aus der Ferne den Schaum auf=
spritzen sah, der weit ins Land flog. Als wir den Strand
erreichten, überstürzten sich die Wellenkämme rastlos tosend,
weißgekräuselt, in wilder heftiger Bewegung. Gleich dahinter
aber blauete das Meer in frischglänzender Herrlichkeit, und
von dorther wehte immerfort kühler Anhauch. Hinter uns
stand es wie ein dunkles Gewitter, und Wolkenschatten eilten
wie fliehende Heeresschaaren über See und Strand und Ebene.
Zur Seite öffneten sich ab und zu kleine Schluchten, durch
welche man ins Gebirge hinaufsah, und aus jeder Schlucht
kam ein Fluß oder Bach daher geschossen, so daß man all die
Küstenbreiten durch zweckmäßige Bewässerung leicht zu Pracht=
auen machen könnte. Jetzt aber lagen weite Strecken wüst.

So ritt ich bis zur zephyrischen Spitze, die einst ein Tempel
krönte, welchen Philadelphus seiner Gemahlin Arsinoe weihte.
Dieser Prinz aus dem Hause der Ptolemäer war Fürst von
Cypern und suchte die Bevölkerung an sich zu ziehen, um sich
unabhängig zu machen. Weil Arsinoe so sehr schön war,
durfte er es wagen, ihr Marmorbild als der Aphrodite leib=
hafte Erscheinung in den Tempel zu setzen, wo nun das Volk
die „zephyrische Aphrodite" verehrte. Ihre Tochter war die
Berenike, welcher die Götter das prachtvollste Frauenhaar auf
der Erde geschenkt hatten. Da sie ihrem Gemahl, dem Ptole=
mäer Euergetes, zärtlich ergeben war, so gelobte sie dies Haar,
als er nach Syrien in den Krieg zog, der Göttin, wenn sie
den geliebten Mann ihr glücklich zurückführe. Nach drei Jahren
kam er wieder als großer reicher Eroberer mit 40,000 Talenten

Silbers, die er erpreßt, und mit drittehalbtausend Götter-
bildern, die er ihren Altären entführt hatte. Selbst das süd-
liche Kleinasien war in seine Hände gefallen, und er hatte
dort die Städte Arsinoe und Berenike gegründet. Da schnitt
die Letztere sich die schönen Locken ab und hing sie auf als
Weihgeschenk in der Mutter zephyrischem Tempel. Denn auch
Cypern hatte ihr Gemahl endgiltig mit Aegypten vereinigt
und zu einem Hauptplatz des Seehandels gemacht. Ob nun
ein wilder Sturm das Schönhaar abriß und ins Land ver-
wehte oder ob ein Liebhaber es stehlen ließ, genug es verschwand aus dem Tempel. Und da war ein Hofgelehrter, der
Astronom Konon aus Samos, gefällig genug, zu sagen: es sei
bis zwischen die Gestirne geflogen. Dort heißt das Siebengestirn
am Schweif des Löwen noch jetzt das Haupthaar der Berenike.

Der „heilige Weg", auf welchem zwischen Alt- und Neupaphos ehemals die fremden Gesandten mit den Weihgeschenken einherwallten, zog sich mehr in der Höhe am Gestade hin.
Wenn aber der Festzug dem Strande näher kam, und es gerade der erste Frühling war und der Wind aus Südwesten
wehte, dann machten sich die Theilnehmer gewiß auf das viele
Glänzendweiße aufmerksam, das im Meere schwamm, das den
Strand umsäumte, und am Ufer hier und da zwischen Bäumen und Büschen hing. Und dann mögen wohl Manche voll
Bewunderung die feine hellglänzende Schaummasse, die so
leicht und doch so eigenthümlich zähe, in die Hand genommen
und in stiller Ehrfurcht wie ein liebliches Wunder betrachtet
haben. Auch mich fesselte die seltsame Erscheinung.

Am Strande hin zog sich weit und breit eine glänzendweiße Linie von Schaum. Oefter waren weite Stellen im
Meer einen halben Fuß hoch ganz bedeckt mit diesem Schaum
und sahen aus wie Schneefelder. Es ist eine Masse, die aus
Milliarden Eiern und Schleim von mikroskopischen Krustaceen
und Schleimalgen besteht. Die Erscheinung wiederholt sich

häufig, sobald im Frühjahr der Wind aus Südwesten steht. Dann wird an die paphische Küste unabsehlich dieser Schaum angetrieben, vom Sturm emporgeführt, zwischen die Bäume und Sträucher geschleudert.

Wer denkt da nicht an die Schaumgeborene? Wirklich ist dieser Schaum in seiner Hellweiße so glänzend wie der reinste Alabaster, dabei so zart und zierlich und doch so festhaltend, daß die Vorstellung nahe liegt, aus solchem Schaum habe sich der Göttin lichter schneeiger Leib geformt und verdichtet. Der Dienst der Astarte Venus war ja über's Meer gekommen. Da dies einmal überliefert worden, und da Aphros Schaum hieß, so war das für spätere Dichter, wenn sie diese feinen Schaum= massen gerade am Gestade von Paphos erblickten, genug um auf den Einfall zu kommen, in den glanzvollen blauen Fluten sei die hehre Göttin aus zartem Schaum gebildet und hier ans Land gestiegen.

Gleichwohl will zu der hübschen Dichtung in dem Namen Aphrodite nur das erste Wort der Zusammensetzung passen, nicht das zweite. Wer aber möchte wohl dem groben Aristo= teles beistimmen, der die Sache äußerst realistisch erklärt?[1] Vielleicht gibt Tacitus eine bessere Andeutung, wo er erzählt,[2] wie den jungen Titus, „der seine lustvolle Jugend fröhlich auslebte, die Begierde gefaßt, den Tempel der paphischen Venus, der so berühmt durch Eingeborene und fremde Pilger, zu besuchen und zu beschauen.“ Dabei gibt nun Tacitus die Erklärung: „Nach einem alten Gedenken war des Tempels Erbauer König Aerias. Einige behaupten, das sei der Name der Göttin selbst. Eine spätere Sage überliefert: von Kinyras sei der Tempel geweiht und die Göttin selbst, im Meer ent= standen, hier angetrieben.“ Aerias aber heißt die erhellte Luft,

---

1 De generatione animal. II, 2.
2 Histor. II, 2. 3.

das Lichte, Glanzvolle, und dazu stimmt durchaus, daß, wie schon· Unger bemerkte, ἀφρός, im Sanskrit abhras, ursprünglich nicht Schaum, sondern Wolke und Aether bedeutet, und das Wort δίτη mit Dione und dem Sanskritwort dju, d. h. Licht, zusammenhängt. Die „Schaumgeborene" würde sich dadurch viel edler in eine „Aetherhelle" verwandeln.

Der Stammsitz aber der Aetherhellen hat alle himmlische Anziehungskraft verloren. Eine alte Kastellruine, durch deren Löcher der blaue Himmel schien, und dahinter ein paar niedrige Hütten, das ist der Anblick, den Altpaphos gewährt, jetzt Kuklia genannt.

Wir stiegen hier in der Kaffeeschenke ab, und diese war voll Zaptiehs, die als Strafsoldaten in Einquartirung lagen, um Steuern herauszupressen, zwei Mohren darunter mit fürchterlichen Mäulern. Gruppen Landvolks standen umher, in den Gesichtern der Einen bleiche Noth und Angst, der Anderen Tücke und Verstocktheit. Alle aber verhielten sich still und anständig. Der Anführer der Soldaten redete ihnen zu mit würdiger und höchst ausdrucksvoller Geberde, und wieder fiel mir auf, wie Türken und Magyaren, die Brudervölker, sich auch in Wort und Geberde so ungemein ähnlich sind. Viel Gründe geben sie nicht von sich: was sie aber sagen, bringen sie vor mit breiter Kraft und Ritterlichkeit. All das Reden und Pressen aber, so sagte man mir heimlich, werde den Türken nichts helfen: die Leute hätten nichts mehr, als ihre Hütten, ihre Lumpen und ihre Kinder, und auch die Kinder kaufe jetzt Keiner mehr.

Das Volk aber in Ktima und in den kleinen Ortschaften, durch die wir gekommen, sah dem hiesigen ganz ähnlich, durchaus verschieden von den Griechen im Gebirge. Einzelne starkgebaute Gestalten zeigten sich darunter, die meisten aber schwächlich oder rundlich, offenbar eine Mischung aus griechischem, syrischem, italienischem Blute.

Nach vielem Suchen, denn von den Türken im Orte wollte Niemand den Fremden aufnehmen, wurde die größte Hütte tauglich gefunden, mich zu beherbergen. Sie hatte nämlich eine Art Emporhütte, die auf der unteren halb aufstand. Da aber die Lehmwände blos ein einziges Gemach umschlossen, mußte ich darin mit Dragoman Zaptieh und Pferdediener lagern. Etwas an Teppichen und Decken war bald herbeigeschafft.

Als ich mich ein wenig ausgeruht hatte und auf den Vorplatz trat, welchen das platte Dach der unteren Hütte vor der unsrigen bildete, fand ich mich verwundert in der seltsamsten Umgebung. Die Ortschaft bestand vornehmlich aus großen Trümmerhaufen, die gerade so aussahen, als beständen sie aus Bau- und Säulentrümmern antiker Paläste. Hier und da blickte auch etwas davon hervor. Die Hügel aber waren hoch bewachsen mit gelben Blumen, und von zerstreutem Baumgrün und einem Dutzend Palmen überragt. Dazwischen standen ein paar Hütten, mehr Erdaufwürfen und niedrigen Steinmauern ähnlich als menschlichen Wohnungen.

Ich blickte auf einige hinab und auch in Höfchen hinein, in denen türkische Frauen handtirten. Auch hier blieben sie verhüllt und warfen das hinderliche Schleiertuch bei ihren Geschäften bald rechts bald links. Nähme man ihnen plötzlich diese warmangewöhnte Umhüllung, so würden sie, glaube ich, sich vorkommen wie geschorene Schafe. Es ist merkwürdig, an was alles der Mensch sich gewöhnen kann, so daß dessen Fehlen unerträglich wird. Wie oft habe ich um ihr billiges Behagen die Stammgäste beneidet, die jeden Abend stundenlang um denselben Bier- oder Weintisch sitzen, jeden Abend ganz dieselbe Gesellschaft haben, ganz dieselben wenigen Redensarten verführen. Offenbar ist das nur eine Gewöhnung, in welcher sich etwas vom Instinkt der Heerdenthiere entwickelt hat.

Es ließ mich nicht lange im Hause; ich mußte sehen, was

vom alten Paphos, das noch in der Spätrömerzeit so hoch und herrlich prangte, übrig geblieben. Viel war es nicht, das Wenige aber im kolossalen Charakter altägyptischer Bauten. In der That, das Tempelgebäude, von welchem man so viel sprach und fabelte in allen Ländern, mußte damals einen unverlöschlichen Eindruck machen auf Jeden, der hierher kam. Aus cyklopischen Werkstücken aufgebaut steht noch ein Mauereck, die längere Seite an vierzig Schritte lang. Unten besteht die Mauer aus kleinen regelmäßig behauenen Blöcken, darüber aber sind der ganzen Länge nach Werkstücke zu einer Wand aufgerichtet, von denen je eines allein die Größe einer Zimmerwand besitzt. Ich maß einen dieser Steinblöcke, er hatte 18 Fuß Länge, 9 Fuß Höhe, und entsprechende Dicke. Unten in diesem Mauerrest sieht man noch die Löcher, in welchen ehemals wahrscheinlich Tragbalken eingefügt waren, um darauf liegende Bänke zu tragen. Ein zweites Mauerstück aus riesigen wohlbehauenen Steinen bildete jetzt die Ecke eines Hauses. Daneben lag noch eine ungeheure Steinplatte. Weiter davon stand ein dritter Mauerrest von ähnlichen Verhältnissen wie die Werkstücke. An einem sah man noch Stufen angebracht. Winzig erschien gegen solche Trümmer das alte Christenkirchlein, dessen Vorhalle von drei Schwibbogen verfallen war, nur das schöne Vorthor stand noch aufrecht.

Mich erinnerten diese cyklopischen Baureste an ganz ähnliche, die ich in Samothrake und andern Orten gesehen. Diese hier waren unzweifelhaft semitischen Ursprungs, und sicher sind es auch all die andern in Griechenland, die gleichen Charakter tragen.

Die noch vorhandene Ecke und das andere Mauerstück in gerader Linie mit ihr gehörten zu einer Umfassungsmauer, die ein ungeheures Viereck bildete. Der Raum inwendig war wohl durch Zwischenmauern in mehrere Abtheilungen oder Höfe geschieden, angefüllt mit Altären Bildsäulen und Weihgeschenken. Im letzten Tempelhof stand das Abitum, das eigentliche Götterhaus, welches wir nach cyprischen Münzen und Gemmen, auf denen es abgebildet, uns noch ungefähr vorstellen können. Es war ein viereckiger Hochbau mit großer Eingangspforte, zu' jeder Seite ein niedrigerer Flügel. An des Portals Seiten ragten zwei Obelisken empor. Der ganze Vorplatz dieses innern Tempels war von einem Gitter um= zogen, und in der Mitte darin stand der vornehmste Altar. Im Allerheiligsten aber dieses Tempels zeigte sich Denen, welche eintreten durften, das räthselhafte finstere uralte Idol der Astarte=Aphrodite.

XXXIII

Vom alten Paphos.

Hören wir, was Tacitus zur Zeit, als Titus Jerusalem zerstörte, aus Altpaphos berichtet hat. „Die Opferthiere sind, je nachdem sie Einer gelobt hat. Nur müssen männliche aus= gewählt werden. Die allergewisseste Sicherheit gibt junger Böcke Eingeweide. Blut auf der Tempelflur umherzuspritzen ist verboten: durch Gebete und reines Feuer werden die Altäre verherrlicht. Auch werden sie niemals, obwohl ohne Dach, von Regenschauern feucht. Der Göttin Bild hat keine Menschen= form, ist ein fortlaufendes Kreisrund, unten breit, nach oben abnehmend, gleichwie ein Kegel steigt es empor. Warum das so, ist dunkel."

Also damals schon umdunkelte tiefes Geheimniß diesen Kultus. Man wußte nur, so sei er aus uralter Zeit über= liefert, und fragte wohl, was das bedeute: einzubringen aber wagte noch keine frevle Forschung. „Warum das so, ist dunkel."

Aus andern Nachrichten wissen wir, daß der kegelförmige Stein, der im innersten Heiligthum aufgestellt war, schwarz gewesen. Am Geburtsfeste der großen Königin der ewig gebärenden ewig verschlingenden Naturgewalten wurde der schwarze Kegel von den Priesterinnen gebadet und mit reinen Tüchern umhüllt. Wahrscheinlich funkelte er in seiner geheim= nißvollen Schwärze auch von Goldringen und Edelsteinen. Auch ist nicht unbekannt geblieben, daß hier nicht die Aether= helle angebetet wurde. Die himmlische Aphrodite war zu fernen lichten Höhen entschwebt: in der Nachtfeier der cyprischen Göttin bargen sich andere Mysterien. Wer zugelassen wurde, bekam, ohne Zweifel gegen ein hübsches Eintrittsgeld an die Priester, als Einlaßkärtchen das Symbol der Zeugung in die Hand, und etwas Salz dabei.

Die drei Mauerreste und einige antike Baustücke, die hier und da aus den großen Trümmerhaufen hervorblickten, das war nun wirklich alles, was von Paphos übrig. In alle Welt mögen die großen Bausteine verschleppt sein. Auch zu dem mittelalterlichen Schlosse hatte man die cyklopischen Werkstücke verwendet, nachdem sie zersprengt und zu viereckigen kleineren Bausteinen behauen waren. In der fränkischen Zeit stand zu Altpaphos eine neue Stadt auf den Trümmern der antiken; auch sie ist wieder verschwunden, die Burgruinen und die Kirchen noch allein ihr Zeuge. Der Zugang zum Kastell aber war jetzt halb verschüttet, eine Kirche, die noch ziemlich erhalten, als Viehstall benutzt.

So trostlos dies alles, so erhebend war jeder Ausblick in die wonnige Landschaft. Der Tempel lag auf einer Hochbreite, die in sanfter Neigung zum Meere niedergeht, welches mit glänzender Bläue den Strand umsäumt. Auf diesen Gefilden am Meer war jetzt alles voll grünsprossenden Lebens. Aus dem Binnenlande aber traten in verschiedenen Ausläufern Hügel wie Bastionen hervor, und ringsum erhoben sich die anmuthigsten Berge, die hier vielgestaltiger als zu Baffo. Die Wolken zogen näher, und lange graue Regenstreifen standen über dem Meer, durchschienen von der westlichen Sonne, die unter und zwischen den Grauwolken das Meer zur blitzenden Spiegelfläche machte. Stellen der Landschaft waren öfter hell und golden beschienen, und gleich darauf hüllten sie sich in tiefes Blau und Dunkel. Es war ein beständiger Lichtwechsel, und der hohe schlichte Charakter der Gegend, durch dessen Ernst die lieblichste Anmuth lächelte, bleibt mir unvergeßlich.

Leider sollte ich auch hier nicht allein bleiben. Jede Ort=
schaft, die sich der Alterthümer rühmt, hat auch ihren Führer
und Krämer dafür, wenn er auch so wenig davon versteht wie
die Krähe vom Sonntag. Der mich hier erspäht hatte, war
von Mitylene, wie er sagte, und wußte von Sappho zu schwatzen.
Auch der Besitzer eines Tschiftliks (Pachtgutes) in der Nähe
stellte sich ein, ein stattlicher Türke in Rock und Stiefeln, der
aufs Haar einem ungarischen Landjunker glich. Wir gingen
zusammen etwa eine Viertelstunde bis zu der Königinhöhle,
σπήλαιον τῆς ῥηγίνας, die zu dem Gute des Herrn ge=
hörte, und er erzählte mir: noch vor zehn Jahren sei sie fast
ganz verschüttet gewesen; als aber die Franzosen gekommen,
habe er sie öffnen lassen, jedoch nichts darin gefunden als
an die Wand gelehnt eine große Steintafel, die wohl fünf
Fuß ins Gevierte gemessen, und auf beiden Seiten mit In=
schriften bedeckt. Die Franzosen hätten sie mit großer Mühe
herausgeschleppt, und da sie gar so schwer gewesen, sie zer=
schlagen und die Stücke mit in ihre Boote genommen. Wir
gingen in die Grotte hinein: es waren vier Grabkammern
hintereinander in den Fels hineingehauen, die beiden ersten
hatten je vier Grabhöhlen, die dritte weniger, die letzte und
kleinste Kammer gar keine. An dem Hügel fanden sich noch
viele Grabkammern, theils offen theils verschüttet, und wie
Pater Lusignan erzählt, waren sie schon zu seiner Zeit durch=
stöbert und ihres Inhalts an Goldketten und allerlei Fläschchen
und Krüglein entleert.

Auf des höchsten Hügels Spitze fand man ebenfalls Reste
von Mauerwerk. Es wurde ringsherum in die Tiefe ge=
graben, und da ergab sich, daß es blos ein viereckiger Thurm
war, der weit in das Erdreich hinein ging. Mit großer Mühe
wurde nun eine Seite des Thurms ganz weggeschafft, doch
die gehofften Schätze kamen nicht zum Vorschein. Nun wurde
ich gefragt, was das für eine Bewandtniß mit diesem alten

Bauwerk habe? Es konnte aber gar nichts anderes sein, als ein hoher Wartthurm für die Seewache zur Seeräuber= und Araberzeit. Um in dem weichen Erdreich ihm ein Fundament zu geben, mußte man so tief hineinbauen, ihn auch unten breiter als oben machen, so daß die Mauern nach oben sich etwas zu einander neigten.

Mit immer neuem Entzücken sah ich in die Landschaft des Frühlings hinein, welche recht die großen historischen Züge trug, und ich hätte vielleicht noch lange auf dieser Höhe ge= säumt, wenn sich unten nicht Monsieur gezeigt hätte, der heftig winkte. Es wäre Schade gewesen, wenn ich ihm nicht folgte; unser Abendessen wäre darüber angebrannt. In Lar= naka und Nikosia hatte man nicht genug mahnen können, was alles ich an Proviant und Eß= und Kaffeegeschirr mit= nehmen solle. Und siehe da, selbst in dem verschrieenen Kuklia gab es zu gutem Wein in reinlichen Schüsseln Eier Makaroni Bohnensalat, und aus dem Mitgebrachten war eine gute Fleischsuppe gekocht.

Ich hatte den Lesbier Alterthumskenner mitgebracht, der Hausherr setzte sich auch zu uns auf die Dachterrasse, und wir erfreuten uns der Tafel und des köstlichen Abends. Nebenan in einem Höfchen saß eine Türkenfamilie um ein Feuer ver= sammelt und lachte und scherzte. Unsere Hausfrau war noch ein junges Ding, das aber mit den großen Feueraugen, dem schimmernden Perlengebiß und jungen zierlichem Gliederbau anmuthig anzusehen war. Anfangs that die kleine Wildin, wenn sie angesprochen wurde, entweder zornig oder verlegen oder lachte blos. Später wurde sie zutraulich und hockte auf der Thürschwelle und plauderte mit. Es ist nur zu beklagen, daß Mädchenfrühling im Morgenlande so bald entweicht und nichts zurückläßt als braungelbes Gerippe.

Die Nacht war himmlisch, die Luft so sanft und wohlig wie weicher Sammet, und jeder leise Windzug führte neue

Blütendüfte. Die Silbersterne funkelten und blitzten, als
wollten sie Einem tief in die Seele hineinbringen. Bei der
Reinheit der Luft schienen sie tief herunter zu hängen: mit
einem Wurfe, meinte man beinahe, ließen sie sich erreichen.
Der Luftfrische wegen blieb die Thür des Gemachs, in welchem
wir zu Fünft schliefen, die Nacht über geöffnet, und ich konnte
vom Lager mitten in das stille tiefe Schwarzblau und zwischen
die Gestirne hineinsehen und mit meinen Gedanken die uner-
meßlichen lichterfüllten Himmelsräume durchirren.

Die Frage über den sonderbaren Kultus der cyprischen
Göttin ließ mich lange nicht einschlafen. Es schwebten mir
Szenen aus dem Machmalfeste vor, dem ich nicht lange zuvor
in Aegypten beigewohnt. Nach uraltem Brauch sendet Kairos
Herrscher alljährlich ein kostbares Tuch nach Mekka, um den
heiligen Stein in der Kaabah damit zu umhüllen. Der Aufbruch der großen Karawane, die das Tuch überbringt, gestaltet sich zu einem lauten Volksfest, bei welchem man den
religiösen Fanatismus der Kinder Mohameds noch in Blüte
sehen kann. Erinnern aber jener schwarze Meteorstein und
seine feierliche Umhüllung zu Mekka nicht gar sehr an den
heiligen cyprischen Kegel? Und steht nicht die Kaabah gerade
so wie einst das paphische Heiligthum im Innern der Umfassungsmauer? Auch die Tauben fehlen nicht im Tempelhof
der Kaabah. Sie fliegen darin umher als geweihtes Gevögel.
Im Heiligthum des Jupiter Ammon in der lybischen Wüste
bestand das Idol ebenfalls aus einem Steinkegel, der mit
Smaragden und anderem Edelgestein geziert war. Selbst im
delphischen Tempel wurde ein solcher Stein verehrt, täglich
mit Oel gesalbt, und an großen Festtagen mit weißer Wolle
umhüllt. Und so finden wir im Alterthum noch in vielen
uralten Tempeln, besonders in Syrien und Kleinasien, Bäthylien verehrt, heilige Steine, deren Namen schon, beth-al d. h.
Ort Gottes, an semitische Herkunft erinnert.

Jene Steine aber waren Meteorsteine. Von trüber Nacht und Dämmerung fühlten sich die Menschen umgeben, sobald sie etwas zu wissen strebten vom Urgrunde des Daseins und seinen göttlichen Kräften. Mußten sie da, wenn ein solcher Stein unter feurigen Erscheinungen aus der Luft, also aus dem Himmel, herunterfiel, nicht glauben, diese wunderbaren Steine, deren gleichen man auf der Erde nicht sah, seien himmlischen Ursprungs und göttliche Kräfte darin verborgen? Haben wir hier nicht Reste der ältesten Form von Gottes= verehrung bei dem ältesten Kulturvolke, den Semiten?

Ich möchte wohl wissen, wo jene Bäthylien alle geblieben. Gewiß übergab der letzte Priester, der das Heiligthum vor heranstürmenden Barbaren noch glücklich gerettet, mit zittern= den Händen es seinem Sohne, der halb schon ungläubig auf dessen Wunderkräfte hinhörte. Die Enkel warfen dann den häßlichen Stein irgendwo in die Ecke.

Ich mußte auch der schönen Sage vom Adonis gedenken, dessen Name Adonai derselbe ist, unter welchem Baal wie Jehovah angerufen wurde. Adonis war ein Jüngling so gött= lich schön, daß Aphrodite der Sehnsucht nicht mehr wider= stehen konnte und vom Himmel stieg, sich ihm zu vermählen. Aber der Gott der kriegerischen Stärke, Ares, ergrimmte und ließ den Nebenbuhler, der blos schön war, durch einen wilden Eber zerreißen. Da erfüllte die trostlose Göttin Himmel und Erde mit ihrem Weheruf, und durch ihre rührenden Klagen bewegt, rief Zeus den Jüngling wieder ins Leben. Doch nur die Hälfte des Jahres durfte der schöne Frühlingsgott bei der Geliebten weilen: die winterliche dunkle Jahreshälfte mußte er bei der Todesgöttin zubringen in der finsteren Unterwelt.

Dies Märchen läßt sich gar nicht anders fassen, als eine poetische Vorstellung, wie sich die blühende Natur mit dem Licht= und Sonnengott vermählt. Die griechischen Dichter wußten sich nur hübscher und klarer auseinander zu legen, was bei den Semiten dumpf und verworren und furchtbar blieb. Diese sahen nur die eine große gewaltige Naturmacht, die aus unerschöpflicher Fülle alles gestaltet und alles wieder dem finsteren Tode weiht, und diese üppige und dunkle Natur- macht hieß bei den Phöniziern Astarte, bei den Syriern My- litta, bei den Phrygiern Kybele, bei den Aegyptern Isis. Auch die cyprische Göttin blieb in ihrem innern Wesen Astarte und nahm von den Griechen nur die schmeichelnd schöne Form an.

Gar lange Zeit blieben die Menschen stecken in dem Un- vermögen, sich das Göttliche nur ein wenig deutlicher zu machen. Wie viel philosophisches Grübeln, wie viel ascetisches Ringen in der Wüste war Jahrtausende hindurch nöthig, bis sich die einfache beseligende Gottesidee abklärte! Sobald aber die Religionen sich erkühnen, dem göttlichen Wesen Gestalt und Geschichte zu geben, kommt nichts heraus, als kindische Thorheit. In Amathus, wo die cyprische Göttin beide Ge- schlechter in sich verschmolzen hatte, hing ihr über den weib- lichen Busen ein derber Männerbart herab.

XXXIV

Episkopi.

Ich konnte nicht anders, ich mußte früh nach dem Auf=
stehen in Altpaphos wieder hinauf zu den Höhen hinter dem
Dorfe, um noch einmal die prachtvolle Landschaft tief in die
Seele aufzunehmen. Der Morgen athmete in köstlicher Frische.
Das Meer träuselte den langgezogenen Strand mit weißer
Linie, seine Masse aber lag da schwer und regungslos wie
Metall. Auch das Gebirge schauete bleich daher im dunstigen
Schimmer. Nur das Dörfchen und sein fröhliches Saatengrün
lächelten hellbesonnt.

Worin liegt nur der Zauber griechischer Landschaft, der
uns immer wieder bis ins Innerste ergreift? Es ist am Ende
nur das Zusammenwirken großer Linien in seiner Anmuth,
das harmonische Ineinandergreifen von Meer Land und Ge=
birge, das stille lichterfüllte Aetherblau darüber, und dazu
kommt ein Hauch von Wehmuth, der über der Gegend liegt,
weil alles so öde und verlassen ist.

Auf der Rückkehr trat ich wieder in die Kaffeeschenke ein,
die gestern keinen schlechten Trank geboten. Die Steuerpresser
lagen noch im Quartier, ihr Anführer saß mit langem Tschi=
buk vor der Thür und machte mir sogleich ehrerbietig Platz.
Ich setzte mich einen Augenblick zu ihm, und wir unterhielten
uns durch Geberdensprache, indem ich fragend den Arm wie
zugreifend ausstreckte und dann in die Tasche fuhr. Er er=
widerte durch Oeffnen der Hand, wobei er über ihre leere

Fläche blies und noch dazu mit den Achseln zuckte, um aus=
zudrücken, die Leute hätten nichts, gar nichts. Das machte
er mit so feinem Lächeln, als redete er von Perlen und Edel=
gestein.

Als wir nun aufbrachen, ging es gleich wieder zum Meer
hinunter, dessen rollende Wogen sich weiß aufschäumend am
Strande überstürzten, in ewiger Bewegung sprühend, donnernd,
und weitabrauschend.

Nach einer Weile nahm uns seitwärts ein Myrthenwäld=
chen auf, und je weiter wir von der Küste bergauf kamen,
gab es immer mehr wilde Oel= Karruben= und andere Bäume,
und es wurde der schönste Buschwald. Mitten darin aber
zeigten sich Prachtstätten voll Wildrosen Orchideen Terzetten
und anderen Sternblumen und vielfarbigen Blüten, ein blumi=
ger Anger reihte sich an den anderen.

Es waren da Frauen, welche Disteln die Köpfe abschnitten.
Hussein erbat sich eine Handvoll Distelköpfe und schälte mir
die Kerne heraus: sie schmeckten etwas trocken, sonst aber nicht
übel. Fast alles Kraut enthält auf diesen Inseln etwas Eß=
bares. Eine greise Alte verkaufte uns auch wilde Artischocken,
roh zu verzehren, die mir aber zu herbe schienen. Die Alte
war türkisch gekleidet: weil sie aber ihr Schleiertuch nicht vor=
zog und ihr runzelvolles Gesicht sehen ließ, sagte Hussein ver=
ächtlich, sie sei eine Linopambagi, d. h. eine Leinwollene.

Unser Pfad zog sich eine Thalschlucht hinauf· ins wilde
öde Gebirge. Hier oben war alles mit Buschwald überzogen.
Unten in den Thalungen aber standen trümmerhafte Cypressen,
Oel= und andere Fruchtbäume ganz vernachlässigt. Der Boden
war noch überall mit fruchtbarer Erde bedeckt. Hier könnten
Hunderttausende die schönsten Ortschaften haben und sich ihres
Lebens freuen. Entsetzlich war an vielen Stellen die Wald=
verwüstung. Alle großen Stämme waren fort: ein paar, die
noch am Boden lagen, gaben Zeugniß, welche Prachtbäume

hier gestanden. Nachdem der Hochwald zerstört worden, ging es nunmehr dem Buschwald ans Leben. Erst brennt man im Frühling, wenn das Holz noch im Safte ist, das Laub weg, das Reisig flackert auf, aber die stärkeren Zweige und Bäumchen sterben nur ab, und im Herbst haben die Frauen das Abhacken und Abbrechen um so leichter. Auf ganzen breiten Halden war auch nicht ein grünes Stämmchen übrig gelassen. Andere erschienen bedeckt mit mannshohem blühenden Ginster.

Als ich etwas zu jagen hineinging, wäre ich bald auf eine giftige Otter getreten. Sie war grau mit schwarzen Ringen, armdick und anderthalb Fuß lang. Ein Melonengeruch kehrte hier und da wieder: als ich nach der Ursache suchte, war es eine gelbe Beere, die an einer krautartigen Pflanze wuchs. Die Gebüsche aber steckten voll Vogelwild. Auch unbekannte Vögel schwirrten auf. Besonders häufig traf ich einen von Art und Größe unseres Nußhähers, sein Gefieder aber war viel glänzender durch blauen und röthlichen Schimmer.

Nach der Karte hätten wir durch drei Dörfer kommen müssen. Hussein aber wußte entweder kürzere Wege oder er theilte meine Leidenschaft für die Einöde. Wir berührten keine einzige Ortschaft, nur Avdimu sahen wir von weitem liegen. Allein Hussein führte mich auch, statt auf die Höhe des alten Kourion, gerade daneben hinab, versicherte aber hoch und theuer, er sei oben gewesen und habe nicht das Geringste mehr gesehen, als ein paar alte Steinbrocken. Roß erkannte vor zwanzig Jahren dort noch eine antike Rennbahn, von einer Mauer aus Sandsteinquadern umbaut. Desgleichen fand er eine Viertelstunde weiter Grundmauern und einige Säulentrommeln vom Tempel des Apollon Hylates. Auch dort, so versicherten mich meine Begleiter, sei nicht das Geringste mehr vorhanden. Ich glaube es wohl, denn in den letzten Jahren schien alles verschworen, den wenigen Alterthümern, die Cypern noch besitzt, rasch den Garaus zu machen. Wo irgend gebaut wird, hier oder in Syrien oder auch in Aegypten, Cypern liefert in seinen alten Mauertrümmern Steinbrüche dafür.

Gleich unter dem Felsen von Kourion und nahe vor Episkopi kamen wir wieder ans Meer hinab, das heute öfter eine rechte Augenweide gegeben. Wiederholt erschien, während wir im Küstengebirg umherzogen, seine lachende Bläue zwischen weit sich vorkrümmenden Kaps, wie eingefaßt in einer ungeheuren Schale.

Oben auf der freien Höhe vor Episkopi sah sich diese Reihe von Vorgebirgen, die auf der einen wie auf der anderen Seite ins Meer liefen, nicht anders an, als wären sie sorgsam hinter einander gefältelt. In der Mitte streckte sich platt wie ein stundenbreites Brett ins Meer die Halbinsel vor, deren beide Enden unten noch etwas ausgeschweift sind. Im Alterthum hieß sie Kourias und gehörte zu der Stadt auf der nahen Sandsteinhöhe gleichen Namens. Jetzt muß sie, so lang und breit sie ist, sich begnügen mit dem Namen, den man auf all den griechischen Inseln den Landzungen gibt: Akrotirion, das heißt das Aeußerste. Ihr östliches Vorgebirg heißt Capo delle gatte.

Von dieser Aussicht auf der Höhe vor Episkopi könnte ich noch viel erzählen, denn sie hat der Reize gar viele. Blickte ich nach dem Lande, wie graziös erschienen da bei aller Größe des Gebirges leichte Wellungen! Die Ortschaft selbst muthet, ja heimelt einen an. Sie liegt am Beginn der Halbinsel, wo der rauschende Lykos sich ins Meer stürzt, auf fortlaufender Anhöhe, umleuchtet von der See und halb versteckt in einem Dickicht von Orangen= und Obstbäumen, über welchen sich auf schlanken hohen Schaften zierlich die Palmen wiegen. Aller Orten zwischen den Häusern und Gärten stürzt und rauscht es von schäumenden Bächlein, die unten eine schöne Fruchtebene bewässern. Ich möchte beinahe glauben, daß das

alte Kourion hier gelegen war und auf der Felshöhe nur seine
Akropolis hatte.

Hussein ließ uns mitten in der Ortschaft halten, während
er sich hinein begab, um Herberge auszukundschaften. Die
Wohnungen waren viel bedeutender als am paphischen Gestade, und die Türken haben hier alles, was ihr Herz verlangt: Ruhe, Baumgrün, murmelndes Gewässer. Wiederholt
kam eine kleine Gruppe verhüllter Frauen daher. Man sah
lauter dicke weiße Frauengespenster und an ihrem unteren Ende
lauter dicke runde Watschelfüße, Beweis genug, wie die In-
haberinnen sich auf diesen fetten Auen nudeln ließen. Durch
die Schleierhülle schien manches schwarzbraune Gesicht. Denn
weil Episkopi der angenehmste Ort war, so zogen sich viele
Türken hierher, und weil sie nicht Frauen genug fanden, so
ließen sie sich aus Aegypten schwarze kommen, und ich bin
überzeugt, weil es Sklavinnen waren, so hatten sie diese Ge-
fährtinnen um so lieber.

Der Alttürke glaubt so fest, ein Mann könne nicht anständig leben, ohne daß ihm arbeitende Rajah Gold und Korn
bringe, und ohne daß in seinem Hause Sklavinnen ihm zu
Winke seien, gleichwie im Alterthum die ganze Welt überzeugt war von der Nothwendigkeit der Sklaverei. Bei Aristo-
teles heißt es einmal: niederstehende Völker seien von Natur
eben so zur Sklaverei bestimmt, wie der Leib hinter der Seele,
das Thier hinter dem Menschen zurückstehe. Die Albernheit, die
in solchem Ausspruche lag, merkte man nicht. Spätere Geschlechter werden wahrscheinlich über die gegenwärtige Art und
Weise des Grundeigenthums ähnlich denken, wie wir jetzt über
Recht und Sitte der Sklaverei im Alterthum.

Nachdem wir in Episkopi eine ziemliche Weile im Freien
geharrt, kam Hussein zurück und berichtete: die Handvoll
Griechen in der Ortschaft sei gar zu ärmlich, wir fänden bei
ihnen weder Bett noch Speise noch Wein; die Türkenhäuser

aber seien alle voll, freiwillig wolle uns Niemand eine Herberge einräumen, und er dürfe nicht daran denken, uns wider
Willen einzuquartieren. Die Türken hatten also aus Episkopi
trotz seines bischöflichen Namens die Griechen herausgeworfen,
nur ein paar Hütten hatten sie ihnen übrig gelassen. Und
auch deren Bewohner wagten es nicht, Fremde aufzunehmen,
weil ihre türkischen Nachbaren es nicht mochten.

XXXV

Kolossin.

Da es nun mit dem Herbergen in dem Türkenorte nichts war, so stimmte ich gerne ein, auch einmal Quartier bei einem großen Grundbesitzer zu nehmen, der noch drei Viertel= stunden weiter zu Kolossin wohnen sollte. Ich schickte den Dragoman voraus, freundlich um Aufnahme zu bitten.

Als wir nach einer Weile ihm folgten, sah ich schon von Weitem in Kolossin ein ungeheures Thurmviereck aus dem Ge= höfte emporragen. Als wir näher kamen, merkte ich wohl, daß es ein mittelalterliches Bauwerk sei: für eine Burg aber schien es zu einfach, für eine Festung zu vereinzelt.

Der Hausherr empfing mich am Eingang des Hofes in der verbindlichsten Weise. Er war ein Mann von Tracht und Benehmen wie ein Weingutsbesitzer am Rhein, und seine Wohnung sah ungemein dem Anwesen eines kleineren Päch= ters im südlichen Frankreich ähnlich. Das untere Haus ge= hörte dem zahlreichen Gesinde: im oberen, das sich vorn auf eine leichtgebaute Vorhalle öffnete, zu welcher eine breite Holz= stiege emporführte, wohnte die Herrschaft. Es wurde mir be= haglich in diesen Räumen, alles verrieth europäischen Geschmack. Feine Jagdhunde kamen herein, eine Art Windspiel von weiß= gelblicher Farbe. Zum Gute gehörten fünfzehn Paar Stiere, aber es wäre Land genug, sagte der Besitzer, um zehnmal so viele zu beschäftigen.

Nach kurzem Ausruhen ging es zur räthselhaften Burg,

die in Begleitung des Besitzers mit Dienern und Fackeln von oben bis unten besichtigt wurde. Es ist ein aus mächtigen Quadern aufgebautes breites Viereck, hoch wie ein Thurm, und von so dicken Mauern, daß in den Seiten der Fenster- nischen lange Sitzbänke Platz finden. An den ganz einfachen Wappenbildern, die draußen in Stein angebracht sind, er- kennt man sofort das dreizehnte Jahrhundert. Das Ganze ist durchaus im Stil der sehr wenigen Burggebäude, die noch aus den Zeiten der Hohenstaufen übrig, alles zweckmäßig, schlicht und würdig, und in sehr schönen Verhältnissen. Es ist vorzugsweise der englische normännische Stil: ich wüßte aber in ganz Europa kein ähnliches so wohl erhaltenes Ge- bäude dieser Art, nur etwa die bekannte Burg in Hedingham läßt sich vergleichen.

Zwei hohe Stockwerke erheben sich über dem Erdgeschoß, das kellerartig in die Erde hineingeht. Das untere Stockwerk besteht aus drei, jedes obere aus zwei Abtheilungen oder weit- geräumigen Sälen in einfacher Wölbung. An den Kaminen oben sind Lilien angebracht, roh und ohne alle Verzierung, gleichwie die Wappenbilder an der äußeren Mauer. Das Portal ist eng, und nur eine einzige schmale steinerne Wendeltreppe führt von einem Stockwerk zum anderen, und ganz oben ist eine große breite Plattform, die von Zinnen gekrönt ist. In den Kellerräumen befand sich noch eine tiefe Cisterne, die halb verschüttet war. Der Besitzer wollte sie ausreinigen lassen, und ich möchte ihm wünschen, daß er noch Schätze darin finde, um die außerordentlich großen Verluste, welche die letzten beiden Trockenjahre auf Cypern brachten, etwas auszugleichen.

Offenbar war die ganze Burg weniger zum Wohnen als zum Bergen eingerichtet. Da sie auf der Mitte der Halbinsel steht, da wo diese vom Lande wie ein halbes längliches Viereck sich platt ins Meer breitet, und auf der anderen Seite das Gebirge hat, welches im weiten Halbkreis über den Vorbergen aufsteigt, so beherrschte dieser feste Platz die Halbinsel, das Meer, das Berggelände ringsum. Weder mit Feuer noch mit Leitern noch mit Mauerbrechern war dem Koloß anzukommen, und die Vertheidiger konnten sich von einem Stockwerk zum anderen zurückziehen. Auf der Plattform aber fand eine große Menge Pfeilschützen Platz, die, hinter den Zinnen geborgen, ihre tödtlichen Geschosse auf die Angreifer herabsendeten.

Die Aussicht von der hohen Plattform war weit und prachtvoll. Die Sonne neigte sich zum Untergang, und die Wolken, die sie mit ihren Strahlen durchschien, bildeten schim=mernd blutrothe Massen und Streifen, darunter lag ernst und tiefdunkel das Meer, nur von einzelnen Goldstrahlen über=zogen. Das Gebirge aber schien wie von grauen Schleiern verhängt. Unten vor der Burg lag niedrig die alte Kirche, in deren romanischen Stil sich ebenfalls die Anfänge der Gothik einmischten.

Ich erfuhr, das Schloßgut sei Krongut und gehöre dem Sultan in Konstantinopel. Da wurden mir Ursprung und Bestimmung des Baues auf einmal klar, und es durchflog mich eine freudige Ahnung: ich war im alten Mittelpunkt des weltberühmten Commanderia. Nun war es mir um so lieber, auf dieser Stätte gewesen zu sein, von welcher so viel Gutes in alle Welt ausging. Ich muß mich wohl darüber näher erklären. Der Wein erfreut bekanntlich des Menschen Herz, ist ein Tröster in dunkeln Stunden und gibt Labe und An=regung in Tagen der Schwäche. Wo also Wein von vorzüg=licher Güte wächst, da strömt eine Quelle reiner Wohlthat für alle Völker.

Die Johanniter hatten, als sie das heilige Land verlassen mußten, nach Cypern ihren Ordenssitz verlegt, gleichwie später nach Rhodus, noch später nach Malta. Von Cypern aus, unter Schirm und Antrieb seiner ritterlichen Könige, bekämpf=ten sie glorreich den Halbmond, und von der Kraft und Klug=

heit dieser ritterlichen Mönche hing oft der Sieg ab. Der Bischof von Akkon, Jacques de Vitry, entwirft in seiner Darstellung des heiligen Landes folgende Schilderung: „Bedeckt von ihren weißen Mänteln mit dem rothen Kreuz, den Beauceant, ihr schwarzweißes Banner voran, rücken sie im tiefen Stillschweigen in den Schlachten vor. Sie haben kein Kriegsgeschrei. Erst wenn des Generals Trompete zum Angriff bläst, legen sie die Lanzen ein und stürmen an, sprechend den Psalm Davids: „Herr, gib uns den Sieg, nicht für uns, sondern für deinen heiligen Namen!" Sie stürzen sich stets auf die stärkste Stelle des Feindes und weichen nicht: durchbrechen müssen sie oder ihr Leben lassen. Verliert einer der Brüder den Muth, so darf er ein Jahr lang den Mantel, die Ritterehre, nicht tragen, und muß auf der Erde essen ohne Tischtuch, beunruhigt von den Hunden, die zurückzustoßen ihm verwehrt ist."

Der Orden besaß bereits auf Cypern eine Commende, — so nannten die Ritter einen Güterbesitz, der von einem Mittelpunkte aus, wo der Comenthur wohnte, verwaltet wurde, — da empfingen sie durch König Hugo I. im Jahre 1210 große Privilegien. Sie durften Grundbesitz erwerben, wo sie wollten, hatten freie Ein- und Ausfuhr für alle Dinge und Erzeugnisse, und konnten unentgeltlich ihr Korn mahlen auf des Königs Mühlen, die unter dem Schlosse Buffavento an dem Strom von Kythrea standen. Dabei erhielten sie Häuser und Gärten in Nikosia und Limasol, um dort ein Ordenshaus zu bauen, und außerdem vier Ortschaften: Platanistia und Finika im paphischen Bezirk und Mamgrullii und Kolossin im Distrikt von Limasol.

In Kolossin aber hatte schon früher ein Franzose Garin sich eine hübsche Herrschaft gegründet gehabt, alle Stücke derselben kaufte der König zusammen und schenkte den Rittern die ganze große Besitzung. Nun wurde Kolossin ihr Hauptort, hier wohnte der Ordensgeneral, und hier erbauten sie deßhalb, wahrscheinlich noch im erſten Drittel des dreizehnten Jahr= hunderts, das gewaltige Schloß, welches im Kriege ihre Burg, in Friedenszeiten die Stätte ihrer Feſte und Verſammlungen wurde. Nicht weniger als 41 Ortſchaften gehörten noch zu Ende des Mittelalters zu ihren Beſitzungen auf Cypern.

Mit landwirthſchaftlichem Verſtand und haushälteriſcher Sorgfalt wußten die Johanniter ihre Güter in blühenden Stand zu bringen. Weizen, Oel und Wein, Zuckerrohr und Baumwolle ärnteten ſie in Menge und ausgezeichneter Art, und weil nur von ihren Commenden der Wein kam, der all= gemeines Aufſehen erregte, ſo nannte man ihn Commanderia= wein. Wir könnten das Wort mit Ordenswein überſetzen, ähnlich wie wir Kirchenſtück, Jeſuitengarten, Hochheimer Dom= dechant haben: jener hatte den Namen von der Commanderia der Johanniterritter auf Cypern, und der Mittelpunkt dieſer Commanderia war Koloſſin.

Dankbar gedachten wir bei der Tafel der braven Ordens= ritter und ließen uns den Wein ſchmecken, den ſie auf dieſe Höhe von Duft, mildem Feuer, und edlem Geſchmack gebracht. Aus der Johanniter Zeit ſoll auch die Gewohnheit herrühren, kleine Vögel, die Feigenſchnepfen, blos zu rupfen und dann gleich in einen Krug voll Commanderiawein auf einander zu packen. Der Wein durchzieht die Thierchen ganz und gar, hindert jede Verweſung, härtet ſie etwas und gibt ihnen einen unübertrefflichen Wohlgeſchmack. Iſt dieſe delikate Speiſe, die ich auf Cypern öfter gegeſſen — man nimmt ſie nach Belieben zwiſchen den Gängen — in Europa erſt bekannter ge= worden, ſo wird ſie der Inſel Nutzen, den armen Vögeln dort Verheerung bringen.

Am leichteſten und ſicherſten können die Bewohner Cyperns ſich eine lohnende Ausfuhr durch den Wein ſchaffen. Noch immer liefert der Wein blos an Ausfuhrzöllen ein Sechszehntel

des ganzen Einkommens, welches die Regierung der Insel be-
zieht; aber noch fünfzigmal mehr dieser Weine könnte auf den
herrlichen Ländereien wachsen, die jetzt halbwüst daliegen.
Neue Anlagen sind äußerst selten, und wo eine Gemeinde sich
dazu aufrafft, da kann es leicht vorkommen, daß der bloße
Neid der Nachbaren die jungen Pflanzungen zerstört. Ganz
wie auf Kreta wuchert Haß und Neid auf den Nachbar in den
griechischen Ortschaften. Es scheint, daß die lange Unterdrückung die Untugenden der Sklaven gezeitigt hat. Weil
der Eine sich unglücklich fühlt, soll auch der Andere es nicht
besser haben.

Wundern aber muß man sich wohl, wie bei der jetzigen
Art und Weise des Weinbaues noch ein so guter Saft gewonnen wird. Man kümmert sich wenig darum, ob Esel
und Ziegen im Frühjahr durch die Weinberge schweifen und
die jungen Reben abreißen. Die Trauben werden ohne alle
Auslese abgeschnitten, auf der Erde über einander geworfen,
und bleiben vielleicht im Regen liegen. Haben sie acht Tage
lang gefault, werden sie auf die roheste Weise gekeltert und
der Most in die großen irdenen Töpfe gegossen, diese aber
in die erste beste Kammer oder unter einen Schuppen gestellt,
wo Getreide, ranziges Oel, trocknende Blätter und Früchte,
Harze und allerlei sonst gut und schlecht riechendes Zeug umher steht und hängt. Unter diesen Düften mag der Most
seine beiden Gährungen durchmachen, von deren Wesen die
wenigsten Bauern etwas verstehen. Auf dem Weinkrug liegt
ein Schieferstein oder ein Deckel mit einem Löchlein. Durch
dieses steckt man von Zeit zu Zeit ein Rohr und saugt ein
Schlückchen, theils um sich zu laben, theils um das Getränk
zu probiren wie es geräth. Vielleicht ist es sauer geworden,
vielleicht auch nicht: dieses Vielleicht nennen sie die Krisis.

Hat der Wein sie glücklich bestanden, so kommen die Händler
und kaufen auf. Dieser Bauer hat einen oder einen halben

Krug, jener zwei oder drei Krüge gemacht. Alles wird zusammen geschüttet und in rohen harzpechichten Ziegenhäuten nach dem Ausfuhrplatze gebracht. Hier kommt der Wein auf Fässer, und dabei geht die Mischung verschiedenen Gewächses noch einmal vor sich. Kann man sich wundern, wenn der Commanderia so oft unterwegs verdirbt? Stammte er nicht von größeren Gütern, wo man doch wenigstens einige Sorgfalt auf Lese Keltern und Lagern verwandte, so trägt er nur zu häufig den Stoff zur Zersetzung schon in sich, ehe er aufs Meer kam, und langt im europäischen Hafen an als eine schändliche Brühe, statt Herz und Geist zu erfreuen durch seine würzige Blume, seinen innern Reichthum an kernigen und weichen Essenzen, seine köstliche Verbindung von Süße Säure und leisem Geschmack von Bittermandel, insbesondere durch die feine Harmonie, mit welcher alles dies auf die Zunge fällt, und die wohlige Wärme, die er sofort im ganzen Körper verbreitet, — Eigenschaften, die ihm unter den Weltweinen den ersten Rang anweisen.

XXXVI.

Cyperns Landesnatur.

Die Unterhaltung bei der Tafel in Kolossin drehete sich hauptsächlich um Landeserzeugnisse, und es wurde mir deutlicher, was ich bisher schon ahnte, daß nämlich die Insel nur noch von Resten der Kultur lebt, welche theils das Alterthum theils das Mittelalter hier gegründet und gepflegt hat. Wir ergingen uns im Gespräche über die vielen Gewächse, deren cyprischer Name ehemals weit und breit berühmt war. Es ergab sich, daß von vielen der Anbau sich ganz verloren, von andern nur noch kümmerlich fortlebte, bei keinem Artikel mehr auf der früheren Höhe an Güte und Ergiebigkeit steht. Sehr wenig Neues war hinzu gekommen.

Ein geschichtliches Bild der Vegetation und des Anbaues eines Landes, wie sie vor- und rückschritten und sich änderten, ist nicht ohne Interesse. Am klarsten stellt es sich auf einer Insel dar, welche wie Cypern Kreta Kuba hinlänglich Raum und Mannigfaltigkeit bietet, jedoch sich in all ihren Theilen stets als Ganzes übersehen läßt. Ich will hier ein solches Geschichtsbild versuchen, muß jedoch einen kurzen Ueberblick der Landesnatur voraus schicken und dabei zusammen fassen, was schon hier und da in der Reiseschilderung vorkam.

Betrachtet man auf Cypern das Gemäuer an einem öffentlichen Gebäude, so wird man durch dessen Bestandtheile an entlegene Zeiten erinnert. Die Steine aus den phönizischen Bauten wurden verwendet zu griechischen, dann zu ägyptischen und römischen Tempeln, aus diesen zu christlichen Kirchen und arabiſchen Moſcheen, ſpäter zu fränkiſchen Burgen und Domen, aus dieſen zu türkiſchen Feſtungswerken, und jetzt auch wieder zu neuen Chriſtenkirchen.

Es haben hier nach einander alle Hauptvölker des Alter= thums geherrſcht, darauf im Mittelalter erſt Byzantiner, dann Araber, dann wieder Byzantiner, auch einmal eine kurze Zeit Richard Löwenherz und der deutſche Kaiſer Friedrich II., darauf eine lange Zeit Franzoſen, endlich, nachdem die Venezianer noch hundert Jahre ſich Cyperns erfreut hatten, gehörten ſeine letzten drei Jahrhunderte den Türken.

Im Wechſel dieſer Regierungen hatte die Inſel wiederholt Zeiten der Blüthe und Zeiten des Verfalls, bald länger bald kürzer, nur ſeit den letzten dreihundert Jahren ſiechte ſie dahin ohne Wandel und ohne Hoffnung unter dem Todesſchatten des Halbmonds. Faſt gerade ſo groß als das Königreich Württemberg, hat ſie kaum noch etwas über 150,000 Ein= wohner, im Mittelalter waren es zwei Millionen, im Alter= thum vielleicht noch mehr. Gegenwärtig wird es auf Cypern an ſeinen Rändern etwas rühriger, und die Bevölkerung ſcheint ſich wieder langſam zu vermehren.

Wechſelnd wie die geſchichtlichen Zeitläufte zeigt auch die Pflanzenwelt der Inſel verſchiedenen Anblick. Zwar in den Ebenen der Getreidebau, Weizen Gerſte Hafer und Hülſen= früchte, auf dem Gebirge die Seeſtrandsfichte und die Schwarz= föhre, in den lachenden Thälern und Küſtenbreiten die ſtatt= lichen volllaubigen Eichen und Platanen und Eſchen, die ſchönen Terebinthen, die ſchotenbehangenen Karruben, dann die vielen Gemüſearten, die hier noch wild wachſen, wie Spargel Arti= ſchocken Kohl Kapern Portulak und Kreſſe Salbei und Majoran, dieſe Gewächſe blieben beſtändig ſich gleich, ebenſo das viel= artige blühende Gebüſch mit würzigem Laube, das in den Thalſchluchten und an ihren Abhängen ſich drängt, Oleander und Myrthe Arbutus und Lentiscus Wachholder und Maſtix, ebenso der liebliche Blumenteppich, der mit immer frischem Reize die Fels- und Berghalden schmückt, Rosen und Jasmin und vor Allem die auf Cypern einheimischen Knollengewächse, die ganze Strecken überziehen, Tulpen und Hyazinthen, Narzissen und Tazetten, Crocus und Anemonen.

Eben so wenig änderte sich jemals die üppige Fruchtbarkeit des Bodens. Auf Cypern hat man niemals Düngen gekannt. Sowie die Erde nur ein wenig bewässert wird, gleich schießen zahllose Pflanzenkeime empor und wachsen und breiten sich aus in wuchernder Fülle. Immerdar bedurften daher die Saaten auf Cypern des Reinigens, und das mühevolle Ausreißen und Ausjäten des Unkrautes — das βοτανίζειν, botanisiren, wie man es dort nennt — fiel im Alterthume wie noch heutzutage, oft und mühevoll wiederkehrend, den armen Weibern zur Last.

Bei alledem gibt es eine Reihe charakteristischer Gewächse, insbesondere Handelspflanzen für die Ausfuhr, die in den verschiedenen Perioden auf einander folgten. Bald machte die eine, bald die andere Pflanze Cyperns Namen berühmt. Auch die Bewirthschaftung und damit Anblick und Ertrag des Landes änderten sich je nach den verschiedenen Völkern, welche die Insel bewohnten oder beherrschten. Manchmal war es Berechnung, welche neue Gewächse einführte oder die eingeborenen in Abgang kommen ließ: öfter lag der Grund in der heimatlichen Gewohnheit, welche das eine oder andere Volk nach der Insel mitbrachte. Denn gleichwie nichts der Erde so viel Leben und Wohnlichkeit verleiht als das fröhliche Grün der Saaten und Wiesen, der laubgeschmückte Wald und der blüthenfarbige Garten, so wollen auch die Menschen nichts lieber um sich haben als ihre heimatlichen Bäume und Gewächse, und ich erinnere mich noch wohl einer Paderbornerin, die im amerikanischen Westen mit ihrem Manne eine prächtige Farm bewirthschaftete und darüber zu weinen anfing, daß es ihnen durchaus nicht gelingen wollte, westfälische Pflaumenbäume anzusiedeln. Ach, süß ist die Heimat und unvergänglich theuer ihre Sitte: innig aber verwoben mit der heimatlichen Luft und Sitte ist ihre Pflanzenwelt.

Durchgehen wir deßhalb ganz in der Kürze die Geschichts= epochen Cyperns und fügen bei jeder an, wie sich Anbau und Vegetation änderten. Zuvor aber nehmen wir einen raschen Ueberblick über Bodengestaltung und Klima der Insel.

Cypern zerfällt bei dem ersten Blicke auf die Karte in drei Theile, die sehr von einander verschieden sind.

An der ganzen Länge des Nordrandes zieht dicht am Meere hin eine lange schmale Bergkette. Sie hält sich in der Höhe von 2= bis 3000 Fuß und besteht aus Jura=Kalk, welchem sich an beiden Seiten Wiener Sandstein vorlagert. Den Westen und Süden Cyperns bedeckt ein Massengebirge, das die gute Hälfte der Insel einnimmt und von 2= bis 6000 Fuß Höhe wechselt. In seinen Hochrücken und Kuppen und der ganzen nördlichen Hälfte besteht es aus Grünstein, während es sich nach der Südküste in tertiärem Kalk und Mergel abdacht.

Mitten zwischen beiden Gebirgen breitet sich eine einzige große Tiefebene, bedeckt mit fettem Alluvialboden, der an vielen Stellen 10 bis 15, ja 20 Fuß tief geht, und durch= schnitten wird von zwei vielarmigen Flüssen, von denen der eine nach Osten, der andere nach Westen zieht. Beide Ströme treten in der Regenzeit aus und überschwemmen weit und breit das Land, so daß man, da es keine Kähne gibt, wochen= lang nicht von einer Ortschaft zur anderen kann. Ist das Wasser aber verdunstet oder zurückgetreten, so hinterläßt es wie bereits oben bemerkt wurde, auf den Feldern einen Schlamm, der in seiner Wirkung und bei chemischer Untersuchung auch in seiner Zusammensetzung mit dem Nil=Schlamme merkwürdig viel Aehnliches hat.

Rings aber um die Insel gibt es kleine Strandebenen und

sanft ansteigende breite Abhänge, deren Untergrund ebenso wie auf der großen Ebene aus quartärem Gebilde besteht, untermengt mit Gips Kalk und Mergel. Hier hat sich die fruchtbarste Erde abgelagert, die bewässert wird von zahllosen kleinen Flüssen und Bächen, die aus dem Gebirge hervorströmen. Zwischen den Bergen aber gibt es überall Thäler und Hochbreiten, welche ebenfalls den Anbau reichlich lohnen.

Wegen seiner vielen vorspringenden Kaps und Halbinseln erschien den Alten Cypern als ein gehörntes Haupt, und die seltsam lange schmale Halbinsel, in welche die nördliche Bergkette ausläuft, als die Zunge, mit welcher Cypern in den Winkel zwischen Syrien und Klein=Asien hineinleckt.

Die große Ebene nun war von jeher der üppigste Garten= und Getreideboden. In den Küstenbreiten und Tiefthälern des Gebirges fanden alle Pflanzen und Bäume, die irgendwo in Europa Vorder=Asien und Aegypten wachsen, ihr Fortkommen und zum großen Theile ihr glücklichstes Gedeihen. Denn die Natur Cyperns hat entschieden etwas von allen drei Welttheilen, zwischen denen es liegt. Auf dem Gebirge fand ich mich öfter nach Deutschland versetzt, die Südküste zeigte hin und wieder die prachtvollsten Gegenden Griechenlands, und in der großen Ebene brannte die Sonne wie im Nil=Delta.

Die größte Abwechslung aber bietet Cyperns Klima. Ein Drittel des Jahres ist regnerisch wie an der Nordsee, ein zweites Drittel von köstlicher Frische und Lieblichkeit wie an den griechischen Küsten, und das letzte Drittel schrecklich wie in der glühenden Sahara.

Man findet auf alten cyprischen Münzen und Gemmen einen Löwen, der den Rachen aufsperrt: er bedeutet den Alles verzehrenden Sonnenbrand, der die blühende Insel regelmäßig im Sommer überfällt. Manchmal ist über dem Löwen auch die Strahlensonne selbst angebracht. In der Winterszeit regnet es dagegen fast unaufhörlich. Schon um Mitte Oktobers überzieht sich der Himmel mit Regenwolken, die sich fort und fort entleeren, bis zum Februar hin. Dann folgt eine himmlische Frühlingszeit, voll Blüthenduft und heiterer Frische. Um Mitte März wird sie von neuen Regenschauern unterbrochen: diese enthalten zwar viel weniger Wassermengen als im Winter, dauern jedoch, mit mehrtägigen Unterbrechungen, bis gegen Mitte Mai, wo starke nächtliche Thaue sie ablösen. All die Zeit, beinahe ein Vierteljahr, ist es gar herrlich zu leben auf Cypern, dann aber kommt die heiße Zeit.

Im Juni verschwindet jede Feuchtigkeit aus der Luft und zu Ende dieses Monates bricht eine glühende Hitze herein, die immer qualvoller sich über die ganze Insel legt. Der Himmel scheint wandellos eine eherne leuchtende Masse zu sein. Das Thermometer zeigt im Schatten 30 Grad. Nur von Zeit zu Zeit öffnen sich erfrischende Seewinde den Weg ins Land, und wie befreit athmet Alles auf. Das Schlimmste aber kommt erst. Gegen den September zu stirbt jedes leise Fächeln des Windes ab, die Luft wird dick und undurchsichtig, jeden Tag lastet sie schwerer in schwülem Dunste. Kraut und Halm verdorrt bis auf die Wurzel. Die Bäume lassen die Blätter fallen und strecken ihr dürres Geäste gespenstisch über den trüben Dunstkreis. Jeder Tropfen Wassers ist aus den Bächen und Flüssen verschwunden. Nur Abends oder in der Nacht kann man reisen oder Geschäfte machen. Die Menschen hegen nur den Einen Gedanken: Wenn doch erst wieder Regen käme!

Man hat berechnet, daß es im Sommer in Nikosia, der Hauptstadt Cyperns, heißer ist als in Kairo, trotzdem das Meer und das Schneegebirge in Klein-Asien mit ihrer Feuchtigkeit so nahe sind. Ich kann mir die Thatsache nur dadurch erklären, daß im Nil-Thale über dem ziehenden Gewässer beständig ein leichter Luftzug entsteht, und daß dort vom breiten Strome und seinen zahllosen Bewässerungsgräben beständig viel mehr Feuchtigkeit verdunstet, als auf dem trockenen Cypern.

XXXVII

Anbau unter Semiten und Griechen.

Treten wir jetzt der Geschichte der Insel näher.

Aus Cyperns Alterthum steigt uns ein kräftiger Waldduft
entgegen, es ist Urwaldsgeruch. Berg und Thal und Ebene
bildeten eine fortlaufende Waldung. Am Südrande der Insel,
wo die Föhren und Eichen und Platanen ihre Aeste noch in
die See tauchten, wo die Waldbäume aber weiter auseinander
standen und dazwischen sich Blicke auf grüne Auen eröffneten,
siedelten sich Semiten an. Hier lagen die ältesten Stätten
des Astarte=Dienstes, hier auch die ältesten und berühmtesten
Wein = und Weizenfelder.

„Brot und Wein, das giebt Kraft und Stärke" — diesen
Wahrspruch der Ilias sagte sich jedes Volk, sobald es vom
Hirtenwesen zu Ackerbau und festen Sitzen überging. Und
ohne Zweifel hat Mutter Natur gleichwie den körnertragenden
Grashalm, so auch die wohlthätige Weinrebe überall auf der
Erde, wo zu fruchtbarem Boden sich dauernde Sonnenwärme
fand, sprossen lassen. Man sucht öfter des Weinstockes Heimat
an den Abhängen persischen Gebirges, sei es nach dem kaspi-
schen See oder nach dem persischen Meerbusen hin, — allein
wie häufig habe ich in Amerika im wildesten Urwalde das
schöne Gewinde der Rebe die Stämme und Aeste entlang
streben und schweben sehen! Der Weinstock hob sich auch wohl
von der Erde gerade auf in prächtigen Säulen bis in die

Laubdecken hinein. Es bedurfte nur der Veredlung mit euro=
päischen Rebaugen und man erhielt von der Urwaldrebe den
herrlichen Katawba= und Isabellen=Wein.

Auf semitische Wurzeln aber weisen unter zahllosen anderen
Kulturzweigen insbesondere die Anfänge und Fortschritte in
Feld= Obst= und Gartenbau zurück. Der Semite hat von
Hause aus einen eigenthümlichen Hang, das natürliche Fort=
pflanzungsleben in Mensch Thier und Pflanze zu durchbringen
und daran nach eigenem Geschmacke zu probiren, zu ändern
und zu meistern. Verschiedenartige Zucht der Hausthiere,
Rassenkreuzung, Saamenmischung, Pfropfen und Okuliren ge=
hörten von jeher sozusagen zum nationalen Studium der
Semiten. „Im Gartenwerk — sagte Plinius — ist Syrien
das emsigste Land, daher heißt es im griechischen Sprüchworte:
„In Syrien giebt es vielerlei Küchenkraut."

Für Cypern blieb es von Bedeutung, daß vom Anfange
an der Feld= und Gartenbau, so wie er bei semitischen Völkern
im Phönizier= Nil= und Chaldäer=Lande geübt wurde, all=
mälig die Strandebenen und breiten Abhänge an der Südküste
in Besitz nahm. Eine Menge Kulturpflanzen, wie das Henna
die Kassia Zimmet Myrthe Sesam und die Kolokasie, weisen
auf syrische oder ägyptische Heimat zurück.

Um so lockender wurde der Besitz der Insel für die Grie=
chen, als sie bald nach dem trojanischen Kriege auch ihre
Völkerwanderung hatten und nach allen Küsten und Inseln
des mittelländischen Meeres ausströmten, bald in kleinen
bald in großen Schaaren. Die Griechen, empfänglich für gute
Lehren und allezeit dem Besseren zustrebend, nahmen die Kultur
der Semiten an, die ja so viel höher stand als ihre eigene.
Aber sie setzten das lebhafte arische Ehr= und Persönlichkeits=
gefühl dem stillen zähen Gemeingefühle der Semiten entgegen,
und wo diese ruhige Feldbauer Viehzüchter und Gartenkünstler
blieben, da regte sich in den Griechen ein kriegerischer, sang=

reicher, hochstrebender Sinn, der unaufhörlich forschen und bilden und schaffen wollte.

So entstand jetzt auf Cypern ein edleres und fröhlicheres Leben. Und da die Griechen die Berghalden liebten, von denen weithin sich schauen ließ, und die kühlen Schattenthäler durchrauscht von klaren Bächen und Flüssen, so erblühten auch dort kleine Ansiedlungen, die sich mit Hainen von Fruchtbäumen umgaben. Das reichste Leben aber entwickelte sich an der Südküste. Hier bebaute der Grieche gemeinsam mit dem Syrier die sonnigen kleinen Ebenen und sie theilten einander mit, was sie Gutes hatten und hervorbrachten.

Allein der dichte Wald setzte einer kräftigeren Ansiedlung noch Hindernisse entgegen. Vielleicht lag hierin eine Ursache, weßhalb nicht Cypern, sondern das entferntere Kreta im frühesten Alterthume die Stätte wurde, wo die Kultur von Osten her sich ansammelte, fortbildete, und dann strahlenförmig sich ausbreitete nach allen Richtungen. Endlich ging man dem wuchernden Walde stärker zu Leibe. Hören wir darüber einen Bericht des Eratosthenes, der sich bei Strabo erhalten hat. „Weder der Verbrauch" — heißt es — „des vielen Holzes, das bei dem Schmelzen von Kupfer und Silber aufging, noch das Entführen zahlloser Stämme, die man zum Schiffsbaue verwendete, wollte das Walddunkel lichten. Da wurde ein Gesetz gegeben: Wer Wald ausrode, behalte den Platz als sein Ackerfeld und Eigenthum und brauche keine Steuer davon zu zahlen."

Nun wurde allmälig die große Ebene angebaut und zu einem großen unabsehlichen Weizenfeld umgeschaffen, dem reichsten Getreidelande der Welt. Allein wehender Wald blieb einmal Cyperns Naturcharakter. Wo immer wir von Tempeln der goldenen Aphrodite hören, stets liegen sie umrauscht von grünen Hainen.

Welch eine Wonne muß das in Cyperns schönem Gebirge

gewesen sein, als es noch überdeckt war von einem einzigen
weiten grünwogigen Waldmeere, bloß die Thäler und Halden
etwas angebaut, aus jeder Gebirgsöffnung aber ein mächtiger
klarer Strom hervorschießend, der die große und all die kleinen
Ebenen und Gehänge rings an der Küste bewässerte. In welcher
Thaufrische athmeten die Menschen damals und schwangen die
schönen Glieder! Die alten Griechen reden nicht so häufig,
wie es heutzutage geschieht, vom Walde: sie hatten seiner die
Hülle und Fülle, und er erschien ihnen so natürlich zum Leben
wie das Wasser. Wo aber griechische Dichter des Waldes
erwähnen, geschieht es in Weisen, aus welchen wohl hervor=
tönt, wie lieb und heilig und innig vertraut ihnen rauschen=
der Bergwald.

Der Semite liebte zu Korn und Wein ein Drittes: den
kühlen Schatten des breitblätterigen Feigenbaumes, der
ihm süße nährende Frucht spendete. Der Grieche konnte, so=
bald er die Stürme der Jugendzeit seines Volkes hinter sich
hatte, nicht leben ohne seinen geliebten Oelbaum, diesen
edlen Baum des Segens und des Friedens. Auf Cypern war
er ursprünglich nicht wie in Attika einheimisch: nirgends sieht
man ihn wie dort als wildwachsendes Gebüsch. Ja die Athener
behaupteten sogar: alle Olivenhaine der Welt gehörten eigentlich
ihnen, denn alle Ableger und Sprößlinge seien hergenommen
von ihrem uralten, der Athene geheiligten Oelbaume, der
oben auf ihrer Burghöhe stand. Da dieser Baum aber kalkige
Berge in Meeresnähe liebt, so gedieh er auf Cypern rings
um die Insel ganz vorzüglich.

Mit dem Oelbaume wurden auch Athenens Heiligthümer
nach der Insel verpflanzt. Die Göttin aber des hellen Ver=
standes und der scharfen Willenskraft, die zuletzt Alles be=
siegen, blieb auf Cypern immerdar überstrahlt von seiner
übermächtigen alten Naturgöttin, die nunmehr aller holde Reiz
der Aphrodite schmückte. Auf Cypern salbten — so singt

Homer — die Charitinnen ihre hohe Frau mit dem unsterb=
lichen Oele der Götter und tauchten, wie es in einem poeti=
schen Fragmente heißt, ihre Gewänder in den Duft zahlloser
Frühlingsblumen. Auf Cypern blühten ja in Fülle und
Größe Krotus Safran Narziffen und all die anderen Blumen,
in deren Deutung die griechische Phantasie so lieblich spielt.
Cypern war ja das rechte Rosenland, wo die holde duftige
Blume emporblühte auf jener Stelle, wo die dunkle Erde
Adonis' rothes Blut getrunken.

Von Cypern aus kamen auch die weißen Tauben nach
Griechenland und Italien. Sie flogen in den Venus=Tempeln
aus und ein und durften sich selbst auf der Göttin Bildniß
niederlaffen. In ganz Syrien war ja die Taube der Aftarte,
Aftaroth, Berath und wie sonst die Naturgöttin hieß, geheiligt.
Warum wohl? Weil die Taube zärtlich girrt und koßt? Oder
gar, weil sie das Kaninchen unter den Vögeln ist? An Frucht=
barkeit wird sie freilich noch von den Sperlingen übertroffen,
und die in natürlichen Dingen etwas offenherzige Sappho
läßt den Wagen der Aphrodite von Sperlingen durch die
Lüfte ziehn. Der cyprischen Taube weißes Gefieder war ohne
Zweifel ein Erzeugniß der semitischen Naturkunst; in faft allen
Sprachen hieß sonst die Taube der graue Vogel. Merkwürdig
genug geben ihr die Griechen einen Namen (περιστερός
Täuberich, περιστερά Taube, περιστέριον Täubchen), deffen
flüsternde windschwirrende Laute sich wohl für eine Bachstelze
eignen, nicht aber für eine Taube.

XXXVIII

Landeskultur in der Römerzeit.

Zu ihrem vollen Werthe kam die Insel im Reich der Römer. Nach allen Richtungen seines ungeheuren Gebietes konnten die Bewohner ihre natürlichen Reichthümer verführen, niemals wurden die zahllosen Märkte überfüllt, niemals erschöpfte Cypern seine Fruchtbarkeit. Die Schiffe, die nach Syrien Aegypten Cyrenaica wollten oder von dort kamen, alle pflegten bei Cypern anzulegen. Wo immer die römischen Dichter und Schriftsteller von der Insel sprechen — und sie thun das gern und häufig — stets schwebt Cypern ihnen vor als die Stätte des üppigsten Reichthums. Cicero nennt die Insel die tenera, die weiche und lüstige, Virgil die fette, opima Cyprus, Valerius Maximus die an Köstlichkeiten fruchtbare, fertilissima deliciarum, und Ammianus Marcellinus sagt: auf Cypern könne man ein Schiff bauen und ausrüsten vom Kiel bis zum Segel, dann ins Meer lassen, befrachtet mit allen Gütern der Welt, ohne daß man ein einziges Stück anderswoher zu nehmen brauche, als von der Insel selbst.

Allein bei Martial findet sich auch eine Stelle, welche so lautet: „Lerne Cypern kennen, das geschändet wird durch der Hitze Uebermaß, wenn auf der Tenne dörrt das krachende Getreide und der gelbgemähnte Löwe wüthet." Man suchte im Alterthum die Schäden und Qualen der dürren Zeit dadurch zu mildern, daß ein System künstlicher Bewässerung

Löher, Cypern.

durchgeführt wurde. Noch sind große Cisternen vorhanden
und Rinnen, die in Felsen eingehauen, und lange Linien
von gemauerten Kanälen, alles aus der ältesten Zeit. In
den „Bacchen" des Euripides wird gerühmt: „Paphische Flur
wird auch ohne Regen befeuchtet durch hundertthorige Be=
wässerung aus dem Wildstrom." Dies antike Bewässerungs=
system ist noch jetzt in Cypern allgemein im Gange, und man
kann von ihm wahrhaft sagen, daß es die Insel am Leben
erhält. Kein Fluß oder Bach, groß oder klein, aus welchem
nicht schon bald nach seinem Ursprunge das Wasser in die
Gärten und Felder geleitet wird. Je weiter die Ströme
fließen, desto mehr von befruchtendem Naß wird ihnen ent=
zogen, sie rinnen immer schwächer und dünner, und wenn
sie bis ans Meer kommen, kann man die größte Zeit des
Jahres über froh sein, wenn in ihrem Bette sich noch ein
paar kleine Pfützen finden.

Fragen wir aber näher, was im Alterthum am meisten
aus Cypern ausgeführt wurde, so war es — außer Metallen
und Schiffsbauholz — Weizen Oel Wein, alles von
vorzüglicher Güte. Besonders berühmt war der cyprische
Weizen, obgleich Plinius von ihm sagte: er sei dunkel von
Farbe und gebe schwarzes Brot. Wahrscheinlich war zu viel
Unkrautsamen darunter. Plinius berichtet auch, daß man auf
Cypern guten Essig aus Feigen bereite, und erwähnt
dabei der Eselsfeige (ficus sycomorus), die jetzt auf Cypern
selten geworden. Der cyprischen Göttin war besonders heilig
der Granatbaum mit seiner rothglühenden Blüthe im Blätter=
dunkel; es hieß, Aphrodite selbst habe ihn auf Cypern ge=
schaffen. Auch verdient das früher viel gebrauchte Rohr
(canna) Erwähnung, von welchem das Mädchen seine Spindel,
der Hirt seine Flöte, der Winzer seinen Rebenträger schnitt,
der Geschäftsmann seinen Canon, d. h. den Richtstab für das
Messen, der Kanzler das Schreibrohr, und der Proviantmeister

das Canastron, den geflochtenen Brotkorb, erhielt. Nach Dios=
korides wäre das cyprische Rohr das beste gewesen.

Wer immer auf Cypern herrschte, Phönizier Griechen
Perser Aegypter Römer, alle holten sich aus seinen Wal=
dungen die trefflichsten Bauhölzer, sowohl für Tempel und
Paläste als zum Schiffsbaue. Berühmt waren Cyperns Fich=
ten Eichen Platanen und Nußbäume. Noch jetzt erreichen
z. B. die Platanen auf dieser Insel eine ungewöhnliche Ast=
und Laubentfaltung. Wer ist im Orient gereist und erinnert
sich nicht dankbar dieses schönen Baumes, des Quellenhüters,
unter dessen kühlschattigem Laubdache bei wehender Frische
und leisem Murmeln des Gewässers es sich so wohlig ruhte?
Wenn jene Stunden und Minuten voll Glück sind, in denen
wir all unserer Geister und Kräfte am meisten und am wohl=
thuendsten gewiß werden, dann war wohl öfter nach langem
Marsche in großartiger, aber heißer und öder Landschaft mit
der wonnigen Rast in Platanenkühle das Gefühl, wenigstens
die Ahnung solchen Glückes verbunden. Seit ich den edlen
Baum so liebgewonnen, denke ich selbst vom alten Xerxes
milder. Wie Herodot erzählt, kam der Großkönig auf seinem
griechischen Kriegszuge in die Nähe von Sardes und erblickte
dort eine Platane, deren schlanke Schönheit ihn so im Ge=
müthe ergriff, daß er sie, gerade wie ein Liebender sein Mäd=
chen, mit Armbändern und Goldketten behing und ihr für
immer einen Wächter bestellte.

Hervorzuheben sind noch zwei Gewächse, die beide schon
durch ihre Namen an die Insel erinnern und in der Römer=
zeit ihr eine besondere Bedeutung gaben.

Die Cypresse, die sich wie in einem einzigen dunkel=
grünen Strahle still zum Lichte erhebt, war den Jraniern ein
heiliger Baum, den sie gern vor den Eingang ihrer Tempel
setzten. Diese Gewohnheit ging auf die Heiligthümer der
phönizischen Naturgöttin über. Man wußte aber auch sonst

den Baum zu schätzen. Das Cypressenholz duftete bei Ver-
brennung und einmal gehärtet erschien es unverweslich. Die
Pforten des Diana = Tempels zu Ephesus waren ebenso aus
Cypressenholz gemacht wie so viele Jahrhunderte früher die
Thüren zu Odysseus' Palaste auf Ithaka. Zu kostbaren Särgen,
zu Götterbildnissen und Weihgeschenken nahm man besonders
gern dieses Holz, und Horaz spricht von Gedichten, die im
leichten Cypressenkästchen zu verwahren. Weil daher das Nutz-
holz von diesem Baume überall gesucht war, so konnte Plinius
sagen: wer Cypressen gepflanzt, habe für die Aussteuer der
Tochter gesorgt. Vorzüglich aber zum Schiffsbau schien Cpressen-
holz so geeignet, daß Alexander der Große zum Baue seiner
Flotte die behauenen Stämme von Cypern nach dem Euphrat
kommen ließ. Denn auf Cypern wuchsen die Cypressen so
häufig und von so ausgezeichneter Güte, daß sie eben daher
den Namen „cyprische Bäume" erhielten.

Dagegen das andere Gewächs, der Kypros, gab der
Insel selbst den Namen, gleichwie Rhodos seinen Namen von
ῥόδον der Schwertlilie, und die Pityusen den ihrigen von
πίτυς Fichte erhielten. Das hebräische Wort gopher bedeutet einen Strauch, der verschiedene Salben giebt, und dieser
Name gopher gab in Kyprus verwandelt weiter dem cyprischen
Erze, dem Kupfer, der Kypresse, dem Fische Kyprinus die
Benennung. Plinius meinte, der Kyprus sei ein Strauch,
dessen Same in Oel gekocht und ausgepreßt das Henna ergäbe, mit welchen schon den Mumien in Aegypten die Finger-
nägel gefärbt wurden, gleichwie es noch jetzt die Haremsdamen
zum Färben des Haares, der Augenbrauen, selbst der Finger-
spitzen eifrig benützen. Viel wahrscheinlicher hieß gopher das
im Alterthume vielbegehrte Labanum oder Lebanum, ein wohl-
riechendes Harz, das noch jetzt aus Cypern ausgeführt und
als feines Rauchwerk wie als Arzneimittel vielfach angewendet
wird. Man glaubte früher, es brauche einer nur Labanum

in der Hand zu tragen und öfter daran zu riechen, dann
schütze es ihn gegen Pest und Ansteckung. Herodot berichtet:
„Es ist wunderlich, wie das Ledanum, das höchst wohlriechend
ist, an einem Orte häßlichen Geruchs entsteht. Man findet
es nämlich an den Bärten der Ziegen und Böcke, aus denen
es ausschwitzt wie Harz aus dem Holze." Plinius wußte schon
mehr darüber. „Es komme, wie Einige sagten, von den
Epheublüthen auf die Barthaare der weidenden Ziegen; nach
Anderen gäbe es ein Kraut Leda, dessen Fettigkeit an Schnüren
hängen bleibe, die man darüber hin= und herziehe." Beide
Arten der Gewinnung sind noch heutzutage auf Cypern ge=
bräuchlich. Das Leda=Kraut ist aber die kretische Cistrose,
cistus creticus, ein Strauch von zwei bis drei Fuß Höhe,
der sich mit seinen klebrigen Zweigen wie ein kleiner viel=
ästiger Busch ausbreitet. Er wächst im Gebirge in einer
Höhe von 2500 bis 4500 Fuß, dort sieht man ganze Ab=
hänge von seinen hellrothen Blüthen bedeckt. Die Aeste und
Blätter sind mit Härchen besetzt, an deren Enden sich eine
harzige Flüssigkeit ausscheidet, an der Luft sich verdickt und
in kleinen Tröpfchen daran hängen bleibt. Wenn nun Ziegen
dazwischen weiden, so hängt sich die klebrige Masse an ihre
Bärte und an die Haarbüschel der Beine, und wird entweder
davon abgeschabt oder man schneidet die Haare ab und schmilzt
sie aus über Kohlenfeuer. Auch fährt man wohl über die
Felder der Cistrosen mit Rechen, an denen statt der Zähne
zwei Reihen lederner Riemchen hängen, die dann denselben
Dienst thun wie die Ziegenbärte.

Cypern gab im Alterthume, wo jedes Haus außerordent=
lich viel wohlriechende Salben und Harze bei Festen und Gast=
mählern, bei Opfern und Bestattungen verbrauchte, noch von
zwei anderen Harzen reiche Ernten, Ambra und Mastix.
Die Insel selbst verbrauchte nicht wenig davon, denn auf
hundert Altären, so schildert Virgil, dampfte der Aphrodite

der Weihrauch. Das Ambra aber schwitzte aus Einschnitten, welche man in die Rinde eines Baumes macht, welchen das Volk Christusholz nennt, ξύλον τοῦ Χριστοῦ, der aber der liquidambar orientalis ist. Aus dem Mastixbaume wird ebenfalls durch Rindeneinschnitte das Mastixharz gewonnen. Beiderlei Baumarten sind jetzt auf Cypern selten geworden.

XXXIX.

Anbau unter Byzantinern, Arabern, Franken und Türken.

In den langen Jahrhunderten der Byzantiner-Herrschaft finden wir nur drei Ursachen, welche Cyperns Anbau und Wohlstand hin und wieder etwas belebten.

Das Erste war, daß wiederholt ein fürstlicher Herr sich zum erblichen Satrapen aufschwang. Dann gab er in der Regel sich auch Mühe, sein cyprisches Fürstenthum volkreicher und werthvoller zu machen.

Die zweite Ursache lag in der Einwanderung vom syrischen Festlande. Die dort Verfolgten flüchteten regelmäßig nach Cypern: so die ersten Christen, später viele Syrier Armenier Maroniten Jakobiten und andere christliche Secten. Die Thätigkeit der Syrier und Armenier kam Handel und Gewerbe zugute; die anderen Einwanderer waren stille, fleißige Gärtner und Feldbauer.

Die größte Wohlthat aber erfuhr Cypern durch Einführung des Seidenbaues. Man hatte bisher den persischen Kaufleuten, welche die Seidenballen der Karawanen aus China und Indien auf den europäischen Markt brachten, dafür schweres Geld zahlen müssen, um so mehr, da Seide zu tragen als ein unerläßliches Zeichen der Vornehmheit erschien. Eines Tages brachten zwei Mönche, die sich bis nach Indien vorgewagt hatten, im Jahre 557 Seidenraupeneier dem Kaiser

Juſtinian. Dieſer ließ ſie in den Provinzen vertheilen, und ſiehe da, nirgends gediehen die Raupen ſo ſehr als in Cypern. Die gleichmäßig ſtille Luft und Wärme der Inſel, welche durch Stürme ſelten unterbrochen wird, behagten den Seidenthierchen ganz vorzüglich. Die Südküſte und die Abhänge am Nordrande wurden raſch mit Maulbeerbäumen beſetzt und die berühmten Seidenwebereien nahmen ihren Anfang.

Der Araber Einfälle bedeuten für Cypern nur Unglück und Verwüſtung im Ganzen und Großen: im Einzelnen dagegen kam, wo ihre Herrſchaft ſich feſtſetzte, ſie dem Gartenbau zugute. Dieſes Wüſtenvolk war gewohnt, bei ſeiner Ankunft alle Herrlichkeit der alten Kultur niederzureißen, Kirchen und Tempel zu Trümmern, Bücher zu Aſche zu machen. Waren die Araber aber im eroberten Lande heimiſch geworden, dann wollten ſie ihres Lebens froh werden und überließen ſich edleren Regungen. Chriſten und Juden mußten herbei, ihnen Paläſte zu bauen und die Werke der perſiſchen Poeſie und der abendländiſchen Wiſſenſchaft ins Arabiſche zu überſetzen. Die Araber ſelbſt aber verlegten ſich mit Vorliebe auf den Anbau der Gewächſe, richteten ſich herrliche Gärten ein mit regelmäßiger Bewäſſerung, und verpflanzten dorthin die Bäume und Stauden aus Syrien Aegypten und Arabien. Auf Cypern fanden die Araber vor: den Citronen- und Orangenbaum, die Dattelpalme, den Johannisbrotbaum, den Seſam- Safran- und Seidenbau. Ohne Zweifel haben ſie dort den Anbau dieſer Gewächſe verſtärkt, ihr größeres Verdienſt aber beſtand darin, daß ſie dieſelben nach Afrika Sizilien und Spanien überſiedelten.

Im dreizehnten und vierzehnten Jahrhunderte erlebte Cypern eine Zeit ſchönſter und reichſter Blüthe, und in den beiden folgenden Jahrhunderten iſt der Anbau der Inſel wenigſtens im Ganzen und Großen nicht zurückgegangen.

Damals — es war die ritterliche Zeit der Luſignans — verbreiteten ſich unglaublicher Reichthum, unerhörte Ueppigkeit über die ganze Insel. In allen Ländern rings um das Mittelmeer sprachen die Leute von Cypern als von einem kleinen Indien, das aller Schätze voll sei. Unternehmungs=luftige Ritter Kaufleute Gelehrte und Abenteurer strömten fort und fort herbei. Die Ursache aber des so raschen und so großen Aufschwunges der Insel lag nicht bloß in dieser neuen thatkräftigen Bevölkerung, sondern hauptsächlich darin, daß Cypern nicht mehr von fremden Herrschern ausgebeutet wurde, sondern seine eigene königliche Regierung und seine geordnete Verwaltung erhielt, so gut in wirthschaftlichen Dingen wie in Politik und Justiz.

Wir wissen daher nicht bloß aus Geschichtschreibern, son=dern aus den öffentlichen Verordnungen selbst, welcherlei An=bau in der zweiten Hälfte des Mittelalters die herrlichen Ge=filde belebte. Weit und breit wurde cyprisches Getreide und Bauholz verführt. Die neuen Bewohner der Insel waren aber auch beständig auf der Ausschau, was sich an Handelspflanzen wohl für Cypern eignen möge. Das Erste, was die fränkischen Ritter und Mönche einführten, waren die heimatlichen Obstbäume. Es wollten aber Aepfel Bir=nen Pflaumen und Mispeln nicht recht gedeihen, um so vor=züglicher Kirschen Pfirsiche und Apricosen; ganz ausgezeichnet sind noch heute die cyprischen Wallnüsse. Die Banane wurde in Gärten mit Sorgsamkeit gepflegt und ergab schmack=hafte Frucht. Dann ließ man Zuckerrohr aus Arabien kommen, wo es wild wächst, pflanzte es an und erhielt als=bald vortreffliche Ernten. In Massen wurde cyprischer Zucker ausgeführt. Da man aber das Raffiniren noch nicht verstand, so ließ sich der Zucker nur in kleinen schwärzlichen Körnern herstellen. Der Weinbau, der auf Cypern uralt ist, nahm einen nie gekannten Aufschwung durch die Johanniter und ergab von ihren Commenden den köstlichsten Wein der Welt, der in Massen ausgeführt wurde.

Gleichwie aber Cyperwein jetzt überall gesucht wurde, so standen in hohem Rufe die schweren Seiden- und Sammt- stoffe aus Cypern. Denn mit dem sorgsamen Anbaue des Maulbeerbaumes — den weißen aber kannte man noch nicht -- ging die Verbesserung der Webekunst Hand in Hand. Syrischer Fleiß vereinigte sich auf Cypern mit europäischem Talente. Als der Seidenbau sich bereits zu hoher Blüthe entwickelt hatte, brachten Händler aus Persien Baumwollen- samen mit, und siehe da, auch die Baumwollenpflanze ge- dieh in Cypern so gut, daß Alles Baumwolle baute und die schönsten Getreidefelder mit dieser Pflanze besetzte. Man nannte die Baumwolle das Goldkraut, weil ihr Anbau so viel schöne Ducaten ergab. In Nikosia, der Hauptstadt Cyperns, entstanden jetzt große Webereien, die für die Ausfuhr viel gesuchte feine Kattune lieferten.

Es erhellt aus allem diesen, welch eine wichtige Stelle Cypern in der Pflanzen- und Handelsgeographie einnimmt. Es war im Mittelalter das große Versuchsfeld, die Kultur- insel, auf welcher Pflanzen, die in Indien und Persien, Arabien und Aegypten einheimisch, angepflanzt und durch sorgsame Pflege unter einem günstigen Himmel und auf fruchtbarstem Boden acklimatisirt und veredelt wurden, um von da weiter zu wandern nach Griechenland und Italien, nach Süd-Frank- reich und Spanien, nach den canarischen Inseln und Amerika.

Wir haben noch kurz die beiden letzten Epochen Cyperns ins Auge zu fassen, die venetianische und türkische.

Die Venetianer wollten sich möglichst viel Geld aus Cypern machen, deßhalb wurde jeglicher Anbau, der Geld versprach, begünstigt, und wenn die Bevölkerung die Arme wollte sinken lassen, wendete die Regierung allerlei Reiz- und Strafmittel an, um die Feld- und Gartenindustrie in die Höhe zu treiben. Noch jetzt geht die Sage auf der Insel, die Venetianer hätten für jeden neuen Oelbaum, der gepflanzt wurde, als Anerkennung eine Zecchine bezahlt. Allein troß alledem wurde die Bevölkerung mit jedem Menschenalter schwächlicher und träger. Es zeigten sich die Nachwirkungen der Leiden und Kriegsgreuel während des fünfzehnten Jahrhunderts, als die Lusignans sich nur noch mit Mühe der muselmännischen Eroberer erwehrten, unter einander aber in blutigen Fehden lebten.

Frische kräftige Ansiedler kamen nicht mehr nach Cypern, seit die neue Welt wie ein ungeheures glückverheißendes Gestirn im Westen aufgegangen. Die Wirbel der Verkehrsströmung zogen sich aus dem Osten hinweg.

Dazu kam die Schärfe und Schlauheit der venetianischen Regierung, die planmäßig jeden Geist der Unabhängigkeit zerstörte und damit auch die Unternehmungslust lähmte.

Cyperns Eroberung durch die Türken kostete der Insel den letzten Rest von freisinniger, arbeits- und wageluftiger Bevölkerung. Das veröbete und blutüberströmte Land empfing fortan keinen neuen Anbau, keine neuen Handelspflanzen mehr. Die türkischen Herren brachten höchstens ein paar neue Tulpen und Hyacinthen mit, denn sie waren stets große Blumenliebhaber. Auch pflanzten sie gern die Dattelpalme an. Eine Ortschaft, in welcher Türken wohnen, kündigt sich schon von fern durch die hohen Palmenwipfel an; allein der schöne Baum bringt auf Cypern selten die süße vielbegehrte Frucht. Auch der Tabaksbau kam unter den Türken nach der Insel, jedoch kaum für den Hausbedarf. Man kann ihn nur in Gärten ziehen, die mit so hohen Mauern umschlossen sind, daß die Wanderheuschrecke sie nicht überfliegt.

Anregung aber zu geben, die des Landes Anbau gefördert hätte, dazu war die türkische Regierung viel zu träge und sorglos. Solche Art Regierung zehrt einfach vom vorgefundenen Bestande, der sich nothwendiger Weise stets vermindern muß. Seit die Türken Cypern eroberten, nahm jede Art von Industrie, jede Art von Feld- und Gartenbau, nahm aber auch das angebaute Land selbst fort und fort ab. Nur die fürchterlichen Heuschreckenheere und die ruchloseste Waldverwüstung vermehrten sich fort und fort. Vor einigen Jahren machte sich ein Pope, welcher den Jammer nicht mehr ansehen mochte, auf nach Nikosia, klagte dem Pascha, daß in seiner Nachbarschaft gewiß zweitausend Fruchtbäume rein aus Bosheit zerstört seien, und bat um Hülfe. Der hohe Beamte erwiederte, er wolle nachsehen lassen. Es erfolgte aber nicht das Geringste. Dieser Pascha war vom Hafen in Larnaka nach Nikosia gekommen und von Nikosia nach Larnaka: das waren die einzigen Reisen, die er auf Cypern während seiner Verwaltung machte.

Rechnet man auf Cypern die felsigen Striche ab, die gar keinen Anbau zulassen, so entbehrt vom übrigen Lande gegenwärtig mehr als die Hälfte irgend welchen Anbaues, alles dies liegt wüst und verdorrt oder versumpft.

Der Anbau des Zuckerrohres ist ganz eingegangen. Baumwolle wird nur noch an wenigen Stätten erzielt. Zur Zeit der Venetianer führte die Insel noch 30,000 Ballen aus, jetzt keine 3000. Noch zu Anfang des siebzehnten Jahrhunderts rechnete man an Wein einen jährlichen Gewinn von 150,000 Eimern, zu Anfang des jetzigen sechsmal weniger. Kein Wunder: unter den unaufhörlichen Plackereien ließen die Bewohner entweder von freien Stücken ihre Weinberge eingehen, oder sie wurden bei der Bereitung und Lagerung des Weins lässig und liederlich, so daß der berühmte Cyprier in der Fremde zersetzt und zersetzt ankam und ihn Niemand mehr mochte, als wer ihn in seiner Heimat selbst geprüft und ausgesucht hatte.

Vom Gewinne seines Obstes ist keine Rede mehr. Selbst der vielberühmte cyprische Gemüsebau hat beinahe gänzlich aufgehört, die Bevölkerung behilft sich mit wildem Spargel und Portulak, wilder Kresse und Artischocken. Gepflegt wird überall noch der Oelbaum, wenn man die sorgloseste Weise des

Aberntens und Pressens so wie des Anpflanzens von Setzlingen Pflege nennen darf. Was wollte die arme Bevölkerung ohne Olivenkost anfangen? Weizen Gerste Hafer Hülsenfrüchte werden überall gebaut, jedoch in unglaublich roher Weise: gleichwohl liefert Cypern nach Konstantinopel in guten Jahren an zehn, in schlechten an sechs Millionen Kilo Weizen und Gerste. Daneben giebt es Kartoffeln in den Bergen und die Kolokasie mit ihrem Knollenmehle in den Ebenen, besonders reichlich aber und aller Orten Gurken Kürbisse und Melonen, die noch immer von vorzüglicher Güte sind.

Einen Beweis aber, wie leicht und vielfältig Cyperns Boden die fleißige Hand belohnt, liefern Krapp Seide Karruben Wein. Seit in den letzten vierzig Jahren vom Westen her ein wenig frischere Strömung durch die orientalische Stickluft ging, haben Griechen und Franken es hier und dort gewagt, sich auf größere Unternehmungen einzulassen. Was würde erst geschehen, wenn die öffentlichen Verhältnisse nur einigermaßen geordnet, Eigenthum Erwerb und Zukunft nur einigermaßen gesichert wären! Den Krapp braucht man zum Färben der Millionen von rothen Fessen. Der weiße Maulbeerbaum nimmt mehr und mehr Gärten ein, aus denen seine Blätter durch die Maschinerie im Leibe einer unscheinbaren Raupe als glänzendes Gespinnst hervorgehen. Karruben kann Cypern nicht genug liefern, um die Spiritusfabriken in Frankreich England und Rußland zu füttern. Wein wurde in den letzten Jahren viel mehr erzeugt als früher, jedoch meist nur für Fremde; die Einwohner selbst trinken das ganze Jahr hindurch von ihren edelsten Weinen unglaublich wenig. Dieser kräftige Saft — so scheint es beinahe — ist dem armen Volke zu kräftig oder zu theuer, denn der arme Bauer muß von seiner Weinärnte den Zehnten, die Grund- und Produktionssteuer, und gewöhnlich auch noch den Ausfuhrzoll an die Regierung zahlen.

Die Fortschritte aber in der neueren Zeit geschehen nur vereinzelt und gleichwie in scheuer Probe, ob nichts Störendes dazwischen trete. Kein Zweifel, bei den jetzigen Handels- und Gewerksverhältnissen könnte die noch immer fruchtbare Insel leicht wieder aufblühen; dazu brauchte es nicht einmal vieler Geld=, Geistes= und Körperkräfte. Nur können sie nicht mehr aus dem Lande selbst, sie müssen von auswärts kommen.

XL

St. Nikolaus.

In Kolossin kam die Rede auf die schönen antiken Marmor=
säulen, die draußen im Hofe lagen, und ich fragte, ob sie
von dem Apollotempel in Kurion wären. Es wurde mir aber
versichert, von jenem Tempel sei nichts erhalten, als die Linie
der Grundmauern und eine unterirdische Kammer; die schönen
Säulen aber seien aus den Trümmern der Abtei St. Nikolaus
geholt, die ein paar Stunden von hier einsam auf der Halb=
insel läge. Alles, was ich nun davon hörte, machte mich
gespannt, diese Klosterruine kennen zu lernen. Paulinzelle
in Thüringen und Heisterbach im Siebengebirge traten mir
vor Augen, und ich dachte des tiefen Eindrucks, den ihre
Gewölb= und Bogentrümmer, die in ihrer Trauer noch so
schön, ehemals auf mich machten. Hier aber bei St. Nikolaus
mußten auch noch antike Reste vorhanden sein.

Andern Morgens sandte ich daher den Dragoman und
den Athieniten voraus nach Limasol, um dort im Franzis=
lanerkloster Quartier zu bestellen. Denn nachdem ich bei aller
Welt im Orient zu Gaste gewesen, mochte ich auch einmal
bei europäischen Mönchen einkehren.

Ich selbst ritt mit Hussein und einem ebenfalls berittenen
Führer im scharfen Trab wohl anderthalb Stunden lang auf
die Südspitze der Halbinsel zu, und dann rings um ihren
Salzsee. Die Gegend war nackte ebene Haide, das Gewässer
weit und breit von Röhricht umstanden. Ich brauchte nur

vor mich hin oder auf den stillen See zu blicken, um mich irgendwo in friesischem Sumpf und Moor zu glauben. Erhob ich aber die Blicke, so stand da landeinwärts die Pracht des Gebirgs in langgezogenen graugrünlichen Hochwellen. Der weite See aber lag ausgebreitet unbewegt wie eine Glastafel, und das Wolkenspiel auf und über dem stillen Wasserspiegel war unbeschreiblich schön.

Plötzlich aber verdunkelte sich die Luft, es fing an zu regnen und goß gleichwie mit Bächen. Wir machten, daß wir fortkamen durch triefende Rohrfelder und spritzendes Gewässer, um in der Ruine Obdach zu suchen. Es wollte aber nicht gelingen, alles war schon sehr zerfallen und das Kirchlein nicht offen. Ich duckte mich in eine Maueröffnung, zog das Pferd als Schutzwand quer vor mich hin und konnte nun unter ihm wegschauen, wie Sturm und Regen rasselnd und stäubend zwischen das Gemäuer schlug. Zum Glück dauerte das Unwetter nicht lange und der Boden war gleich wieder trocken.

Ich sah nun, daß die hübsche kleine Kirche des h. Nikolaus eingebaut stand in der Mitte eines großen rechtwinkligen Gebäudes, das etwa im fünfzehnten Jahrhundert errichtet sein mochte. Die Kirche war noch ganz, das Gebäude lag überall in Ruinen. Allmählich bemerkte ich im Erdboden Linien laufen von anderem härteren Gemäuer: dies waren die Grundmauern des antiken Tempels. Auf seinen Trümmern hatte man einst das Nikolauskirchlein gebaut und später rings um dieses her die Abtei.

Neben ihrer Hintermauer standen Säulenstöcke aufrecht und in gleicher Richtung: dort lief ehemals ein Säulengang die Abtei entlang. Ihre Front war gerade auf der antiken Grundmauer aufgebaut und davor war ein großer viereckiger Säulenhof gewesen. Ueber der Pforte, die ein hübsches Schwibbogenornament hatte, zeigte sich eine breite antike Marmortafel, in welcher man fünf Wappenschilde ausgehauen. Das eine zeigte etwas wie einen Hostienschrein, das zweite einen aufrechten gekrönten Löwen, im dritten Schild war das Sinnbild weggehauen, im vierten erschien das Malteserkreuz, im fünften ein Kreuz mit vier Schlüsseln in den Ecken.

Der antike Tempel aber, der hier über die stille Seefläche hin nach den Bergen schaute, war einst sehr ausgedehnt gewesen. Hinter dem Kloster standen seine Mauern noch ein paar Fuß hoch aufrecht und schlossen hinter einander zwei Vierecke ein. In der Mitte des einen Vierecks gab es noch einen kleinen runden Weihaltar von Kalkstein, daneben befand sich eine sehr tiefe Cisterne. Das antike Mauerwerk hielt hier wie Eisen zusammen, zum mittelalterlichen waren öfter Säulentrommeln, auch zwei korinthische Kapitäler als Werkstücke verwendet. Neun Säulen lagen noch vor dem Kloster umher, von zwei anderen die hübschen Häupter. Die schönsten Säulen aber sind alle fort; ich bemerkte nirgends so zierliche wie im Burghof zu Kolossin. Das muß im Mittelalter hier eine Säulenpracht gewesen sein, die Mönche hatten sich behaglich in das antike Erbe hineingesetzt.

Jetzt lag die Trümmerstätte ganz einsam. Von Gärten und Anbau nichts mehr zu erblicken. Nur ein paar alte Oelbäume verschlangen ihre Wurzeln mit dem antiken wie mit dem mittelalterlichen Gemäuer, dessen einförmiges Grau und Schwarz sie mit dem matten Silberglanz ihres Laubes kaum ein wenig belebten. Ziegen trieben sich dazwischen umher. Aus den Rohrfeldern, welche den See umzogen, blickte hier und dort ein weißgrauer Salzkegel hervor; denn auch dieser See enthält viel Salz, welches ähnlich wie aus dem See bei Larnaka gewonnen wird.

Das weite Graugrün von Schilf und Rohr, in der Mitte der ruhige Wasserspiegel, drüben das blauende Gebirge, dessen Farben jetzt wie frisch gewaschen erschienen, die Säulen- und

Mauertrümmer, in ihrer Mitte das dunkle Kirchlein — alles
zusammen gab ein eigenthümliches Landschaftsbild. Daß eine
Hügelreihe hinter dem Kloster den Blick aufs Meer zum
großen Theil verschloß, machte die Stätte noch heimlicher und
traulicher.

Ich bestieg diese Anhöhen. Die Meeresfläche glänzte drüben
weit und herrlich wie immer. Kein Schiff auf ihr zu entdecken.
Warum sollte auch ein Fahrzeug noch hierher den Kiel richten?
Die alte Stadt Lamia, die angesichts des Meeres hier oben
stand, war längst zerfallen, kaum ein paar Bausteine noch
übrig. Hier war alles dahin, vergangen die Herrlichkeit des
Alterthums, vergangen das Mittelalter mit seinem Chorgesang
und Becherklang. Die Stätte erwartet die Thätigkeit der
neuen Zeit.

Der ganze Orient mit seinem rohen Staats- und Kriegswesen, seinem Grundgesetz der nackten Selbstsucht steckt ja noch
im tiefsten Mittelalter. Er zehrt von dessen Leistungen und
Resten, aus seinem Schooße keimt kein neues eigenthümliches
Leben mehr hervor. Auch Griechen Armenier und Juden mit
ihrem Handelseifer gehorchen nur dem Pulsschlag der europäischen Verkehrsströmung, die eben erst begonnen hat, in diese
so lang vernachlässigten Küsten und Inseln ihr Geäder hinein-
zutreiben.

XLI

Limasol.

Der Weg von den Tempel= und Klosterruinen auf der südlichen Halbinsel, der nach der Hafenstadt Limasol nur etwa drittehalb Stunden beträgt, schlingt sich um die Lachen des Salzsees und dann am Meere hin.

Limasols Anblick ist europäischer als bei irgend einer andern Stadt auf Cypern. Lehmsteinbauten aber herrschen auch hier, besonders in den Quartieren der Türken. Lehm und Holz ist noch heutzutage der beliebte Baustoff dieses Volkes, einerlei, wo es sich angesiedelt hat. Auch ein Häuf= chen Türkinnen, das uns begegnete, machte es gerade so wie in Smyrna oder Konstantinopel. Wenn sie von ferne den Fremdling erblicken, hüllen sie sich über und über ein, und ist man in die Nähe gekommen, so lassen die Hübschen den Schleier etwas fallen, so daß man die lachenden frischen Züge erblickt. Der Frauenschleier aber scheint ein Ding, das dem Oriente einmal anklebt. Auch bei den Pullanen, die in den Zeiten der Kreuzzüge aus der Vermischung der Abend= und Morgenländer hervorgingen, wollten die Frauen nicht aus dem Schleier heraus.

Wir ritten eine lange Straße entlang, und als wir zu einem stattlichen Hause kamen, machte mich Hussein aufmerk= sam, daß über seinem Dache der deutsche Reichsadler wehe. Mit innerem Jubel erblickte ich das theure Zeichen und las auf der großen prächtigen Flagge die deutsche Umschrift. Ich ritt vorbei und zum Franziskanerkloster, wo der kleine Mönch,

welcher der Anstalt vorstand, mich mit Freuden und väter=
licher Gastlichkeit empfing. Kaum hatte ich das Kaffeeschälchen
genossen, mußte ich ihm auf mein Zimmer folgen und mich
erst etwas ausruhen. Dann holte er mich ab, mir sein Kloster
zu zeigen. Von dem Altane bot sich eine herrliche Aussicht
nach den Bergen, die sich in ihrer schlichten und doch lieb=
lichen Größe über der Ebene entrollten. Hinter dem Kloster=
garten lag in voller Abgeschiedenheit ein kleines schmuckloses
Kirchhöfchen: die geringe Zahl der Gräber drückte aus, daß
für das Kloster schon seit langer Zeit zwei oder drei Franzis=
kaner ausgereicht hatten. Es schien sich hier weniger um
pastorale Dienste, als darum zu handeln, den Platz zu be=
haupten. Deshalb wurde auch eine neue schöne Kirche gebaut:
die Summen dafür kamen aus Rom, wo man jetzt immer
Geld hat, um aller Orten auf dem Erdrunde, wo Katholiken
wohnen oder neue sich ansiedeln, Kirchen und Klöster zu bauen.

Als ich wieder in den Speisesaal kam, trat ein zierlicher
Kaufmann aus Tyrus, der ebenfalls im Kloster herbergte,
heran und wollte mir eine Gemme, die dort gefunden sei,
für einen ungeheuren Preis aufdringen. Er war nicht wenig
verblüfft, als ich ihm sagte, sie wäre nur ein paar Piaster
werth. Die Fabrikation von Alterthümern scheint in Smyrna
Beyrut und Jerusalem ein einträgliches Geschäft zu sein.

Nun erschien der deutsche Konsularagent, Kavaß und Dra=
goman mit großem Amtsstabe voraus, mich zu begrüßen, und
Hussein ließ sich, als sie wieder fortgingen, es nicht nehmen,
hinterdrein zu marschiren und so zogen sie durch die Stadt
und den Bazar. Solches Aufsehen und Geschleppe liebt man
in diesen Gegenden ungemein, die Neigung dazu stammt ohne
Zweifel noch aus der byzantinischen Zeit her, die es von den
Römern überkam. Der deutsche Vertreter in Limasol schien
etwas ungehalten, daß ich an seinem Hause vorbeigezogen,
und wollte durchaus, ich solle mit ihm gehen, es sei alles

auf das Schönste für mich bereitet. Der kleine Pater aber legte Beschlag auf meine Person und erklärte entschieden: solche Unehre dürfe ich seinem Kloster nicht anthun. Nun kamen auch der italienische Konsul und der Rektor der grie= chischen Schulen, und ich freute mich höchlich, daß all die Festhaltungsversuche vor der Gewißheit scheiterten, daß der nächste Dampfer nach Konstantinopel in drei Tagen von Lar= naka abgehe, und ich keine Woche übrig habe, acht Tage auf den folgenden zu warten.

Ich machte nun mit dem Rektor einen Gang durch die Stadt: wir besuchten den Bazar, die Schulen, die Kirchen. In der höheren Schule der Griechen gab es 20, in ihrer Volksschule 100 Schüler. Jedes halbe Jahr mehrt sich rasch ihre Anzahl. Hinter einer Kirche bemerkte ich eine Säule mit hübschem Kapitäl, die ebenfalls vom St. Nikolauskloster herstammte. Die Stadt macht auch im Innern einen euro= päischen Eindruck, denn sie ist erst in neuerer Zeit aufgeblüht, und zwar hauptsächlich — ein gutes Vorzeichen für Cypern — in Folge der vermehrten Ausfuhr des Commendariaweins. Limasol hat jetzt etwa sechstausend Einwohner, von denen ein Drittel, und zwar die ärmeren, Türken sind, während es unter den Griechen bereits mehrere wohlhabende Kaufleute gibt. Die freiere Lebensansicht, welche der Handel mit sich führt, kommt hier auch den Leuten von Lein und Wolle zu Gute. Ihrer gibt es hier mehr als anderswo und bald nennen sie sich Jorris bald Mustapha.

Wie es in einem vornehmen griechischen Hause hergeht, konnte ich den Abend wieder bei unserm Konsularagenten be= merken. Er selbst war ein junger Mann von feinem und höchst verbindlichem Benehmen, die Hausherrin voll Reiz und Schönheit, und die Mutter eine ehrwürdige Greisin, in deren Gesicht und Augen jener leise Schimmer lag, der vielberedte Zeuge langer Erfahrung und edlen Ausharrens. Ihre Familie gehörte zum ältesten Adel der Insel, und hatte doch auf Cypern noch nicht länger als anderthalb hundert Jahre gewohnt. Türkisches Szepter läßt die Familien nicht leicht zu alt und vornehm werden.

Man wollte auch bemerkt haben, daß in den letzten Jahren die höheren türkischen Beamten, die von Konstantinopel kommen, selten mehr die gute Erziehung mitbrächten, die man früher an ihnen gewöhnt war. Wie kann es auch anders sein, wo Geld der Schlüssel zu allen Aemtern geworden? Selbst die Menge der grünbeturbanten Nachkommen Mohammeds soll rasch einschwinden. Da versteht man sich in China besser auf die Fortführung altberühmter Namen. Nach der kaiserlichen ist dort des Philosophen und Staatsmannes Kung = fu = tsö (Confucius) Familie die berühmteste: sie blüht in etwa 10,000 Gliedern, als deren vornehmster der eigentliche Stammhalter, Fürst Kung, gilt. Bei den Türken dagegen nagt schon lange der Wurm im Innern jedes alten Geschlechts. In China muß ein ordentlicher Mann seinen Zopf haben. Ihn ein= büßen bringt in den Verdacht eines heimlichen Hochverräthers; denn die regierenden Mandschuhs haben ihn den Chinesen aufgedrängt, und wer mit ihnen fühlt, muß seinen Zopf aufweisen. Den Türken hängt unsichtbar hinten ein langer Zopf schwer zur Erde und hindert sie, vorn die Hände fleißig zu rühren. Dieser Unglückszopf besteht in dem Glauben, daß Arbeit und Anständigsein sich durchaus nicht mit einander vertragen.

Gegen zehn Uhr setzten wir uns zur Tafel, und das erste Glas begrüßte unsere Reichsflagge, die über dem Hause wehte. Sie sei im Feuer geboren, sagte der Hausherr. Zur Zeit aber zieht sie noch wenig Deutsche nach Limasol. Das ganze Jahr über läßt auf der Rhede nur ein oder das andere deutsche Schiff Anker fallen. Ich bin aber überzeugt, man würde ein hübsches Geschäft machen, wenn man ein Schiff ganz mit Wein belüde, selbst wenn es nur Landwein wäre, und drüben in Deutschland zum Trinken frisch vom Fasse weg verkaufte. Edler Wein jedoch würde wohl erst Studien im Einkaufen und Ablagern erfordern.

Wir unterhielten uns auch über Bevölkerung und Ein=künfte der Insel, und hier bekam ich wieder neue Ziffern zu hören. Wer in diesem Lande sich die Mühe macht, einen Ueberschlag zu machen, kommt auf schwankendes Ergebniß. Die Türken geben 200,000 Einwohner und mehr an, die Griechen etwas über die Hälfte davon. Ein europäischer Beob=achter, der längere Zeit in Cypern wohnt, rechnete 100,000 Griechen, 40,000 Türken, 1000 Maroniten und Katholiken. Die Annahme von etwa 150,000, von denen kaum noch ein Drittel Türken, möchte vielleicht der Wirklichkeit am nächsten kommen.

Ebenso verschieden lauteten die Berichte über die Einkünfte, obwohl ich nur Solche fragte, die ihres Amtes wegen im Stande waren, sich wenigstens einigermaßen auszukennen. Da schätzte der Eine den jährlichen Betrag an Steuern und Zöllen auf 35, der Andere auf 30, der Dritte auf 24 Millionen Piaster, und eine noch niedrigere Tabelle möchte vielleicht am sichersten leiten, nämlich:

Zehnten von allem Einkommen . .	7,000,000	Piaster.
Zehnten von Wakufländereien . . .	400,000	„
Grundsteuer (Produktionszoll) . . .	5,000,000	„
Militärsteuer der Christen (Askerieh) .	550,000	„
Kopfgeld von Schafen	700,000	„
Wagesteuer bei Verkäufen	300,000	„
Zölle und Salinen	1,500,000	„
Zoll der Weinausfuhr insbesondere .	1,000,000	„
Zoll der Seidenausfuhr insbesondere .	200,000	„
Zoll der Fischausfuhr insbesondere .	20,000	„
	16,670,000	Piaster.

Wahrlich, für eine so große üppig reiche Insel, da ein Piaster etwa zwanzig Markpfennige werth ist, ein dürftiges Einkommen! Auffallen muß der geringe Ertrag von den Län=

dereien der Moscheen, Koransschulen und andern milden Stif=
tungen, die auch in Cypern einen ansehnlichen Theil der Insel
in sich fassen. Diese Wakufgüter stehen unter der Verwaltung
der türkischen Geistlichkeit, und das Sprüchwort sagt: „Eher
gibt des Todten Auge eine Thräne, als der Imam Geld."
Auch in den Ländern der lateinischen und anglikanischen und
orthodoxen Kirche ist die Meinung nicht selten: die Geschichte
habe es noch stets bewiesen, welch ungemeine Kraft im Anziehen
Sammeln und Festhalten von Gut und Geld den Amtsbrüdern
der Imams beiwohne, und nothgedrungen müsse der Staat von
Zeit zu Zeit den großen Kirchenschwamm ein wenig auspressen.

Darüber aber war auf Cypern alles einverstanden, daß
die verbuchte Steuer so ziemlich vollständig zum Bosporus
abfließe; daß die Verwaltungskosten, alles zusammen gerechnet,
sich nicht über zwei bis drei Millionen Piaster beliefen; und
daß die Einwohner außer den verbuchten öffentlichen Steuern
noch etwa deren Hälfte heimlich aufbringen müßten, um die
türkischen Beamten zufrieden zu stellen. Stets muß ja ein
Beamter den andern bestechen, um sich in Amt und Würden zu
erhalten. Für Straßen Brücken und öffentliche Gebäude fallen
nur winzige Sümmchen ab. Auch das Militär kostet in Cypern
wenig, bei dem schwächlichen Charakter der Bewohner genügt
geringe Besatzung. Aus andern Bezirken kommen Türken, um
ihre Militärpflicht abzuleisten, gern nach der friedlichen Insel.

Wie ganz anders steht im Reiche der Türken das hoch=
ragende Kreta da! Diese äußerst fruchtbare Insel wagen sie
nicht mehr mit Steuern zu beladen, und alles, was Kreta
für die Regierung aufbringt, muß diese wieder auf Festungs=
bauten Militärstraßen und öffentliche Anstalten im Lande selbst
verwenden, zufrieden, die wichtige Insel nur zu behaupten,
damit sie ihrer Herrschaft nicht entschlüpfe und durch ihren
Zutritt zu Griechenland dieses kleine Königreich erst wahrhaft
lebensfähig mache.

XLII

Amathus.

Der folgende Tag war so schön, als ich jemals einen erlebte. Wir ritten hart an der Küste hin. Oefter trabten die Pferde mitten zwischen hohen goldgelben Saaten, und seltsam war der Gegensatz, wenn die spiegelnde Bläue des Meeres energisch über die goldene leichtbewegte Flut am Strande empor tauchte. Ach und wie köstlich war die Luft! Der Athem der cyprischen Luft fächelt so sanft und lieblich, daß die Glieder sich lüstig strecken und das geistige Wesen leicht in weichlichem Sinnen dahin fließt. Ich begriff vollständig, warum Cypern der Aphrodite Weihinsel wurde, warum dies blütenvolle Land in der griechischen Kunst und Literatur immerdar so unbe= deutend blieb, und warum Spätrömer und Türken, die ja außer im Staats= und Rechtswesen so wenig Werke höheren Ranges geschaffen, sich so sehr nach den fetten Auen Cyperns sehnten.

Doch wie, was war das? Was hauchte da plötzlich über das Strandgefilde mit so afrikanischer Glut? Aha, der gelb= mähnige Löwe des Sonnenbrandes reckte sich schon. Den Wilden hungerte darnach, Cyperns blühenden Leib zu verschlingen.

Wenn unter den sengenden Strahlen der Sommersonne Halm und Strauch bis auf die Wurzeln verdorrt, jedes Blätt= chen vertrocknet von Halm und Strauch niederrieselt, dann hegen nur die Saaten und Gärten, die auf dem ebenen

Plan im Ufersande dahinlaufen, noch vom Meere her Feuch=
tigkeit. So dicht daher am Wasserrande, als es die Flut nur
erlauben will, wird der Flugsand hier weggeräumt und zwar
möglichst tief; dann bringt die Nässe aus der Tiefe, wie
von unten durch ein Sieb, im Boden herauf. Man nennt
solche Feld= und Gartenstücke mitten zwischen den Sanddünen,
in denen alles Gemüse und jede Feldfrucht vortrefflich gedeihen,
Livadien d. h. Meerwiesen, und sie gehören zu dem werthvollsten
Boden auf der Insel. Kommt bei Ausmündung der Flüsse und
Bäche noch Landwasser hinzu, das durch den Sand sickert, so
ist der Ertrag noch viel reicher. Gleichwie hier bei Limasol
gibt es bei Episkopi Kitin Larnaka Famagusta, sodann an
der Nordküste bei Morphu Lapathos und an anderen Stellen
noch viele dieser kostbaren Meerwiesen, und gewiß könnte man
noch manche neue anlegen.

Nach etwa zwei Stunden Reitens kamen wir zu einem
Ruinenstück, das, wie es schien, hart am Strande, von einer
Kirche stehen geblieben. Hier lag eine Menge alter behauener
Steine aufgeschichtet, die man nach Port Said zu Hafenbau=
ten abholen wollte. Zur Linken stieg ein kahler Berg empor,
und die Getreidefelder gingen bis hoch hinauf. Mein Drago=
man wollte vorüber reiten, und als ich erklärte, dort oben
müsse Amathus gelegen haben, betheuerte er mit großem Rede=
schwall, es sei nicht das Geringste mehr dort zu sehen. Ich
berief mich auf das, was der Konsul davon erzählt hatte: da
meinte Mr. Clementin, es sei eine gute Stunde Kletterns bis
oben hin, und es war in Wirklichkeit kaum eine Viertelstunde,
freilich ziemlich steilauf.

Oben sah ich mich verwundert auf einer Stätte um, wie
sie für einen Wohnplatz im Alterthum und Mittelalter, wo
man stets gegen Angriffe mußte geborgen sein, nicht trefflicher
sich finden konnte. Hier hatte die Natur in vollkommenster
Weise bereits die Festung hergestellt. Es ist eine ausgedehnte,

länglich runde Steilhöhe, die auf drei Seiten jäh abfällt.
Nur nach dem Meere hin senkt sie sich allmählich, und blos
auf dieser Seite, wo der Felsgrund nicht so scharf abbricht,
war noch eine Schutzmauer nöthig, deren Linie noch in ihren
Trümmern deutlich aufsteht. Sonst aber blickt man ringsum
in eine Tiefe: diese Tiefe aber besteht ringsum in einem schönen
breiten Thal voll Saatfelder, das gemach gegen die umliegen-
den Berge ansteigt, aus deren Falten noch eine Menge von
Grünplätzchen hervorblickt.

Hier stand einst eine große Stadt phönizischen Ursprungs,
deren Name noch im hebräischen Hamath, d. i. Burgstadt, zu
erkennen. Sie bedeckte oben das ganze Hochrund, und ihre
Gassen gingen an der Meeresseite hinab bis an den Strand.
Tacitus und andere Schriftsteller nennen Amathus Cyperns
allerälteste Stadt, sie reden sogar von Autochthonen oder Ur-
eingeborenen des Ortes. Jetzt kann man die Stadt die aller-
geplündertste nennen. Berg und Abhang sind bis zum Meeres-
rande wie abgeschoren: außer den Trümmerstücken einer Riesen-
vase, der niedrigen Mauerlänge oben, der Kirchenruine unten
am Strande ist nichts mehr vorhanden, als zerschlagenes und
zerbröckeltes Gestein und hier und da ein paar Scherben.
Jedermann konnte von dieser verlassenen Stätte holen, was
da war, und vor etwa zwölf Jahren verübten Franzosen den
letzten großen Raub.

Es standen nämlich auf der Höhe im Gebüsche zwei gigan-
tische Gefäße, gleich wie runde Kessel mit Henkeln, hübsch
ausgehauen aus festem Sandstein, die Wände fast einen Fuß
dick. Die vier großen Henkel waren an jeder Vase regelmäßig
an vier Seiten vertheilt und bildeten eine besondere Zierde.
Sie erhoben sich in Halbbogen über Palmetten, und unter ihrem
Halbrund waren vier schreitende Stiere abgebildet. Der innere
Boden des eben so zierlichen als riesigen Steinkessels hatte,
wie sich an dem noch vorhandenen Reste des einen abmessen

ließ, zehn Fuß Durchmesser, und wenn jemand sich hinein-
stellte, so konnte er eben über den oberen Rand wegblicken.

Noch jetzt steht von der einen dieser so ungeheuren und
doch, ich wiederhole es, mit feinem Formgefühl gebildeten
Vasen außer dem Boden und unteren Rande ein Seitenstück
bis zur Palmette, aus welcher der Henkel aufstieg. Das ganze
Gefäß war vor zwölf Jahren, wenn auch in Trümmer gebrochen, noch vorhanden. Dicht daneben aber erhob sich das
andere, und dieses war heil und vollständig. Als nun damals die Franzosen die eine große Vase wegholen wollten und
die Stücke der anderen, welche dicht daneben stand, sie dabei
etwas hinderten, so wurde diese von den Matrosen vollends
in Trümmer geschlagen. Die Offiziere standen dabei und
hatten es so angeordnet. Ein vornehmer Herr aus Limasol
war Augenzeuge und erzählte es mir; ich kann ihn jeden Augenblick nennen. Auch mein Zaptieh Hussein kam mit dem Pascha
gerade vorbei, als man das Riesengefäß den Berg hinab-
schleppte, und konnte nicht genug schildern, welch eine gewaltige Arbeit das gewesen. Die Fregatte der Franzosen „le
Perdrix" ankerte unten, und der Befehlshaber, der Graf
de Voguë, hatte außerdem noch ein Dampfschiff zu seiner
Verfügung. Von dem Henkel des einen Steinkessels fand ich
noch Stücke am Berge zerstreut.

Diese Riesenvasen hatten Jahrtausende die weltberühmte
Höhe geschmückt, sie waren das werthvollste Stück des Alterthums auf Cypern. Sie hätten noch ein paar Jahrtausende
überdauert. War es nicht die reine Barbarei, das eine weg-
zuholen und das andere vollends zu zerschlagen?

Was aber war ehemals die Bestimmung dieser giganti-
schen Vasen? Aehnliche Gefäße standen vor dem Tempel in
Jerusalem, und die schreitenden Stiere hatten wohl eine religiöse Bedeutung: das ist alles, was wir wissen. Sollten die
Gefäße in ihrem weiten Bauche eine geweihte Flüssigkeit bergen,

ober ein heiliges Feuer, oder gehörten sie vielleicht zu einem
schauerlichen Opferdienst? Wir stehen hier vor einem ungelösten
Räthsel, und merkwürdig genug, bei keinem Schriftsteller des
Alterthums ist uns von diesen riesigen schönen Steinkesseln,
die doch gewiß schon zu ihrer Zeit angestaunt wurden, nur
eine Notiz überliefert.

Wäre aber auf der Höhe von Amathus, wo einst das be=
rühmte Adonisfest gefeiert wurde, nichts mehr zu sehen, so
verdiente sie doch den Anstieg ihrer Aus= und Rundsicht wegen.
Ringsum frei ist sie einzig in ihrer Art. Auf der einen Seite
lagert die breite Gewalt unendlicher Meeresbläue, auf der
anderen ragen im weiten Halbrund über den Höhenzug, der,
an sich schon bedeutend, das Thal zu Füßen des Stadtberges
umfaßt, des dunkleren Gebirgs Kuppen und Rücken empor.
Nach Limasol hin, das sich lockend an der Spitze seiner schön
ausgerundeten Bai darstellt, und noch über diese Stadt hinaus
dehnt sich die Küstenebene, und dahinter läuft die Halbinsel
weit ins Meer hinaus bis zum Capo delle gatte.

Als wir wieder zum Strande hinabkamen, waren da
ägyptische Matrosen, schwarze und halbschwarze und alle zer=
lumpt, beschäftigt, Bausteine zu laden und auf ihr Schiff zu
bringen, das auf der Rhede ankerte. Der Kapitän hatte sich
ein Zeltlager aufschlagen lassen und lag rauchend auf seinem
Teppich. Nach Port Said, der neuesten Stadt drüben auf
dem Festland, wanderten nun Bausteine aus der ältesten Stadt
Cyperns. Dort wurde ein neuer Welthafen für die Schiffe
nach und von Indien gebaut, hier sah man vom alten Hafen
nur noch das Naturbecken, so weit es nämlich von Felsen ge=
bildet wurde, die etwas unter dem Wasser fortstrichen.

XLIII

Karrubieh und Mazotos.

Von Amathus führte der Weg eine Zeit lang durch trockene Anhöhen und Berge, die nicht den geringsten Reiz hatten. Als wir endlich wieder an's rollende Meer kamen, spornte Hussein gleich seinen Hengst in die weißschäumenden Wogen. Allein ihr Rauschen und Wälzen schien doch auch dem tapferen Thier ungeheuerlich: der Hengst stand wie angenagelt und machte plötzlich Kehrt zu unserem Gelächter und des Reiters Aerger. Unter einem hohen Kap ging's dann wieder in ebene Küstenstriche hinein, auf denen sich zur Linken der Einblick in die prachtvollste Gebirgslandschaft eröffnete.

Hier am Kap Karrubieh traf ich auf einen ungewohnten Anblick. Es lag da am Strande ein nagelneues Städtchen, und die Häuser erschienen viel fester und stattlicher, als man sie sonst auf Cypern zu sehen bekommt. Sämmtlich aber waren sie verschlossen und unbewohnt, kein Mensch zu erblicken, als ein Schwarzer in einer kleinen Schenke, bei welchem wir Kaffee tranken. Erst im August bevölkert sich diese Ortschaft mit wohl tausend Leuten, dann liegen all die Häuser voll Karruben, und viele Schiffe ankern hier, um die Frucht abzuholen nach Triest und Marseille, nach Smyrna, Odessa und Petersburg.

Wir waren im Hauptbezirk des Karrubenbaues, der zwischen Limasol und Mazotos die Küstenhänge bedeckt und hier am Kap die Magazine füllt. Der verachtete Johannisbrotbaum ist nämlich ein Wohlthäter der Insel geworden. Früher dienten seine Früchte blos dazu, Vieh zu mästen, etwas Syrup zu pressen, und in der mageren Fastenzeit mit Kost auszuhelfen. Vor etwa zwanzig oder dreißig Jahren entdeckte man, daß sich ein guter Branntwein daraus brennen lasse. Da nun der Johannisbrotbaum von Alters her auf Cypern einheimisch ist und aller Orten als Strauch und Stamm wild wächst, so geben sich die Leute in der neueren Zeit Mühe, ihn zu veredeln. Im April haut man Aeste und Wipfel ab und pfropft in die Stümpfe Reiser von guttragenden Bäumen. So roh es geschieht, so sicher ist gleichwohl das Gedeihen der Pfropfreiser: in kurzer Zeit bedeckt sich der Baum mit den langen dunkeln Schoten, die unsere Kinder so lieben. Es ist das nur ein Beispiel, wie leicht Cypern wieder aufblühen könnte. Das Gold liegt so zu sagen auf dem Wege.

Vom Kap Karrubieh ging es fort und fort am Strande hin, und die Gegend wurde nun immer reizloser, da das Gebirge weiter und weiter ins Land zurückwich. Von den breiten Strandflächen irrten die Blicke immer wieder auf's Meer und über seine geheimnißvollen Tiefen hin, deren unaufhörliches Wogen und Fluthen die Gedanken hinzog in ferne Urzeiten. Der Strand war wieder besät mit großen und kleinen weißen Punkten von Schleim und Schaum, den Wind und Welle unaufhörlich dem Lande zutrieb. Wie? Wenn die alten Griechen schon geahnt hätten, daß alles Leben aus der ersten Zelle und dem ersten Schleimklümpchen entstand, daß es dann wuchs und um sich fressend sich weiter bildete und ausformte im langen Kampfe um das Dasein? Dann enthielte die Sage von der Schaumgeborenen den Kern, daß die Allgebärerin, also auch alles, was erzeugt und geboren wird, aus dem Meeresschleim entstand. Aber wären die alten Griechen bei dieser Erkenntniß gleich hingelaufen und hätten die Götter von den Altären gestürzt?

Wenn ich nur wüßte, was mit Darwins Lehre denn so

Großes gewonnen ist, daß sie eine solche Umwälzung bewirken soll in all der bisherigen Welt= und Gottesanschauung! Ob das Menschenkind, um zu werden, ein paar Sekunden oder ein paar Tage oder ein paar Jahrtausende brauchte, ist doch für das zeitlos, endlos flutende Weltall ganz einerlei, und für Gott erst recht einerlei.

Oder um gleich das Weltende an den ersten Lebenskeim zu knüpfen — wie gar trostlos denkt sich mancher, der ein rechter Darwinsjünger zu sein glaubt, der Dinge letztes auf und von dieser Erde? Nach und nach wird ihre Kohlensäure und ihr Wasser aufgebraucht sein; dann muß alles, was da lebt und athmet, verschwinden; die Erde wird ein todter lava= starrender Körper, der noch eine Zeit lang um die Sonne tanzt; allmählig zieht die Sonne ihn näher und näher an sich heran, bis er schließlich mit ihr zusammenstößt und mit einem ungeheuren Knall verschwindet.

Aber um des Himmels willen, wozu denn der ganze Auf= wand? Wenn's unserer armen Erde so geht, ist auch allen andern Weltkörpern kein besser Loos beschieden, denn alle müssen zuletzt um Sterne von noch größerem Schwergewicht kreisen. Da bilden sich aus kosmischen Keimen, die im großen Raum umherfliegen, die Weltkörper, verdichten sich, formen sich aus, bedecken sich mit blühendem Leben, und dann vertrocknen und verdorren sie wieder, und auf einmal knallen sie in die Unendlichkeit hinein. Weggeblitzt sind sie, daß kein schimmernd Stäubchen mehr daran erinnert, wo ein Weltball mit so viel Jahrtausenden voll einstigen Lebens ver= duftet ist. Alle Sonnensysteme hätten also ganz dasselbe Schick= sal, wie das kleinste Insekt, das, von der Wärme gelockt, ein paar Stunden lebt und dann vergeht, ohne daß nur ein leiser Duft von ihm übrig bleibt? Ein paar Sonnenzeitalter be= deuten ja für das Weltall nicht mehr, als ein paar Sekunden für die Erde. Also ein ewiges tausendfältiges Entstehen und

Verschwinden, ein bewußtloser Weltstoff, der durch Aeonen dahinstürmt, Weltkörper wie Blasen aufwirft und verschlingt, aber ohne Sinn und Zweck, als eben dies Entstehen und Vergehen.

Ehe mir diese Thorheit eingeht, halte ich mich doch lieber an andere Gedankenreihen, die zwar auch keine streng logischen Beweise enthalten, wenn überhaupt davon in solchen Fragen die Rede sein kann, aber doch mehr Trost und Behagen ge= währen, insbesondere den Vortheil größerer Harmonie unseres Denkens und Schaffens mit all den Dingen rings umher in Geschichte und Wirklichkeit.

Im kleinsten Pilzchen im Moos, im unsichtbaren Infu= sorienthierchen ist gerade so ein allgemeines Gesetz thätig, wie im Menschen: alles und jedes ist wunderbar auf seinen Lebens= zweck eingerichtet. Und zugleich dient alles, das Sonnensystem wie der Gedanke, der im Menschen keimt, zu einem höheren Zweck, und all mein Denken von etwas, was da ist, führt mich auf eine höhere Ursache desselben. Da muß doch ein höchstes Wissen und Wollen da sein, aus dem die Dinge hervorgehen und seines Weltalls und seiner Weltordnung unendlich großen oder unendlich kleinen Theil bilden. Nur erkennen kann ich dies höchste Wesen nicht, nur ahnen und glauben als etwas Natürliches und Nothwendiges, das so sehr Größe und Güte ist, daß des Menschen Denken vor ihm auf= hört und er in Ehrfurcht sein Haupt neigt vor dem Namen Gottes, des Unerforschlichen.

Woher käme denn überhaupt — und das ist und bleibt doch der Kern der Untersuchung — hier in der Welt der Endlichkeit, wo Sinne und Erfahrung auf nichts stoßen, als auf Endliches, die Gottesidee, wäre sie nicht des Menschen Geiste eingeboren? Sie muß in gleichem Grad und mit der= selben Nothwendigkeit in ihm aufblühen, als er sich selbst von der Außenwelt unterscheiden und ihre Dinge beherrschen lernt.

Löher, Cypern.   19

Wie aber konnte in des Menschen Ideen das Abbild entstehen, wenn ihm nicht ein Urbild entspräche? Das Ursächliche ist Grundcharakter des menschlichen Geistes: dieser aber könnte, wenn wir wirklich in einer ungeheuren Welt des Zufalls lebten, nicht allein anders gefügt und geartet sein.

Solche Gedanken verkürzten mir den Weg, bis es zu dunkeln anfing. Wir hielten vor einem Vorgebirge, das sich lang und hellweiß ins Meer streckte und den Weg abschnitt. Nun zogen wir landeinwärts, fast an der halben Länge des Vorgebirges hin, und kamen wieder etwas in die Höhe. Die Berge hüllten sich allmählich in Purpur und Blaudunkel, und gerade, als die Nacht plötzlich wie mit schwarzen Fittichen alles überdeckte, ritten wir in den größten Bauernhof zu Mazotos ein. Auch bei einem wohlhabenden Bauer der Küsten=ebene wollte ich einmal herbergen, um hier ebenfalls der Leute Art und Einrichtung kennen zu lernen.

Von der Straße öffnete sich durch einen kleinen Stall ein Durchgang in einen Hof, der mit kleinen Häusern umstellt war. Zur Linken führte eine Steintreppe empor zum besten Gemach, welches aber jetzt in der Erntezeit mit Getreide an=gefüllt war. Gegenüber lag die hochgeräumige Wohnstube, der einzige Aufenthalt für die ganze Familie, deren Lager=stätten nun durch vier neue für die Gäste vermehrt wurden. Die Stube war mit Fliesen belegt und durch einen Schwib=bogen in zwei Hälften getheilt. An der Rückwand lief ein wohlverzierter Vorsprung von Stein, welchen allerlei Geräthe besetzte. An den weißgetünchten Wänden hingen rings Kleider Netze Hängematten und lange Körbe, und standen weitbäuchige rothbraune Gefäße von gebranntem Lehm und große und kleine Kalebassen umher, gefüllt mit Brot Eiern Obst Mais Gemüse und anderen Feld= und Gartenfrüchten.

Die Küche befand sich in einem besondern Anbau im Hofe, und es war eine Freude zu sehen, wie geschickt und fleißig

die Hausfrau wirthschaftete. Gesinde gab es nicht, die ge=
wöhnlichen Geschäfte verrichtete die Familie selbst, zu den
größeren Feld= und Gartenarbeiten wurden Tagelöhner an=
genommen.

Ein Mann kann mit ein paar Ochsen eine Fläche von
dreißig englischen Aeckern bearbeiten, und der Boden gibt im
Durchschnitt dreißigfache Frucht. Bestellung und Abernten
des Bodens geschieht aber leicht und obenhin, und ist man
damit fertig, so denken die Wenigsten daran, noch etwas
Anderes zu thun. Wer kein sehr großes Gut hat, behält
deßhalb auch keine Dienstboten im Hause, weil er zu wenig
Arbeit für sie hat und sie ihm an Kost und Lohn viel zu
theuer zu stehen kommen. Man behilft sich, soweit es eben
gehen will, mit Taglöhnern. Der Tagarbeiter aber erhält in
der Erntezeit täglich etwa zwei Mark unseres Geldes, dazu
dreimal Essen. Wer das nicht geben würde, hieß es, liefe
Gefahr, daß ihm in der Hitze das Korn ausfalle, ehe er es
im Hause hätte.

Auch auf dieser entlegenen Insel hörte ich nur seufzen und
klagen, daß der Dienstleute Anforderungen mit jedem Jahr
größer, ihr Trotz und Ungebühr stets ärger, ihre Leistungen
geringer würden. Es scheint wirklich, als ob das Uebel in
der Luft liege. Kennte man nicht den großen Lauf der Welt=
geschichte, so sollte man beinahe fürchten, aller Orten, wo
Kulturvölker wohnen, bereite sich in fürchterlichen Kämpfen
eine soziale Umwälzung vor. Mit größter Leidenschaft und
wenigster Klarheit gährt es im dunkeln Schoße Rußlands.
Frankreich ist in seinen Tiefen aufgewühlt, und der Schrecken
der Communetage liegt ihm noch in den Gliedern. Im Osten
verbindet sich mit der sozialen Bewegung ein wildes pansla=
vistisches, im Westen ein fanatisch ultramontanes Getriebe. Von
beiden Seiten trifft eine heiße Strömung des Hasses auf das
deutsche Reich. Man hat bei uns vielfach keine Ahnung da=

von, wie das gewaltige Auftreten unserer Kriegsheere und
die plötzliche Erhebung unserer Nation so Vielen rings um
uns her ihre geheimen Lieblingspläne zertrümmert vor die
Füße geworfen. Man war gewöhnt, das große deutsche Volk
als unheilbar zerrissen zu betrachten. Wehe unserem Welt-
theil, wenn in seiner Mitte die wüsten Wogen nicht auf ein
so festgefügtes Staatswesen stoßen, daß die stürzende Brandung daran abprallt! Wird aber das deutsche Reich noch immer
zögern, die Mittel Englands zu ergreifen und seine über-
schüssige unternehmungslustige Bevölkerung regelmäßig nach
Kolonien abzuleiten?

XLIV

Letzte Tage auf Cypern.

Als wir uns bei dem Großbauer in Mazotos zu Tische
setzten, wollte kein Grieche mein Hamburger Rauchfleisch ver=
suchen. Warum? Weil es Sünde sei, das Fleisch des Ochsen
zu essen, der da im Felde arbeite. Es gibt eben wunderliche
Gründe für alles. Die Rabbiner haben sogar ausgetiftelt:
es sei wider Scham und Natur, Milch und Fleisch zugleich
zu genießen. Eier und Hühner aber lassen sie bei einer Mahl=
zeit zu. Den Cyprioten muß ich nachrühmen, daß ich auf
ihrer ganzen Insel keine homerischen Schmutzfinken mehr ge=
troffen, keiner riß mehr vom fettgebratenen Lamm ein Stück
mit dem Finger herunter, Messer und Gabel fanden sich auch
in der ärmsten Hütte. In den cyprischen Dörfern hat sich aber
aller Welt Aberglauben angesammelt, heidnischer und jüdischer,
christlicher und muhamedanischer, darüber was man thun und
was man lassen soll in den einfachsten Dingen, bei denen vom
sittlichen Standpunkte aus das eine gerade so gleichgiltig wie
das andere ist. Und nun erst bei den Kindern Mahomeds,
wo sie noch ungemischt unter sich sitzen. Neun Zehntel ihrer
Religion besteht in bloßem äußerlichem Brauch und Gesetz:
Herz und Geist wird nur ganz obenhin berührt. Und sie
sitzen so festgebannt in diesen Gewohnheitsfesseln, daß gar
nicht abzusehen ist, wie ihre Religion sich wieder verjüngen
und die Seelen veredeln soll.

Etwas begegnete mir jedoch Neues in Mazotos. Es war

wohl dem Umstande zuzuschreiben, daß die Ortschaft auf der vielbesuchten Straße zwischen den beiden Hafenstädten Limasol und Larnaka liegt. Der Hausherr machte mir nämlich auf Ersuchen eine Zeche. Sonst hat man im Oriente des Morgens bei dem Aufbruch gewöhnlich seine Noth, wie man, weil für Herberge und Zehrung kein Geld gefordert wird, ein Gastgeschenk oder eine halbe oder ganze Goldlire anbringt, in den Klöstern für die Armen, in Familien für die Kinder. Bei Vornehmen, wo ein solches Geldanbieten Beleidigung wäre, stehen bei dem Abreiten vier oder fünf Dienstleute da, die alle ein Trinkgeld erwarten. Nun ist, was man unterwegs einkauft, Gerste Brot Käse Wein Gemüse, alles zwar sehr billig, man macht die Rechnung nur in kupfernen Piastern, deren eine handvoll auf einen Frank geht. Da aber eine Begleitung von drei Mann zu Pferde unaufhörlich allerlei braucht, so piastert sich tagsüber doch ein Sümmchen zusammen.

Die letzte Tagereise war klein. Der Weg ging durch reizlose Ebenen voll Getreidefelder, die unabsehlich sich ausdehnten. Am Meere blickte aus einem grünen Obsthain heimatlich eine Kirche hervor, dort stand das Dorf Kiti. Nicht weit davon lag im nackten Felde ohne Baum und Strauch eine andere Kirche.

Zur Linken aber erhob sich ein prachtvoller Berg, der in einem einzigen gewaltigen Schwunge über 2000 Fuß hoch empor stieg. Auf der Spitze prangte das uralt berühmte Kloster zum heiligen Kreuz oder Hagios Stavros, dessen helle Gebäude, weithin auf dem Meere sichtbar und niemals von Nebel und Wolken bedeckt, den Schiffern einen Richtpunkt geben. Dort oben hatte die gute Kaiserin Helene, als sie von der glücklichen Kreuzauffindung aus Palästina nach Cypern kam, ein fingerlanges Stück des Erlöserkreuzes niedergelegt. Es war ein winziges hölzernes Kreuzchen, in Silber eingefaßt, und brachte lange Jahre dem Kloster lebhaften Zulauf mit

Geschenken. Aber siehe da, im benachbarten Kloster Levkara kam auf einmal ein ganz ähnliches Kreuzchen zum Vorschein, und die Mönche sprengten aus, das ihrige sei eigentlich das echte und wunderthätige, das die heilige Helena gebracht. Die Stavriten schrien über Betrug und Fälschung und forderten zur Vergleichung auf. Das eben wollten die Levkariten. Beide Parteien brachten ihre hochheilige Reliquie vor eine vornehme Versammlung, beide Kreuzchen sahen einander ganz ähnlich. Sie gingen von einer Hand zur andern, und man konnte nicht den feinsten Unterschied entdecken. Darüber kam es zu einem heftigen Wortwechsel, und zuletzt wußte kein Mensch mehr, ob er das eine oder das andere Kreuz in der Hand habe, und der erbitterte Streit ist bis auf den heutigen Tag noch nicht entschieden. Wunder werden von beiden Kreuzespartikeln ins Treffen geführt. Wo solcher Glaube wohnt, stellen ja Wunder von selbst sich ein.

Als es noch hoch am Tage war, sahen wir bereits Larnaka vor uns liegen. Die Getreidefelder waren, da es Erntezeit, dicht mit Leuten besetzt. Gewöhnlich arbeitete ein Dutzend beisammen, und da Griechen immer sprecherisch sind, so hörte man von hieher und dorther ihr lautes Gespräch.

Wir hielten unser Mahl im Schatten eines großen Feigenbaumes, der breitblätterig an einer Wasserleitung stand, in welcher das klare schöne Element murmelnd dahin schoß. In der Nähe flogen Kraniche auf und ganze Schwärme von Beccassinen. Natürlich griffen wir zu den Flinten, und die Jagd ging bald durch Sümpfe, bald ans rollende blitzende Meer, bald über Felder, die belebt waren von Kameelen und Pferden und Leuten. Mr. Clementin kannte hier auf seinem Jagdgebiet alle Schliche und Pfiffe, wie dem vielartigen Vogelwild beizukommen. Es kostete Ueberwindung, mit dem Jagdvergnügen in dieser eigenartigen Umgebung endlich aufzuhören.

In der Stadt Larnaka, wo ich im Hause meines Drago

mans erst wieder die unvermeidliche Tasse Kaffee nehmen mußte, hörte ich eine freudige Kunde. Drüben in der Hafen= stadt war die Frau meines Gastfreundes, die ich auf dem Krankenlager verlassen, wieder auf und gesund. Die junge Dame war aus edlem Florentiner Hause und von feiner Bil= dung: die schönen Augen hatten mich durch ganz Cypern be= gleitet. Fröhlich war nun mein Empfang, noch herrlicher das Abendessen zu Dritt. Der Hausherr hatte die Güte, ver= schiedene Jahrgänge Cypernwein aufzuführen: ganz jungen, voll Schwärze und Feuer, als käme er aus der Unterwelt — fünfjährigen, dunkelbraun, der köstlichste Wein, welcher mir vorgekommen, — endlich fünfzigjährigen, fast hell, jeder Tropfen Goldsaft, nur mit dem Fehler behaftet, daß man ihn fingerhutvoll trinken muß, sonst macht er eigenthümlich Ziehen im Kopfe.

Andern Tages, als ich Besuche machte, mußte ich in allen Häusern von meinen Fahrten durch die Insel erzählen. Da war des Staunens kein Ende, und das Gespräch schloß regel= mäßig damit ab: der Fremde, der nur auf ein paar Tage ins Land gesprungen, habe ausgeführt, wozu sie in all den Jahren nicht gekommen seien. In der That durfte ich, so wenig schwierig die Reise gewesen, beinahe glauben, daß zur Zeit auf der ganzen Insel Niemand wohne, der so viel wie ich von ihr gesehen.

Heimlich vertraute mir Jemand etwas von einer seltenen und köstlichen Augenweide. Wir gingen hin und ich freute mich schon einer unverhofften Bereicherung meiner Völkerstudien. Was war es aber? In einem niedrigen Kaffeehause tanzte ein dickgeschminktes halbnacktes Geschöpf, halb Mohrin halb Koptin, die wahrscheinlich aus Aegypten herübergekommen, jenen häß= lichen Tanz, in welchem das Hauptkunststück jeden Augenblick wiederkehrt, nämlich ein rasches Vorstoßen, Schlenkern und Zittern des Bauches, so unschön wie möglich. Die Türken

sahen voll würdigen Ernstes zu, ein paar wohlgekleidete Griechen hatten sich ihnen zugesellt. Ganz ähnlich hatte ich diesen
Tanz im fernen Marokko wie jüngst am Nil gesehen, und
möchte annehmen, daß er eine Ueberlieferung ist aus den
cyprischen Hainen der Aphrodite. Wahrscheinlich haben ihn
die Hierodulen ehemals ziemlich ebenso getanzt, jedoch gewiß in
veredelter Weise.

Selbigen Tages war das Fest des heiligen Georg, des
„Großmärtyrers und Siegbringers", ein kirchliches und politi-
sches Fest zugleich; denn es war auch der Namenstag des
Königs von Griechenland, den in der Stille fast alle Griechen
in der Türkei als das rechte Oberhaupt ihres Volkes verehren.
Eine halbe Stunde vom Hafenstädtchen lag die Kirche im
freien Felde, und als wir Nachmittags hinwanderten, hätte
ich trotz cyprischer Umgebung beinahe glauben können, es gäbe
da irgendwo einen westfälischen Jahrmarkt noch in alter Weise
wie zu meiner Jugendzeit. Durch das Glockengebimmel hörte
man von ferne Pferdegewieher und Eselgeschrei, und sah Reiter
ins Feld jagen und zurückkehren. Um die Kirche her reiheten
sich Buden, und dazwischen stand und wanderte eine große
Menge Landvolks, alle im Sonntagsstaat. Wer zu den Wohlhabenden gehörte, zeigte sich gern und stattlich zu Pferde,
und die jungen Leute flogen wie im Sturme daher. Um Pferde
wurde hier und dort lebhaft gefeilscht und gehandelt: der Bauer
schließt gern den Handel in der Nähe einer Kirche, weil er
denkt, in ihrem heiligen Schatten würde er doch nicht über-
mäßig betrogen, wenigstens schwöre man dort nicht falsch.

Wenn in Mitteleuropa irgendwo eine gleiche Menge Volks
beisammen wäre, so würde man mehr kräftige Männer und
ohne Frage auch mehr Frauenblüte bemerken. In Italien
und Frankreich hervorstechend Schönes und Häßliches, in Deutschland und England mehr frische und liebliche Gesichtchen, aber
auch mehr plumpe Gestalten. An letzteren war auch hier kein

Mangel, und wieder fiel mir auf, wie es in den cyprischen Städten auch unter den Christen zweierlei Volk gibt, die edlere griechische Art und die gemeinere syrische Bildung. Die Kleidung aber ist bei allen ein buntes Gemisch aus griechischen türkischen und europäischen Moden.

Es waren auch viele höchst ausdrucksvolle Schönheiten da, die Einem beinahe bange machen könnten mit ihren großen Glutaugen. Die Augenbrauen waren augenscheinlich schwärzer gemalt, eine falsche Haarwolle aufgethürmt, und nicht wenige hatten etwas tief ins Schminktöpfchen gegriffen. Sehr hübsch ist aber die Sitte, duftende röthliche Blüten ins Haar zu stecken: es gibt keinen schöneren Putz, künstliche Blumen erinnern stets an Wachsfiguren.

Auch die Aermste zeigte glänzenden Metallschmuck, die reicheren Frauen trugen Ohrringe wie kleine Räder und hatten Brustketten und Medaillons von schwerem Golde umhängen wie eine Art Geschirr. Der Mann freut sich dessen, wenn seine Frau mit einer Menge Goldschmuck auftritt: es ist das des Hauses Schatzkasten und der Kinder Sparbüchse. Denn hat Einer Geld erspart, so bedenkt er sich zehnmal, ehe er es in einen Landkauf steckt. Werth und Sicherheit des Grundeigenthums sind gar zu großem Wechsel, gar zu arger Unsicherheit unterworfen.

Auffällig war mir auch hier, wie fest und starr die Gesichtszüge schon in jüngeren Jahren. Die Leute werden eigentlich sammt und sonders nur zwanzig Jahre alt, dann sind sie fertig fürs ganze Leben. So wenig sie noch an Geist und Wissen zunehmen, so wenig ändert sich ihr Gesicht, bis erst im Alter der Verfall sich kund gibt. Auch sonst macht sich, je weiter man sich von der Mitte Europas nach Osten oder Süden entfernt, desto mehr bemerklich, wie die Gesichtszüge bei den Leuten schon in der Jugend verhärten, bis man endlich bei Beduinen und Negern anlangt, denen die Natur für ihre

Lebenszeit nur ein Gesicht gegeben hat, und zwar gleich einer Menge ganz dasselbe.

Als wir nach der Marine zurückwanderten, wurde es mir doch etwas wehe um's Herz, daß ich andern Tages Cypern verlassen sollte. Der Abend war so wundervoll, alles so rein und klar, voll so lieblichen Friedens. Die Cypressen und Palmen von Larnaka zeichneten sich in der Helligkeit der Luft ab, als wären sie aus grünem Erz gebildet, und dahinter umsäumte ein leiser Goldschein das purpurne Gebirge.

Im Städtchen saß Alles vor und an der Hausthür, die ganze Familie war beisammen, Nachbaren und Bekannte kamen, hier löseten dort bildeten sich größere Gruppen, und lebhaft floß überall das Gespräch von Munde zu Munde. Wahrlich, ein Volk von Bildung und vornehmer Glätte diese Griechen. Denn nur von ihnen rede ich: vor den türkischen Häusern ließ sich kein Huhn und kein Hahn sehen, sie schienen sammt und sonders düstere schweigende Kerkergebäude. Hinter ihren Mauern aber saßen ohne Zweifel die türkischen Familien in ihrem grünen Gärtchen und traulichen Daheim beisammen und freuten sich ebenfalls der erquickenden Abendkühle — im Gefängniß. Denn ein Gefängnißleben bleibt es doch für Frauen und Kinder und Dienerschaft, und im Grunde für die Herren auch. Ihre ganze höhere Entwicklung sitzt in dieser Harems= enge gefangen. Edlere Bildung eines Volkes beginnt erst mit dem Zeitpunkte, wo die Häuser der Familien sich öffnen und Reiz und Regung eintritt in freier Geselligkeit.

Am nächsten Tage sagte ich der schönen Insel Lebewohl, die in ihrer Ueppigkeit daliegt zerrissen und geschunden und wie gefesselt an Händen und Füßen.

Das Dampfboot lenkte nach der südwestlichen Spitze von Kleinasien hin. Dort erhob sich aus blauer Meerespracht hoch und höher eine Gebirgswand, lang hinlaufend und auf ihren Spitzen mit glänzendem Schnee übergossen.

Dann kamen wir nach Rhodus, und die Blicke irrten umher zwischen den Thürmen und Bastionen der berühmten Ritterfestung, die, noch in ihren Ruinen ehrwürdig, höchst malerisch über den Fluten stand. Von dort liefen einst fast jede Woche Schiffe mit wichtigen Nachrichten nach Cypern, und hatte man ein neues Unternehmen geplant, so stachen die Johanniter in See, um sich unter den Admiral der cyprischen Königsflotte zu stellen und bald am Nil bald in den Dardanellen die Ungläubigen zu bekämpfen.

Hinter Rhodus traten wir hinein in ein Gewinde von Inseln und Golfen, von langgestreckten Vorgebirgen, und hin- und herziehenden Meerengen. Immer neue Inseln und Kaps tauchten hier und dort empor, bald wie riesige Maulwurfshügel, gleichsam schwimmend auf dem Seespiegel, bald in Zackengipfeln, die weitausgeschnittene Busen einfaßten, in der Tiefe schimmernde Berge. Und allüberall dazwischen ausgegossen die strahlende Meeresbläue, und hoch darüber der liebliche und doch so energische Aetherglanz des griechischen Himmels.

Und so ging das unaufhörlich fort, bis wir in den prachtvollen Busen von Smyrna einlenkten.

XLV

Deutfche Kaiferpläne im Morgenland.

Ich konnte von Cypern nicht scheiden, ohne eine historische
Frage, die mich einmal lebhaft angezogen hatte, näher zu
ergründen. Sie betrifft einen unserer größten Kaiser und
zeigt deutlich Cyperns Weltstellung im Mittelalter.

Hätte man im dreizehnten Jahrhundert so leicht Deutsch
oder Italiänisch geschrieben, wie heutzutage, so würden wir
vom letzten der drei großen Hohenstaufen, der ohne Frage
einer der genialsten Männer des ganzen Mittelalters war,
wohl mehr Schriften haben, und wahrscheinlich würden sie
den Geist und Stil König Friedrich II. athmen. Vielleicht
käme darin auch etwas über Cypern vor, was uns nicht wenig
anmuthen würde. Denn Kaiser Friedrich II. Auftreten in
diesem Lande bildet an sich, und insbesondere für uns Deutsche,
vielleicht das anziehendste Blatt der cyprischen Geschichte. Er
erscheint dort ganz im gewinnenden Zauber seiner Persönlich=
keit, in der tiefen Klugheit seiner Morgen= und Abendland
umfassenden Pläne, und es ist wunderbar wie leicht ihm das
schwierigste Werk gelingt, um nach fünfzehnjährigem Bemühen
zuletzt doch völlig zu scheitern, und zwar zum Theil am
Zusammentreffen kleiner Zufälle.

Cypern war damals ein wohlgeordnetes und blühendes
Königreich, während der Schimmer der Krone, die man an
das Grab Christi anhängte, längst sich verdunkelt hatte. Noch
aber standen die christlichen Festen von Jaffa Akkon Thrus

Sidon Beyrut Cäsarea Antiochia Tripolis und andere, deren
Herrn und Befehlshaber über eine Menge dort ansäßiger
Ritter und Leute geboten. Nun sollten durch die kaiserliche
Hoheit die in Syrien zerstreuten Kräfte der Christen vereinigt,
in geschlossenen Reihen dem Halbmond gegenüber gestellt,
Cypern aber die Geldquelle und zugleich Bollwerk werden und
Bergestätte für des Kaisers Heer und Beamten, damit man
von hier aus das heilige Land erobere und behaupte. Das
war offenbar Kaiser Friedrichs Plan: der erste Gedanke ging,
wie es scheint, von Hermann von Salza aus, dem berühmten
Hochmeister des deutschen Ordens.

Dieser war es, der zuerst auf den Konferenzen zu Ferentino im Jahre 1223, an welchen der Papst, der Kaiser, und
König Johann von Jerusalem theilnahmen, vorschlug: Friedrich solle des Letzteren Tochter Isabella heirathen und ihr
Erbe, das Königreich Jerusalem, mit seiner Macht verknüpfen,
während ihr Vater bloß Titel und Ehren eines Königs behalte. Der Vorschlag wurde von allen Seiten lebhaft ergriffen. Die kaiserliche Hochzeit erfolgte im Jahre 1225 zu
Brindisi, wo der Brautvater in seines Schwiegersohnes Hände
das königliche Szepter von Jerusalem übergab, nicht ohne
Nöthigung, wie später gesagt wurde. Friedrich nahm sofort
die Huldigung der anwesenden Ritter aus Syrien und Palästina entgegen und sandte einen Botschafter mit dreihundert
Rittern nach dem heiligen Lande, um auch dort die Huldigung
für den Kaiser vollziehen zu lassen. Wollte Dieser den Kreuzzug zu gutem Ende führen, so mußte er im heiligen Lande
als rechtmäßiger Landesherr auftreten können. Einen seiner
eifrigsten und tüchtigsten Anhänger, den Grafen Thomas von
Acerra machte er zu seinem Statthalter im Königreich.

Cypern aber dachte Friedrich, wenigstens auf längere Zeit,
vermöge Lehnrechts an sich zu nehmen. Denn dieses Königreich war förmlich zu Lehen genommen von Kaiser Heinrich VI.

seinem Großvater. Der letzte König Hugo I. aber war vor zehn Jahren auf einem Kreuzzug erblichen, und bei seinem Tode der Sohn und Thronfolger ein Knäbchen von neun Monaten. Von Rechtswegen stand also dem Kaiser als obersten Lehnsherrn und Vormund die Verwaltung von Cypern zu.

Die Vorgänge aber, welche auf Cypern sich abspielten und von der Insel aus auf das gegenüberliegende Festland einwirkten, die Ursachen derselben, überhaupt die eigenthüm= liche Verknüpfung der beiden Königreiche Jerusalem und Cypern sind in unsern Geschichtsbüchern noch nicht hinlänglich ge= würdigt. Von Cypern aus fällt ein breites Licht auf die Geschichte des fünften Kreuzzuges, und beleuchtet zugleich Zu= stände, die auch von kultur= wie rechtshistorischer Seite wohl Beachtung verdienen.

Leider sind die Berichte der Zeitgenossen — wenige und gerade die kürzesten ausgenommen — von Parteileidenschaft und nationaler Engherzigkeit arg gefärbt. Ihre Verfasser sind entweder päpstliche Agenten, oder französische Ritter, welche gegen den Kaiser stritten. Auch de Mas Lattrie, der in seiner bekannten Histoire de l'île de Chypre sous le règne des princes de la maison de Lusignan, dieses Stück Geschichte unter den Neueren allein ausführlich erzählt hat, ist eben so geneigt, wie seine französischen Landsleute im 13. Jahrhundert, in der deutschen Herrschaft über Cypern eine „Giftpflanze" zu sehen, die um jeden Preis mußte aus= gerottet werden. Gehen wir also überall zu den Berichten der Zeitgenossen des Kaisers zurück, entnehmen daraus die reinen Thatsachen, und prüfen bei einer jeden, ob sie in glaub= würdiger Weise überliefert worden und zugleich mit dem ganzen Zusammenhang der Dinge in Einklang steht. —

Kaiser Friedrich II. wußte längst, wie schwächlich es im Orient um alle politischen Dinge bestellt war. Die Ritter und Kaufleute aus dem Abendlande hatten sich hier ein Reich

ihres Gefallens errichtet. Die Barone mit ihren Lehnsleuten
saßen auf ihren Schlössern in voller Unabhängigkeit, der
König war nur ihr Anführer, der Lehnshof aber ihr Parlament,
in welchem sie allein die Entscheidung hatten. Ohne Beschluß
des Lehnshofes konnte die Staatsgewalt kein Urteil vollziehen,
kein Unternehmen beginnen. Neben diesen freien Herren gab
es drei Ritterorden, festgefügte und reichbegüterte Genossen-
schaften, eine Art von kriegerischen Halbmönchen, die für sich
selbst und ihre Besitzungen Unantastbarkeit fast wie Geistliche
forderten. Vollends der Klerus erschien gewaffnet und ge-
panzert mit fürstlichen Vorrechten. In den Städten aber
hatten — neben allerlei Volk, das je nach Religion und Nation in eigenthümliche kleine Kreise zerfiel — ihren Sitz große
Gesellschaften von Kaufleuten und Rhedern aus Genua Venedig
Pisa Amalfi aus der Provence und Katalonien, und alle
diese wollten keine andere Gerichtsbarkeit annehmen, als die
ihrer eigenen Konsuln. In keiner einzigen dieser Ortschaften
gab es Stadtrath und Bürgermeister, die als gemeinsame
Obrigkeit die Verwaltung des Ganzen hätte führen können.

Diese verschiedenartigen kleinen Mächte, die unaufhörlich
mit einander haderten, zusammen zu fassen und gefügig unter
eine Oberherrschaft zu stellen, war nun ein weit aussehendes
Werk. Vorsorglich hatte Friedrich schon zu Ferentino den
Artikel betont: daß Eroberungen im heiligen Lande nicht mehr
wie bisher vertheilt werden, sondern dem König, das heißt
ihm allein gehören sollten. Viel besser stand es in Cypern.
Hier war die obrigkeitliche Macht geordneter und die Gewalt
des Königs umfassender. Auch erschien hier das Ansehen der
Ritterorden viel schwächer, und wie mit den Templern und
Johannitern, so verhielt es sich auf der Insel trotz ihrer Anzahl mit der Geistlichkeit. Hier ließ also dasselbe Unternehmen, welches im sizilischen Königreich die großen Herren
wider den Kaiser in Harnisch brachte, auf Erfolg hoffen, das

Beginnen nämlich, den Eigenwillen der Lehnsbarone zu brechen und Verfassung und Gesetzgebung mehr in monarchischem Sinne durchzuführen.

Stand aber des Kaisers Gewalt auf Cypern fest begründet, so konnte sich ihr die Gegenküste auf die Länge nicht entziehen. Wiederholt hat sich in der Geschichte die natürliche Bedeutung bewährt, welche dieser Insel durch ihre Lage vor den syrischen, kleinasiatischen, egyptischen Küsten einer= und durch ihre üppige und unerschöpfliche Fruchtbarkeit anderseits verliehen ist.

Cyperns Behauptung war daher vom Anfang bis zum Ende das nächste Ziel der orientalischen Politik des Kaisers. Gegen die Cyprier ließ er der Schärfe seines Rechts und seiner Waffen freien Lauf, in Syrien und Palästina legte er sich lieber auf friedliche Unterhandlungen.

Nun hatte der letzte König von Cypern, als er 1218 starb, auf dem Todbette seine Gemahlin Alice zur Regentin eingesetzt. Da die Ritterschaft nur ungern Frauenregierung duldete, so mußte die Königin auf Andringen des Lehnshofes Herrn Philipp von Ibelin, Oheim des jungen Königs, zum Mitregenten annehmen. In dessen Namen beherrschte sein Bruder Johann von Ibelin, Herr von Beyrut, ohne Frage einer der ausgezeichnetsten Männer seiner Zeit, das kleine so wichtige und werthvolle Königreich. Die Franzosen und Italiener nannten die Brüder die Herren von Ibelin, sie hießen aber eigentlich Iblim; denn ihr Vorfahr, der aus Frankreich stammte, war mit dem Schlosse Iblim bei Ramla in Syrien belehnt worden, und ihr Vater, Gemahl einer Königin=Witwe von Jerusalem, erwarb Beyrut und große Besitzungen in Cypern. Unzweifelhaft waren sie unter dem hohen Adel der Insel die Vornehmsten. Königin Alice aber hatte den Herrn Amalrich von Balas lieber als die stolzen und gestrengen Ibelins, und da die Brüder durch ihr herrisches Auftreten gegen die Einen, durch zu große Begünstigung der Andern sich viele Feinde machten, so wurde es Balas leicht, sich eine mächtige Partei zu bilden, welche der ganzen Ibelin'schen Sippschaft Krieg auf Leben und Tod erklärte.

Neben Amalrich, einem ebenso kühnen und beherzten Ritter als geschickten Redner und Parteiführer, waren es besonders vier junge Adelige aus Cyperns vornehmsten Geschlechtern, die sich mit ihm verschworen: Gavain von Chenichy, Wilhelm von Rivet, Hugo von Giblet und Amalrich von Bethsan. Unaufhörlich gab es Händel Zweikämpfe und mörderische Ueberfälle. Die Königin Alice mochte vor Verdruß nicht länger auf der Insel bleiben, sie zog sich auf das Festland zurück und heirathete später Bohemund von Antiochien. Als sie aber die Regentschaft über Cypern zurück forderte und Balas zu ihrem Statthalter machte, widersetzten sich die Ibelins und ihre Anhänger, und der Lehnshof mußte ihnen zustimmen.

Allmählig entzweite sich feindlich die ganze Ritterschaft, und da Cypern das Hauptland der fränkischen Besitzungen im Oriente war, auch die Ritterorden und mehrere Barone hüben und drüben begütert waren, so theilte sich die cyprische Parteiung dem Festlande mit. Mann stand wider Mann, jedes Ereigniß gab der Zwietracht neue Nahrung. Die Franken im Morgenland, die sich von den Byzantinern sonst gern abseits hielten, hatten deren schlimmste Gewohnheit angenommen: sie verfolgten ihre Feindschaften mit allen Ränken, ganz unbekümmert um ihren erhabenen Beruf, zu streiten wider die Feinde des Kreuzes. Gab doch den Rittern das übelste Beispiel der erbitterte Haß, der zwischen der lateinischen und griechischen Geistlichkeit herrschte und in Cypern noch kurz vorher nahe daran war, in blutigen Aufstand auszubrechen.

XLVI

Das Gaſtmal in Limaſol.

Als nun der Kaiſer, das ſtrahlende Haupt der chriſt=
lichen Ritterſchaft, nach dem Oriente aufbrach, gerieth alles
in Bewegung und war geſpannt, für welche Partei er ſich
erklären werde. Die Ibelins hatten bereits ſeinen Unwillen
erregt. Denn ſobald ſie vernahmen, der Kaiſer habe den
Titel eines Königs von Jeruſalem angenommen, ſo beeilten
ſie ſich, ihren jungen König, obwohl er eben erſt zehn Jahre
alt, feierlich im Dome zu Nikoſia krönen zu laſſen. Ein ge=
kröntes Haupt, ſo dachten ſie, werde ein kaiſerlicher Lehnsherr
nicht unter ſtrenge Vormundſchaft nehmen. Friedrich aber
nahm die Sache ernſt und ſchrieb der Königin und den
Ibelins Briefe, in welchen er herbe die übereilte Krönung
tadelte. Jedoch nannte er darin die Ibelins, was ſie durch
ihre Mutter und ſeine Gemahlin wirklich waren, ſeine lieben
Oheime.

Noch ehe Friedrich von Italien abreiste, fand ſich bei
ihm bereits Gavain von Chenichy ein, und ſchilderte Johann
von Ibelin als des Kaiſers Todfeind und als den gefähr=
lichſten Menſchen im ganzen Morgenland. Des Barons ſeines
Benehmen gefiel dem Kaiſer; er behielt ihn eine zeitlang an
ſeinem Hofe und ſchickte ihn dann mit ein paar Galeeren nach
Syrien voraus. Als er bald darauf mit 40 Segeln folgte,
kamen ihm in der Nähe des Peloponneſes, wo bei den Inſeln
öfter Halt gemacht wurde, Amalrich von Balas mit andern

cyprischen Baronen entgegen und führten laute Klagen über
die Regentschaft der Ibelins. Sie beschuldigten sie, daß sie
sich mit den Einkünften der Krone bereicherten, und riefen
den kaiserlichen Lehnsherrn förmlich als Richter an. Zugleich
ließen sie einfließen: wenn Friedrich Cypern zu eigenen Handen
nehme, so trage es ihm Geld genug, um die herrlichste Hof=
haltung zu führen und noch tausend Ritter zu unterhalten.
Der Kaiser konnte das cyprische Geld wohl brauchen, er scheint
darauf gerechnet zu haben, denn um die Schatzkammer auf
seinem Schiffe war es schlecht bestellt. Doch er hielt an sich,
er wollte selbst sehen und prüfen.

Seine Seereise ging in vierundzwanzig Tagen von Brindisi
über Kreta und Rhodus nach Cypern. Als er nun am
21. Juli 1228 in Limasol landete, waren auch die vornehmen
syrischen Barone Bilian von Sidon, Odo von Montbeliard
und Andere herübergekommen, an ihrer Spitze des Kaisers
Statthalter, der Graf von Acerra, und des Kaisers Marschall,
Richard Felingher, dessen Namen die Italiener und Franzosen
sich als Filangieri mundgerecht machten. Ihn hatte er kurz
vorher mit fünfhundert Rittern vorausgeschickt.

Kaum hatte der Kaiser einen Fuß auf Cyperns Boden
gesetzt, so wurde er mit Klagen über die Regentschaft bestürmt.
Er aber schrieb an Johann von Ibelin, — denn dessen Bruder
Philipp war nicht lange vorher gestorben, — er möge getrost
zu ihm kommen mit seinen Söhnen und Freunden und dem
jungen König Heinrich. Ibelins Gefährten riethen ab und
sagten, er solle sich wohl hüten, in des Löwen Höhle zu
gehen. Er aber erklärte: man solle ihm nicht nachsagen, er
habe das Werk der Befreiung des heiligen Landes geschädigt;
er getraue sich auch wohl, seine Handlungen nach seines Landes=
Recht vor Gott und dem Kaiser zu verantworten.

Es war dieß derselbe Ibelin, Herr von Beyrut, der weit
und breit bekannt war als das Haupt der Juristenschule für

die Assisen von Jerusalem. Von dem Glanze der Assisen trug
sich auch etwas über auf Ibelin, den Meister dieses Rechts,
der spielend die verwickeltsten Fälle löste. Oefter, wenn er
im Lehnshofe mit glänzender Beredsamkeit seine Ansicht vor=
getragen, wußten Schöffen und Umstand sich vor Vergnügen
kaum zu lassen. Er war dabei ein streng kirchlich gesinnter
Mann und duldete keine Vernachläſſigung der Faſten= und
anderer Kirchengebote. Als Politiker aber wußte er immer
Rath und steckte voll Listen und Fünde, und hatte er einmal
ein Unternehmen angefangen, dann betrieb er es auch mit
einem Feuereifer, der sich unwillkürlich seinen Gefährten mit=
theilte.

Unter Dieſen leuchtete Philipp von Navarra hervor, der
Geschichtsschreiber. Er war Ibelins Schüler und vertrauter
Genosse, und mitten in seiner Thätigkeit im Feld und Ge=
richtshof stets ein Dichter und Philosoph, der für jeden Vor=
fall gleich ein schlagendes Gedicht bereit hatte. Er war in
seiner Jugend aus der Navarra nach dem Orient gekommen,
wurde Lehnsmann von Ibelins ältestem Sohne Balian, und
hatte es durch sein schönes Vorlesen und durch angebornes
Geschick zu Gut und Ansehen gebracht, sich auch einen Namen
erworben durch ritterliche Thaten sowie durch sein vorzügliches
Talent im Unterhandeln. Wo es eine Festung zu bestürmen
oder zu vertheidigen gab, da kam sicher der Navarrese heran=
geritten; denn er wußte, wie gern Alles lauschte auf den Klang
seiner Leyer und seines Degens.

Ibelin erschien zu Limasol, wie der Kaiser gewollt hatte,
den zweiten oder dritten Tag nach dessen Ankunft, mit seinen
Söhnen, dem jungen Könige von Cypern, und einem stolzen
Gefolge all seiner Ritter. Friedrich empfing sie auf das
Freundlichſte, und sie und der Königsknabe huldigten ihm als
dem Lehensherrn von Cypern und kaiserlichem Obervormund.
Es lag ja am Tage, daß das Königreich Cypern seit seinem

dreißigjährigen Bestehen zu Lehen ging vom Kaiser, und ihm daher die Vormundschaft gebührte. Der junge Heinrich aber nahm fortan Wohnung bei dem Kaiser. Als sich Alles so gut anließ, sagte Friedrich, da er die Ibelins wegen des Bruders Tod in schwarzen schleppenden Gewändern erblickte, in seiner Heiterkeit: an des Kaisers Hof gehörten keine Trauerkleider. Er sandte ihnen Mäntel von Scharlach in ihre Herberge zum Ehrengeschenk, dabei die Einladung zur Tafel auf den folgenden Tag.

Da kam eine glänzende Gesellschaft zusammen, die ritterliche Pracht vom Morgen= und Abendlande war vereinigt. Der Kaiser nahm Platz zwischen Johann von Ibelin, dem Reichsverweser von Cypern, und Walter von Cäsarea, dem Connetable des Königreichs. Ihm gegenüber saßen der junge König Heinrich und der Markgraf von Monferrat, der von Mazedonien herübergekommen war, um bei dem Kaiser um Belehnung mit dem Fürstenthum Salonichi zu werben. Um diesen Mittelpunkt reiheten sich die übrigen kleinen Tische, an welchen die Erzbischöfe und andere Prälaten und Ritter bankettirten. Ibelins und Walters Söhne, Anselm de Brie, und andere vornehme Jünglinge machten die Mundschenken und setzten die Schüsseln auf.

Als die Tafel zu Ende ging, traten unvermerkt und nach und nach Bewaffnete in den Saal. Nun wendete sich der Kaiser zu Ibelin mit lauter Stimme: „Zwei Dinge, Herr Johann, verlange ich von Euch. Ihr müßt das Schloß zu Beyrut herausgeben, das zum Königreich Jerusalem gehört, und über die Einkünfte Cyperns seit den zehn Jahren der Regentschaft müßt Ihr Rechnung legen, denn ich bin Herr darüber nach dem Rechte von Kaiser und Reich.“

Von diesen beiden Forderungen war die erste ohne Zweifel in der Verfassung des Königreichs Jerusalem begründet. Entweder konnte Niemand eine Festung, welche zu diesem gehörte, als sein Eigen betrachten, oder Ibelin hatte, als ihm die Ländereien um Beyrut zu Lehen gegeben waren, auch das verfallene Schloß an sich genommen. Zum zweiten Verlangen war dem Kaiser sicher Anlaß genug geboten. Wenn man sieht, wie Ibelin später, um Kriegsvolk zu gewinnen, mit den Rechten und Gütern des Königreichs Cypern umsprang, so läßt sich ihm und seinen Anhängern wohl zutrauen, daß sie im Güter= und Aemterverleihen an ihre Freunde keines= wegs ängstlich verfuhren. Wenigstens war die Sache so ruch= bar, daß ein Reisegefährte des Kaisers, von welchem die sog. kleine sizilische Chronik herrührt, sagen konnte: „Während der König (Heinrich) unmündig war, hatten Einige seines Landes all seine Güter verzehrt. Deßhalb verlangte der Kaiser von ihnen, daß sie gäben Rechenschaft von des Königs Lande."

Als Ibelin sich vom Kaiser so angeredet hörte, wollte er erst so thun, als sei das nicht in vollem Ernst gemeint und der Kaiser wolle bloß hören, was er darüber denke. Darob schien Friedrich zornig zu werden, und indem er die Hand zum Haupte erhob, sagte er: „Bei meiner Krone, Ihr müßt thun, was ich sage, oder Ihr seid mein Gefangener."

Da erhob sich der Herr von Beyrut und begann zu sprechen. In fließender Rede, klar und deutlich, setzte er aus dem Assisenrecht von Jerusalem auseinander, wie Stadt und Schloß Beyrut durch Verleihung der Königin, seiner Schwester, und ihres Gemahls sein Hausgut geworden und wie er das Schloß aus seinen Trümmern wieder aufgebaut, und ferner, daß über Cyperns Einkünfte die Königin=Wittwe zu verfügen gehabt, er selbst aber nichts davon besitze. Im Eifer der Rede erhob er sich, wie es seine Gewohnheit war, auf den Fußspitzen und neigte sich etwas vorn über, und er sprach so schön, daß der Kaiser mit offenbarem Wohlgefallen dem beredten Juristen zuhörte. Die Assisen von Jerusalem nahmen sein ganzes Interesse gefangen. Wahrscheinlich hatte Friedrich sich dieß

Nachspiel zu seiner glänzenden Tafel ausgedacht; denn Ibelin war in Akkon wie in Nikosia berühmt als grand plaideur, das ist als Redner vor Gericht, der für alles im Assisenrecht eine Entscheidung fand. Der Ruhm aber eines bon plaideur stand bei der Ritterschaft von Jerusalem und Cypern gerade so hoch, als der eines tüchtigen Kriegers oder Staatsmannes. Zuletzt erwiederte der Kaiser, Ibelin scheine doch gar wenig Freundschaft für ihn zu haben, und stand von der Tafel auf.

Eine Weile später trat er aber zu ihm und sagte: „Herr Johann! Man hat mir nicht zu viel gesagt, welch ein Hauptsprecher Ihr wäret, und bei jedem Anlaß prächtig zu reden wüßtet. Allein wenn ich einmal will, so hilft Euch doch Alles nichts." „Und mir," erwiederte Ibelin ausweichend, „sind ganz andere Dinge von Eurer Hoheit gesagt; aber ich habe nicht daran glauben wollen, obgleich alle meine Leute mir abriethen, hierher zu kommen. Doch ich dachte, es handle sich um den Dienst unsers Herrn Jesus Christus." Dem Kaiser stieg die Röthe ins Gesicht, andere Herren und Prälaten traten hinzu, und Ibelins Sache wurde dahin ge= schlichtet, daß der Kaiser ihm zugestand, sich wegen Beyruts im Lehenshofe zu Akkon und wegen der Einkünfte von Cypern im Lehenshofe zu Nikosia zu Recht zu stellen. Mehr konnte Ibelin selbst nicht verlangen. Zu Geiseln aber stellte er zwanzig Ritter und seine beiden Söhne Balian und Hugo. Diese kamen und knieten, wie es Sitte war, vor ihrem Vater nieder, der einen nach dem andern mit seiner rechten Hand zum Kaiser führte, und sagte: „Herr, ich stelle sie in Gottes und Eure Treue, daß Ihr sie als Edelleute behandelt." — „Das ver= spreche ich," sagte Friedrich, „und gefällt's Gott, mache ich sie noch reich und mächtig."

Als nun der Herr von Beyrut wieder in sein Quartier kam und mit seinen Freunden das Abenteuer überlegte, da ließ er sich, so gescheidt er war, doch zu einem Ritt verführen, den er bereuen sollte. Die Heißsporne seines Anhanges beklagten sich bitter. „Jetzt sei ihr König gefangen und Cypern, so riefen sie aus, herabgewürdigt zu einem Königthum, das dem Deutschen Reiche Tribut zahle. Aber lieber, ehe sie das litten, würden sie hingehen und den Kaiser erdolchen mit dem Opfer ihres Lebens." Am ärgsten geberdete sich Anselm de Brie, ein schöner hochgewachsener Jüngling mit blonden Locken, Ibelins Liebling, der ihn nur seinen jungen Löwen nannte. Ibelin selbst stellte sich immer wieder vor, wie der Kaiser von seinen Feinden umringt sei, und wie er nur seiner geschickten Rede es zu danken, daß er so gut davongekommen. Wirklich lagen Balas und seine Anhänger Friedrich in den Ohren: er solle um Alles in der Welt willen den Beyruter festnehmen und nicht von dannen lassen, sonst gebe es Krieg und Unheil, der Kaiser kenne das Volk hier zu Lande noch nicht. Friedrich hatte besseres Vertrauen.

Ein paar Tage später hörte man Nachts Waffengeklirre und Pferdegetrappel. Ein Haufe Ritter und Knappen brach auf und ritt von dannen. Man sagte, es seien Ibelins Leute. Selbst die Geiseln, die er gestellt hatte, waren auf und davon, und hatten ihr Wort gebrochen. Alles, auch ihre Zelte hatten sie flüchtig im Stich gelassen, um nur eilig fort zu kommen. Dem Kaiser schien es unglaublich. Der Vorsicht wegen, weil man einen Ueberfall befürchtete, bezog er noch in der Nacht einen Thurm am Meeresstrand, wo seine Flotte lag. Als er am Morgen hörte, die Ibelins seien wirklich alle auf und davon, da verdroß es ihn doch, daß er sich in dem berühmten Redner so getäuscht hatte, und er dachte ihn gründlich zu züchtigen. Da er aber mit nicht mehr als hundert Rittern nach Cypern gekommen, — an zehntausend Mann hatte er nach und nach zum heiligen Lande voraus geschickt, — so fertigte er eilends einen Boten nach Akkon ab und ließ Reiterei kommen.

Am 17. August brach der Kaiser auf, den Treulosen bis
ins Innere der Insel zu verfolgen. Im glänzenden Geleite
cyprischer und syrischer Fürsten und Herren ritt er an der
Küste hin nach Larnaca, während seine Flotte ihm nachzog.
Dort sammelte er seine Reisigen, und marschirte dann geraden=
wegs nach Nikosia, und als er in die Gegend hinter Athienu
kam, stieß der Fürst Bohemund von Antiochien und Tripolis
mit sechzig Rittern und noch mehr Knappen zu ihm. Der
Kaiser komme mit Macht und Gewalt — dieser Ruf ging vor
ihm her und brachte alles Volk in Aufregung.

Es war Ibelins böses Gewissen gewesen, was ihn in
Limasol plötzlich antrieb, so schmählich zu entweichen. Viel
war davon geredet, wie heillos unter der Regentschaft der
Ibelins mit den königlichen Gütern umgegangen sei, und
seine Anhänger fürchteten, daß man sie selbst zur Rechenschaft
ziehe wegen ungerechter Bereicherung. Da hatte man Ibelin
zugeflüstert, es reue den Kaiser, daß er statt der Pfänder ihn
nicht gleich selbst festgehalten. Als er mit den Seinigen zu
Nikosia angekommen, begannen sie sofort, nach den Gebirgs=
festen Proviant und Kriegsgeräth zu schleppen, und sagten:
„Unsere Augen sollen des Kaisers Antlitz nicht wieder sehen."
Sobald aber die kaiserliche Macht sich der Landeshauptstadt
näherte, entwich Ibelin ins nördliche Gebirge und verschanzte
sich in der schwer einnehmbaren Feste St. Hilarion.

XLVII

Kaiser Friedrich II. Herr von Cypern und Jerusalem.

Friedrich zog in die Hauptstadt Cyperns ein. Da baten Bohemund und die anderen Fürsten und Herren um Gnade für Ibelin, Dieser sei mit all den Seinigen willig und bereit, sich zu unterwerfen und des Kaisers gerechten Zorn zu sühnen. Da Friedrich nicht Rache, sondern Recht wollte und es ihm vor allem darauf ankam, sich für den syrischen Feldzug den Rückhalt in Cypern und dessen reiche Geldquellen zu sichern, so wurde die Sache bald soweit verhandelt, daß alle Barone des Kaisers Forderungen beistimmten und eine allgemeine Aus= söhnung zu Stande kam, als deren wesentliche Bedingungen sich folgende erkennen lassen:

Der Kaiser allein ist Vormund des jungen Königs Heinrich, bis dieser sein 25. Lebensjahr vollendet hat. Die Regierung von Cypern und seine Einkünfte gehen deßhalb auf den Kaiser über, und die Festen des Reichs werden ihm ausgeliefert. Alle cyprischen Ritter, die dem Kaiser noch nicht als Regenten gehuldigt haben, schwören ihm jetzt als Solchem den Treueid. Ibelin erkennt den Kaiser in dessen Eigenschaft als König von Jerusalem für den Herrn von Beyrut an und huldigt ihm als Solchem: hinsichtlich der Ansprüche Ibelins auf das Schloß Beyrut soll im Lehnshof von Jerusalem verhandelt werden. Ueber die Einkünfte seit dem Tode des Königs Hugo soll im Lehnshof von Cypern Rechnung gelegt werden. Die

dem Kaiser gestellten Geiseln werden frei. Ibelin und alle
Barone des Königreichs Cypern leisten mit ihren Leuten dem
Kaiser Heerfolge ins heilige Land und dienen ihm dort, so
lange der Kreuzzug dauert.

Diese Bedingungen wurden Punkt für Punkt vollzogen,
die Eide geleistet, die festen Plätze sowie die Einkünfte an
Friedrich übergeben. Er hatte den vollständigsten Sieg errun-
gen: Cypern stand ihm auf mehrere Jahre zu Gebote, dessen
König war förmlich zum Fürsten des Reichs der Deutschen
erklärt. Der Kaiser setzte in die Schlösser und Aemter seine
Befehlshaber und Rentmeister ein und bestimmte, wie sie die
Einkünfte erheben und ihm nach Syrien schicken sollten. Zu
diesen Aemtern, sowie zu den Besatzungen der Schlösser verwendete der Kaiser vorzugsweise seine Ritter, die mit ihm
gekommen, und gern die schönen Stellen annahmen.

Als dies Alles geordnet war, ritt der Kaiser nach Famagusta und schon andern Tags — es war der 2. September,
sieben Wochen nach seiner Landung auf Cypern — stieg er
zu Schiffe. Das Königsknäbchen nahm er mit sich, und mit
ihm fuhren über's Meer Ibelin und die ganze Ritterschaft
Cyperns. In den Küstenstädten Beyrut, Sidon, Sarepta und
Tyrus wurde gelandet. Friedrich wollte die syrische Küste
kennen lernen; vielleicht auch legte er Werth darauf, daß das
Heer der Kreuzfahrer, welches an den Befestigungen von Sidon und Cäsarea arbeitete, in Akkon eintreffe, während er noch
an der Küste verweilte. In dieser Stadt, der volkreichsten und
wichtigsten im heiligen Lande, wurde der Kaiser empfangen
mit großer Herrlichkeit. Die Kreuzfahrer, namentlich die Menge
der Deutschen, waren voll Jubel. Die Geistlichkeit stimmte
Lobgesänge an, und die Templer und Johanniter huldigten
dem Haupte aller Ritterschaft, indem sie, wie es Sitte war,
vor ihm die Kniee beugten und ihm die Kniee küßten. Friedrich aber wußte wohl, daß er, wie es in Freidanks Beschreibung

heißt, in ein Land gekommen, wo weder Gott noch Mensch jemals Treue fand.

Er sollte es bald genug erfahren. Die Cyprier bildeten den größten Haufen der morgenländischen Ritterschaft, soviel von dieser sich zu des Kaisers Banner gesellen wollte. Der Reichsmarschall Felingher führte sie. Aber viel mehr als 2000 Helme wollten es nicht werden. Es war von Rom aus vorgesorgt. Oeffentlich wurde eine neue Bannbulle wider Friedrich verkündigt, jeder Ort, den er betrat, war zum Voraus mit dem Interdikte belegt. Boten vom Papst und Patriarch warben bei den drei Ritterorden, dem Kaiser nicht zu gehorchen, und im Volke wurde verbreitet, wie Friedrich von Gott und der Kirche verflucht und all sein Thun und Handeln nichtig sei. Eine Menge Kreuzfahrer, verzweifelnd am Gelingen des Zuges, reiste wieder ab. Templer und Johanniter weigerten die Heerfolge, auch die übrige morgenländische Ritterschaft wollte nicht recht ins Feuer kommen. Die cyprischen Barone hörten nicht auf zu erörtern, ob nicht dem Treueid, den sie dem Kaiser geleistet, der Lehnseid vorgehe, mit welchem sie ihrem König verbunden? Nur die Deutschen bewährten im Morgenland ihrem König und Herrn eine goldene Treue. Die Ritter des Deutschordens bildeten den Kern seiner Macht, an ihrer Spitze der Hochmeister Hermann von Salza, dessen Befehl der Kaiser all die Mannschaften unterstellte, die er selbst geschickt oder mitgebracht hatte. Rechnete man aber Ritter und Knechte, Deutsche Sizilianer und Lombarden zusammen, so waren es kaum 12000 Mann.

Da dieses Heer zu schwach, die morgenländische Ritterschaft theils feindlich, theils schwankend, die Geistlichkeit aber gehässig, so durfte Friedrich nicht daran denken, die Ungläubigen in freier Feldschlacht zu bestehen. Er legte sich in seinem Lager bei Akkon, und während er nach Joppe zog und auch diese Stadt befestigte, mit verdoppeltem Eifer auf die Unterhand-

lungen, die er mit dem Sultan im Geheimen schon von Italien
aus angeknüpft und während seines Aufenthalts in Cypern
weiter geführt hatte.

Ihm war sofort bei seiner Ankunft im Morgenlande klar
, geworden, was hier das Nöthigste war und was sich erreichen
ließ: der Wiederbesitz der heiligen Orte, freier Reiseverkehr
der Pilger in Syrien und Palästina und zwar unter christlicher Gerichtsbarkeit, Frieden durch den Schutz von Festungen
und durch den Eidschwur der Muselmanen. Dieß Alles wurde
auch erreicht. Jerusalem, welches fast ein halbes Jahrhundert
in ihren Händen gewesen, wurde mit Umgegend den Christen
wieder überliefert. Ferner erhielten sie Bethlehem und das
Land zwischen ihm und Jerusalem, — Joppe und den ganzen
Strich Landes von da bis nach Jerusalem, — Nazareth und
den ganzen Strich Landes von Akkon bis dahin, — die fruchtbare Ebene von Sidon, — endlich in der Nähe von Sidon
Schloß Turon, welches die Küste beherrschte, mit seinem Gebiet. Alle diese Städte und Schlösser durften aufs Neue befestigt werden: der Sultan aber machte sich anheischig, keine
neuen Festungswerke anzulegen. Alle christlichen Gefangenen,
die zum Theil schon lange Zeit in den Händen der Muselmannen waren, kehrten frei zurück. Zehn Jahre lang sollte
dieser Friede dauern. Das Alles wurde beiderseits mit den
heiligsten Schwüren bekräftigt, und wer Anhänger des Korans
kannte, wußte auch, daß sie ihre Eide hielten.

Als dieser Friede in Joppe verkündigt wurde, da jubelte
das Christenheer und zog mit dem Kaiser voll Freuden hinauf
nach Jerusalem, wo er am Tage nach seiner Ankunft, den
18. März 1229, in der Kirche des heiligen Grabes diesem
seine Verehrung bezeugte. Dann schritt er zum Hochaltar,
setzte sich die Krone von Jerusalem auf, und kehrte zu seinem
Platze zurück. Kein Priester, so hielt es Friedrich für gerathen, nahm an der Feier Theil, welche von dem Heere

mit Festlichkeiten aller Art begangen wurde. Vor Volk und Kriegern aber trug der Hofmeister Hermann von Salza in lateinischer und deutscher Sprache ein Manifest des Kaisers vor, des Inhalts: daß er gar nicht früher habe kommen können; daß der Papst durch mißliche Umstände gedrängt den Bann habe aussprechen müssen; daß aber Alles geschehen solle, um den Frieden zwischen den Häuptern der Christenheit herzustellen. Als andern Tags der Patriarch Jerusalem mit dem Interdikte belegte, kehrte Friedrich, nachdem er den Wiederaufbau der Mauern und Thürme Jerusalems angeordnet hatte, um seinerseits keinen Anlaß für Verhinderung des Gottesdienstes zu geben, sofort nach Joppe und von da nach Akkon zurück.

Hier blieb der Kaiser noch etwa fünf Wochen und that Alles und Jedes, was nur seine Würde erlaubte, um mit den Anhängern des Papstes, an deren Spitze der Patriarch von Jerusalem stand, zu Frieden und Eintracht zu kommen. Allein der Patriarch fand nach seinem ergötzlichen Ausdruck „in Friedrichs Vorgehen vom Scheitel bis zur Fußsohle nichts Gesundes," und schien gar zu erbost über alles das, was diesem Mann in so kurzer Zeit gelungen. Die stolzen Templer und Johanniter aber waren außer sich, daß nicht mehr sie, sondern die Deutschritter die erste Stimme hatten. Denn jene beiden Orden erschienen als Ziel und Heimath aller Strebenden und Lüstlinge unter der französischen Ritterschaft. Auch die Geistlichkeit stammte größern Theils aus Frankreich, kleinern Theils aus Italien. Vielleicht aber war damals auf dem ganzen Erdrunde nirgends soviel Stolz und Uebermuth und Sittenlosigkeit zu finden, als bei den Templern. Wohl mochten sie fürchten, der Kaiser denke insgeheim daran, sie aus dem heiligen Lande zu vertreiben. All seine Statthalter hatten offenbar den Befehl, kräftig gegen diesen Orden aufzutreten, und er selbst hatte vom ersten Eintritt in Syrien darnach getrachtet, dem deutschen Orden durch viele und ansehnliche Verleihungen das Uebergewicht zu geben, während er kaum seinen Vorsatz verhehlte, den ungeheuren Güterbesitz der Templer und Johanniter nicht mehr der Ueppigkeit, sondern der Sache Christi dienstbar zu machen.

Dafür lohnte ihm der glühende Haß der Tempelherren. Wäre es jetzt noch möglich, das Gewebe der Verschwörungen gegen Friedrich II. bloß zu legen, so würden wohl nicht wenige Fäden laufen von einem Templerhaus zum andern. Da die wilden Händel, die ihm des Papstes Erbitterung in Italien erregte, dort seine Gegenwart gebieterisch erheischten, denn fast das ganze Land war von sengenden und plündern- den Truppen des Papstes erfüllt, so mußte der Kaiser eilen, die Verwaltung und Vertheidigung des heiligen Landes zu ordnen. Der allgemein geachtete Balian von Sidon, ein Neffe Ibelins, und Werner Alemand, ein kirchlich gesinnter Mann, wurden zu Statthaltern bestellt, und alle festen Plätze mit Besatzung und Kriegsvorrath wohl versehen.

Vor Allem lag Friedrich Cypern am Herzen. Die reiche Insel sollte nun die Gelder schaffen, um die kaiserlichen Be- satzungen und Beamten im heiligen Lande mit Sold, Pro- viant und Kriegsgeräth zu versehen. Das Königreich Jeru- salem war ja nicht entfernt im Stande, aus seinen Einkünf- ten die Kosten dieser Besatzung und Regierung zu bestreiten. Es bestand ja nur aus ein paar Orten und dem syrischen Küstenrande. Cypern hatte dem Kaiser bereits bedeutende Summen nach Syrien schicken müssen, und der Erzbischof von Nikosia hatte sich genöthigt gesehen, tüchtig beizusteuern. Nun kamen vor seiner Abreise nach Akkon Amalrich von Balas, Gavain von Chenichy, Amalrich von Bethsan, Hugo von Giblet und Wilhelm von Rivet, eben jene fünf Herren vom vornehmsten Adel Cyperns, die sich früher gegen die Ibelins verschworen und es bei dem Kaiser dahin gebracht hatten, daß deren Herrschaft gestürzt wurde. Ohne Zweifel waren sie alle

Fünf auf des Kaisers Ruf herüber gekommen. Er hielt es für gerathen, sich Cyperns zu versichern, indem er seinen treuesten Anhängern die Insel und den jungen König anvertraute. Die fünf Herren sollten drei Jahre lang eine Regentschaft bilden und das Land schirmen und verwalten, jährlich aber 10,000 Mark von den Einkünften absenden, und zwar gleich direkt an seine Statthalter Balian und Werner in Syrien.

So hatte der Kaiser Alles in einer Weise geordnet, daß er hoffen durfte, seine Einrichtungen würden ein paar Jahre lang vorhalten und ihm Cypern und sein kleines Königreich Jerusalem bewahren. Nach Ablauf dieser Zeit hatte man sich entweder an den von ihm geschaffenen Zustand allerseits gewöhnt, oder er konnte dann mit größerer Macht und Handelsfreiheit zurückkehren.

Ein großer und wohlthätiger Eindruck seines Wirkens blieb wirklich im heiligen Lande zurück. Liest man in den Briefen und Aufzeichnungen, welche aus jener Zeit von dortigen Geistlichen oder Rittern herrühren, so merkt man mitten im häßlichen Getriebe von Ehrsucht und Haß und Habgier und von nationalen und Handelseifersuchten, die dort Alles umspannten und lähmten, doch deutlich, wie in den nächsten Jahren nach Friedrichs Abreise sich die Ueberzeugung oben hält, daß er mit redlichem Willen ein gutes Werk vollführt habe.

Am 1. Mai, nachdem er im Ganzen noch nicht acht Monate im heiligen Lande verweilt hatte, schiffte sich der Kaiser zu Akkon ein, und zwar in Begleitung des jungen Königs Heinrich und des Markgrafen von Montferrat. Mit den andern Herren gab ihm Ibelin das Ehrengeleite. Diesen hatte er, wie sein Zeugniß unter des Kaisers Urkunden erkennen läßt, bei wichtigen Anordnungen in Akkon zur Seite. Odo von Montbeliard Connetable von Jerusalem, Balian von Sidon, Johann von Ibelin, Walter l'Allemand, ein Neffe des Letzteren, und ein Neffe des Johanniters Aimarus, diese Sechs sind es, welche die kaiserlichen Urkunden als Zeugen unterschrieben. Auch war Ibelin, als der Kaiser zum heiligen Grabe zog, wahrscheinlich der Befehl in Joppe anvertraut, denn die Cyprier mußten dort bleiben. Ibelins ältester Sohn, Balian, war des Kaisers regelmäßiger Tischgenosse, und der jüngste, Johann, wollte ihm aus Anhänglichkeit nach Italien folgen, wo er vom Kaiser begütert wurde und den Namen von Foggia erhielt. Ibelin blieb auch im ruhigen Besitze von Beyrut, und von seinen Klagen vor den Lehnshöfen war keine Rede. Ibelin hatte sich wohl gehütet, Klage zu führen: der Kaiser aber mochte das Assisenrecht nicht über seine eigene Rechtshoheit stellen.

Als das Boot, welches den Kaiser zum Schiffe tragen sollte, vom Lande stieß, rief ihm Ibelin vom Ufer einen Abschiedsgruß nach. Da hörte man, wie Friedrich etwas in den Bart murmelte. Dann aber erhob er sich im Fahrzeuge, grüßte heiter die am Ufer versammelte Menge und sagte: er reise ruhig ab, da er des Landes Hut in guten Händen wisse.

XLVIII

Die Ibelins.

Die kaiserliche Flotte fuhr über nach Limasol. Hier feierte Friedrich die Hochzeit .seines Mündels, des jungen Königs, mit Alice von Montferrat. Dann ordnete er die Angelegenheiten der Insel und trug der Regentschaft auf, regelmäßig in vierteljährigen Terminen an seine Statthalter in Jerusalem oder Akkon das Geld zu schicken, damit es seinen Besatzungen und Beamten im heiligen Lande an nichts gebreche.

Ganz besondere Wichtigkeit legte der Kaiser auf den Besitz der cyprischen Festungen. Schon im Jahr vorher hatte er die Vertheidigung geordnet und für eine jede Befehlshaber eingesetzt. Aus Akkon hatte er das überflüssige Kriegs- und Festungsgeräth mitgenommen, um die festen Plätze auf Cypern noch besser damit zu versehen. Als er die Insel zum zweitenmal verließ, machte er die Bedingung: die fünf Regenten sollten keine Macht über die Festungen bekommen, bis sie nicht die regelmäßige Ablieferung der Gelder in Gang gebracht und ausgeführt hätten.

Die Seestädte Cyperns hatten damals, gleichwie die Hauptstadt Nikosia, noch keine oder nur geringe Festungswerke. Auch im südwestlichen Gebirge, obwohl es fast die Hälfte der Insel einnimmt, wird kaum eine wichtige Burg genannt. Dies Gebirge muß auch damals noch von wildverwachsener Waldung bedeckt gewesen sein. Leben und Reichthum des Landes fanden sich rings an den herrlichen Küstenhängen und

insbesondere auf der großen Fruchtebene, die sich von der
Küste zwischen Famagusta und Larnaca erstreckt bis zu dem
Gebirgszug, der an der nördlichen Küste hinläuft. Hinter der
Berglinie ist nur ein enger Küstensaum, aber voll köstlicher
Fruchtbarkeit, und der Haupthafen dort Keryneia. Von dieser
Stadt führen die Schluchtwege ins Gebirge zu den drei
Festungen St. Hilarion, Buffavento, Kantara. Ich habe die
Gegend sowie die Ruinen von Buffavento oben im zehnten
und eilften Kapitel näher beschrieben. Die drei Burgen er-
heben sich auf der Höhe der schmalen Bergkette, die schroff
und felsig daherzieht in zahllosen Zacken und Kuppen. Vor
Friedrich II. wird Buffavento kaum genannt, nach ihm erscheint es im Vertheidigungssystem der Insel als ein Hauptplatz, der ganz uneinnehmbar, so lange es auf seinem Gipfel
Wasser und Speise gab. Proviant ließ sich aber viel leichter
auf die Höhe des weiter westlich gelegenen St. Hilarion
schaffen, das auch viel größer war. Selbst Kantara im Nordosten hatte mehr als einen Mauerwall. Die Hafenstadt Keryneia aber, welche auf das Stärkste befestigt wurde, war trefflich gelegen, um Mannschaft, Proviant und Kriegsgeräth, die
von Syrien und Kleinasien oder von Italien kamen, aufzunehmen, um sie von dort zu den drei Gebirgsfesten hinauf
zu schaffen.

Hatte Friedrichs Adlerauge erkannt, wie und wodurch sich
Cypern mit wenig Truppen behaupten lasse, so sollten die
Ereignisse ihm bald Recht geben. Es folgte nämlich ein mehr-
jähriger Kampf um den Besitz von Cypern, dessen Geschichte
das bunteste Spiegelbild ist der Ritterschaft über Meer,
chevalerie outremer, so hieß die christliche Ritterschaft im
Morgenlande. Homerische Kämpfe auf freiem Felde, Rede-
schlachten im Gerichtshof, Belagerung und Vertheidigung der
Burgen unter tausend Ränken, feinste Ergründung der Rechts-
und Ehrenpunkte, beißende Spottgedichte und neue Kriegs-

gesänge — unaufhörlich folgt das aufeinander, gleichwie die plötzlichen Erfolge und Niederlagen auf beiden Seiten. Größte Tapferkeit versteht sich bei all diesen Rittern von selbst. An der Spitze der Kaiserlichen stehen der ritterliche Marschall Richard Felingher, Balas, welchen Navarra in seinen Dichtungen den Fuchs, und Hugo de Giblet, welchen er seiner Grimassen wegen den Affen nannte. Ibelin zeigt sich Allen überlegen. Seine tapfern Söhne und ihre nächsten Freunde, der fröhliche Poet Philipp von Navarra und der wilde Kampfhahn Anselm de Brie, geben Stoff zu tausend Anekdoten. Während Ibelins Sohn dem Kaiser nach Italien folgt, erklärt sein Vater: er müsse das Assisenrecht, das heißt seines Landes Recht und Verfassung mit den Waffen gegen den Kaiser schützen, seines Königs Jugend aber ungerechten Vormündern entreißen.

Cypern leidet schwer unter der Zwietracht von zwei großen Adelsparteien, und ihre Feindschaft trägt sich wiederum nach Syrien und Palästina über, wo Tempelherrn und Johanniter und was sonst noch zum Klerus hielt, ohnehin kein Maß wußten in Erbitterung gegen den Kaiser, dessen geistreicher Spott gar zu tief jede mönchische Albernheit verwundete, besonders wenn sie, wie bei den überreichen Templern, sich mit unersättlicher Habgier verband. Diese cyprische Adelsparteiung hat hauptsächlich verschuldet, daß zu nichte wurde, was Friedrich II. zur Befreiung des heiligen Landes theils gewonnen, theils klug und sorglich vorbereitet hatte.

Jedoch eine Zeitlang blieb bestehen, was er sorgsam anordnete, obwohl der eine der beiden Statthalter im heiligen Lande, dem er soviel vertraut hatte, Walter l'Allemand, sich in die Genossenschaft seiner Todfeinde begab und Templer wurde. Friedrich unterdessen war kaum in Italien gelandet, als er wie ein Wetterstrahl über die päpstlichen Schlüsselsoldaten herfiel und sie aus seinen Landen wegfegte. Dann begann er den Güterbestand der Templer, der sich auch in Italien unglaublich rasch vermehrt hatte, etwas zu mindern. Denn, wo einmal eine Ordens-Kommende errichtet war, da wußten die ritterlichen Mönche rings umher soviel Aecker, Mühlen, Schlösser, und Waldungen durch Kauf und Tausch, Schenkungen und Neubruch zusammenzubringen, daß man bald die Landstücke zählen konnte, die ihnen noch nicht gehörten. Von den Templern hauptsächlich ging das Geschrei aus, Friedrich wolle die Königreiche Jerusalem und Cypern kaiserlich machen, so daß sie ein Theil des Reichs der Deutschen würden. Mit den Templern aber hetzte unaufhörlich der Patriarch von Jerusalem. Also wurde wieder das Assisenrecht ins Feld gerufen. Da nach diesem Landrecht das Königreich Jerusalem Friedrichs Söhnchen Konrad, die Vormundschaft über ihn aber dem nächsten Verwandten des letzten Kronträgers gehörte, so stiftete man die Königin Alice an, aus diesem Grunde die Regentschaft zu verlangen. Die Barone traten zum Lehnshof zusammen, erörterten die Sache hin und her, und entboten zuletzt der Königin die Antwort: Sie seien Kaiser Friedrichs Mannen, welcher das Land inne habe für seinen Sohn Konrad, deßhalb könnten sie der Königin Willen nicht erfüllen. Zugleich aber beschlossen sie, nach Italien zwei Abgesandte zum Kaiser zu schicken, er möge ihren jungen König Konrad binnen Jahresfrist nach dem heiligen Lande senden, damit man ihm huldige. Friedrichs kurze Antwort war: er wolle binnen Kurzem das thun, was er schuldig sei.

Da nun im heiligen Lande jeder Wohlmeinende wohl einsah, daß sich des Kaisers Macht und Ansehen nicht entbehren ließ, so richteten sich der Gegenpartei Anstrengungen darauf, wenigstens Cypern vom Kaiser frei zu machen. Die Regentschaft der Fünf aber hatte auf der Insel keinen offenen Widerstand mehr, und hielt sich ganz nach des Kaisers Weisungen. Der junge König schrieb an seinen kaiserlichen Vormund:

wie er hoch erfreuet sei über die herrlichen Erfolge, die Fried=
rich über seine Feinde gewonnen, und wie sehr ihm daran liege,
daß der Kaiser ihm öfter über den Stand der Dinge schreibe und
seine Ansichten und Aufträge beifüge, indem er sehnlich wünsche,
daß der Kaiser sich wohl befinde wie er selbst, und noch sehnlicher,
daß er ihn selbst mit eigenen Augen anschauen könne.

Die Ibelins und ihre Anhänger aber bedurften eines Vor=
wandes, um auf Cypern Händel anzustiften. Die Regenten
schrieben — nach Allem zu schließen, geschah es zur Zeit der
Frühjahrsbede 1230 — eine außerordentliche Steuer von
3000 Mark aus, welche der Kaiser befohlen hatte, an seine
Statthalter im heiligen Lande zu schicken. Die Bewohner der
Insel zahlten ohne Anstand jeder seinen Theil. Die Ritter
von Ibelins Partei erklärten dagegen: neue Steuern, welche
der Lehnshof nicht bewilligt habe, seien ungesetzlich. Da
ihre Gutsverwalter die Zahlung weigerten, so wurden sie ge=
pfändet: man nahm ihnen Korn und Groß= und Kleinvieh.

Jetzt erschien Philipp von Navarra auf der Insel und
fing an im Geheimen zu zetteln und Anhänger zu werben..
Man ließ ihn erst gewähren, bot ihm sogar Rang und Güter an.
Da aber seine Antworten ausweichend lauteten, so wollten die
Regenten ihn und Andere zwingen, Farbe zu bekennen. Alle Ba=
rone wurden zum Lehnshof geladen, und in Gegenwart des
jungen Königs befragt, ob sie des Kaisers, des Königs und
der Statthalter Freund oder Feind seien?

Man brachte ein Evangelienbuch herbei, und Philipp von
Navarra wurde zuerst eingeladen, auf das heilige Buch Treue
zu schwören. Er verlangte insgeheim, zu Jedem der Statt=
halter zu sprechen. Das wurde abgeschlagen, da erklärte er:
seine Treue gehöre der Königin=Mutter, seine Liebe den
Herren von Ibelin. Wüthend rief Hugo von Giblet: „Ging
es nach mir, so müßtet Ihr hängen, oder ich ließ Euch die
Zunge ausreißen." Und er rief Bewaffnete herein, den

Frevler zu verhaften. Da eilte Philipp zu des Königs Sitz, beugte sein Knie und sagte: es sei ihm Sicherheit gelobt von den Regenten, das wolle er mit dem Degen beweisen, und damit warf er seinen Handschuh hin. Mehrere wollten nach dem Handschuh greifen, Philipp aber rief: nur mit den Regenten messe er seinen Degen, nur Diese seien seines Gleichen, und das wolle er beweisen. Nun wurden dem Emporkömmling Fesseln angelegt mitten im Saale und er bis zum Dunkelwerden bewacht. Die Uebrigen alle aber leisteten den Eid, wie die Regenten ihn verlangten, und es wurde verkündigt: wer sich Diesen widersetze, verliere seine Lehnsgüter.

In der Nacht, als man noch über Philipps Bürgschaftsstellung verhandelte, verließ er seine Herberge und kam in das Kloster der Johanniter, die ihm Schutz gewährten. Hier sammelte er um sich gegen anderthalbhundert Mann, schaffte in den festen Thurm des Klosters Proviant und Kriegsgeräth und rüstete sich, da eine Zeitlang sich zu vertheidigen. An Ibelin aber sandte er heimlich Botschaft, jetzt wäre es an der Zeit, und schickte ihm den ganzen Hergang, auf welchen er es angelegt hatte, beschrieben in Reimversen.

Die Regenten mochten das Johanniter=Kloster nicht angreifen, es hatte ja das Vorrecht geistlicher Häuser. Auf einmal hörten sie, Ibelin sei mit starker Macht in Gatria gelandet und marschire schon eilends auf Nikosia. Die Schaaren, die man in der Eile ihm entgegen warf, konnte er leichter Mühe zerstreuen, und stand in kürzester Zeit vor der Hauptstadt. Dem jungen Könige hatte er Ehren halber einen Brief zugesandt, wie leid es ihm und den Seinigen thue, daß sie ihren Dienst im heiligen Lande verließen, aber sie könnten nicht anders, sie müßten ihre Besitzungen schützen: wolle man sie darüber verklagen, so ständen sie zu Recht im Lehnshof.

Die Regenten waren auf's Höchste überrascht. Sie rafften zusammen, was sie an Mannschaften hatten, und zogen aus den Thoren. Vergebens suchte die Geistlichkeit zwischen den feindlichen Parteien Frieden zu stiften. Sie trafen sich — es war den 23. Juni — in grimmer Schlacht. Die Regenten trugen an ihren Helmen goldstoffene Tiaren. Einer von ihnen, Gavain von Chenichy, erschlug Ibelins Schwager, den alten Connetable Walter von Cäsarea. Auch Gerhardt von Montaigu und andere vornehme Freunde Ibelins verloren ihr Leben. Die Regenten aber wollten vor allen ihn selbst fassen: fünfzehn ihrer Ritter schritten eilends vor, ihn überall zu suchen. Darüber kamen, wie es scheint, die Reihen der Kaiserlichen in Unordnung, und da auch Philipp von Navarra mit seinen Leuten auf dem Schlachtfelde erschien, so erlitten die Regenten eine schwere Niederlage. Ibelin aber hatte sich vor seinen Verfolgern in einen Bauernhof gerettet und wußte sich kaum noch zu vertheidigen, als er nach der Schlacht von seinem ältesten Sohne Balian und Anselm de Brie befreit wurde.

Jetzt bewährte sich des Kaisers Voraussicht, die Gebirgsfesten boten sichere Zuflucht. Noch am Abend nach der Schlacht machten sich Balas Bethsan und Giblet mit dem jungen Könige und den besten Truppen auf nach St. Hilarion, Rivet ritt mit seinen Leuten nach Buffavento, und selbst Chenichy erreichte spornstreichs das viel weiter entfernte Kantara. Von diesen drei Burgen aus hatten sie leichten Zugang zum offenen Meer bei Keryneia. Ibelin beeilte sich, sie einzuschließen. Indem er selbst Keryneia umstellte, legte sich Balian vor St. Hilarion, und Philipp von Navarra vor Buffavento, während Anselm de Brie Kantara angriff.

Anselm ersann eine neue Art von Sturmbock, der viel bewundert wurde und rannte die äußere Mauer ein. Und da er einen ausgezeichneten Scharfschützen hatte, der Chenichy persönlich haßte, so legte sich Dieser Tag und Nacht auf die Lauer, und als der Regent einmal auf der Wallhöhe sichtbar wurde, erschoß er ihn mit meisterhaftem Pfeilschuß. Rivet, welcher Buffavento uneinnehmbar wußte, kam nun nach Kantara, und da er auch diese Feste noch 'in guter Wehr und Rüstung fand, so schiffte er hinüber nach Kleinasien, um neue Mannschaften zu holen, ist jedoch dort umgekommen. Die drei anderen Regenten aber saßen guten Muths auf der großen und starken Bergfeste St. Hilarion. Jeden Angriff wiesen sie zurück, und sobald man draußen nicht der äußersten Wachsamkeit sich befleißigte, so fielen sie aus, durchbrachen die Pallisadenwand der Belagerer, und holten sich neue Lebensmittel. Bei einem der Ausfälle wurde der Navarese mit Schlägen bedeckt und fiel hin wie todt. Da hörte man auf den Wällen rufen: „Der Versemacher ist todt, nun kommt er nicht mehr daher mit seinen schlechten Liedern." Philipp aber erholte sich in der Nacht wieder und ließ andern Morgens sich auf seinen Felsen bei der Burg tragen, von dem er gewöhnlich, natürlich in guter Deckung, den Belagerten etwas vorsang, und ärgerte sie jetzt erst recht mit einem neuen Liede.

Das Kriegsvolk in Keryneia wurde endlich lässig. Es empfing schon lange keinen Sold mehr und litt Noth an Lebensmitteln. Ibelin bot der Besatzung an, alle Soldrückstände zu zahlen und sie unversehrt nach dem Festlande überzuführen. Es wurde ein Tag festgesetzt, und da bis dahin keine Hülfe kam und die Kaiserlichen sich ringsum abgeschnitten sahen, so übergaben sie Keryneia.

Ibelin konnte jetzt um so kräftiger St. Hilarion bedrängen. Allein die Festung trotzte nach wie vor, obwohl sie auf's Engste eingeschlossen war und aus Mangel an Lebensmitteln, denn Ibelin hatte sich mittlerweile der ganzen Insel bemächtigt, in harte Noth kam. Auch der junge König Heinrich litt schwer unter den Entbehrungen, und sehr häufig erschien er auf der Mauer und schalt auf die Belagerer, die ihn wider Gott und Recht in solche Noth brächten, und nannte sie Verräther.

Ibelin dachte schon daran, Philipp von Navarra, der in Verhandlungen ungemein geschickt war und auch das Kriegs= volk in Keryneia überredet hatte, in's Abendland zu senden und vom Papst oder dem französischen König Hülfe zu holen. Wie, wenn die Regenten in einer dunkeln Nacht mit Heinrich auf's Meer flohen und ihn zum Kaiser brachten? Dann gab es kein Mittel mehr, die Verrätherei, und das Kriegsunheil, das man über das Land gebracht hatte, mit Erklärungen zu verdecken, die man dem Königsknaben in den Mund legte. Ibelin mußte noch mehr befürchten. Obwohl er die ganze Insel in seiner Gewalt hatte, die Steuern erhob und schaltete und waltete wie ein König, so war doch die starke kaiserliche Partei auf der Insel noch nicht vernichtet. Je mehr sich die Belagerung in die Länge zog, um so eher konnte sie wieder Muth fassen und das Volk an sich ziehen, weil es Mitleid fühlte mit seinem jungen Könige. Hatte Ibelin Diesen erst wieder unter seiner alleinigen Obhut, so deckte des Königs Name all sein Beginnen; denn Heinrich „war ein Kind und leicht zu leiten."

Deßhalb bot Ibelin Balian und seinen beiden Genossen an, wenn sie ihm den König und die Festung übergäben, so solle Niemand irgend etwas geschehen und sie in ihren Ehren und Gütern bleiben. Die Besatzung, schon lange Zeit von Noth jeder Art gepeinigt, sah den Hungertod vor Augen. Ibelin erhielt seinen Willen. Balas Bethsan und Giblet übergaben ihm den König und leisteten den Eid, nicht mehr die Waffen gegen Ibelin zu führen. Da aber jeder Ritter ein kleiner Kriegsherr war, so schloßen sich Philipp und An= selm in den Frieden nicht ein und blieben in Feindschaft mit Balas.

XLIX

Marschall Felingher.

Jetzt durfte der Kaiser nicht länger zögern. Blieb ihm Cypern verloren, so stand es schlecht mit seiner Herrschaft im heiligen Lande. Auf seinen Befehl hatte bereits sein Statthalter, der Herr von Sidon, die Ibelins ihrer Lehen verlustig erklärt. Jetzt ließ der Kaiser eine Flotte von 18 Galeeren und 15 Transportschiffen ausrüsten. Die Letzteren nahmen 300 Reisige und 1000 Mann zu Fuß auf, unter welchen sich 200 Armbrustschützen befanden. Den Befehl erhielt Marschall Felingher, welchen der Kaiser in offener Urkunde mit anhängender Goldbulle zu seinem Statthalter Großrichter und Obergeneral im Morgenlande ernannte, und ihm freie Hand gab, so rasch wie möglich seine Mannschaften zusammen zu bringen. Unter diesen wurde besonders gern nach Solchen gegriffen, welche als des Papstes Schlüsselsoldaten gegen den Kaiser gekämpft hatten, ein bedenklicher Bestandtheil in dessen morgenländischem Heere.

Ibelin aber unterhielt in Italien einen geheimen Kundschafter, und bevor die kaiserliche Flotte in Brindisi unter Segel ging, verließ den Hafen ein Schnellsegler, welcher den Deutschordensrittern gehörte. Auf diesem Schiffe befand sich auch jener Kundschafter. Glücklich kam er nach Akkon, wo Ibelin sich damals aufhielt, und offenbarte ihm Alles, was er über Vorhaben und Ausrüstung der Kaiserlichen ausgeforscht hatte. Eilends sammelte Ibelin alle Mannschaften, die seine Leute und Freunde nur aufbringen konnten, marschirte nach

Beyrut, setzte den Platz in guten Vertheidigungsstand, und fuhr dann hinüber nach Cypern. Hier mußte er sorgen, daß bei Erblicken der kaiserlichen Segel seine Feinde sich nicht erhüben und den jungen König in ihre Gewalt brächten. Also bot er seine ganze Partei auf Cypern mit Rittern und Knechten auf, und als er eine zahlreiche Mannschaft zusammen gebracht hatte, legte er den einen Theil nach Limasol unter den Befehl seines ältesten Sohnes Balian, mit dem anderen Theil seiner Kriegsmacht nahm er selbst Stellung in Larnaca. An einem oder dem anderen Orte mußten die Kaiserlichen landen. Den König aber hatte er abgeholt, behielt ihn bei sich und ließ ihn nicht aus den Augen.

Als nun die kaiserlichen Mannschaften bei Limasol an's Land wollten, stand am Ufer eine viel größere Kriegsstärke aufgepflanzt und verwehrte die Landung. Ihre Schiffe gingen deßhalb etwas weiter, und warfen in der Nähe von Gavata Anker. Alsbald aber erschienen in Limasol der Bischof von Amalfi und ein flandrischer und ein deutscher Ritter, und meldeten sich als Gesandte des Kaisers, die an den König eine Botschaft hätten. Man sagte ihnen, König Heinrich herberge in Larnaca. Während sie nun in ihren Galeeren dorthin fuhren, hatte Jbelin eilends in derselben Stadt einen Lehnshof versammelt, in welchem natürlich seine Verwandten und Parteigenossen die große Mehrheit bildeten.

In dieser Versammlung richteten die kaiserlichen Gesandten ihren Auftrag aus. Der Kaiser verlange vom König als seinem Lehnsmann, daß er Johann von Jbelin und sein ganzes Geschlecht aus dem Lande entferne und nicht länger hege und herberge, weil sie die Treue gebrochen. Da antwortete Herr Wilhelm Visconta im Namen des Königsknaben: „Meine Herren! Der König hat mir befohlen und aufgetragen, Euch zu sagen, daß es ihm sehr befremdlich scheine, wenn der Kaiser ihm Solches gebiete; denn der Herr von Beyrut ist

seiner Mutter Oheim, und allgemein bekannt ist es, daß
Dieser, seine Vettern, und ein Theil seiner Verwandten des
Königs Lehnsleute sind. Deßhalb kann er sich ihnen nicht
entziehen und — die Kaiserliche Majestät in allen Ehren —
der König kann und darf das nicht thun, was Ihr gesagt
habt, und wenn er es thäte, so würde er gegen sie schlecht
handeln." Darauf wandte sich Ibelin gegen den König und
sagte: „Sire, ich bin Euer Lehnsmann, deßhalb bitte ich
Euch, daß Ihr mich bei meinem Recht erhaltet, da ich bereit
bin, Recht zu geben und Recht zu nehmen vor Euch und in
Eurem Lehnshof, wenn Jemand etwas an mich zu fordern
hat." Als die Gesandten Solches vernommen, standen sie
auf und sagten: „Sire, Ihr habt gehört, was wir Euch von
des Kaisers wegen gesagt haben, und wir haben Eure Antwort vernommen." Damit gingen sie fort und bestiegen ihre
Galeeren, um nach Gavata zurückzukehren.

Hier warteten die Kaiserlichen noch mehrere Tage, und
da der Marschall nicht kam, sie auch wegen der großen Kriegsmacht Ibelins in Cypern nicht landen konnten, so hielten sie
kurzen Rath, fuhren hinüber nach Syrien und nahmen ein
Inselchen ein, das gerade vor Beyrut liegt. , Dort schifften
sie ihre Pferde aus, kamen an's Land und stellten sich in
Schlachtordnung. Dann marschirten sie auf Beyrut los, bereit
zum Angriff. In der Stadt gerieth Bürgerschaft und Besatzung in große Aufregung. Die Einen wollten sich ergeben,
aus Achtung sei es des Rechts oder der Macht des Kaisers,
die Anderen dachten sich zu widersetzen. Auf des Bischofs
Vermittelung wurden die Thore der Stadt geöffnet, und des
Kaisers Heer zog ein. Ibelins Befehlshaber aber, Johann
Gonemme, eilte mit der besten Mannschaft auf die feste Burg
und machte sich bereit, sie auf's Aeußerste zu vertheidigen.
Die Kaiserlichen dagegen, welche in der Stadt große Vorräthe
von Lebensmitteln und Kriegszeug vorfanden, machten sich

alsbald daran, Maschinen zu bauen und die Burg zu berennen.
Ringsumher nahmen sie die reichen Güter Ibelins in Besitz.

Unterdessen erschien Marschall Felingher mit 15 Galeeren
vor Limasol, und da er erfuhr, wie die Sachen standen, so
ließ auch er nach Beyrut hinüber rudern und befahl die Burg
noch eifriger zu bestürmen. Seinen Bruder Heinrich aber
sandte er nach Tyrus, dessen Befehlshaber, dem Kaiser ge=
horsam, die Stadt und Burg übergab. Tyrus wurde nun
der Hauptwaffenplatz der Kaiserlichen. Da aber die Belage=
rung der Beyruter Burg, die Ibelin vorsorglich stark genug
gebauet hatte, sich in die Länge zog, so ging der Marschall
nach Akkon und berief Ritter= und Bürgerschaft zur Versamm=
lung im großen Saal des königlichen Schlosses. Hier wurde
die Vollmacht mit Goldbulle vorgezeigt und vorgelesen, worin
der Kaiser sagte, er habe ihnen den Marschall Richard Fe=
lingher gesendet, seinen vertrauten Bevollmächtigten, daß er
sei Statthalter des Königreichs, Recht und Gesetz aufrecht
halte, und Groß und Klein, Arm und Reich in ihren Rech=
ten beschütze. Darauf setzte der Marschall auseinander, wie er
mit kaiserlicher Gewalt und mit dem Beirath der Barone und
Ritter Recht und Frieden zu handhaben denke. Diese Rede
gefiel allgemein durch Würde und Inhalt. Wenigstens wagte
sich kein Widerspruch zu erheben. Die Versammlung erklärte
einstimmig, sie erkenne den Marschall als des Kaisers Statt=
halter und ihren Regenten an, und Alle würden sich seinen
Anordnungen fügen.

So ließen sich die Dinge überall vortrefflich an. All=
mählig aber regte sich wieder der Nationalstolz der Wälschen.
Die Empörung, welche Patriarch und Templer gegen den
Kaiser erfüllte, gab keine Ruhe, und es ließ sich auch die
Besorgniß nicht abweisen, des Landes freie Verfassung könne
leiden unter dem herrischen Auftreten des Marschalls. Die
Freunde der Ibelins aber gingen umher und deuteten fleißig

darauf hin, wie der Marschall in seinem Herzen „ein gewalt-
thätiger und hochfahrender Mann sei, ein Prahlhans ohne
viel Verstand," und sie brachten es so weit, daß viele es
glaubten, der Marschall trachte darnach, sie alle zu verderben
und zu nichte zu machen. In der That hatte es den Anschein,
als habe Felingher bloß dieß Eine vor Augen, daß der Kaiser
im Morgenlande, auch in den Verträgen mit dem Sultan,
stets als alleiniger Landesherr aufgetreten, und welches Beispiel er anderen Fürsten in seinen Erbstaaten gegeben. Sollte
ein Staatswesen überhaupt leistungsfähig werden, sollte Gesetz
und Frieden im Lande herrschen, so mußte die Selbstherrlichkeit der Lehnsmannen gebrochen und ihre gesammte Kraft
unter des Königs Befehl vereinigt werden. Im heiligen
Lande vollends war das Königthum nicht viel mehr, als ein
goldener Schein, und seine Macht ewig zersplittert und gelähmt durch Eigensinn und Hader der Ritterorden und andern Herren.

Die Ritterschaft hielt also großen Rath und man kam
überein, sich zu dem Marschall zu begeben und durch den
Mund Balians von Sidon, des früheren kaiserlichen Statthalters, ihm Folgendes vorzustellen. Das Königreich Jerusalem sei nicht durch Fürsten, sondern durch freie Kreuzfahrer
erobert, die selbst Verfassung und Gesetze geordnet hätten,
welche noch jeder Fürst und seine Mannen beschworen. In
diesen Rechten des Königreiches befinde sich ein Artikel, daß
Niemand seiner Lehen und Güter entsetzt werden könne, als
durch Urtheil und Beschluß des Lehnshofes. Ohne darnach
zu fragen, seien Ibelins Stadt Beyrut und seine dortigen
Besitzungen weggenommen und werde seine Burg berannt.
Ibelin müsse wieder in den Besitz seiner Stadt und Güter
gesetzt, seine Burg jeder Bedrängung ledig sein, erst dann
könne ihm der Marschall den Prozeß vor dem Lehnshof machen,
und verliere Ibelin, so seien sie bereit, mit aller Macht zu

helfen, daß das Recht seinen Lauf habe. Felingher antwortete ausweichend: er müsse sich darüber erst mit den Hauptleuten besprechen, die mit ihm gekommen und jetzt in Beyrut lägen, und reisete andern Morgens dorthin ab. Als die Versammelten das erfuhren, schickten sie zwei Abgesandte hinter ihm her, seine Antwort zu holen. Diese lautete: „Meine Herren, ich lasse Euch wissen, daß ich des Kaisers Mann bin, und ich bin gehalten, seine Befehle zu befolgen. Und deßhalb will ich, daß Jedermann es wisse, wie ich sie niemals übertreten werde noch kann in einer solchen Sache, die so einleuchtend ist. Denn man weiß wohl, wie Johann von Jbelin sich gegen den Kaiser benommen und gehalten hat. Wenn Ihr aber unter einander glaubt, der Kaiser handle wider Recht, so schicket zu ihm, denn er ist ein so gnädiger Herr und so rechtlich, daß er so verfahren wird, wie er schuldig.“

Wirklich finden wir zu Ende des Jahres 1231 die Abgesandten der morgenländischen Ritterschaft, Balian von Sidon, Odo von Montbeliard und Walter l'Allemand bei dem Kaiser auf dem Reichstage zu Ravenna, wo sie einer neuen Landschenkung des Kaisers an den Deutschorden beiwohnen. Da sie aber nichts ausrichten konnten, so kamen die Ritter von Jbelins Partei auf's Neue zusammen, um zu planen und zu rüsten. Und weil sie Scheu trugen, sich förmlich, wie es bei Fehden und Aufständen Sitte war, zu einer Eidgenossenschaft zu verbinden, — denn die Verschwörung war ja gegen den Kaiser gerichtet, — so verfielen sie auf ein Mittel, das wahrscheinlich Jbelin, reich an Fünden und Ausreden und Listen, ausgedacht hatte. Sie suchten für ihre Vereinigung einen Deckmantel und für ihre Sache eine kräftige Stütze in jenem Bestandtheil der Bevölkerung, der sonst mit dem ritterlichen nicht pflegte Hand in Hand zu gehen.

L

Verschwörung zu Akkon.

Bürgerliches Volk wohnte und wirthschaftete nirgends zahl-
reicher trotziger und üppiger, als in Akkon. Diese Stadt,
nicht Jerusalem, war und blieb die eigentliche Hauptstadt des
Königreichs, die Residenz des Patriarchen und der Ritterorden.
Sie war bewohnt von einem bunten Völkergemisch, und in
Lüsten so versunken, als hätten Morgen- und Abendland sie hier
zusammen gebracht. In Akkons Hafen landeten die Massen der
Pilger, die über Meer gekommen; vor seinen Thoren lagerten
die zahlreichen Karawanen der Handelsstraßen, die aus dem
Innern des Landes herbeiziehend hier das Meer erreichten.
In Akkon gab es daher eine Menge von großen und kleinen
Kaufleuten, Rhedern und Handwerkern.

Indem die Ritter sich mit Diesen einließen, näherten sie
sich zugleich den italienischen Seefahrern, die in Akkon ihre
Häuser Faktoreien und Werften hatten und mit der Bevölkerung vielfach verknüpft waren. Unter ihnen entfalteten in
den syrischen Gewässern die größte Macht die Genuesen, und
gerade mit Diesen war schon des Marschalls Vorfahr hart
zusammen gestoßen. Der Kaiser hatte befohlen, die Genuesen
heran zu ziehen, daß sie gleich anderen Seefahrern im Hafen
zu Akkon den Kettenzoll entrichteten. Sie aber beriefen sich
auf ein Privileg, das sie von dieser Abgabe befreie, und als
der Statthalter nicht darauf hören wollte, hatten sie gleich

Kriegsvolk und Galeeren gerüstet, um sich mit Gewalt zu widersetzen. Man hielt es damals für's Klügste, einstweilen nachzugeben.

Nun gab es in Akkon eine alte kirchliche Bruderschaft zum heiligen Andreas, die Gebet und Gottesdienst in Gemeinschaft zum Zwecke hatte. Sie besaß deßhalb auch ein königliches Privileg, daß Jedermann eintreten könne. Ibelins Anhänger versammelten sich, prüften das Privileg, besprachen sich mit Vorständen der Bruderschaft, und versicherten sich, wie die Sache anzufangen, ohne daß man ihnen nach Recht und Gesetz etwas anhaben könne. Nun warben und gewannen sie in der Stille eine Menge Bürger und Ritter für ihren Plan und einer nach dem andern ließ sich in die Bruderschaft aufnehmen. Nach und nach wurden es immer mehr, die alle danach trachteten, wieder andere Leute zum Eintritt zu bewegen. Unter der Hand verwandelte sich die Andreasbruderschaft in eine kriege- rische Genossenschaft, deren Mitglieder sich eidlich verpflichteten, einander in Noth und Tod nicht zu verlassen.

Als die Dinge auf dem Festlande soweit gediehen waren, führte Ibelin in Cypern eines der politisch-juristischen Schau- spiele auf, die er trefflich verstand in Szene zu setzen und mit glänzenden Erörterungen aus dem Assisenrecht zu beleben. Da der Aufstand in Syrien nicht aufflammen wollte, denn alle Welt fürchtete sich vor dem Kaiser, so mußte die Anregung von Cypern herkommen. Hier mußte man es treiben bis zum erklärten Landeskrieg.

Der hohe Lehnshof von Cypern trat zusammen unter des Königs Vorsitze, und viel wurde wieder geredet, wie man in seinem Gewissen und um seiner Ehre willen verbunden sei, das alte heilige Recht nicht gegen den Kaiser, sondern gegen des Kaisers Beamte zu schützen, die Jedermann ohne Urtheil und Recht an seine Güter griffen. Zuletzt fiel Ibelin vor dem jungen Könige auf die Knice und rief flehentlich: „Sire!

Ihr wißt, wie ich und mein Haus beständig Euch große und treue Dienste geleistet, und wie ich für Euch gesorgt habe in Eurer Kindheit und Euch Gefahren entrissen. Wollte ich Euch und das Land aufgeben, würde der Kaiser mich ruhig in Beyrut lassen. Aber nein, ich und die Meinigen, die gerade so die Eurigen sind, wir verlassen Euch um nichts in der Welt und werden Euch nicht verlassen bis zum Tode, denn Ihr seid mein Neffe und mein Herr. Nun klage ich Euch, daß fremdes Kriegsvolk mir großen Schimpf und Schaden thut; denn sie haben meine Stadt Beyrut und meine Güter dort weggenommen, und bestürmen meine Burg, daß sie in höchster Gefahr ist. Und geht sie verloren, dann kann man sagen, sind die beiden Königreiche auch verloren und wir und unser ganzes Geschlecht mit verloren. Deßhalb flehe ich zu Euch, Sire, um Gottes und Eurer Ehre und meiner großen Dienste willen, und um des verwandten Blutes willen, das in unsern Adern fließt, Ihr wollet mir helfen in meiner großen Noth. Auf daß Ihr befreiet und wieder erobert mein Land und meine Burg Beyrut, möget Ihr kommen und Eure Lehnsleute anführen, die hier sind. Und ich bitte sie alle als meine Freunde und Brüder demüthig, mir zu rathen und zu helfen." Dabei wollte er dem Könige die Füße küssen, dieser aber schlang dem Knieenden seine Arme um den Hals. Gleichzeitig warfen sich alle seine Freunde auf die Kniee, und da sie alle riefen, sie würden helfen mit Gut und Blut, so wagten die Gegner nichts zu äußern, und es wurde der Beschluß verkündigt, mit gesammter Hand hinüber zu fahren nach Syrien und Beyrut wieder zu erobern.

Nun wurde auf das Eifrigste gerüstet, Famagusta war zum Sammelplatz bestimmt. Ibelin wäre am liebsten gleich in See gegangen: die heimlichen Gegner der Kriegsfahrt aber wandten vor, man müsse erst ruhiges Meer abwarten, und das trete nicht ein vor dem Frühling. Auch beredeten sie bereits einen Anschlag, sich in die Burg zu Gastria zu werfen und dort sich einstweilen zu befestigen. Das Geheimniß wurde entdeckt, und es war die Rede, sie als Verräther vor das Gericht des Lehnshofs zu stellen: Ibelin aber verhinderte es, damit nicht offenbar werde, wie wenig die Ritterschaft auf Cypern gleichen Sinnes sei. Sobald das Wetter es nur irgend zuließ, am 25. Februar 1232, schiffte er sein ganzes Heer ein, und Balas und seine Anhänger mußten mit.

Glücklich kam man an die syrische Küste, landete etwas nördlich von Beyrut, und schlug das Lager auf. Schon in der nächsten Nacht entwichen achtzig Ritter, Balas an der Spitze, und ließen Pferde und Rüstung im Stich. Als dieser schwere Verlust ruchbar wurde, waren Ibelins Anhänger nicht wenig bestürzt. Er aber sagte: „Desto besser, ich habe sie lieber vor als hinter mir." Jene aber waren nach Tripolis geeilt und erließen von dort eine Erklärung: nicht ihr minderjähriger König, der in fremder Gewalt sei, habe das erste Anrecht auf ihre Treue, sondern der Kaiser. Der Marschall sandte ihnen eine Galeere und ließ sie in sein Lager vor Beyrut abholen.

Ibelin aber marschirte vorsichtig an der Küste hin, seine Schiffe immer zur Seite, bis er vor Beyrut kam. Dort schlug er am Gebirge sein Lager auf und hatte den Trost, daß man auf der Burg seinen Signalen durch Freudenfeuer antwortete. Er hütete sich wohl, sich in der Ebene zu zeigen, dort wäre er vor der kaiserlichen Reiterei verloren gewesen. Philipp von Navarra aber dichtete einen Kriegsgesang, in welchem jede Strophe mit den Worten endigte: „Nun gebe Gott uns seine Kraft, daß Beyrut wir beschirmen, daß wir erobern unser Gut und unsere Ehr' bewahren."

Aus seinem Lager bei Beyrut erließ Ibelin einen Aufruf nach dem andern an all seine Vettern und Freunde, an die Ritterschaft insgemein, und an das ganze Volk, daß man

sich allgemein erhebe in Waffen, oder des Landes Freiheit sei
für immer verloren. Seine Anhänger hetzten und schürten,
was sie nur vermochten, und brachten es so weit, daß die
Ritterschaft in Akkon bei seinem Neffen, Balian von Sidon,
zusammen kam. Dort wurde großer Rath gehalten. Die
Einen wollten Ibelin helfen, die Anderen sich die Sache noch
überlegen. Zuletzt fanden sich nur etwas über vierzig Ritter,
die erklärten, sie würden Ibelin helfen. Mit anderthalbhundert Reisigen und zweihundert Mann zu Fuß machten sie sich
auf. Als sie aber in die Nähe von Tyrus kamen, wurden
sie von Kaiserlichen angegriffen, die aus der Festung einen
Ausfall machten, und entkamen noch eben glücklich in Ibelin's Lager. Dieser verlegte es nun näher an die Stadt,
durfte aber noch gar nicht daran denken, die Kaiserlichen an-
zugreifen.

Nun erschienen auch in Beyrut der Patriarch, der Erzbischof von Cäsarea, die Großmeister der Templer und Johanniter, die Konsuln der Venetianer Genuesen und Pisaner, und
mehrere andere vornehme Herren, und legten sich auf's Vermitteln. Sie zogen von einem Lager zum andern und machten hier und dort Vorschläge zum Frieden. Die Vermittler
aber waren wohl selbst nicht ganz einstimmig, während Ibelin
um so hartnäckiger auf seinem Rechte bestand und der Marschall sich auf des Kaisers Befehle berief. So zerschlug sich
jede Anstrengung, die zum Frieden führen sollte.

Der unermüdliche Ibelin sandte sofort seinen ältesten Sohn
Balian, Philipp von Navarra, und andere Unterhändler nach
Tripolis, um bei dem Fürsten Bohemund von Antiochien um
Hülfe zu suchen. Dringend ließ er vorstellen, wie bei des
Kaisers Auftreten kein Fürst und Herr im heiligen Lande
mehr selbständig bleibe. Um seiner Werbung mehr Gewicht
zu geben, schlug er vor, der jüngste Prinz des Fürsten solle
des cyprischen Königs Schwester heirathen und reiche Lände-

reien auf der Insel erhalten. Fürst Bohemund aber fürchtete des
Kaisers Macht. Ja es verlautete, um Friedrichs Gnade wieder
zu erwerben, wolle er Ibelins Abgesandte festnehmen lassen.
Philipp kam unter des Sultans von Damaskus Geleite glück-
lich nach Akkon zurück, Balian mußte sich lange Zeit in der
Nähe von Tripolis verbergen.

So war Ibelins Unternehmen gescheitert. Er konnte bei
seiner Schwäche weder das Schloß zu Beyrut entsetzen, noch
die Stadt wieder erobern. Des Kaisers Ansehen und redlicher
Wille hatten zu große Macht über die Gemüther der Ritter
und Herren. Ibelin gerieth in Noth, die Lebensmittel fehlten.
Den Pferden mußte man Zuckerrohr zum Futter reichen. Den
einzigen Gewinn hatte er von seinem Kriegszug, daß es seinem
jüngsten Sohne Johann, demselben, welcher den Kaiser nach
Italien begleitet hatte, in einer dunklen Nacht gelungen war,
mit Proviant und hundert neuen Rittern sich bis zum Schlosse
durch zu schleichen.

Als dadurch die Burg wieder einigermaßen verstärkt war,
verließ Ibelin die Umgegend von Beyrut und führte sein
Heer und den König nach Sidon. Er hatte einen andern
Plan gefaßt. Verhielt die Ritterschaft sich lau oder abweisend,
so wollte er jetzt das Volk durch eine Handlung offenbarer
Empörung in die Waffen bringen.

Er stellte Heer und König unter Befehl und Aufsicht An-
selms de Brie, und begab sich mit dem eifrigsten Theil seiner
Anhänger nach Akkon. Hier war der Sammelpunkt des
Hasses und Widerwillens gegen die kaiserliche Gewalt, die
Brüderschaft zum heiligen Andreas schien übermächtig geworden.
Allein noch immer war nichts geschehen, was die Feindseligkeit
zum Ausbruche förderte. Die kaiserlichen achtzehn Galeeren
lagen ruhig im Hafen, dort zu überwintern. Als nun Ibelin
mit den Seinigen ankam, vertheilten sie sich durch die ganze
Stadt und sprachen und schrieen wider des Kaisers und seines

Marschalls herrisches Auftreten. Dann beriefen sie die ganze Stadt, Bürger und Ritter und das gemeine Volk, in die große Kirche.

Neuer Dinge begierig, füllte eine wogende Volksmenge das Gebäude. Da schritt Jbelin vor Aller Augen zu dem Pulte, der mitten im Chore stand, und leistete feierlich den Schwur seines Eintrittes in die große Andreasgenossenschaft. Als er die Eidesformel gesprochen, wandte er sich zur Versammlung und fing an zu reden von Recht und Freiheit des Landes, die Jedermann schirmen müsse aus Gewissenspflicht, und von den fremden Kriegsvölkern, die in's Land gekommen wie tyrannische Eroberer, vor denen kein Recht und Eigenthum mehr sicher sei. Und immer prachtvoller und feuriger redete er, und plötzlich rief er aus: „Was steht Ihr hier müssig? Liegen nicht draußen im Hafen ihre Kriegsschiffe? Wollt Ihr ihnen die Schiffe lassen, damit sie überall hin den Krieg tragen wider uns?" Da erhob sich der Ruf „Nach den Schiffen! Nach den Schiffen!" Und das Volk stürzte wie rasend aus der Kirche und nach dem Hafen und warf sich in die nächsten Fährboote und andere Schiffe am Ufer. Eilends bewegten sich zahllose Fahrzeuge nach den Galeeren hin, die Menge umringte sie, sprang hinein und hatte sie im Nu genommen. Von den achtzehn Galeeren konnte nur eine einzige, die zur Seite lag, sich in der Eile fertig machen, um aus dem Hafen zu entrinnen und die Botschaft nach Tyrus zu bringen.

Jetzt mußten wohl Ritter und Bürgerschaft zu Akkon sich auf das Engste zusammenschließen, denn sie hatten ihre Empörung zu vertheidigen. Sie thaten es, bestürzt die Einen, siegesfroh die Andern. Was früher nur in Nothzeiten und vorübergehend vorkam, das wurde jetzt förmlich geordnet. All die kleinen Gemeinden und Körperschaften, in welche die Bevölkerung von Akkon zerfiel, wurden zu einer einzigen freien

Gemeinde vereinigt und wählten ihren Stadtrath und ihre gemeinschaftlichen Bürgermeister und Befehlshaber. Eine Bürgerglocke wurde bestimmt, bei ihrem Geläute sollte sofort alles zur Versammlung eilen. Es war dies die erste Stadt= republik dieser Art im Morgenland.

Ibelin ließ sein Heer aus Sidon herüberkommen. Akkon verwandelte sich in ein Heerlager aller Feinde des Kaisers.

LI

Cypern gewonnen und verloren.

Marschall Felingher war nicht wenig betroffen. Auf die erste Kunde war er nach Thrus geeilt, und da er hörte, wie gefährlich der Aufruhr um sich gegriffen, gab er seinem Bruder Lothar, der ihn in Beyrut vertrat, den Befehl, eilends das Lager abzubrechen, die Kriegsmaschinen zu verbrennen, und unverzüglich mit dem ganzen Heere nach Thrus zu kommen. Ibelin war bereits auf dem Marsche dorthin. Er hatte jetzt ein starkes Heer zusammengebracht. Die Genuesen hatten reichlich Waffen Proviant und Schiffe gegeben, und das lose Volk zu Akkon ließ sich jubelnd anwerben.

Es war ein großes Unglück für die Kaiserlichen und fiel entscheidend in die Wagschale, daß Friedrich gerade zu dieser Zeit mit den Genuesen in offene Feindschaft gerieth. Wahrscheinlich hatten die schlauen Handelsherren es darauf angelegt, um bei dieser Gelegenheit, wonach sie längst schon strebten, den Handel des vielreichen Cypern sich überliefern zu lassen. Waren sie doch längst schon Handelsfreunde der Ibelins zu Beyrut. Sie hatten im selben Jahr 1232 einen erklärten Feind des Kaisers zu ihrem Bürgermeister gewählt, Friedrich aber das so übel genommen, daß er gebot, die Genuesen und deren Habe überall festzunehmen. Auch der Marschall hatte Befehl erhalten, die Genuesen auszutreiben. Sie aber sandten nach und nach Kriegsschiffe nach den syrischen Gewässern, bis sie dort eine sehr stattliche Flotte auf der

See hatten. Schon war ein Theil ihres Kriegsvolkes, vielleicht bei einem Ueberfall, mit dem Marschall feindlich zusammen gestoßen, wobei Dieser fast alle Leute, die er bei sich hatte, verlor und eilig nach Tyrus flüchten mußte. Die kaiserliche Flagge durfte sich auf offenem Meere nicht mehr zeigen.

Als Ibelin etwa vier Stunden von Akkon bis nach Casal Imbert, d. i. Imbertshofen, marschirt war, kam ihm ein Bote nach: der Patriarch von Antiochien sei in Akkon und verlange als Legat des Papstes und in dessen Auftrag Ibelins Gegenwart. Als ein Mann, der beständig seinen Eifer für die Kirche an den Tag legte, konnte Ibelin sich dem Rufe nicht entziehen. Mußte er doch auch fürchten, daß der apo=stolische Legat die Schilderhebung öffentlich für das erkläre, was sie war, für Rebellion gegen den gesetzlichen Landesherrn. Ibelin ließ also bei Casal Imbert sein Heer ein Lager auf=schlagen und stellte es wieder unter den Befehl seines viel=getreuen Anselm von Brie.

Während nun Ibelin zu Akkon das Aufsehen und den Eindruck, welche das Erscheinen des Patriarchen von Antiochien machte, zu schwächen und zu beschwichtigen suchte, rüstete sich der Marschall zu einem Hauptschlag. Kundschafter kamen zu Anselm und warnten. „Ja wahrlich," erwiderte er, „Die sollen wohl jetzt auf schlechten Wegen sechs Meilen weit kommen, die nicht Lust hatten, bei Beyrut mit uns zu kämpfen, als wir sechs Bogenschuß von einander standen." Statt auf dem Wege nach Tyrus hin legte er eine Vorhut in der entgegen=gesetzten Richtung nach Akkon zu.

Diesen Vortrab befehligte der Sohn von Ibelins verstor=benem Bruder Philipp, und da dieser, als er Graf von Jaffa und Askalon geworden, ebenfalls als Schriftsteller in Rechts=sachen großen Ruf erwarb und wie sein Oheim Johann von Ibelin hieß, so nannte man später ihn Johann den Jungen und den Oheim Johann den Alten. Mit Philipp von Navarra sollten also die drei größten Juristen des Assisenrechts an dem Tage von Casal=Imbert betheiligt sein. Wurde doch der ganze Krieg von leidenschaftlichen Juristen geführt, die gegen Freund und Feind und ihrem eigenen Gewissen gegen= über ihre Hartnäckigkeit mit dem alten Spruche beschönigten: Pereat mundus, fiat justitia! Denn das mußten sie sich doch selber sagen, daß gerade das, was sie gegen den Kaiser unternahmen, die geheiligten Hoffnungen der Christenheit zer= störte. Freilich, unter dem juristischen Mantel bargen sich auch die Ehre und Habsucht der Ibelins und ihrer Anhänger, und der glühende Nationalhaß der Franzosen gegen die Deutschen.

Am Abend des 2. Mai 1232, als es dunkel wurde, zog Marschall Felingher aus den Thoren von Tyrus und mar= schirte mit seinen besten Truppen längs des Strandes, wäh= rend eine Flotte von 22 Fahrzeugen den Rest des Heeres ihm hart an der Küste nachführte. Die ganze Nacht wurde eilends marschirt und gerudert. Noch vor Morgengrauen kam man in die Nähe des feindlichen Lagers. In tiefer Stille wurde Alles ausgeschifft, jeder Haufen in Ordnung gestellt, lautlos auf das Lager zu marschirt. Plötzlich fielen sie darüber her, schlugen nieder was sich sehen ließ, drangen in die Zelte und tödteten die Cyprier auf ihrem Lager. Diese kämpften hier und dort, die Einen in Waffen, die Andern ohne Rüstung. Anselm, Ibelins drei Söhne, der junge Johann von Ibelin wehrten sich wie Verzweifelte, mit Wunden bedeckt thaten sie noch ihr Aeußerstes. Die Verwirrung aber war zu groß, die Feinde stürmten von allen Seiten daher, und als es hell wurde und noch die Nachhut von des Marschalls Schiffen an= rückte, da gaben voll Schrecken die Cyprier Heil und Sieg verloren, ließen Alles im Stich und stoben auseinander. Mit genauer Noth wurde der König gerettet, der gerade an diesem Tage nach Assisenrecht die Volljährigkeit erreichen sollte. Sein braver Hofmeister, Johann Babin, setzte ihn aufs Pferd und schickte ihn fort mit einem treuen Diener, während er selbst sich den anstürmenden Feinden zur Wehr setzte und schwer verwundet in ihre Gefangenschaft gerieth. Der Sieg der Kaiserlichen war vollständig, Ibelins Heer ganz zerschlagen, all sein Hab und Gut Beute des lachenden Feindes.

Auf die erste Kunde, der Marschall sei aus Thrus ausgerückt, hatten Ibelin, die Herren von Sidon, Cäsarea, Montbeliard, Kaipha und andere vornehme Ritter sich auf's Pferd geworfen und sprengten nach Casal Imbert. Da kam ihnen schon der Schwall und das Entsetzen der Flüchtigen entgegen, und einer seiner Hausdiener rief Ibelin zu: „Herr, Eure Söhne sind gefallen." Er aber spornte sein Pferd vorwärts und that als wenn er es nicht hörte. Da rief Jener noch einmal: „O Herr, die schönen Jungen sind alle todt!" „Schweig, Schurke!" war des Vaters Antwort, „jeder Ritter muß sterben, wenn Leben oder Ehre in Gefahr." Als er nun auf das Schlachtfeld kam, waren die Sieger mit ihrer großen Beute schon abgezogen, und man konnte nur noch ein Häuflein aufnehmen, das sich während der Schlacht in einen kleinen Thurm geflüchtet hatte.

In Jammer und Betrübniß füllten die Ueberlebenden die Herbergen zu Akkon mit ihren Klagen, daß sie Hengste und Rüstungen, Zeug und Zelte verloren und nichts mehr ihr eigen nennten, als die Kleider auf dem Leibe oder das Pferd, auf welchem sie geflüchtet.

Hätte Felingher mit seiner ganzen Macht jetzt Akkon angegriffen, so wäre die große Stadt vielleicht sein gewesen. Die kaiserliche Partei in ihren Mauern war ja nur unterdrückt, jedoch längst nicht ausgerottet. Er aber wußte wohl, daß Cypern wichtiger sei als das Festland, und beeilte sich, Balas und Genossen mit dem besten Theil des Heeres hinüber zu senden.

Diese landeten glücklich, klopften die Besatzungen aus Famagusta Nikosia und Keryneia und anderen festen Orten heraus, und schlugen ihre Feinde aus dem Felde, wo sie sich zeigten. Das gab wieder ein lustig Reiten und Jagen über Stock und Stein, wie es ein ritterlich Herz erfreuete, immer hinterher hinter den fliehenden Feinden, um sie zu fangen und reiches Lösegeld zu gewinnen, oder sie zu erschlagen, wollten sie sich nicht ergeben. Die Beamten und Anhänger der Ibelins flüchteten über das Meer oder in's unwegsame Gebirge. Die junge Königin Alice blieb mit ihren Damen in Nikosia: hatte sie doch der Kaiser ihrem Gemahle zugeführt. Ihre beiden Schwägerinnen aber, des Königs Schwestern Maria und Isabella, flüchteten nach dem Bergschloß St. Hilarion. Die Frau Balian von Ibelin war gerade bei den Franziskanern, als die Kaiserlichen in die Stadt eindrangen. Rasch entschlossen warf sie ein Mönchsgewand über und schlich sich durch, bis sie nach Buffavento kam. Nur ihrem Feuer war es zu danken, daß sich der Muth der Besatzung wieder hob; denn der Commandant war alt und bedenklich, ob die Festung nicht von Rechtswegen dem Kaiser gehöre. Sie aber beeilte sich, frische Mannschaft aus dem Landvolk auszuheben und Proviant auf die Burg zu schaffen.

Die rasche Kunde aber von diesen Siegen ging weit und breit, und Alle jubelten, die zu dem Kaiser hielten, und spotteten über die armen Ritter der Ibelins. Friedrich selbst schrieb das den Genuesen und schickte ihnen zwei Botschafter, um so rasch als möglich wieder mit ihnen in gutes Geleise zu kommen. Die Ibelins aber saßen in Syrien tief in Sorgen und Bestürzung. Ihre Heereskraft war bei Casal Imbert vernichtet, Cypern verloren, kein Geld in der Kasse. Die Ritter ihrer Partei ließen die Köpfe hängen und beklagten sich, daß sie bloß um der Ibelins willen Kaisers Feind geworden, und man wisse jetzt, was das zu bedeuten habe. Einige gingen den König an, daß er ihnen wieder Frieden und Sicherheit schaffe, er wolle ja jetzt großjährig sein. Andere suchten bereits mit dem Marschall Felingher wieder anzuknüpfen. Es war ihnen auf einmal die Einsicht gekommen, auch das vielberufen Affisen= recht lasse sich drehen und wenden nach Gefallen, wenn man nur geschickt genug.

Da, als Alles verloren schien, raffte sich Johann Jbelin der Alte auf. Jetzt erst zeigte sich sein findiger, betriebsamer, rastloser Geist in vollem Glanze. Er griff zu jedem Mittel, wenn es nur augenblicklich half, gleichgiltig, welcher Nachtheil für die Zukunft darin liege. Er stachelte die syrische Ritter= schaft mit den Worten, sie seien ja für immer der Deutschen Sklaven, wenn Cypern nicht wieder frei würde. Er versam= melte alle Abenteurer und zahlte hohen Sold. Ihren An= führern versprach er goldene Berge und vertheilte und ver= schleuderte, um sie unter sein Banner zu ziehen, reiche Lehen auf Cypern, die er aus seiner Feinde Güter errichten wollte. Auch Pulanen, wie man damals die Levantiner nannte, wurden Lehen angewiesen unter der Verpflichtung zur See Dienste zu leisten. Jbelins Söhne und Vettern verkauften ihre Güter, um Geld zu schaffen, welches vertheilt wurde, um Waffen und Pferde zu kaufen. Die Tempelherren machten bei den Gutsverkäufen ein glänzendes Geschäft. Jbelin griff sogar zu dem Nothmittel einer Art von Papiergeld. Eine Menge kleiner Pergamentzettel wurden mit des Königs Siegel besiegelt, auf den Zetteln stand eine Geldsumme benannt und dabei des Königs Verpflichtung, sie zu bezahlen, sobald er sein Königs= reich Cypern wieder in Händen habe.

Das wollte natürlich alles nicht hinreichen. Jbelin aber hatte bereits andere Helfer an der Hand, geld= schiffs= und waffenreiche, die allein ergiebige Hilfe schaffen konnten. Zu spät hatte der Kaiser mit den Genuesen Frieden geschlossen, indem er ihre Bürger und Leute und Sachen, die festgenommen waren, freigab und ihnen in den schönsten Worten versprach, sich besonders günstig gegen sie zu bezeugen. Den Herren zu

Genua lag vor allem daran, sich in Cypern erst aller Orten festzusetzen und seines gesammten Produktenhandels sich zu bemeistern. Sie verlangten von Ibelin: daß sie auf ganz Cypern freien Handel erhielten, wie und wo sie wollten; daß sie überall frei seien von allen Zöllen und Steuern und Abgaben jeder Art, eine geringe und genau bestimmte Gebühr für Wägen und Messen von Wein Getreide und Früchten ausgenommen; daß sie nur vor ihren eigenen Konsuln und Vizekonsuln zu Recht zu stehen brauchten in allen Dingen, es sei denn um Todtschlag Hochverrath und Raub; daß der König ihnen in den vier Hauptstädten Nikosia Famagusta Limasol und Paphos für ihre Konsuln und Vizekonsuln einige Häuser und Plätze und noch dazu ein ganzes Dorf bei Limasol als ihr Eigen schenke; daß sie überall ihre eigene Bäckerei errichten könnten; daß sie zu Wasser und zu Lande für Person und Habe, auch wenn sie Schiffbruch litten, den vollen Schutz der Gesetze und Behörden genössen; daß Keiner von ihnen ob eines Andern Verbrechen oder Schulden angetastet werden könne; daß sie endlich niemals zu irgend einem Dienst oder Entgelt für alle diese Schenkungen und Privilegien herangezogen werden könnten. Alle diese Forderungen, welche auf den Besitz des Alleinhandels in Cypern abzielten, wurden von Ibelin zugestanden und verbürgt, und nun gaben sie Geld und Waffen und Schiffe her, so viel er verlangte.

Noch war der Mai nicht zu Ende, als sein Feuereifer es schon so weit gebracht, daß er daran denken konnte, mit König Heinrich und einer wohlbemannten Flotte nach Cypern hinüber zu fahren und es zum zweitenmale zu erobern.

Der Marschall kam ihm zuvor. Sobald er von den ernsten Rüstungen der Genuesen zu Akkon hörte, ging auch er mit dem größten Theile seines Heeres nach Cypern, schickte, dort gelandet, sofort seine Schaaren nach allen Enden, und bald gehorchte das ganze Land wieder dem Kaiser, bloß die beiden

Bergfesten St. Hilarion und Buffavento ausgenommen. Einen Theil seiner Flotte wies er den Ankerplatz an vor dem alt=berühmten Paphos.

Schon am Pfingsttag, den 30. Mai, verließ Ibelins Kriegs=macht den Hafen von Akkon und fuhr der Küste lang bis nach Sidon, wo zur Ueberfahrt gerüstet wurde. Der Consul der Genuesen, Wilhelm von Orto, begleitete ihn: der Krieg gegen den Kaiser war ja halb ein genuesischer geworden. Seinen Söhnen Balian und Johann hatte Ibelin Pedalion Acra, das Vorgebirge zwischen Larnaca und Famagusta, als den Punkt bezeichnet, wo sie mit ihm zusammentreffen sollten. Balian kam dorthin mit noch andern genuesischen Schiffen, und Johann schaffte den besten Theil der Besatzung aus dem Schlosse zu Beyrut ebenfalls glücklich hinüber nach Cypern. Als sie bei dem Vorgebirge beisammen waren, brachte ein Kundschafter Nachricht, der Marschall habe seine Hauptmacht in Famagusta versammelt. Einer fragte den Kundschafter, wie stark die Kaiserlichen seien. Ibelin kam der Antwort zuvor mit den Worten: „Genug, wir wissen, wo sie sind: siegen müssen wir!"

Nun richteten Alle die Segel nach Famagusta, und da sie Furten und Untiefen an der cyprischen Küste besser kannten, als die Kaiserlichen, so gewannen sie nach einem Scharmützel mit den Vorposten ein Inselchen in der Nähe der Stadt. Von dort konnte man auf Barken selbst bei niedrigem Wasserstande zum Ufer. Felingher bereitete sich, sie kräftig zu empfangen. Sein Unglück war aber, daß seine deutschen und italienischen Landsknechte durch ihren wilden Uebermuth die Bevölkerung wider sich aufgebracht hatten. Allerorten mußte er auf Ver=rath gefaßt sein, insbesondere die Genuesen fürchteten, die ihre Verbindungen hatten. In Nacht und Stille fuhren nun ein paar Boote von Ibelins Flotte in den Hafen hinein, die Be=satzung stieg unbemerkt ans Land und zog mit Lärm und

Löher, Cypern.   23

Geſchrei in Famaguſta hinein. Die Bürger ſprangen vom
Lager auf, mehrere riefen ebenfalls „König Heinrich! König
Heinrich!“ und ſtürzten ſich auf die Wachen. Da glaubte der
Marſchall nicht anders, als die Heeresmacht des Feindes ſei
bereits in Famaguſta, die ganze Stadt im Aufſtande. Eilig
warf er Feuer in ſeine Schiffe, daß ſie verbrannten, und zog
ſeine Truppen aus Famaguſta heraus, das Ibelin und die
Genueſen ſofort beſetzten. Der Marſchall erkannte zu ſpät,
daß er gar zu vorſichtig und vorſchnell gehandelt, und zog
ſich nach Nikoſia zurück.

Ibelin blieb über eine Woche in Famaguſta ſtehn, um
Verſtärkungen von allen Seiten herbei zu ziehn. Auch war
hier ſein erſtes Geſchäft, den Genueſen ihr großes Pergament
voll Freiheiten und Schenkungen auszuſtellen, — für Jeden,
der es mit Cypern wohl meinte, eine Handlung, die man nicht
anders als gewiſſenlos nennen konnte. Denn geringes Nach-
denken gehörte dazu, um ſich deſſen völlig klar zu werden,
daß es höchſt gefährlich war, dieſen Schlauen, Raubſüchtigen,
nichts als ihren Vortheil Achtenden die Inſel zu überliefern,
und ihren Handel, ihre Ausfuhr, ihren ganzen Geldverkehr von
den Intereſſen einer italieniſchen Stadtrepublik abhängig zu
machen. Die Genueſen ſetzten ſich jetzt auf Cypern feſt, und
es waren noch nicht anderthalb hundert Jahre verfloſſen, da
brachten ſie das edle Königreich zu Falle.

Marſchall Richard hatte ſich hinter Nikoſia zurückgezogen
bis auf's Gebirge. Die Königin Alice und ihre Hofdamen
waren nach Keryneia geleitet. Vor der Schlucht, die nach
dieſer Stadt durch die Bergkette führt, hatte das kaiſerliche
Heer Stellung genommen, um ſeinen Angriff auf St. Hilarion
zu decken. Denn auch Kantara hatte Philipp von Navarra
durch raſche Verhandlung gewonnen. Um ſo eifriger ließ
Felingher St. Hilarion berennen, jede Stunde erwartete er
die Uebergabe der wichtigen Bergfeſte; ſie hatte nur noch für

zwei Tage Brod. Die ganze weite Ebene der Meſoria aber hatte der Marſchall, ſo weit nur ſeine Schaaren ſtreiften, verheeren laſſen. Die Kornfelder wurden angezündet, die Mühlen zerſtört, alle Lebensmittel fortgeführt.

Dagegen ließ er in Nikoſia Lebensmittel in Maſſen auf= häufen. Wahrſcheinlich dachte er, des Feindes ganzer Troß ſolle ſich hier ſammeln und aufhalten, bis er, unterſtützt durch des Kaiſers zahlreiche Anhänger in Stadt und Umgegend, darüber herfalle und die Ibelins und Genueſen vernichte mit einem einzigen Schlage wie bei Caſal Imbert.

Das cypriſche Heer nämlich, das in kleinen Tagreiſen auf Nikoſia marſchirte, war unterdeſſen nicht wenig angeſchwollen. Schaarenweiſe ſtrömte das erbitterte Landvolk zu, und die Vornehmeren, die ins Gebirge geflüchtet, kamen wieder zum Vorſchein. Aber faſt Alle marſchirten zu Fuß. Die Kaiſer= lichen hatten gegen zweitauſend Pferde, die Cyprier nicht den achten Theil davon. Ibelins Ritterſchaft war ſo arm geworden, daß die meiſten Herren nur ein einziges Pferd hatten, und ihre ganze Rüſtung an ſeinen Sattelknopf binden konnten.

Als nun Ibelin in Nikoſia ankam und die aufgehäuften Lebensmittel ſah, merkte er Unrath, dahinter mußte ein ſchlimmer Anſchlag ſtecken, der Gefahr drohete. Nikoſias Bürger= ſchaft war gut kaiſerlich, oder hatte doch die Regenten lieber, als die Ibelins, die ſchon früher arg gehauſet hatten mit ihres Königs Recht und Gut. Noch am Abend ſeiner Ankunft ver= ließ Ibelin die Stadt, und bezog ein Lager ein halbe Stunde von da bei den Gärten von Trakona. Und ſchon andern Morgens, es war der 15. Juni 1232, brach er auf mit all ſeinen Truppen und näherte ſich, ſo raſch er nur konnte, der Stelle im Gebirge, wo die Kaiſerlichen ſtanden.

Aus ſeinen Völkern bildete er vier Schlachthaufen, die geringe Breite und deſto mehr Länge hatten und Echelles, Leitern, genannt wurden. Jede Schaar hatte Befehl, un=

nöthiges Gefecht zu vermeiden und einzig danach zu trachten, wie sie in's Gebirge aufwärts dringe und hier oder dort an St. Hilarion herankomme, um Lebensmittel und Mannschaft in die Feste zu werfen. Um jeden Preis mußte er sie zu retten suchen: der Verlust von St. Hilarion hätte sein Heer in Muthlosigkeit, sein Unternehmen in's Unglück gestürzt. Je rascher aber seine Leute in die Höhe und auf die Gebirgs= steige kamen, um so weniger hatten sie von der Hauptstärke des Feindes, von der Reiterei, zu fürchten. Ueber seine erste Schelle gab er den Befehl seinem Sohne Hugo und Anselm de Brie, über die zweite seinem Sohne Balduin, die dritte führte sein Neffe Johann von Cäsarea, und den vierten Schlachthaufen behielt er sich selbst bevor, indem er den jungen König nicht von der Seite ließ.

Ibelin war es gewohnt, aller Orten seine streng kirchliche Gesinnung an den Tag zu legen. Er gelobte, wenn er an diesem Tage Leben und Sieg davon trage, so wolle er Mönch werden, bevor er sterbe. Seinem ältesten Sohne Balian, einem kühnen und tapfern Ritter, der sonst die Ehre des ersten An= griffes hatte, befahl er, bei ihm im Hintertreffen zu bleiben. Balian hatte nämlich kurz zuvor eine nahe Anverwandte, eben jene muthige Dame, die als Franziskaner verkleidet nach Buffa= vento flüchtete und diese Festung rettete, zu allgemeinem Aerger= niß geheirathet und war deßhalb im Kirchenbann. Sobald sich der Verwegene aber unbeobachtet sah, entwich er seinem Vater und eilte mit Philipp von Navarra und vier andern kühnen Männern voran, und als sie an den ersten Haufen kamen, in welchem Anselm de Brie befehligte, wollte Dieser auch mit. Sie ritten den Truppen weit voraus, bis sie auf Umwegen höher an einer Stelle anlangten, wo Felsen untermischt mit dichtem Myrthengebüsch ihnen Schutz gewährten. Da legten sie sich in Hinterhalt und warteten auf die Kaiserlichen, die hier sich durchwinden mußten.

Diese standen weiter oben, wo sie hinter sich die Schlucht, welche nach Keryneia führt, und das schroff ansteigende Gebirge hatten, auf dessen Höhe zur rechten Seite St. Hilarion trotzte. Vor ihnen senkte sich im raschen Abfall, unterbrochen von Gebüsch und starrendem Gestein, der Boden bis nach dem Dorfe Agridi hinab, bei dessen Häusern die Ebene begann. Ein anderer Theil der Kaiserlichen lag oben vor der Feste und hielt dieselbe eng umzingelt.

Der Marschall war offenbar durch des Feindes Schnelligkeit überrascht. Er hatte nicht erwartet, daß Jbelin, der in Famagusta so lange gezögert hatte, so bald Nikosia verlassen würde, sonst wäre er ihm mit der Uebermacht seiner Reiterei wohl schon auf freier Ebene entgegengetreten. Noch weniger hatte er vermuthet, daß Jbelin, nachdem sein Heer einen Marsch von drei starken Stunden auf sonneglühendem Boden zurückgelegt, noch am selben Tage angreifen würde. Als der Marschall nun feindliche Haufen aus dem Dorfe, aus welchem die Fußsteige nach St. Hilarion hinauf gingen, hervorkommen sah, sandte er ihnen die Reiterei entgegen. Diese stand unter dem Befehl eines Grafen Walter, der bei den Italienern Manupello, bei den Cypriern Manepian heißt: wahrscheinlich war es ein deutscher Graf Manhübel oder Manebel. Er sollte den Feind in die Ebene hinab werfen und zerstreuen, während der Haupttheil des Heeres, befehligt vom Grafen Bernhard Manhübel noch wartete. Hinter diesem, in der Schlucht, hielt der Marschall selbst mit den anderen Truppen, bei welchen sich die drei Regenten von Cypern, die von den Fünf noch übrig waren, befanden. Hätte man am 15. Juni eine Schlacht erwartet, so wären diese cyprischen Herren wohl, wie es sich ziemte, Führer in der Schlacht gewesen und hätten sich nicht im Hintertreffen gehalten.

Graf Walter konnte seine Rauflust nicht zähmen. Sobald er nur der feindlichen Schaaren ansichtig wurde, stürzte er sich

ihnen entgegen. Jeder Haufen aber wich ihm aus, jeder hielt
sich eng zusammen, und jeder trachtete eilends höher zu kom=
men, wo es für die Reiterei unwegsam wurde. So kam es,
daß der Graf mitten hindurch stürmte, und auf einmal sah
er sich hinter den Cypriern, die schon weit über Agribi hinauf
waren. Verwirrt darüber blieb er stehen und wußte nichts
Anderes zu thun, als ganz in die Ebene hinabzureiten, um
hier zu verschnaufen, bis er neuen Befehl erhalte.

Unterdessen stiegen die Schlachthaufen Ibelins eilig empor.
Schon von Weitem sahen sie wie die Kaiserlichen, die sich
lange Zeit nicht erklären konnten, was da mit ihrer Reiterei
geschehen sei, und endlich auch vorrückten, von Balian und
seinen Genossen aufgehalten wurden. Als sie endlich jenes
Fels= und Myrthengewirre gesäubert hatten, und auf den
ersten Haufen der Cyprier trafen, wurden Diese blutig zurück=
geworfen. Aber die anderen Haufen rückten nach auf ver=
schiedenen Wegen und eilten zum Handgemenge. Die große
Anzahl ihres Fußvolkes drängte sich zwischen die Kaiserlichen
und umringte hier und dort deren Anführer. Anselm de Brie
warf sich auf den Grafen Bernhard, griff ihm an den Helm
und stürzte ihn vom Pferde. Auf das Geschrei „Todt muß
er, todt muß er!" fiel man über ihn her und schlug ihm
das Haupt ab. Mehreren seiner Ritter ging es ebenso. Die
wogende Menge hob sie aus dem Steigbügel, und riß sie zur
Erde, und dann wurden sie gleich erschlagen, während Alles
schrie „Todt muß er, todt muß er!" Diese Art des Fech=
tens brachte die Kaiserlichen in Unordnung, sie begannen sich
zu zertheilen. Als nun der Marschall mit dem Nachtrab vor=
brach, konnte er die Ordnung nicht wieder herstellen und gab
Befehl zum Rückzuge nach Keryneia.

Da aber Ibelin in die Schlucht hinein nachdrängte, so
waren die Kaiserlichen, die oben St. Hilarion umlagerten,
ebensowohl, als die Reiterei unten in der Ebene, abgeschnitten.

Graf Walter hatte vollends den Kopf verloren und ritt spornstreichs zwölf Stunden weit bis nach Gastria auf der karpasischen Halbinsel, wo die Templer eine Commende hatten.
Diese aber schlossen vor ihm die Thore, und als der junge
Johann von Jbelin, der ihn verfolgte, heran kam, fand er
die Reiter abgesessen, ohne Nahrung, müde und verzweifelnd
in den Burggräben. Sie ergaben sich nach kurzem Scharmützel und wurden nach Nikosia geführt.

Die Hauptstadt, welcher man nicht recht trauen durfte,
war Philipp von Navarra's Obhut und Befehl anvertraut.
Er erfuhr, das kaiserliche Fußvolk, welches St. Hilarion um-
lagerte, habe sich in der Ebene nach Morphu hin zerstreuet
und beginne bei Blessia sich zu sammeln. Eilig nahm er,
was sich an Reiterei auftreiben ließ, marschirte nach jener
Gegend, und als es Mitternacht war, fiel er in die Ortschaft
ein und nahm etwa Dreihundert gefangen. Die Uebrigen
suchten ihr Heil in der Flucht, und steckten später in Kirchen
und Klöstern umher, wo man ihnen Zuflucht gewährt hatte.

LII

Belagerung von Keryneia.

So endete die Schlacht bei Agridi für die Ibelins ruhm-
und erfolgreich nach allen Seiten. Die Verluste der Kaiserlichen waren übergroß. Fast ein halbes Tausend ihrer Ritter
lag todt oder gefangen.

Nur Keryneia war noch zu nehmen. Diese Festung hatte
keineswegs eine von Natur so trefflich geschützte Lage, wie
St. Hilarion Buffavento und Kantara, allein der Marschall
hatte ihre Burg ausgebauet und die Mauern verstärkt. Seine
Galeeren ließ er jetzt von Paphos herkommen, um Keryneia's
Hafen offen zu halten und stets mit dem Festlande verkehren
zu können. Für hinlänglichen Proviant hatte er schon früher
gesorgt. Da aber sein ganzes Heer in der Festung nicht
bleiben konnte, so ließ er tausend Mann Fußvolk und eine
Schaar von fünfzig Rittern zurück, und fuhr hinüber nach
Cilicien in das Land des Königs Haithun von Armenien.
Walter von Aquaviva machte er zum Anführer der Ritter-
schaar, und den Oberbefehl vertrauete er Philipp Genard an,
einem Bruder des erschossenen Regenten Chenichy.

Sobald Ibelin hörte, der Marschall habe mit dem größten
Theil seines Heeres Keryneia verlassen, zog er heran, die
Festung zu belagern.

Vorher aber hatte er sich beeilt, diesmal sein Möglichstes
zu thun, um seine Gegner auf Cypern zu zerschmettern. Er
hatte ja den König zur Seite, unter dessen Namen konnte er

herrschen mit königlicher Macht und Gewalt. Denn trotz seiner
Großjährigkeit nach Landrecht blieb Heinrich unfähig, das
Reich zu verwalten. Gleich nach der Schlacht bei Agridi war
der Lehnshof zusammengetreten und fällte das Urtheil über die
cyprischen Ritter und Leute, die zur kaiserlichen Partei gehör=
ten. Sie wurden für meineidige Verräther erklärt, von der
Insel verbannt, ihre Lehen eingezogen. Dies Urtheil traf
außer den drei noch lebenden Regenten sechs vornehme Herren
und noch Andere mehr, also einen großen Theil des Adels.
Man brauchte ihre Güter, um die Abenteurer damit auszu=
statten, die ihren Degen an Ibelin und sein Glück verkauft
hatten.

Um Keryneia aber wogte nun ein langer heißer Kampf.
Hart wurde die Festung berannt, unaufhörlich gestürmt. Aber
sie hielt sich. Die Deutschen und Italiener, welche darin
lagen, dachten nicht anders, als daß sie als tapfere Männer
ihrem Kaiser die edle Inselperle festhalten wollten, bis er
wieder komme mit Macht und Gewalt, oder Hilfe schicke, um
ganz Cypern wieder zu erobern. Sie fuhren öfter hinüber
nach Thyrus, dem vornehmsten Waffenplatz der Kaiserlichen,
wo des Marschalls Bruder, Lothar Felingher, befehligte, und
holten sich Proviant und was sie sonst bedurften. Da erschie=
nen dreizehn genuesische Galeeren auf der Rhede von Limasol,
die Ibelin förmlich in seines Königs Dienst nahm, um die
See zwischen Cypern und dem Festlande zu bewachen.

Trotz alledem blieb die Gegenpartei auf der Insel nicht
müssig, besonders in der Hauptstadt Nikosia, wo man die
Ibelins mit ihrem syrischen Gefolge nicht mochte. Den Befehl
über die Scharfschützen und die übrigen Fußvölker, die vor St.
Hilarion lagen, führte Martin Roussel, dem auch die Aufsicht
über die Belagerungsarbeiten oblag; denn Ibelin setzte das
größte Vertrauen auf ihn. Roussel aber glaubte an den endlichen
Sieg des Kaisers und setzte sich mit den Offizieren in Keryneia

in Verbindung, verrieth die Pläne der Belagerer, und schaffte Jenen Waffen herbei, die er in Nikosia fertigen ließ. Die Ibelins hatten zwei große Belagerungsthürme von Holz erbauet und mit Rittern besetzt. Roussel gab den Kaiserlichen einen Wink, sie machten einen Ausfall, erstürmten und zerstörten die beiden Belagerungsthürme und schlugen ihre Besatzung nieder.

Der Oberst der Scharfschützen, auch ein Lehnsmann des Königs Heinrich, war mit Roussel im Einverständniß. Sie wollten es so einrichten, daß zu gelegener Zeit die Kaiserlichen mit ganzer Kraft hervorbrächen, dann gemeinschaftliche Sache mit ihnen machen, mit dem Fußvolk über Ibelins Reisigen herfallen und sein ganzes Heer erschlagen und vernichten. Zufälliger Weise trafen die Letzteren einen Mann aus der Festung auf dem Felde und schöpften Verdacht. Auf der Folter gestand er den ganzen Anschlag.

Nun wurde der Oberst der Scharfschützen in der Stille festgenommen, und als man erfuhr, Roussel sei in der Hauptstadt, so warf sich Philipp von Navarra auf's Pferd und ritt mit einigen zuverläßigen Leuten eilends nach Nikosia und begab sich auf die Suche. Es glückte ihm, seinen Mann zu fassen, wie er gerade Waffen für die Kaiserlichen einkaufte. Die Schuldigen wurden vor den hohen Gerichtshof gestellt und geurtheilt, man solle sie an den Schweif eines Pferdes binden, daß sie schleife, bis sie todt seien und dann ihren Leichnam an den Galgen hängen. So geschah es. Roussels Körper aber wurde noch auf eine Wurfmaschine gelegt und in die Festung geschleudert.

In ihren Mauern lag die junge Königin Alice, welche der Kaiser vor drei Jahren bei seiner Abreise seinem Mündel Heinrich anvermählt hatte, auf dem Sterbelager. Während ihr Gemahl Ibelin folgen mußte, hatte sie sich zu den Kaiserlichen gehalten und hieß bei der Gegenpartei nur die Lombarden-Königin. Denn die kaiserlichen Truppen wurden von den Ibelins, man weiß nicht weßhalb, Lombarden genannt. Als nun die Fürstin starb, wurde die Leiche mit königlichen Gewändern geschmückt und ein Bote zu ihrem Gemahl gesendet, daß er sie, wie es einer Königin gezieme, beerdigen lasse. Da wurde Vertrag geschlossen, daß alle Waffen ruhen sollten, bis zu dem Zeitpunkt, wo die Leiche in des Königs Herberge angekommen. Ehrerbietig empfingen sie die Ritter, und trugen abwechselnd den Sarg die vier Stunden Weges bis nach Nikosia, wo man ihn unter großen Feierlichkeiten im Dome beisetzte.

Marschall Felingher aber war vom Könige Haithun auf das Ehrenvollste empfangen und blieb längere Zeit bei ihm, um ein neues Unternehmen gegen die Feinde seines kaiserlichen Herrn vorzubereiten. Allein es brachen Seuchen in seinem Heere aus, Viele starben und die Andern erkrankten. Felingher sah kein Heil mehr, als den Rest hinüber nach Tyrus zu führen. Er selbst aber reisete mit den beiden früheren Regenten Balas und Bethsan nach Italien zum Kaiser.

Dieser hatte, sobald er im Sommer von Felingher's Unglück hörte, rüsten lassen, um ein neues Heer in's Morgenland zu schicken. Als aber Felingher und seine Begleiter bei ihm anlangten, — dies mochte etwa im Herbst 1232 geschehen — und auseinandersetzten, wie die Dinge in Cypern und Syrien eigentlich standen und wie stark dorten die kaiserliche Partei noch sei, da hielt er es für räthlich, wieder die Bahn friedsamer Erörterung der Dinge zu betreten, auf welcher er im Morgenlande früher soviel erreicht hatte. Friedrich wollte, während kein Theil die Waffen aus den Händen legte, Ibelins Partei durch Unterhandlungen stürzen, und betrieb sie jetzt Jahre lang mit unablässigem Eifer. Das bezeugte schon die Wahl der Bevollmächtigten, die er einen nach dem andern schickte. Auf die Treue der Beiden, welche neben Ibelin die Häupter der Ritterschaft waren, nämlich Balian von Sidon und Odo von Montbeliard, durfte er rechnen. Einer seiner ergebensten syrischen Anhänger aber, der Bischof von Sidon, befand sich an seinem Hofe. Diesen sandte er nach Akkon mit Vollmacht und Briefen, in denen er, da der hochfahrende Marschall Felingher sich gar zu verhaßt gemacht, Philipp von Maugastel zu seinem Statthalter ernannte und alle Welt um Christi Sache willen zu Frieden und Einigkeit, die Bürgerschaft von Akkon aber zur Auflösung der St. Andreasbruderschaft ermahnte, indem er selbst Vergessenheit alles Geschehenen gelobte. Der Herr von Maugastel aber, aus einer der ältesten Familien des Landes, war dem Kaiser so ergeben, daß er gewöhnlich in Thrus sich aufhielt. Die Gegenpartei schmähte ihn darob und redete ihm nach, er sei ein eitler Narr, der sich schminke wie ein Weib.

Der Bischof von Sidon, ein Mann ebenso klug als verbindlich in seinem Benehmen, wußte wirklich bald die Ritterschaft günstig zu stimmen. Sie versammelte sich zu einem großen Lehnshof, im Beisein des Patriarchen Gerold von Jerusalem, in der Akkoner Kathedrale, und alle Herren und Knechte waren bereit, dem Kaiser als Vormund seines Sohnes Konrad und als Regenten an dessen Statt auf's Neue den Treueid zu schwören und Maugastel als seinen Statthalter anzuerkennen.

Geschah dies, so war das Benehmen der Ibelins und ihrer Anhänger sowie der St. Andreasbruderschaft verurtheilt. Um keinen Preis wollte Ibelin es dahin kommen lassen, lieber den Lehnshof sprengen. Er hatte sich die Sache bedacht und wohl gehütet, selbst in Akkon zu erscheinen, dagegen aus dem Lager von Kerynkia seinen jungen Neffen Johann von Cäsarea gesandt, der ihn vertreten sollte und wohl belehrt war, wie er sich verhalten und was er äußersten Falls thun solle. Dieser erhob, gerade als man zur Eidesleistung auf das Evangelium schreiten wollte, in der Versammlung ein großes Geschrei und beschuldigte den Kaiser und die Herren, sie wollten des Landes Recht und Verfassung verderben, die zu halten

sie doch geschworen hätten. Darüber kam es zum Wort=
wechsel, denn man war geärgert über des jungen Mannes
Worte und Benehmen. Im ärgsten Streiten gab Johann das
verabredete Zeichen. Die Bürgerglocke erschallte. Die Männer
der Andreasgenossenschaft standen schon auf der Lauer und in
Waffen, die Genuesen schlugen sich zu ihnen, und auf einmal
drang eine tobende Volksmasse in die Kirche mit dem Geschrei:
„Schlagt sie todt, schlagt sie todt!" Die Herren mußten
flüchten, denn sie waren ihres Lebens nicht sicher. Der Bischof
von Sidon konnte sich nur retten, indem er sich in der Sa=
kristei verrammelte. Hätte der junge Cäsarea die Volkswuth
nicht zurückgehalten, so hätte man den Bischof sammt den
hochangesehenen Herren von Sidon und Montbeliard ermordet.

Die Gefahr für Jbelin war abgewendet, ohne daß man
ihn bezüchtigen konnte, er habe bei dem Aufruhr seine
Hände im Spiele gehabt. Jetzt ließ er sich wieder in Akkon
sehen, und zeigte sich nicht abgeneigt, mit dem Bischof von
Sidon, welchen Johann von Cäsarea mit anscheinender Groß=
muth aus seinem bedrohten Zufluchtsorte gerettet hatte, zu
einer Unterredung zusammen zu treten. Der Bischof behan=
delte ihn auf das Geschmeidigste und überreichte einen Brief
des Kaisers. Friedrich wandte sich darin an Jbelins eigenes
Gefühl für Recht und Ehre und für die heilige Sache der
Christenheit. Er schrieb ihm offen und herzlich: sie wollten
die alten Zwistigkeiten fahren lassen, alles werde nach Jbelins
Wünschen geordnet werden, nur müsse er in Tyrus erscheinen,
und des kaiserlichen Ansehens und der Form wegen an den
Tag legen, daß er des Kaisers Oberherrschaft anerkenne. Da
erzählte Jbelin dem eifrig zuredenden Bischof die Fabel von dem
leichtgläubigen Hirsch, welchen der Löwe erst gestreichelt, dann
gekratzt, dann ihn wieder gerufen und wieder gekratzt und
zuletzt verschlungen habe. „Nein," schloß er, „zweimal bin
ich des Löwen Krallen entgangen, zu Limasol und hernach

zu Nikosia, zum drittenmal will ich mich seinen Griffen nicht
aussetzen."

Statt sich mit dem Kaiser zu versöhnen, that Ibelin Alles
und Jedes, um Akkon zu einem großen festen Waffenplatze seiner
Partei zu machen, und zu diesem Zwecke scheuete er sich auch
nicht, sich selbst zum Bürgermeister von Akkon wählen zu lassen.
Erst als er die Dinge nach seinem Sinne in's Werk gerichtet
und seinen Neffen Johann von Cäsarea zu seinem Stellver-
treter in Akkon bestellt hatte, kehrte er nach Cypern zurück.

Hier war unterdessen Anselm von Brie gefallen. Bei einem
Angriff auf Keryneia hatte er im Eifer selbst in die Räder
des neugebauten Belagerungsthurms eingegriffen, um ihn zur
Mauer zu rollen, da traf ihn ein tödlicher Pfeil. Ibelin beschloß
jetzt, Keryneia zu nehmen, koste es was es wolle, damit er
Cypern ganz besitze, ehe drüben auf dem Festland wieder eine
Wendung der Dinge eintrete. Denn so lange Keryneia's
Festung ihm trotzte, so lange ihr Hafen seinen Gegnern offen
blieb, so lange schwebte er in Furcht, die kaiserliche Partei
könne in Syrien und selbst auf der Insel wieder das Haupt
erheben.

Aus allen Kräften wurde zu einem großen allgemeinen
Sturm gerüstet. Ibelin selbst befehligte den Angriff auf die
Stadt, während Balian zu gleicher Zeit die Burg berannte.
Mörderisch war der Kampf, immer auf's Neue wurde ange-
griffen, doch jeder Angriff abgeschlagen. Vor Ermattung
mußte man endlich aufhören. Ibelins Söhne lagen darnieder
vor Wunden oder übermäßiger Anstrengung. Da brach der
Alte in Wehklagen aus, aber selbst sein Jammer nahm juri-
stische Färbung an. „O warum habe ich mich nicht nach der
Assise von Balbeis gerichtet!" rief er aus. In Balbeis
nämlich hatte König Amalrich, als dort auf dem Zuge nach
Aegypten Lehnshof gehalten wurde, den Artikel verkündigt: kein
Vasall brauche zu einer Belagerung zu stoßen, wenn die Feste

weiter als eines Tages Reise von seinem Lehnsgute liege, es sei denn, daß es des Lehnsherrn eigene Person zu schirmen gelte.

Um den heldenmüthigen Widerstand der Besatzung zu brechen, blieb nichts übrig, als sie auszuhungern. Keryneia mußte zur See wie zu Lande fest umschlossen, ihm jede Verbindung abgeschnitten werden. Zu diesem Zwecke schloß Ibelin mit all den Seinigen — mit dem Könige waren ihrer gerade Fünfzig — am 1. Dezember 1233 zu Nikosia ein Bündniß zu Schutz und Trutz mit Genua auf fünf Jahre. Die Cyprier verbürgten sich darin, jeden Genuesen und alle Rechte Freiheiten und Güter der Genuesen in beiden Königreichen gegen Jedermann, insbesondere gegen jeden Statthalter zu schirmen und zu vertheidigen, und umgekehrt machten sich die Genuesen anheischig, der Barone Person Habe und Rechte zu Wasser und zu Lande in Cypern und Syrien zu beschützen, und zwar durch die Kriegsmacht, die sie zur Zeit in Cypern stehen hatten. Auch sollte jeder Genuese, der sich im Morgenlande aufhielt, auf Verlangen der Ritter dieses Bündniß ebenfalls beschwören.

Jetzt gerieth Keryneia in große Noth. Die Lebensmittel mangelten. Da die genuesischen Kreuzer das Meer bestrichen, war auf keine Zufuhr vom Festlande mehr zu rechnen. Allein trotz aller Entbehrung, trotz aller Kämpfe und Mühen hielten die Tapfern aus. Monat auf Monat schlich langsam dahin, die enge Einschließung ließ nicht nach, auf Entsatz war jede Hoffnung verschwunden. Als Ostern 1234 vorbei und die Belagerung fast zwei Jahre lang gedauert hatte, konnten sie dem Hunger nicht mehr widerstehen und ergaben sich auf ehrenvolle Bedingungen, die Philipp von Navarra vermittelte. Die vielen Gefangenen auf beiden Seiten wurden frei, die Besatzung behielt Waffen und Habe, und wurde frei nach Akkon übergeschifft, von dort nach Casal Imbert gebracht und an die Kaiserlichen von Tyrus übergeben.

LIII

Letzte Anstrengungen des Kaisers.

Friedrich gab sein Spiel noch nicht verloren.

Der Papst war jetzt ganz eines Sinnes mit ihm, und setzte, statt des feindseligen Patriarchen Gerold, den Erzbischof von Antiochien ein in Amt und Würde eines apostolischen Legaten im heiligen Lande. Dieser arbeitete getreulich zusammen mit dem Hochmeister Hermann von Salza, um die Ritterschaft in Syrien zu bestimmen, öffentlich und gemeinsam aufzutreten und — im Gegensatz zu der Ibelins-Partei auf Cypern — ihre Treue gegen den Kaiser zu bekennen. Die Herren schwankten. Sie waren zum großen Theil mit den Ibelins in Verwandtschaft, billigten auch von Herzen deren Auftreten für die Unverletzlichkeit des Assisenrechts. Allein sie wußten auch wohl, was das Land dem Kaiser, und insbesondere dessen persönlichem Ansehen bei den muhamedanischen Fürsten verdankte.

Im selben Jahr, als Keryneia sich ergab, erschien der Erzbischof von Ravenna als apostolischer Legat und zugleich als kaiserlicher Bevollmächtigter zu Akkon. Er überbrachte die Gebote von Papst und Kaiser an Ritter und Bürger, es müsse unverzüglich ein friedlicher Zustand der Dinge hergestellt, Alles müsse sich dem Könige Konrad und seinem kaiserlichen Vater unterwerfen und den Befehlen des Marschalls Felingher gehorchen. Allen Gehorsamen versprach der Kaiser liebreichste Behandlung. An Ibelin, den allzeit treuen Bekenner kirchlicher

Gesinnungen, hatte der Papst ganz besonders geschrieben. Gregor verlangte, daß er von seinem Aufruhr ablasse und seinem kaiserlichen Herrn Genugthuung leiste. Wenigstens solle er ihm sofort Boten schicken, daß er des Papstes Ver= mittelung annehme und sich dessen Aussprüchen, die ja nicht zu hart lauten würden, fügen wolle. Wo nicht, müsse auch gegen ihn nach der Strenge des Rechts verfahren werden.

Ibelin kam in's Gedränge. Aber sein juristisches Gewissen fand sich mit dem kirchlichen ab, und er erklärte: vor allen Dingen müsse erst die große kaiserliche Besatzung zu Tyrus aus dem Lande; denn sie sei eine beständige Drohung für die Gel= tung von Recht und Verfassung. Allen Ernstes betrieb er einen Kriegszug gegen Tyrus. Der Papst sandte ihm ein entschie= denes Abmahnungsschreiben. Der Erzbischof belegte Akkon mit dem Interdikt.

Die Ritterschaft aber sandte Zwei aus ihrer Mitte nach Italien. Sie sehnte sich nach Frieden und Vertrag. Dieser kam unter dem gewichtigen Beirath des Großmeisters Hermann von Salza zu Stande am Hofe des Papstes, der das Akkoner Interdikt aufhob. Alles sollte wieder auf den Stand der Dinge gesetzt werden, wie er war, ehe die Feindseligkeiten gegen den Marschall Felingher ausbrachen; dieser sollte nach dem Morgen= land zurückkehren und Gehorsam finden; jedoch wegen der tödlichen Feindschaft, die gegen den Marschall herrsche, werde ihn der Kaiser später durch einen andern ersetzen; alle Ver= schwörung gegen den Kaiser sollte abgethan, die Andreas= bruderschaft aufgelöst, Stadtrath und Bürgermeister zu Akkon abgesetzt, die Bürgerglocke herausgegeben werden. Der Papst erklärte sogar, weil er wußte, wie werthvoll gerade dies dem Kaiser sei, schriftlich: er werde ihm auch den König von Cypern zu Gebote stellen.

Die Härte der Bedingungen gab der Partei der Ibelins die Macht zum Widerstande. Als die Gesandten nach Akkon zurückkamen und die Pergamente über die Artikel des Friedens übergaben, gerieth die Stadt in Aufregung. Man überhäufte die beiden Abgesandten mit Schmähungen, warf sie als Verräther in's Gefängniß und wollte ihnen an's Leben. Cyperns König und Ritterschaft wurden aufgerufen, öffentlich dem Bunde wider den Kaiser beizutreten. In der That ließ selbst König Heinrich sich jetzt in die Andreasbruderschaft aufnehmen.

Dies war, wie es scheint, Ibelins letztes Werk. Bei einem Sturze mit dem Pferde wurde er tödlich verwundet. Wie er am Tage von Agridi gelobt hatte, ließ er sich in Mönchskutte in das Kloster der Tempelherren tragen, und starb dort unter schweren Leiden, während er mitten in Schmerzen die Strenge der Ordensregel beobachtete. Wohl selten hat sich so, wie in diesem Manne, das größte juristische Talent mit dem eines Staatsmannes und Feldherrn vereinigt. Die Chronisten, welche die Geschichte ihrer Helden ausschmücken, legen Ibelin eine Menge von Kernsprüchen in den Mund: einige davon wurden auch hier mitgetheilt, weil sich Geist und Färbung der Chevalerie outre mer darin abspiegelt. Ibelin war in hohem Grade rechthaberisch, und wo es sein Interesse galt, ränkevoll und gewaltthätig. Friedrich durchschauete wohl des Mannes Gefährlichkeit. Hätte er früher, wozu die rückständigen Einkünfte Cyperns Grund genug an die Hand gaben, sich Ibelins bemächtigt, so möchten Valas und seine Mitregenten ihm Cypern wohl behauptet haben. Der Kaiser aber hatte geglaubt, das offene und ehrenvolle Vertrauen, das er ihm bewies, und das Interesse für die heilige Sache der Christenheit, beides werde Ibelin neue Empörung unmöglich machen.

Unterdessen hatte sich im Westlande die Lage der Dinge wieder ganz verschoben. Des Papstes Grimm gegen den soviel jüngeren und doch so aalglatt gewandten Kaiser, dieser unselige römische Hochmuth, welcher Friedrichs Unternehmen im Morgenlande schon so unendlich geschadet hatte, kehrte jetzt,

wo es sich wiederum zu gutem Ausgang zu neigen schien, in
alter Heftigkeit zurück. Friedrich sah sich auf's Neue von
dunkeln Sorgen und Gefahren in Deutschland und Italien
umdrängt.

An Ibelins Stelle war sein ältester Sohn Balian getreten.
Er theilte mit seinen Brüdern und Vettern sich in die großen
Aemter. Sie schickten einen Vermittler auf einem genuesischen
Schiff nach Genua, von wo er sich mit den Briefen König
Heinrichs und reichen Geschenken für Papst und Kardinäle zu
ihnen nach Viterbo begab. Der Abgesandte war Gottfried
le Tort, der von Ibelin in Cypern großes Lehnsgut erworben
hatte und auch als Jurist sich einen Namen machte. Dieser
höchst geschickte Unterhändler wußte das Für und das Wider,
die Gründe, welche seine Auftraggeber leiteten, und die Un-
möglichkeit, daß sie anders könnten, trefflich in's Licht zu
setzen. Das Ende war, daß er, über Genua zurückreisend,
mit Briefen des Papstes nach Akkon zurückkehrte, worin Dieser
sich mit den Ansichten der Ibelinspartei, sowie damit einverstanden erklärte, daß die Ritterschaft in Cypern und Syrien
sich fest unter einander und von Neuem mit den Genuesen gegen
Friedrich verbünde. Dies geschah.

Allein man merkte doch bald, daß der alte Ibelin die
Seele des Widerstands gegen den Kaiser gewesen. Zwar konnte
Friedrich kein neues Heer senden, er mußte einstweilen die
Dinge gehen lassen, behielt aber das Morgenland stets im
Auge. Seine Beamten dort behaupteten ihre Stellen. Das
neu befestigte Askalon wurde von den fremden Kreuzfahrern,
ausdrücklich zu Händen des Kaisers, seinem Statthalter in
Jerusalem übergeben, der dort unwidersprochen sein Amt
versah. Allmählig legte sich auch in Akkon die kriegerische
Aufwallung, der lebendige Zusammenhalt zwischen Adel und
Bürgerschaft löste sich auf, und die Andreasbruderschaft gerieth
in Schwäche.

So blieben die Dinge noch Jahre lang in der Schwebe. Papst Gregor hatte schon einmal — es war im Jahre 1236 — Friedensartikel zwischen dem Kaiser und der Stadt Akkon zu Stande gebracht. Die kaiserliche Partei, die in Akkon unter den vornehmeren Bürgern beständig stark gewesen, erhob nach langer Unterdrückung wieder das Haupt. Sie verständigte sich insgeheim mit Marschall Felingher, der mit seinen Brüdern und den kaiserlichen Truppen fortwährend in Tyrus stand, und eines Tages wurde er im Jahre 1241 zu Akkon betroffen, wie er Rath hielt und Anstalten traf, die Stadt wieder für den Kaiser in Besitz zu nehmen.

Jetzt wollten die Ibelins wiederum ausziehen und Tyrus erobern. Da sie aber wohl einsahen, wie wenig die andern Herren zur Empörung gegen den Kaiser Lust bezeugten, so wurde auf Philipp von Navarra's Rath beschlossen, noch zwei Jahre zu warten, bis ihnen das Assisenrecht einen rechtlichen Vorwand gewähre.

König Konrad wurde nämlich am 25. April 1243 nach Assisenrecht großjährig. Da er aber auch jetzt noch dem Königs reiche fern blieb, so hatte der nächste Verwandte, der im Lande war, das Recht auf die Regentschaft. Am nächsten verwandt aber erschien wiederum jene Königin Alice, die Mutter Heinrichs von Cypern, die von einem Ehebette in's andere wanderte. Sie und ihr neuer Gemahl, Raoul von Soissons, wurden nun als Regenten aufgestellt, und da nur die Ibelins und Genossen dies in's Werk richteten, da ihre Partei die alleinige Stütze des Regentenpaares blieb, so mußten Raoul und Alice Alles thun, was die Partei verlangte, und erfreueten sich nur eines Schimmers von königlicher Herrschaft. Die Ibelins konnten schalten und walten wie sie wollten: stets mußte sie der Befehl der Regenten decken. Nun wurden die Beamten abgesetzt, die der Kaiser angestellt, und die Lehen eingezogen, die er verliehen hatte. Ohne Einfluß und ohne

Geschäfte verzehrte sich Herr Raoul vor Aerger und Langeweile. Er erklärte zuletzt, er wolle nicht länger den Schatten eines Herrschers spielen, ließ Weib und Thron im Stich und kehrte nach Frankreich zurück.

Die Ibelins ließen ihn ziehen und setzten jetzt ihren An= schlag auf Tyrus in's Werk. Sie warben Verräther in seinen Mauern an, und sobald sie dieselben gefunden, erschien der Be= fehl der Regentschaft: auszuziehen mit Heeresmacht und Stadt und Festung Tyrus zu nehmen, welche dem gesetzlichen Herrn im Lande nicht gehorchen wollten. Der Kaiser hatte kurz vorher den Platz mit neuen Vorräthen verstärkt, den Marschall Felingher abberufen und an seine Stelle den hoch angesehenen Grafen Thomas von Acerra wieder eingesetzt, ein Beweis, wie ernstlich er noch daran dachte, das Königreich Jerusalem zu behaupten. In der Zwischenzeit nun, als Felingher ab= gereist, sein Bruder Lothar Befehlshaber, und der Graf von Acerra noch nicht angekommen war, ritten die drei Ibelins, Philipp von Montfort, und der venetianische Konsul an einem Abend von Akkon ab, kamen mit ihrem Kriegsvolk in der Nacht vor Tyrus an, wurden von ihren heimlichen Spieß= gesellen in die Stadt gelassen und eilten nach der Burg. Lothar aber kam ihnen zuvor, und als er die Besatzung herein hatte, bereitete er sich vor, die feste Burg mannhaft zu ver= theidigen. Obwohl Philipp von Navarra auf einem großen Schiff, das er von den Venetianern bekommen, Verstärkung und Proviant brachte, konnte man doch nichts gegen die Burg ausrichten und mußte endlich daran denken, mit Schande und Verdruß wieder abzuziehen.

Da wollte es das Unglück, daß Marschall Felingher mit seinem Bruder Heinrich und ihren Frauen und Leuten nach Tyrus zurückkehrte. Sie waren nach Italien segelnd vom Sturme nach Tunis, dann nach Aegypten, und endlich wieder nach Syrien verschlagen. Nicht ahnend, daß die Stadt nicht mehr dem Kaiser gehöre, fuhren sie in den Hafen ein und warfen Anker neben Philipps Schiffe. Sofort wurden sie alle gefangen genommen, sofort eine Reihe Galgen aufgerichtet, und Lothar bedroht, wenn er sich nicht auf der Stelle ergäbe, sähe er seine Geschwister hängen. Der Marschall erklärte seinem Bruder, er solle seine Pflicht thun und sich um ihn nicht kümmern. Lothar aber, der einsah, daß er aus Mangel an Nahrung für sein Kriegsvolk die Burg nicht halten könne, ließ sich auf Verhandlungen ein, und nachdem sie lange Zeit gedauert hatten und zugestanden war, daß einer der Ibelins selbst die Felinghers und alle Leute des Kaisers mit ihrer Habe frei und ehrenvoll nach Italien bringe, sank das kaiser-liche Banner von den Wällen nieder, welches es fünfzehn Jahre lang beschützt hatte.

Das Jahr darauf ging Jerusalem an die Muselmannen verloren. Es erlitt die ganze cyprische und syrische Ritter-schaft eine furchtbare Niederlage. Vom Königreich Jerusalem blieben nur einige feste Burgen und Küstenstädte mit Gebiets-setzen übrig.

Durch das langwierige Ankämpfen aber gegen den Kaiser und durch Ibelins Lehnsverleihungen auf Cypern war die Ritterschaft hüben und drüben vielfach verschwistert. Cypern wurde jetzt vollends das Hauptland. Wer seine Krone trug, schlang sich auch den schmalen königlichen Reif vom Grabe Christi um die Stirne.

Das Haus Ibelin nahm jetzt vollends eine fürstliche Stel-lung ein. Es gebot über Cypern wie über sein eigen Reich, und wußte seines Stolzes und unruhigen Ehrgeizes kein Maß. Denn König Heinrich blieb sein Lebenlang, so viele Jahre er auch regierte, ein Schwächling, den man nur den fetten König (le gras) nannte.

Sein Gemüth war noch lange Zeit darüber beunruhigt, daß er gegen Kaiser Friedrich den Verräther gespielt. Die

Ibelins wandten sich deshalb an Papst Innocenz IV., und fügten die Bitte hinzu: er möge durch apostolische Macht und Gewalt Cypern von jedem Lehensbande befreien, mit welchem es an den deutschen Kaiser geknüpft sei. Der Papst erklärte durch eine Bulle vom 5. März 1247: Kaiser Friedrich sei von allen auf dem Lyoner Concil Versammelten feierlich seiner Reiche entsetzt und damit jeder Eid und sonstige Titel, durch welchen man ihm verbunden, hinfällig geworden. Den König Heinrich aber wolle der Papst noch ganz besonders von jedem Eide, durch welchen er Friedrich verpflichtet gewesen, frei- sprechen und ihn mit seinem Reiche unter des apostolischen Stuhles Schirm und Schutz nehmen, und ihm allein solle er fortan unterthan sein, — „besonders," so setzt der Papst mit leisem Hohn hinzu, „da Deine Vorgänger am Reich — Du sagst es ja — keiner weltlichen Macht unterworfen gewesen."

So endigte Kaiser Friedrich II. Kampf um Cypern, über welchen ich die Nachrichten stückweise aus Berichten und Andeu- tungen seiner Zeitgenossen zusammen suchen mußte. Die Haupt- quelle, des ritterlichen, geschmeidigen, versgewandten Philipp von Navarra Reimwerk *Gestes des Chypriotes* ist verloren ge- gangen, steht aber sicher noch bestaubt und vergessen irgendwo in einer alten Bibliothek. Möchte doch das Buch sich wieder finden, natürlich bloß, um uns daran zu ergötzen und zu wissen, wie die Dinge damals eigentlich lagen und sich ent- wickelten, und nicht etwa, um mit gewisser Nutzanwendung für die Gegenwart daraus zu lernen, welche Pläne unser großer Kaiser einst im Morgenlande hegte zu Deutschlands Ehre und Vortheil wie zu der Christenheit Heile, und unter welchen nationalen und örtlichen Schwierigkeiten die Macht- mittel, welche er dafür in Bewegung setzte, zuletzt versagten. Dergleichen Anschauung liegt den jetzigen Deutschen fern. Kümmern wir uns doch auch um unsere zahlreichen Landsleute in Ungarn und Siebenbürgen, in den russischen Ostseeprovinzen

in Nord- und Südamerika, am Kap und in Neuholland im
Grunde so wenig, als hätten sie gar keinen deutschen Beruf
mehr. Engländer und Russen, Franzosen und Italiener wissen
vielleicht lange nicht so viel wie wir von der Welt und ihren
Gesetzen und ihrer Geschichte: das Eine aber wissen sie genau,
wie weit nämlich ihre eigenen Interessen gehen und was diesen
hilft oder schadet. Alle Völker richten jetzt ihre Blicke nach
dem Orient und betrachten, was dort sich begibt, mit Unruhe
vom Gesichtspunkte ihres eigenen Vortheils. Die Deutschen
schauen mit derselben Gemüthsruhe zu, wie sie etwa das häusliche Leben auf einem Firstern betrachten würden, wenn unsere
Fernrohre soweit trügen.